Compreensão e Finitude

Coleção Filosofia, 52

Ernildo STEIN

Compreensão e Finitude

Estrutura e Movimento da Interrogação Heideggeriana

2ª Edição
REVISADA

Ijuí, Rio Grande do Sul, Brasil
2016

© 2001, Editora Unijuí
Rua do Comércio, 1364
98700-000 - Ijuí - RS - Brasil
Fone: (0__55) 3332-0217
E-mail: editora@unijui.edu.br
Http://www.editoraunijui.com.br
Http://www.twitter.com/editora_unijui

Responsabilidade Editorial, Gráfica e Administrativa:
Editora Unijuí da Universidade Regional do Noroeste
do Estado do Rio Grande do Sul (Unijuí; Ijuí, RS, Brasil)
Capa: Elias R. Schüssler
1ª edição: 2001
2ª edição revisada: 2016

Catalogação na Fonte:
Biblioteca Universitária Mario Osorio Marques

S819c   Stein, Ernildo
            Compreensão e finitude: estrutura e movimento da interrogação heideggeriana / Ernildo Stein. – 2. ed. rev. – Ijuí : Ed. Unijuí, 2016. – 424 p. – (Coleção filosofia ; 52).
            ISBN 978-85-419-0207-6

            1. Filosofia. 2. Heidegger. 3. Fenomenologia. 4. Hermenêutica. 5. Interrogação heideggeriana. 6. Metafísica ocidental. I. Título. II. Série.

                                     CDU : 111
                                           165.62

Editora Unijuí afiliada:

Associação Brasileira
das Editoras Universitárias

Com a coleção *Filosofia* a Editora Unijuí soma-se às iniciativas editoriais que publicam obras que se inscrevem no complexo horizonte das reflexões filosóficas de nossa época. A coleção inicia no ano em que o curso de Filosofia desta universidade comemora 45 anos e visa a dar publicidade a textos que, sob diferentes perspectivas e compreensões, contribuam para estimular e consolidar o atual e relevante interesse por temas e escritas de caráter filosófico.

Conselho Editorial

Aloísio Ruedell – Unijuí
Antônio Sidekum – Faccat
Cecília Pires – Unisinos
Edmilson Alves de Azevedo – UFP
Ernildo Stein – PUC/RS
Hector Benoit – Unicamp
Inácio Helfer – Unisinos
João Carlos Brum Torres – UFRGS
José Oscar de Almeida Marques – Unicamp
Maria Constança Peres Pissara – PUC/SP
Maria das Graças Souza – USP
Míroslav Mílovic – UnB
Noeli Dutra Rossatto – UFSM
Oswaldo Chateaubriand Filho – PUC-Rio
Oswaldo Giacóia Jr. – Unicamp
Odilio Alves de Aguiar – UFC
Paulo Denisar Fraga – Unifal-MG
Renato Janine Ribeiro – USP
Robson Ramos dos Reis – UFSM
Rodrigo Duarte – UFMG
Sérgio Lessa – Ufal
Scarlett Marton – USP
Wolfgang Leo Maar – Ufscar

Comitê Editorial

Claudio Boeira Garcia – Unijuí
Paulo Rudi Schneider – Unijuí
Aloísio Ruedell – Unijuí
Joel Corso – Editor-adjunto da Editora Unijuí

SUMÁRIO

LEGENDA DAS ABREVIAÇÕES UTILIZADAS 9

PREFÁCIO À SEGUNDA EDIÇÃO 11

PREFÁCIO À PRIMEIRA EDIÇÃO 13

APRESENTAÇÃO 19

INTRODUÇÃO – A Questão do Ser e a Verdade 25

PRIMEIRA PARTE – A *ALETHEIA* 55
CAPÍTULO 1. A *Aletheia* nos Gregos 57
CAPÍTULO 2. A *Aletheia* no Pensamento de Heidegger 61
CAPÍTULO 3. A Estrutura Ambivalente da *Aletheia* 107
CAPÍTULO 4. Negatividade e Finitude 125

SEGUNDA PARTE – A FENOMENOLOGIA 137
CAPÍTULO 1. Heidegger e o Movimento Fenomenológico 139
CAPÍTULO 2. A Fenomenologia na Obra de Martin Heidegger . 165
CAPÍTULO 3. A Fenomenologia Hermenêutica 189
CAPÍTULO 4. A Fenomenologia e o Pensamento do Ser 205
CAPÍTULO 5. A Fenomenologia e a História da Filosofia 225

TERCEIRA PARTE – O CÍRCULO HERMENÊUTICO 245

CAPÍTULO 1. O Círculo da Compreensão
e a Situação Hermenêutica 247

CAPÍTULO 2. A Constituição Circular do Ser do Ser-Aí 267

CAPÍTULO 3. A Circularidade do Ser-Aí
e a Diferença Ontológica 279

CAPÍTULO 4. Compreensão da Finitude 293

QUARTA PARTE – A VIRAVOLTA 301

CAPÍTULO 1. A Situação da Viravolta 303

CAPÍTULO 2. A AutoInterpretação da Viravolta 315

CAPÍTULO 3. Ser e Tempo: Tempo e Ser 335

CAPÍTULO 4. A Palavra e o Ser 365

CAPÍTULO 5. Finitude da Compreensão 387

CONCLUSÃO 395

REFERÊNCIAS 405

LEGENDA DAS ABREVIAÇÕES DE TEXTOS DE HEIDEGGER

AED = Aus der Erfahrung des Denkens

AEWF = Aus einer Erörterung der Wahrheitsfrage

EHB = Ergänzungen zu einer Heidegger-Bibliographie

EM = Einführung in die Metaphisik

EVW = Ein Vorwort

FPhTP = La fin de la philosophie et la tâche de la pensée

G = Gelassenheit

HB =- Brief über den Humanismus

HEH = Hölderlins Erde und Himmel

HDH = Hebel - Der Hausfreund

HG = Hegel und die Griechen

HW = Holzwege

HVHN = Für den Herrn Verleger Dr. Phil. h.c. Hermann Niemeyer

ID = Identität und Differenz

KBDS = Die Kategorien - und Bedeutungslehre des Duns Scotus

KPM = Kant und das Problem de Metaphysik

KTS = Kants These über das Sein

N I = Nietzsche I (volume 1)

N II = Nietzsche II (volume II)

NLZH = Nachlese zu Heidegger

PLW = Platons Lehre von der Wahrheit

SBDU = Die Selbstbehauptung der deutschen Universität

SG = Der Satz vom Grund

SZ = Sein und Zeit

US = Unterwegs zur Sprache

VA = Vorträge und Aufsätze

WBPH = Vom Wesen und Begriff der Physis

WG = Vom Wesen des Grundes

WHD = Was heisst Denken?

WiM = Was ist Metaphysik

WiPH = Was ist das - Die Philosophie

WW = Vom Wesen der Wahrheit

ZG = Aus der letzten marburger Vorlesung

ZS = Zeit und Sein

ZSF = Zur Seinsfrage

Observação: todas as traduções constantes no corpo do texto foram feitas pelo próprio autor de acordo com os originais mencionados.

PREFÁCIO À SEGUNDA EDIÇÃO

Depois de alguma hesitação e de consultas a amigos, publico novamente este livro. A Editora Unijuí teve a gentileza de aceitar a proposta. Vale um empenho retomar o contexto em que escrevi este trabalho.

É difícil reviver a realidade em que vivíamos na Filosofia e na universidade nos idos de 1960. O Brasil entrara no regime militar e a academia como reação começou a censurar os temas de estudo nas humanidades. Da autoridade vinha o controle do pensamento e o expurgo de professores. De vários agrupamentos organizava-se a resistência por meio da literatura marxista e deles exercia-se o controle dos autores e filósofos que eram estudados. O clima de suspeição tornava insuportável o controle mútuo. Não havia órgãos de fomento e a Filosofia era ensinada nos institutos das igrejas e em poucos cursos de Filosofia. Todos os docentes eram bacharéis ou licenciados e muitos apenas autodidatas.

Quando procurei o DAAD, o Serviço de Intercâmbio Alemão, passei na seleção e embarquei para Freiburg im Breisgau com minha família e auxílio de vários lados. A Licenciatura em Filosofia e o Bacharelado em Direito pouco me recomendavam no mundo acadêmico alemão para pretender o Doutorado. Fui aceito pelo professor Werner Marx para orientação e embarquei em Santos no Provence, um barco miúdo, enferrujado, comprido e estreito, e depois de 15 dias estava na Europa.

Ao chegar lá, entrei num ambiente ainda fenomenológico, dividido entre Husserl (Louvain) e Heidegger (Freiburg). Todos os meus professores tinham estudado com os dois filósofos ou traziam e alimentavam o clima dos anos 30 e 40 da Filosofia alemã, e alguns, dos anos 50. Entrei em contato com muitas informações e preconceitos e lutei na busca de livros, artigos e entrevistas sobre a Fenomenologia e Heidegger.

Cursos e seminários ensinaram-me muito. Werner Marx, Eugen Fink, Bernhard Welte, Rainer Marten e Heribert Boeder eram os professores. Com Heidegger tive pouco contato, mas o suficiente para conhecê-lo pessoalmente e mostrar-lhe meu projeto de tese, com parte dela redigida. Após sucinta exposição oral e comentários, senti-me aprovado nas minhas intenções. Amigos de Heidegger e seu irmão, Fritz, ajudaram-me muito. Depois de menos de um ano tive de voltar ao Brasil.

Aqui completei a redação do texto e tentei usá-lo em busca de titulação. Miguel Reale informou-me da lei de 1937 da era Vargas, que dava a quem se submetesse a uma banca internacional e defendesse a tese como livre-docência o título de doutor. Era o que queria. Em julho de 1968 tornei-me habilitado para lecionar na época com este raro título, de doutor em Filosofia pela Universidade Federal do Rio Grande do Sul.

Deixei de lado o texto da tese e me ocupei de muitas coisas durante o período da ditadura e logo após. No ano 2000, a Editora Unijuí encontrou os dois volumes mimeografados na biblioteca da Universidade de Ijuí. A publicação depois de 30 anos teve sucesso. Esgotada a primeira, a possibilidade desta segunda edição representa, depois de quase 50 anos da produção do texto, antes de tudo, a publicação de um documento histórico, que se justifica como pioneiro e que ainda traz questões que fazem sentido.

Incorporar no livro o que conhecemos hoje de Heidegger e dar-lhe uma nova forma representaria um novo trabalho e esconderia a marca de um texto datado. As novas gerações e o autor serão envolvidos no risco de um escrito de meio século que guarda um conteúdo de atualidade.

Porto Alegre, 17 de setembro de 2016.

Ernildo Stein

PREFÁCIO À PRIMEIRA EDIÇÃO

A referência ao suprassensível e atemporal constitui um elemento fundamental da ideia de ser desenvolvida pela metafísica. Heidegger, entretanto, procurando conquistar o âmbito a partir do qual fosse possível compreender a intrínseca multiplicidade dos modos de ser por meio da unitária ideia de ser, liga o ser ao tempo. A temporalidade e a historicidade tornam-se o estatuto necessário de sua ontologia. A teoria heideggeriana do ser desenvolve o sentido do ser no horizonte do tempo. Desse modo, Heidegger transcende os limites da metafísica e prenuncia uma nova interpretação do ser. A história é elevada ao nível da ontologia. O desenvolvimento da ontologia, assim compreendida, leva Heidegger a determinar o ser como presença. Toda a história da filosofia é retomada, então, no horizonte de ser e tempo.

A profunda inovação que representa a interrogação heideggeriana, dentro da metafísica ocidental, pode parecer menos flagrante por causa das vigorosas análises que o filósofo realiza da própria metafísica. Não é possível, no entanto, compreender Heidegger sem que se penetre na intenção crítica, que perpassa tais análises, e no sentido precursor de um novo pensamento, latente em todas elas. Um caminho para a compreensão da originalidade da posição do filósofo de Freiburg im Breisgau poderá consistir na consideração da estrutura e do movimento de sua interrogação. Se tentamos isso, o trabalho não representa, contudo, a elaboração de uma perspectiva puramente formal, que é impossível na obra de Heidegger.

Cinquenta anos de meditação sobre o mesmo problema resultaram no complexo desenvolvimento de um pensamento filosófico, cuja unidade deve ser redescoberta. O caminho, que se estende entre a obra inaugural e as últimas manifestações de Heidegger, deve ser percorrido com meticuloso cuidado, sem que se perca a visão da unidade e as linhas determinantes de seu desdobramento. A estrutura e o movimento da interrogação heideggeriana, à medida que se manifestam na análise, devem revelar progressivamente o objeto que decide a respeito da estrutura da interrogação e conduz seu movimento.

Não basta, entretanto, repetir simplesmente Heidegger. É preciso evitar tanto o risco de apenas resumir seu pensamento quanto a tentação de imitar sua linguagem, expondo a análise de sua obra em um estilo que excede o fôlego especulativo do estudioso. A dificuldade para fugir de um tal envolvimento se amplia em Heidegger pela impossibilidade de penetrar em sua obra mediante o confronto com outros autores da tradição. Procuramos reduzir os riscos da análise imanente enfocando a reflexão na perspectiva da compreensão e finitude. Assim, ficam estabelecidos certos laços com a tradição metafísica ocidental, que não perturbam, entretanto, a temática que pretendemos explorar no pensamento de Heidegger. Com certa precaução é possível substituir "Compreensão e Finitude" por "Ser e Tempo", ou, como sugere o próprio filósofo, em revelação recente, por "Presença e Clareira" ou "Ser e Clareira".

A questão do ser e da verdade, assim como vem resolvida na tradição metafísica, é atingida diretamente por Heidegger, quando seu pensamento é iluminado pela perspectiva da relação entre compreensão e finitude. A questão do ser e da verdade no pensamento do filósofo, entretanto, somente pode ser compreendida dentro da estrutura e do movimento de sua interrogação. A estrutura da interrogação heideggeriana é circular e essa circularidade brota da circularidade ontológica do próprio ser-aí. Consequência dessa circularidade é também o movimento da interrogação de Heidegger, a viravolta, na qual, por sua vez, se revela aquilo que sustenta a própria circularidade e estrutura da interrogação. A circularidade da relação entre ser e ser-aí sustenta a estrutura da compreensão na finitude e da finitude. Na viravolta, todavia, se revela o movimento que sustenta a estrutura circular da relação entre ser e ser-aí, na finitude da compreensão. É o movimento do ser na identidade e na diferença, como velamento e desvelamento.

Esse movimento não se compreende, assim como não se compreende a própria interrogação heideggeriana, sem que se penetre naquilo que constitui sua intuição originária do "fenômeno primordial" que se oculta na *aletheia*. Essa é o elemento decisivo e fundamental que determina o pensamento de Heidegger. A *aletheia* é o ponto de partida, o caminho e o ponto de chegada do pensamento e da interrogação. Assim, ela inspira a força primordial do método fenomenológico de Heidegger. A fenomenologia se revela, com seu caráter sempre incoativo, o instrumento dúctil pelo qual a *aletheia* filtra sua presença em todas as análises da filosofia de Martin Heidegger.

Nosso trabalho ganhou em densidade e intensidade à medida que a compreensão e a finitude foram inseridas no círculo hermenêutico e na viravolta, por intermédio da *aletheia* e da fenomenologia.

Para que se compreendesse a estrutura e o movimento fundamentais da interrogação heideggeriana, foi necessário analisarmos as diversas etapas de seu longo caminho, mostrando, em todas elas, a presença constante, explícita ou implícita, da busca do sentido do ser. Essa busca se realizou na problematização contínua do tempo e da história da filosofia: ser e tempo e história do ser. A verdade é que houve tentativas, no caminho realizado pelo filósofo, que não conduziram a resultados positivos. Elas, no entanto, não suspenderam o esforço interrogador, porque, desde o início, o pensamento se sabia simplesmente "a caminho".

Hoje, a tarefa do pensamento não se apresenta menos problemática, para Heidegger, do que no ponto de partida de sua interrogação. O avanço, entretanto, deixa-se pressentir em cada parada ao longo do caminho. No fim da metafísica (Heidegger fala ultimamente no "fim da filosofia") o filósofo se pergunta pela tarefa reservada ao pensamento e descobre que, em uma crítica imanente à

"Ser e Tempo", é preciso radicalizar a questão levantada naquela obra. O sentido do ser pode ser mais bem determinado como problema, substituindo "Ser e Tempo" por "Ser e Clareira" ou por "Presença e Clareira". Isso, entretanto, somente é possível por meio da meditação constante da *aletheia*, que, enquanto não retração, é a clareira da presença. "A tarefa do pensamento perderá o título 'Ser e Tempo' e se designará 'Ser e Clareira'".

A tarefa do pensamento se revela, em sua radicalidade, se acompanharmos o desdobramento da estrutura e do movimento da interrogação heideggeriana, pela análise do círculo hermenêutico e da viravolta, explicitados pela fenomenologia e perpassados pela intuição da *aletheia*.

A profunda ambivalência do pensamento de Heidegger surge, de um lado, de seu caráter problematizador e, de outro, do próprio objeto pelo qual interroga. Em última instância, porém, a ambivalência resulta da *aletheia*, da fenomenologia, do círculo hermenêutico e da viravolta. Dela não se pode fugir sem renegar o elemento axial do pensamento heideggeriano, enquanto pode ser resumido em "Compreensão e Finitude".

Essa ambivalência talvez seja necessária para um pensamento que permanece a caminho da tarefa do pensamento, para um pensamento que não procura soluções, mas que interroga pelo âmbito a partir de onde todas as perguntas por soluções se levantaram, até agora, no seio da metafísica. Heidegger mesmo confessa que um "tal pensamento permanece necessariamente muito aquém da grandeza dos filósofos", que ele "é bem menos que a filosofia" (Ver HB 47 e FPhTP 169 e 182).

Temos a convicção de que atingimos, com nossa análise, uma perspectiva válida para a compreensão do pensamento de Heidegger. Conseguimos uma visão unitária de sua interrogação, sem o fixarmos em esquemas e sistematizações prévias, e, apesar de fazermos brotar a unidade e de seu movimento imanente, conquistamos um horizonte que o põe em confronto com toda a tradição da metafísica ocidental. Temos, ao mesmo tempo, consciência da precariedade do resultado, talvez, antes de tudo, porque ainda ecoam em nossos ouvidos as primeiras palavras com as quais Martin Heidegger respondeu às consultas que lhe fazíamos sobre o nosso trabalho, na noite envolta em neve de 8 de dezembro de 1965: "Das ist aber sehr schwierig!" ("Mas, isto é muito difícil!").

Porto Alegre, 16 de junho de 1967

Ernildo Stein

APRESENTAÇÃO

Certas coisas, que parecem irrecuperáveis e encobertas definitivamente pelo véu do tempo, apenas guardam a compreensão do seu segredo, da sua originalidade e da sua riqueza no recato do esquecimento para brotar e florescer em nova, vigorosa e angustiada lembrança. Entre elas, certamente a ausência de uma obra que poderia ter sido editada, lida, estudada, comentada e amplamente discutida por toda a comunidade científica em geral já a partir de 33 anos atrás.

Ficamos embasbacados, assustados até, ao nos darmos conta do fato de que a Tese de Livre-docência de Ernildo Stein, *Compreensão e Finitude*, ainda não tenha sido regularmente editada para a apreciação do maior número de leitores. Não sabemos a razão de tão cuidadosa hesitação do destino, ou prolongado esquecimento de todos em relação à publicação mais ampla desta obra, mas temos a certeza de um agora efetivo, feito de urgência a exigir plena consciência da necessidade e da pertinência de apressar ao máximo a possibilidade de sua leitura por todos os que se dedicam à filosofia.

Para ilustrar a nossa consternação quanto ao ocultamento insistente de uma sempre possível *aletheia* a retardar-se na apresentação de sua beleza na dimensão do tempo compreendido de forma linear, valemo-nos de duas preciosíssimas cartas de Henrique Lima Vaz, em que o ilustre filósofo e teólogo saúda, com palavras de entusiasmo incomum, a obra em questão. Com a devida licença do destinatário, mencionamos dois trechos das cartas.

Da carta de 10 de agosto de 1967 a Ernildo Stein, destacamos: "Comecei a ler ontem a sua tese e já avancei bastante. Sinceramente devo dar-lhe os mais calorosos parabéns. É a introdução mais inteligente e mais penetrante na "intenção fundamental" de

Heidegger que me foi dado ler até agora. Você eleva a bibliografia filosófica brasileira a uma altura que foi, até agora, muito raramente atingida. Esperamos com impaciência a publicação definitiva".

Da carta posterior, de 22 de agosto de 1967, Henrique Lima Vaz assim se expressa em relação ao autor e sua obra: "Espero que nenhum obstáculo tenha surgido no que diz respeito ao seu Concurso, que você possa passar por ele em breve vitoriosamente, e assim tenha condições de publicar logo a sua tese, o que será, asseguro-lhe, o acontecimento filosófico mais importante dos últimos tempos aqui no Brasil. Relendo alguns dos seus trechos, convenci-me mais disso."

No mencionado concurso, a Tese de Livre-docência "Compreensão e Finitude" foi defendida na Faculdade de Filosofia da UFRGS no dia 28 de junho de 1968, cuja banca examinadora esteve constituída pelos professores Miguel Reale, Juan Lhambias de Azevedo, Maria do Carmo Tavares de Miranda, Guilherme Cesar e Geraldo Brochado da Rocha, respectivamente das Universidades de São Paulo, de Montevidéu, de Pernambuco e os dois últimos da UFRGS.

Mais não precisaria ser dito. A não ser diversos modos de expressão da insistente permanência da pergunta "por quê?"

Confiamos na generosidade do suceder na e da compreensão finita que a transfiguração de um passado, que parecia irrecuperável, apresenta-se de forma muito mais brilhante no acontecer de agora, feita origem de encontros de compreensão, impulsos de concentração entusiasmada, enfim, admiração pelo descortínio de lembranças.

Como os cometas que retornam à visibilidade depois de décadas de gestação em velocidade alucinante, alimentando-se de ocorrências no seio do espaço sideral e de ritmos esquecidos na travessia do tempo de espera, cremos que as verdadeiras oportunidades retornam com um brilho instigante e assustador sob novas circunstâncias: são sempre motivo de alvoroço, esperança, expectativa de significado inusitado e imposição de reflexão pela ruptura com o aconchego de si na rotina do dia a dia. Representam, antes de tudo, um convite à desestabilização da pálida organicidade de visões de mundo costumeiras, feitas de respostas esquecidas de suas precárias condições de justificação. A monotonia da mediocridade na fluência de um tempo administrado pelos falsos deuses de um infinito em festa se esfumaça, cedendo lugar à ambivalência angustiada de uma compreensão finita, sempre tensionada entre voltar-se rememorativamente à sua própria ocorrência e espalhar-se no retorno às suas inevitáveis construções objetivadas em obscurecimento esquecido de si. Cobertura e descoberta, floresta e clareira, esquecimento e desesquecimento, harmonia de acorde único na espessura dos seus sons e sua ruptura constante pelas imposições da melodia mutante em ritmo criativo, perfazem a música do ser que se esvanece desaparecendo no ar exatamente no instante de sua realização interpretativa. Som e silêncio, manifestação e ausência, são constitutivos da música e da compreensão. O silêncio como ruptura radical realça o som anterior e acentua a exigência de sua resolução em uma manifestação sonora posterior, em um ser-aí finito em execução interpretativa. O movimento de gestação da obra no ventre do tempo identifica-se com um vigoroso exercício de escuta atenciosa, espera de encontro futuro, hesitantes ensaios de relação, imposição de experimentos de pensamentos à procura de certeza, mesmo que provisória, e paulatina segurança de percurso pelo vislumbre de caminhos já andados. O tempo faz-se lembrança de caminho, ou onda, ou ritmo de um canto que já sempre é. Pois é isto! Deixemos assim! É o tempo da obra em silêncio; no tempo, a sua gestação e, sempre em tempo, a sua aparição.

A obra "Compreensão e Finitude" pode ser comparada a um brilhante passeio descritivo-reflexivo por todos os escritos de Heidegger à disposição na época. Além do contato pessoal com o próprio filósofo, que significou a oportunidade de sentir a sua presença, escutar as inflexões da sua voz, auscultar o significado de suas palavras no instante de sua elocução, e interpretar o ritmo de pausas e silêncios reveladores no processo de diálogo, aconteceu a própria opinião de Martin Heidegger sobre a pretensão do autor com o seu trabalho, externada "na noite envolta em neve" do dia 8 de dezembro de 1965: "Das ist aber sehr schwierig!" ("Mas, isso é muito difícil!"). O desafio foi entendido e a tarefa foi cumprida em uma obra que alia a clareza e o rigor necessários e costumeiros em um trabalho acadêmico com uma escrita entremeada de expressões metafóricas de rara beleza.

Guiado pela pretensão de apresentar a estrutura e o movimento da interrogação heideggeriana, precavendo-se, porém, de uma perspectiva meramente formal, o autor, por meio da análise imanente, conduz a sua reflexão sempre em direção à compreensão e à finitude. Tendo como suposto a unidade de toda a obra, sem, portanto, negligenciar a solução de continuidade entre o primeiro Heidegger e o da "viravolta", Ernildo Stein acompanha e descreve o movimento da sua interrogação, a qual assim inevitavelmente se apresenta com a característica da circularidade entre ser e ser-aí a manter a estrutura da compreensão na e da finitude, do movimento do ser na identidade e diferença como velamento e desvelamento do fenômeno primordial que se oculta e desoculta na *aletheia*. Trata-se de expor acompanhando um pensamento que se compreende justamente como resultado da aletheia na ambivalência que possibilita, que não está à cata de soluções definitivas para a tranquilidade da alienação objetivada, mas que pergunta e procura pelo âmbito e impulso que originaram as perguntas por soluções na história da filosofia de determinado matiz metafísico.

O filósofo, escritor e professor Ernildo Stein dispensa maiores apresentações pelo fato de que a grandiosidade de sua obra posterior, já resultado de uma vida a unir indiscutível criatividade no pensamento filosófico, brilho na dedicação pedagógica e talento literário, fala por si. Muitos livros e artigos traduzidos a promover a possibilidade do conhecimento de autores de outras línguas, muitos livros e artigos escritos a fazerem a recepção da filosofia contemporânea no Brasil, muitos livros e artigos a demarcarem um modo de filosofar, que orgulhosamente reputamos como já sendo nosso por aprendizado, simpatia e admiração, indicam-nos cautela e comedimento com a aventura de querer definir e afoitamente predeterminar caminhos interpretativos. Além disso, nos dão confiança no entendimento receptivo da leitura por parte de todos, apesar e independentemente da nossa pálida expressão no elogio, e aconselham-nos a insistir na oferta de uma obra, que, nas palavras de Henrique Lima Vaz, [...] "Eleva a bibliografia filosófica brasileira a uma altura que foi, até agora, muito raramente atingida" e "É o acontecimento filosófico mais importante dos últimos tempos aqui no Brasil."

Cremos que, de fato, na distância do tempo a sua ausência potencializou o entusiasmado veredito.

Duas explicações fazem-se necessárias, por fim.

1. A permanência das citações apenas em francês na conclusão da obra justificam-se pela própria explicação do autor no início da mesma: "[...] texto que Martin Heidegger publicou, e que foi apresentado como contribuição para o Colóquio organizado pela Unesco, em Paris, de 21 a 23 de abril de 1964, em comemoração do centésimo quinquagésimo aniversário do nascimento de Kierkegaard. O texto aparece em francês numa tradução conjunta de Jean Beaufret et François Fédier. *La fin de la philosophie et la tache de la pensée*". A respeito do mesmo, é necessário explicitar ainda que, na época, apenas estava disponível ao conhecimento da comunidade científica em sua versão francesa, inacessível, portanto, em língua alemã. Além disso, sobre a mesma questão, ratificamos as presentes afirmações com o comentário do autor em uma nota à sua tradução das *Conferências e escritos filosóficos* de Martin Heidegger na coleção Os Pensadores : "A conferência O fim da filosofia e a tarefa do pensamento só apareceu até agora numa tradução de Jean Beaufret e François Fedier, impressa no volume coletivo *Kierkegaard Vivant, Colloque organisé par L'Unesco à Paris du 21 au 23 avril 1964* Paris, Gallimard, 1966, p. 165 et seq." (Heidegger, Martin. *Conferências e escritos filosóficos*. Tradução, introduções e notas Ernildo Stein. Os Pensadores. 2. ed. São Paulo: Abril Cultural, 1983. p. 67).

2. Principalmente para respeitar, depois de tanto tempo, nessa obra de valor histórico, a sua forma original, decidimos, também, deixar a apresentação das notas no fim de cada capítulo em comum acordo com o autor, o qual, além disso, para tanto, também apresentou motivos estéticos e de fluência de leitura.

Paulo Rudi Schneider

Ijuí, 22 de setembro de 2001

Professor do Departamento de Filosofia
e Psicologia da Unijuí, RS

INTRODUÇÃO

A Questão do Ser e a Verdade

A metafísica ocidental nasce sob o signo da luz. A afirmação de que todo ser é verdadeiro aponta para uma transparência. Na medida de sua transparência, o ser é verdadeiro e, nessa medida, ele é cognoscível. O conhecimento depende da luz do *nous poietikos*, da *illuminatio divina*, do *lumen naturale*, da iluminação da razão, da reflexão absoluta, do reino da luz. A imagem do Sol já está presente, no pensamento metafísico, antes das grandiosas concepções de Platão. Essa metafísica da luz busca o ser e a verdade enquanto transparência. Ela determina as condições do pensamento pela medida da autotransparência. A *noesis noeseos*, que é a substância primeira na sua total transparência, é o espírito, *nous*, pensado como luz. Desde a identidade parmenídica entre ser e pensar até a unidade entre ser e pensar como autoconsciência em Hegel, o ser e a verdade são colocados no horizonte da transparência e da identidade. Deus é a total transparência, a luz em sua plenitude, como identidade consigo mesmo, e, por isso, é a verdade e o ser por excelência, a *noesis noeseos*.[1]

Desse modo, Deus não se torna apenas o fundamento do ser e da verdade, mas vem a ser o arquétipo de todo conhecimento perfeito. Já, em Aristóteles, o filósofo possui, ainda que no *mikron chronon*, aquela vida que Deus tem sempre.² Assim, a reflexão filosófica sempre é medida por aquilo que a excede, permanecendo seu modelo. Então, a teologia natural se encontra perfeitamente justificada como explicação última da tarefa da interrogação filosófica.²ª

Esse não limite, esse excesso inserido na reflexão, permanece, de antemão, o horizonte frustrante de toda interrogação na imanência, no limite, na finitude. A preocupação central da filosofia será, então, romper sempre a barreira do finito, tender para o ilimitado e, a partir dele, compreender a reflexão filosófica. Isso instaura uma atitude negativa da interrogação na finitude e impede a adequada compreensão da condição humana do filosofar em si mesma. Todo esforço se dispenderá em abrir caminhos para o "outro lado" (*epekeina*), e a verdadeira seriedade consistirá em manter aberto o horizonte virtualmente infinito pela transcendência, pela analogia ou pela dialética. Esquece-se, assim, de interrogar por que a condição humana sempre aponta para além de si mesma, por que ela mantém a exigência contínua de uma abertura. Omite-se o fato de que, precisamente, a busca do ilimitado é afirmação do limite, de que a necessidade do horizonte infinito é uma imposição da radical finitude. Assim, não se toma suficientemente a sério a finitude como o chão de toda experiência de ser. Para compreender o verdadeiro movimento da interrogação na finitude, não basta juntar ao finito o infinito, ao mundo da experiência humana o ser subsistente, ao temporal o eterno, seja por meio da analogia, da dialética ou da reflexão transcendental. O que assim se abre permanece exigência. O modo de responder a ela, todavia, se realiza pelo movimento da interrogação na finitude. Somente assim se respeitará a positividade da finitude. Apenas dessa maneira, a partir da análise da finitude do homem, será possível determinar o ser do que é eterno, atemporal, subsistente ou infinito. Caso contrário, o transcendental será apenas um álibi da finitude e não será compreendido na sua dimensão positiva, e tanto o finito quanto o infinito serão pensados apenas negativamente, sendo ambos negação um do outro. Uma filosofia que procura pensar seriamente a condição da interrogação na finitude, surge, então, como um movimento que segue a direção oposta à da tradição. Ela renuncia ao modelo absoluto da reflexão autotransparente, da *noesis noeseos*, da consciência transcendental, presente, tanto na filosofia da substância quanto na filosofia da subjetividade. Tal filosofia não partirá, portanto, dos pressupostos de uma teologia natural. É, por isso, evidente, que uma tal interrogação será dotada de uma estrutura básica fundamentalmente diferente da da tradição filosófica, simplesmente porque ela parte de uma dimensão essencialmente finita, radicada na finitude do homem. Seu modo de colocar a questão do ser e da verdade se afirmará em uma outra perspectiva. A direção de tal filosofia será oposta à da metafísica da luz que perpassa a tradição. O problema do ser e da verdade surgirá da própria análise da finitude da condição humana, da finitude da interrogação pelo ser e pela verdade.

Assim, pode-se pressentir quão diversa deverá ser a estrutura de uma tal interrogação, quão surpreendente seu modo de retomar os temas básicos da tradição e quão revolucionárias suas verificações ao longo do caminho. As possibilidades que se erguem de uma tal interrogação filosófica somente podem ser avaliadas à medida que forem julgadas a partir de si mesmas, aquém do horizonte de qualquer posição tradicional. Somente assim, se respeitará a sua originalidade e desvendará sua importância para compreender a própria tradição filosófica ocidental.

Martin Heidegger assume o compromisso da interrogação na finitude. Sua meditação sobre o ser e a verdade "impede de querer esclarecer o essencial de tudo o que deve ser pensado e experimentado, com o mais razoável instrumento do pensamento, a abstração", e "não se torna vítima do perigo de, em lugar da abstração, recorrer a outro instrumento do pensamento, do mesmo modo apreciado para explicações definitivas: a dialética".[3]

A busca da verdade do ser, do sentido do ser, começa pela analítica existencial. Nas estruturas da finitude e da temporalidade do ser-aí, Heidegger procura desvelar o horizonte em que se manifeste o sentido do ser. Para realizar a verdadeira compreensão do ser na finitude, ele precisa desenvolver as verdadeiras dimensões em que se dá tal compreensão. A compreensão na finitude exige uma situação hermenêutica somente possível a partir do círculo hermenêutico. A circularidade da compreensão, porém, fundamenta-se na própria constituição circular do ser-aí. A própria circularidade da interrogação pelo ser na finitude aponta, entretanto, para a necessidade da viravolta no pensamento do ser. É na viravolta que se revelam as consequências últimas da fidelidade à interrogação pelo ser na finitude.

Heidegger parte de uma intuição fundamental que comanda sua analítica existencial e sua interrogação direta sobre a questão do ser e da verdade. Essa intuição se resume na palavra grega *aletheia*. Nela se esconde e dela emerge toda a ambivalência da compreensão do ser na finitude e nela reside a verdadeira dimensão em que repousam o ser e a verdade. A partir da *aletheia* se revela o verdadeiro alcance do método fenomenológico, assim como o filósofo o compreende. A fenomenologia, no sentido heideggeriano, é o caminho que sustenta a finitude da compreensão do ser e a compreensão da finitude do ser-aí. A fenomenologia é o verdadeiro instrumento para captar as reais implicações da circularidade da estrutura do ser-aí e o movimento da viravolta.

É possível, portanto, surpreender o essencial da interrogação heideggeriana sobre o ser e a verdade, analisar o vínculo fundamental que liga finitude do ser-aí e compreensão do ser, e penetrar no que emerge de absolutamente novo para a filosofia da compreensão da finitude e da finitude da compreensão, assim como Heidegger as concebe, desenvolvendo, preparatoriamente, a presença da *aletheia* na sua reflexão, acentuando a originalidade de sua fenomenologia como o caminho, para se concentrar, afinal, na importância decisiva do círculo hermenêutico e da viravolta. Assim se compreenderão, dentro do horizonte heideggeriano, a originalidade de estrutura de seu pensamento e o elemento axial do movimento de sua interrogação.

Para compreender o alcance da análise que Heidegger realiza da questão da compreensão e da finitude por meio do círculo hermenêutico e da viravolta, torna-se necessário penetrar, primeiramente, nas afirmações e referências explícitas, feitas pelo filósofo, em torno do problema de uma filosofia da finitude. O que se desenvolverá nesta introdução tem, portanto, um sentido provisório, bem como as observações de Heidegger que serão analisadas. Essas apontam, antes, para uma tarefa – realizada na analítica existencial e na sua interpretação do ser e da verdade – do que para a solução e resposta ao problema da filosofia da/na finitude, que se esboça na temática do círculo hermenêutico e da viravolta, preparada pela intuição da *aletheia* e pela determinação da fenomenologia.

O que mais chamou a atenção, da filosofia tradicional, foi a reivindicação de uma filosofia da finitude por parte de Heidegger, antes de sua efetivação concreta, tarefa a que ele vem mantendo fidelidade nos longos anos de sua reflexão. Essa afirmação agressiva, de uma ontologia da finitude, deve reter nossa análise, pois é um ponto de partida para a compreensão de nosso trabalho.

No penúltimo parágrafo (§ 43) da primeira seção da primeira parte de *Ser e Tempo*, Heidegger mostra que falta radicalidade a todos "os ensaios de solução que as sutilezas do realismo, do idealismo e de outras doutrinas intermediárias imaginaram para o 'problema da realidade'".[4] "Pelo fato de ser ser-no-mundo, o ser-aí já sempre revelou o ente intramundano".[5]

> "Qualquer que seja o modo como se interpreta o ser da 'natureza', todos os modos de ser do ente intramundano estão ontologicamente fundados sobre a mundanidade do mundo e, assim, sobre o fenômeno do ser-no-mundo. Daí se segue que a realidade não goza de nenhum privilégio entre os modos de ser, do ente intramundano, e esse modo de ser de nenhum modo pode caracterizar, adequadamente, o mundo e o ser-aí na sua estrutura ontológica".[6]

Heidegger afirma que a realidade se radica no ser-no-mundo e aponta necessariamente para o ser-aí. "Conforme a ordem dos fundamentos ontológicos e conforme a ordem das legitimações categoriais e existenciais possíveis, *a realidade remete ao fenômeno da preocupação*".[7] Isso poderia sugerir que a realidade e os entes dependem do ser-aí e que somente existiria realidade enquanto houvesse ser-aí. Heidegger, porém, esclarece: "O fato de a realidade fundar-se ontologicamente sobre o ser do ser-aí não pode, entretanto, significar que o real não pode ser tal qual ele é, em si mesmo, a não ser quando e enquanto existe ser-aí".[8]

Com relação ao problema do ser, porém, surge, de modo surpreendente, uma afirmação estranha de Heidegger, a qual segue a análise anterior:

> *Entretanto, somente enquanto o ser-aí é, isso quer dizer, enquanto há uma possibilidade ôntica de compreensão do ser, "dá-se" ser. Se o ser-aí não existe, então, também não "é" mais "independência" e também não "é" "em si". Tais expressões deixam, então, de ser compreensíveis ou incompreensíveis. Nesse caso, o ser intramundano não pode mais ser descoberto, nem poderá permanecer velado. Neste momento, nem é mais possível dizer que o ente é, nem que ele não é. Enquanto é compreensão do ser e, assim, compreensão dos entes subsistentes, evidentemente é permitido dizer que, então, o ente também continuará a ser.*[9]

Heidegger afirma, aqui, uma dependência do ser da compreensão do ser. "Somente se é compreensão do ser, o ente se torna acessível como ente; somente enquanto é um ente do tipo ontológico do ser-aí é possível a compreensão do ser enquanto ser". Essa afirmação está implícita na declaração de que "a substância do homem é a existência".[10]

Em seguida, Heidegger inicia o decisivo parágrafo 44, que encerra a primeira seção com a discussão do problema da verdade dentro da analítica existencial. Mostra primeiro como a "filosofia desde a antiguidade sempre uniu entre si verdade e ser".[11] Em Aristóteles, a filosofia é a ciência da verdade e a ciência que estuda o ente enquanto ente.[12] "Se a *verdade* se acha, de direito, numa relação original com o *ser*, então o fenômeno da verdade se inscreve no horizonte da problemática da ontologia fundamental".[13]

Desse modo, Heidegger insere a análise da verdade no plano de sua ontologia fundamental da analítica existencial. Analisa "o conceito tradicional da verdade e seus fundamentos ontológicos", concluindo "que para a manifestação da verdade se trata somente do ser-descoberto do próprio ente *conforme* o modo de *seu* ser-descoberto".[14]

> *A enunciação é verdadeira, quer, então, dizer: descobre o ente em si mesmo. Enuncia, mostra, "faz ver" (apophansis) o ente em seu ser-descoberto. O ser-verdadeiro (a verdade) do enunciado deve ser compreendido como ser-aquilo-que-descobre. Assim, então, a verdade não tem, de nenhum modo, a estrutura de uma conformidade (adequação) entre o conhecimento e o objeto no sentido da adequação de um ente (o sujeito) a um outro (o objeto).*[15]

Heidegger tira disso a consequência: "Por sua vez, o ser-verdade como ser-descoberto só é ontologicamente possível quando fundamentado no ser-no-mundo. Esse fenômeno, no qual reconhecemos a constituição fundamental do ser-aí, é o *fundamento* do fenômeno original da verdade".[16]

Então, Heidegger passa para a análise do "fenômeno original da verdade e da natureza derivada do conceito tradicional da verdade", mostrando que, já na palavra *aletheia*, enquanto desvelamento, se manifesta o sentido do descobrir, tirar do velamento. "A aletheia significa as 'coisas em si mesmas', aquilo que se mostra, o ente conforme seu modo de ser-descoberto".[17] Não obstante, "a definição da verdade como ser-descoberto e ser-aquilo-que-descobre não surge apenas de uma simples explicação oral, ela resulta da análise do comportamento do ser-aí que se costuma chamar primeiramente verdadeiro".[18] "*Os fundamentos ontológico-existenciais do descobrir manifestam o fenômeno mais original da verdade*" [19]

Heidegger mostra, então, que descobrir é um modo de ser do ser-aí. A preocupação previdente descobre o ente intramundano. Assim, ele se torna descoberto. Desse modo, ele é "verdadeiro" em sentido segundo. O ser-aí é "verdadeiro" no sentido primário. "Verdade, no segundo sentido, não significa ser-o-que-descobre (descobrimento) mas, ser-descoberto (descoberta)".[20]

O filósofo mostrara, em análises anteriores, que o ente intramundano se funda sobre a revelação do mundo. "Ora, a revelação é o modo de ser fundamental do ser-aí conforme o qual ele é seu 'aí'. A revelação é constituída pelo sentimento de situação, pelo compreender e pelo discurso e concerne, originalmente, no mesmo grau, ao mundo, ao ser-em e à ipseidade".[21] A estrutura da preocupação enquanto ser-adiante-de-si-mesmo – já-ser-no-mundo – ser-junto-de-entes-intramundanos traz em si a abertura e a revelação do ser-aí. Com ela e por meio dela se constitui o ser-descoberto. "Assim, se atinge, com a abertura e a *revelação* do ser-aí, o fenômeno *mais originário* da verdade".[22] Todas as análises anteriores que Heidegger realizou são, portanto, explicitação do fenômeno originário da verdade. Toda a analítica das estruturas do ser-aí é uma análise da verdade.

> "*Enquanto o ser-aí é essencialmente sua revelação, enquanto, como revelado, revela e descobre, ele é essencialmente 'verdadeiro'. O ser-aí está 'na verdade'. Esse enunciado tem um sentido ontológico. Ele não significa que, sobre o plano ôntico, o ser-aí sempre tenha estado iniciado 'em toda verdade', mas, que a revelação de seu ser inalienável está incluída na sua constituição existencial*".[23]

Ao ser-aí, portanto, pertence a revelação em geral, como constituindo seu ser. Todo fenômeno da preocupação enquanto preocupação, projeto e decaída, está ligado à revelação. Como ao ser-aí pertence autenticidade e inautenticidade e como o ser-aí tem, em sua estrutura, a decaída, todavia, o ser-aí é, simultaneamente, oclusão, fechamento. Assim, o ser-aí sempre está também na não verdade.

"O ser-aí, porque é essencialmente em decaída, acha-se, por sua constituição ontológica, na 'não-verdade'. Essa expressão, do mesmo modo como aquela da 'decaída', recebe aqui uma acepção ontológica".[24] Por conseguinte,

> "*o sentido ontológico-existencial completo da tese: 'O ser-aí está na verdade' implica, co-originariamente, a tese: 'O ser-aí' está na 'não-verdade'. Mas, somente à medida que o ser-aí está revelado ele está também velado e somente à medida que, com o ser-aí, o ente intramundano está sempre descoberto, pode ser encontrado no interior do mundo como recoberto ou dissimulado.*[25] *Assim, a verdade sempre surge como conquista do ente. Ele é arrancado do velamento.*"

"*De fato, o ser-descoberto é sempre um rapto. Será simples acaso o fato de os gregos se expressarem sobre a essência da verdade através de um termo privativo (a-letheia)? Não anuncia, uma tal maneira de o ser-aí se exprimir a si mesmo, uma compreensão ontológica e original de si que sublinha, ainda que ao modo de uma compreensão pré-ontológica, que o estar-na-não-verdade constitui uma determinação essencial do ser-no-mundo?*".[26]

Desse modo, conclui Heidegger que a conformidade deriva da relação originária do ser-aí. A enunciação atinge o ente puramente subsistente, que é tal porque descoberto pela revelação do ser-aí. Por isso, a verdade da enunciação é derivada.

"*A enunciação não é o 'lugar' original da verdade, mas, inversamente, é a enunciação que, enquanto modo de apropriação do ser-descoberto e modo de ser-no-mundo, se funda no descobrimento, isto é, na revelação do ser-aí. A 'verdade' mais originária é o 'lugar' da enunciação e ela é a condição ontológica de possibilidade que permite às enunciações serem verdadeiras ou falsas (descobrindo ou encobrindo). Verdade, entendida no sentido mais originário, pertence à constituição fundamental do ser-aí. O conceito de verdade designa um existencial.*"[27]

Assim, insere Heidegger, no último parágrafo da primeira seção de *Ser e Tempo*, a fundamentação da verdade. Toda a verdade no plano ôntico emerge da verdade no sentido ontológico. Essa verdade ontológica, compreendida como emergindo das estruturas fundamentais do ser-aí, cuja unidade é a preocupação, abre o espaço para toda a verdade. Sem essa abertura e revelação originárias, nenhuma verdade, quer temporal, quer eterna, quer finita, quer infinita, quer humana, quer divina, se dá para o homem. A própria verdade que se revela nas estruturas do ser-aí, entretanto, aponta para a não verdade também fazendo parte do próprio ser do ser-aí, em sua faticidade e decaída. Heidegger capta o ser-aí na sua ambivalência fundamental e nela compreende toda a ambivalência de sua relação ontológica com os entes intramundanos. A verdade, em sua relação com a não verdade, aponta diretamente para a finitude do ser-aí.

Fundamentado o problema da verdade, Heidegger levará sua análise às últimas consequências. Antes afirmou, na analítica existencial, que somente há ser enquanto se dá compreensão do ser, que, portanto, somente há ser enquanto há ser-aí. Agora mostrará, na letra c) do § 44, que unicamente há verdade enquanto há ser-aí. Essa conclusão da primeira seção representa, sob todos os aspectos, um escândalo para a tradição filosófica ocidental. Apesar de poder suscitar uma interpretação subjetivista do pensamento do filósofo, essa conclusão traduz um golpe direto contra a metafísica da subjetividade. Representa uma ruptura com a tradição filosófica ocidental e pode ser analisada como a afirmação radical de uma ontologia da finitude. Observações feitas posteriormente, em uma discussão com Cassirer, mostrarão como Heidegger insiste naquilo que aqui vem afirmado. Todo o desenvolvimento posterior de Heidegger, ainda que revele outros horizontes, conduz, apenas por outros caminhos, para aquilo que está seminalmente neste texto. A compreensão do círculo hermenêutico e da viravolta radica-se, em última análise, na compreensão daquilo que encerra o último parágrafo da primeira seção da primeira parte de *Ser e Tempo*. O círculo hermenêutico e a viravolta são a explicação das profundas intenções semeadas neste texto. A clareza do texto nos pede a palavra. Deixemos que falem por si as passagens fundamentais antes de continuarmos nossa análise introdutória.

> *"c) O modo de ser da verdade e a pressuposição da verdade".*
>
> *"Enquanto constituído pela revelação, o ser-aí está essencialmente na verdade. A revelação é um modo de ser essencial do ser-aí. Verdade somente 'se dá' à medida que é e enquanto é ser-aí. O ente somente pode ser descoberto se o ser-aí é e ele somente está revelado enquanto é ser-aí. As leis de Newton, o princípio da não-contradição e toda a verdade em geral somente são verdadeiras enquanto são ser-aí. Antes de o ser-aí ter sido e depois que o ser-aí tiver deixado de ser, não havia verdade e não haverá mais verdade, porque, então, não pode ser, como revelação, descoberta e descobrimento. Antes de sua descoberta as leis de Newton não eram 'verdadeiras'; disso não se segue que teriam sido falsas, se a sua descoberta ôntica não fosse mais possível. Essa 'limitação' não significa, tampouco, uma diminuição do ser-verdadeiro dessas 'verdades'.*

Que antes de Newton as leis de Newton não eram nem verdadeiras nem falsas não pode querer dizer que o ente que elas manifestam, descobrindo-o, não tenha sido antes delas. Essas leis foram tornadas verdadeiras por Newton e, por elas, um ente tornou-se acessível em si mesmo ao ser-aí. Por sua descoberta, esse ente se manifesta como um ente que já era antes de seu descobrimento. Descobrir, dessa maneira, é o modo de ser da 'verdade'.

O fato de que há 'verdades eternas' somente se terá demonstrado de maneira suficiente quando se tiver conseguido mostrar que o ser-aí era e será por toda a eternidade. Enquanto faltar essa demonstração, essa proposição permanece uma afirmação fantástica cuja legitimidade não aumenta pelo fato de ser, para os filósofos, um objeto de 'crença' comum.

Toda a verdade é, em razão de seu modo de ser, que é essencialmente um modo de ser do tipo do ser-aí, relativo ao ser do ser-aí. Deve ser essa relatividade entendida como se toda a verdade fosse 'subjetiva'? Evidentemente não, se se interpreta 'subjetivo' no sentido do 'que esta à disposição do sujeito'. Pois, o sentido mesmo de todo o descobrimento é o de subtrair a enunciação do seu estar à disposição do 'sujeito' e de situar o ser-aí, que descobre, diante do próprio ente. E somente porque a 'verdade', enquanto descobrimento, é um modo de ser do ser-aí, ela pode ser subtraída do seu estar à disposição desse ser-aí. Mesmo a 'universalidade' da verdade radica-se simplesmente no fato de o ser-aí poder descobrir o ente em si mesmo e de liberá-lo para si mesmo. Somente assim, o ente pode, por si mesmo, ligar a si toda a enunciação possível, isto é, toda maneira de o manifestar. Está a verdade, corretamente compreendida, minimamente comprometida pelo fato de, onticamente, ela não ser possível a não ser num, 'sujeito' e pelo fato de que ela surge e desaparece com o ser desse 'sujeito'?

Uma vez compreendido existencialmente o modo de ser da verdade, pode-se compreender também o sentido que tem a pressuposição da verdade. Porque devemos nós pressupor que se dá uma verdade? Que quer dizer 'há verdade'? 'Nós' pressupomos a verdade, porque, sendo ao modo de ser do ser-aí, nós estamos na verdade. Nós não a pressupomos como qualquer coisa que estivesse fora de nós e acima de nós com a qual também nos relacionamos junto com outros 'valores'. Não somos nós que pressupomos a verdade, mas é ela somente que torna ontologicamente possível que nós possamos ser os que podem 'pressupor' algo. É a verdade que torna possível primeiramente algo assim como pressuposição.

Que quer dizer 'pressupor'? É compreender alguma coisa como o fundamento do ser de um outro ente. Essa maneira de compreender o ente nas suas relações de ser somente é possível quando fundada na abertura, isto é, no ser-descobridor do ser-aí. Pressupor verdade quer dizer, então, compreendê-la como algo em vista do que é o ser-aí. O ser-aí, porém, – e isto reside na sua constituição ontológica como preocupação – está sempre adiante de si mesmo. É um ente cujo interesse gira, em seu ser, em torno de seu poder-ser inalienável. A abertura e o descobrimento pertencem essencialmente ao ser e ao poder-ser do ser-aí enquanto ser-no-mundo. Ao ser-aí interessa seu poder-ser-no-mundo, isto é, entre outras coisas, interessa ao ser-aí sua preocupação descobridora e previdente do ente intramundano. A 'pressuposição' mais original reside na constituição ontológica do ser-aí como preocupação, como ser-adiante-de-si-mesmo. Pelo fato de pertencer ao ser do ser-aí o pressupor-se, devemos também 'nós' pressupor-'nos', enquanto determinados pela abertura e revelação. Este ato de 'pressupor', inerente ao ser do ser-aí, não se refere a um ente de um tipo diferente daquele do ser-aí, que ainda, além disto, seria dado, mas unicamente a si mesmo. A verdade pressuposta no 'dá-se', pelo qual se determina o ser dessa verdade, tem o sentido do ser do próprio ser-aí. Nós devemos 'fazer' a pressuposição da verdade porque essa pressuposição é já feita com o ser do 'nós'.

Devemos pressupor a verdade; ela deve ser, enquanto revelação do ser-aí, do mesmo modo como ele deve ser, enquanto concretamente meu. Isso resulta do fato de o ser-aí ser essencialmente jogado no mundo. Decidiu alguma vez, um ser-aí, ele próprio e livremente, ou poderá ele um dia decidir se quer ou não entrar na existência? 'Em si', não é possível ver porque o ente deve ser descoberto, porque deve haver verdade e ser-aí. [...]

A necessidade da verdade não se deixa demonstrar porque o ser-aí não saberia colocar-se a si mesmo sob o regime da demonstração [...].

Trata-se, entretanto, da questão do ser da verdade e da necessidade de sua pressuposição, ou, ainda, da questão da essência do conhecimento, supondo um 'sujeito ideal'. A razão explícita ou implícita dessa nova pressuposição reside na obrigação, seguramente legítima, mas que deve ser ainda fundada ontologicamente, que a filosofia tem de tomar por tema o 'a priori' e não 'fatos empíricos'. Mas, basta a posição de um 'sujeito ideal' para essa obrigação?

> Não se trata, na realidade, de um sujeito fantasticamente idealizado? Não termina, o conceito de um tal sujeito, por falhar o a priori do único sujeito: 'existindo de fato' o ser-aí? O a priori desse sujeito fático, isto é, a faticidade do ser-aí, não implica ela, para ele, a determinação de ser, co-originariamente, na verdade e na não-verdade?
>
> As idéias de um 'eu puro' e de uma 'consciência em geral' contêm tão pouco o a priori da subjetividade 'real' que elas desconhecem ou mesmo não percebem, de nenhuma maneira, os caracteres ontológicos da faticidade e da constituição do ser do ser-aí. A rejeição de uma 'consciência em geral' não significa a negação do a priori, assim como, inversamente, a suposição de um sujeito idealizado não garante a aprioridade, realmente fundada, do ser-aí.
>
> A afirmação de 'verdades eternas', assim como a confusão da 'idealidade', fenomenalmente fundada, do ser-aí com um sujeito absoluto idealizado, pertencem aos restos da teologia cristã, ainda não expulsos radicalmente do âmbito da problemática filosófica.
>
> O ser de verdade está originariamente ligado ao ser-aí. E é pelo fato de o ser-aí ser e constituir-se pela abertura e revelação, isto é, pela compreensão, que o ser pode ser compreendido e pode haver uma compreensão do ser.
>
> Ser – não ente – somente 'se dá' enquanto é verdade. E a verdade somente é enquanto é ser-aí. Ser e verdade 'são' co-originários."[28]

As linhas centrais do parágrafo 44, sobretudo da letra c, revelam decididamente a orientação do pensamento de Heidegger diante da questão do ser e da verdade. Toda a interrogação é centralizada no ser-aí e suas estruturas originárias. É pelo poder de sua constituição reveladora que o ser e a verdade se revelam e desvelam. Esse poder revelador, porém, não é atributo de um sujeito instaurador e relativizador do ser e da verdade. A constituição do ser-aí é revelação, abertura, enquanto sua unidade (e seu ser) é a preocupação. O ser e a verdade não surgem apenas de um ato do ser-aí. São sempre também um fato que se instaura com a própria faticidade do ser-aí. Se o ser e a verdade são o desvelamento que se torna um fato pelo próprio ser-jogado do ser-aí – o que já se revela na compreensão pré-ontológica de aletheia – então somente é ser e é verdade enquanto é ser-aí. Isso não aponta para um relativismo da estrutura do ser e da verdade, mas para uma condição essencial da finitude do ser-aí: ele somente pode ser como faticidade revelando e desvelando o ser e a verdade. O desvelamento do ser e da verdade são a condição fundamental da finitude do ser-aí.

Pelo fato mesmo de sua estrutura ontológica, entretanto, o ser-aí não está apenas na verdade e no ser; ele sempre se movimenta também na não verdade e em meio aos entes intramundanos, pois a própria verdade relativa ao ser-aí é simultaneamente verdade e não verdade. Por isso, torna-se possível o desvelamento da verdade e do ser. Assim, a condição do próprio ser-aí é uma condição ambivalente que resulta de sua própria estrutura ontológica. O ser-aí está simultaneamente na verdade e na não verdade.

Na conferência *Sobre a Essência da Verdade*, Heidegger desenvolverá o sentido profundo que se esconde nessa condição ambivalente. O que pode parecer uma limitação do ser-aí é precisamente sua dimensão mais profunda. "O velamento do ente em geral, a autêntica não-verdade, é mais antiga do que qualquer revelação deste ou daquele ente".[29] "O ser-aí, enquanto existe, engendra o primeiro e mais extenso não-desvelamento, a não-verdade original. O não-ser original da verdade é o mistério".[30]

A condição do ser-aí, portanto, enquanto revela e vela o ser e a verdade, aponta para a verdadeira dimensão do ser como velamento e desvelamento. Somente a partir da finitude do ser-aí é possível compreender tal ambivalência. Assim, se entenderá o sentido da referência que Heidegger faz às "verdades eternas". O horizonte ontológico, em que Heidegger situa sua análise da verdade, não admite tais verdades, a não ser que se prove a eternidade do próprio ser-aí. Somente são possíveis as verdades relativas ao próprio ser-aí, pois verdade é desvelamento e esse somente se instaura na abertura da faticidade do ser-aí. Toda essa afirmação de Heidegger deve ser interpretada no horizonte de sua própria interrogação: a dimensão ontológica. No plano ôntico, tais afirmações perdem seu sentido.

Heidegger parte do fato do ser-aí. Renuncia, assim, em seu ponto de partida, ao "sujeito ideal", ao "eu puro", à "consciência em geral", – a alusão à filosofia transcendental, principalmente à de Husserl, está manifesta – renunciando ao ideal da total transparência na interrogação filosófica. Seu ponto de partida renuncia, assim, também ao modelo absoluto – a *noesis noeseos* da reflexão filosófica da tradição ocidental. Tal ponto de partida representa da mesma forma, simultaneamente, uma renúncia ao que a tradição chama de teologia natural. As "verdades eternas" e o sujeito absoluto idealizador são restos dessa teologia. Heidegger os elimina da problemática filosófica. Se essas questões entrarem na filosofia de Heidegger, sua discussão não será de nenhum modo levantada no horizonte da tradição. As possibilidades filosóficas da teologia natural e das "verdades eternas" jamais se afirmarão como ponto de partida do filosofar e como sua solução e modelo último.

Todas essas análises retornam à discussão com Kant, que Heidegger desenvolve em *Kant e o Problema da Metafísica*. Nessa obra ele persegue "aquilo que pertence à essência do entendimento: o ter de voltar-se para o universal para entender o particular", "o caráter de desvio (discursividade) que caracteriza o entendimento" e que é chamado "o índice mais agudo de sua finitude".[31] "Pensar enquanto tal já é, assim, o selo da finitude".[32] "O fato de um ser finito que conhece 'também' ter de pensar, é, primeiramente, a conseqüência da finitude de sua intuição".[33] A pergunta que vai conduzir toda a análise é: "em que consiste a essência da intuição finita e, assim, a finitude do conhecimento humano em geral?".[34]

Mostrando como as três perguntas (Que sou capaz de saber? Que devo fazer? Que me é permitido esperar?) já revelam a finitude da condição humana e, assim, apontando para a quarta pergunta (Que é o homem?), Heidegger afirma que "a fundamentação da metafísica reside na pergunta pela finitude no homem" e que "somente assim a finitude se torna problema".[35]

A "pergunta pela finitude no homem" emerge "da tarefa de fundamentação da metafísica".[36] Sendo a pergunta *ti to on* a pergunta da metafísica que aponta para "o ser que nela está previamente entendido como problema",[37] então torna-se necessário estabelecer "uma relação fundamental entre a questão do ser e a finitude do homem".[38] Heidegger afirma que

> "se não acontecesse a compreensão do ser, o homem jamais seria capaz de ser o ser que ele é. O homem é um ente, que está em meio aos entes, mas, de tal modo que o ente que ele mesmo não é e o ente que ele mesmo é, já sempre se tornaram particularmente manifestos. Esse modo de ser designamos existência. Somente o fundamento da compreensão do ser torna possível a existência".[39]

Heidegger estabelece, então, a ligação com as análises que se desdobram no parágrafo 44 de *Ser e Tempo*:

> "Existência é, enquanto modo de ser em si mesma, finitude e, enquanto tal, apenas possível quando fundada na compreensão do ser. Coisa semelhante ao ser somente se dá e somente deve-se dar ali onde finitude se tornou existente. Assim, se manifesta a compreensão do ser... como o mais íntimo fundamento de sua finitude. A compreensão do ser não possui a inócua 'universalidade' de uma propriedade do homem, que ocorre, muitas vezes, entre muitas outras; sua 'universalidade' é a originariedade do mais íntimo fundamento da finitude do ser-aí."[40]

Assim, o filósofo tira a conclusão que fundamenta toda a sua analítica existencial:

> "Agora se mostra: não precisamos mais, de nenhum modo, perguntar, primeiramente, por uma relação da compreensão do ser com a finitude no homem, a própria compreensão do ser é a essência mais íntima da finitude. Assim, conquistamos aquele conceito de finitude que jaz na base de uma problemática de fundamentação da metafísica".[41]

"Dessa maneira, a fundamentação da metafísica se baseia na metafísica do ser-aí".[42] Heidegger mostra, desse modo, como a analítica existencial consiste fundamentalmente na análise das relações entre compreensão do ser e finitude. Nessa analítica do ser-aí a questão do ser e da verdade situam-se, necessariamente, dentro da análise do vínculo que se estabelece ontologicamente entre compreensão e finitude. Ser e verdade ligam-se fundamentalmente à finitude enquanto ela é compreensão do ser. A unidade intrínseca da finitude consiste na preocupação e o sentido da preocupação se revelará na temporalidade. Em última análise, finitude é temporalidade. Assim, se ligam radicalmente compreensão do ser e temporalidade: Ser e Tempo.[43]

Se em *Ser e Tempo* a *aletheia*, em sua compreensão pré-ontológica, era apontada por Heidegger como aquele elemento da história da filosofia que vinha apoiar a interpretação do ser-aí como abertura e da verdade como desvelamento, em *Kant e o Problema da Metafísica* a *ousia* é apresentada como o elemento da tradição, que implicitamente explica o ser a partir do tempo.[44] Assim "a interpretação do ser-aí como temporalidade, como meta da ontologia fundamental, deve, unicamente, ser motivada pelo problema do ser enquanto tal. Somente dessa maneira se abre o sentido ontológico fundamental, isto é, o único decisivo em *Ser e Tempo*, da pergunta pelo tempo".[45]

O laço que une ser e tempo é a própria finitude da compreensão do ser-aí.[45a] Heidegger diz isso explicitamente: "Se a problemática da metafísica do ser-aí é chamada a problemática de *Ser e Tempo*, então poderá ter-se tornado claro, a partir da elucidação da idéia de uma ontologia fundamental, o fato de, nessa expressão, o 'e' ocultar em si o problema central".[46] É a partir da finitude do ser-aí que se estabelece a ontologia. Por isso a ontologia é o signo da finitude da compreensão do ser. A ontologia é a marca da finitude. Essa dimensão é esclarecida pelas perguntas que Heidegger faz no fim de *Kant e o Problema da Metafísica*:

> "Qual é a essência transcendental da verdade em geral? Como é que ela e a não-essência da não-verdade particularmente se unem – originariamente fundados na finitude do ser-aí – como a indigência básica do homem, (enquanto um ente jogado em meio ao ente), de ter de compreender algo tal como ser? Tem algum sentido e subsiste algum direito de se compreender o homem por motivo de sua íntima finitude – pelo fato de ele necessitar da 'ontologia', isto é, da compreensão do ser – como 'criador', e assim, como 'infinito',

> *já que precisamente a idéia de um ser infinito não recusa nada mais radicalmente do que uma ontologia? Será possível desenvolver a finitude do ser-aí – ainda que seja, somente como problema – sem uma 'pressuposta' infinitude? De que tipo é, afinal, esse 'pressupor' no ser-aí? O que significa a infinitude assim 'posta'"?*[47]

Tais interrogações são o móvel fundamental da reflexão de Heidegger. Sua filosofia gira em torno de questões semelhantes, formuladas de múltiplos modos. Uma discussão do filósofo com Ernst Cassirer, em 1929, ano da publicação de *Kant e o Problema da Metafísica*, aborda esclarecedoramente a sua posição.[48] Segundo testemunhas, a discussão central entre Cassirer e Heidegger girou sobre o problema da finitude.[49] Isso representava, antes de mais nada, um confronto com os neokantianos, que já se fazia presente pelo impacto causado por *Ser e Tempo* e suas interpretações inovadoras de Kant.

Na discussão, Cassirer fizera, em meio a suas considerações, as seguintes perguntas:

> *"Heidegger expôs que nossa capacidade de conhecer é finita. Que ela é prisioneira e relativa. Como é que um tal ser finito chega ao conhecimento, à razão, à verdade? – Heidegger uma vez põe a questão da verdade e diz: Verdades em si, verdades eternas jamais podem existir, mas, verdades são constantemente relativas ao ser-aí. Para Kant o problema era precisamente o seguinte: como é possível, que apesar da finitude, existam verdades necessárias e universais? Deve ser esclarecido como um ser infinito chega a uma determinação de objetos, que, enquanto tais, não estão ligados à finitude? Minha pergunta é, portanto, a seguinte: quer Heidegger renunciar a toda essa objetividade, a essa forma de absolutidade, que Kant defendeu na esfera ética e teorética e na crítica do juízo?"*

A essas perguntas, que toda a tradição filosófica ocidental dirigiria a Heidegger, diante de suas afirmações em *Ser e Tempo* e *Kant e o Problema da Metafísica*, o filósofo responde:

> *"Cassirer quer mostrar que nos escrito éticos a finitude é transcendida, de que no imperativo categórico reside algo que ultrapassa a finitude. Porém, precisamente o conceito de imperativo en-*

quanto tal mostra a referência intrínseca a um ser finito. Também a transcendência permanece no âmbito da finitude. Para Kant a razão do homem está postada puramente sobre si mesma e não se pode refugiar em algo eterno, absoluto e também não no mundo das coisas. Esse reino do meio é a essência da razão prática. Erra-se na concepção da ética kantiana, quando não se percebe a função intrínseca da lei para o ser-aí. Certamente na lei algo ultrapassa a sensibilidade. Mas, o problema é o seguinte: como se constitui a estrutura íntima do próprio ser-aí? É ela finita ou infinita? Nessa pergunta reside um problema bem central. Justamente, naquilo que se põe em evidência como a infinitude constitutiva, manifesta-se o caráter da finitude. Kant caracteriza a imaginação do esquematismo como exhibitio originaria. Essa originariedade se apresenta, de certa maneira, como o poder criador, mas ela é, enquanto exhibitio, uma dependência da receptividade. O homem não é, portanto, jamais infinito e absoluto na criação do próprio ente, mas, ele é infinito no sentido da compreensão do ser. Mas, essa infinitude do ontológico está essencialmente ligada à experiência ôntica, de tal modo que se deve dizer inversamente: Essa infinitude, que irrompe na força da imaginação, é, precisamente, o mais agudo argumento para a finitude. Ontologia é um índice da finitude. Deus não a possui (o grifo é nosso).[50]

Com relação à pergunta de Cassirer sobre o problema da verdade, Heidegger responde:

A própria verdade está intimamente ligada com a estrutura da transcendência pelo fato de o ser-aí ser um ente, que está aberto para os outros e para si mesmo. Nós somos um ente que se mantém no desvelamento do ente. Manter-se assim, na abertura e revelação dos entes, é o que chamo de estar-na-verdade. E eu vou mais longe: por motivo da finitude do estar-na-verdade do homem, isto, simultaneamente, um estar-na-não-verdade. A não verdade pertence ao núcleo mais íntimo do ser aí. Apenas aqui acho que encontrei a raiz onde a "aparência" metafísica de Kant é metafisicamente fundamentada.[51]

Com respeito à validez das verdades eternas, Heidegger responde a Cassirer:

"Quando digo: a verdade é relativa ao ser-aí, não representa isso uma enunciação ôntica, como se isso significasse que verdadeiro somente é aquilo que o homem individual pensa. A proposição tem

> sentido metafísico: verdade somente pode ser se existe o ser-aí. Com a existência do ser-aí somente se revela a verdade. E agora a pergunta: qual é a situação da validez, da eternidade da verdade? Esta pergunta vem geralmente orientada no problema da validez, no problema da enunciação. Mas, o problema deve ser desenvolvido de outro modo. Verdade é relativa ao ser-aí. A supra-subjetividade da verdade, essa irrupção da verdade além do indivíduo, quer dizer: estar-na-verdade significa estar entregue ao ente. O que aqui se pode separar como conhecimento objetivo tem, conforme a existência fática particular, um conteúdo de verdade que diz algo sobre o ente. Mas, isso se interpreta mal quando se diz que, em oposição ao fluxo das vivências, há algo constante, eterno: o sentido e o conceito. Levanto o problema oposto: o que significa aqui, propriamente, eterno? Não é essa eternidade apenas a constância no sentido do "aei" do tempo? É ela apenas possível em razão da transcendência interior do próprio tempo? Que significam todas essas expressões da metafísica transcendental: a priori, aei on, ousia? Elas somente podem ser compreendidas e somente são possíveis pelo fato de o próprio tempo ter em si um caráter horizontal, pelo fato de eu, no meu relacionamento com o futuro e com o passado, sempre ter, ao mesmo tempo, um horizonte de presente, futuro e passado em geral e, assim, pelo fato de aqui encontrar-se uma determinação transcendental-ontológica, em meio à qual primeiramente se constitui algo tal como constância da substância. – A partir dessa esfera deve ser compreendida toda a minha interpretação da temporalidade. Toda a problemática de Ser e Tempo, que trata do ser-aí do homem, não é antropologia filosófica. Para isso é muito estreita e muito provisória. Aqui temos uma problemática que até agora não foi desenvolvida enquanto tal.[52]

Por fim, Heidegger encerra a discussão, resumindo novamente o seu pensamento.

> O ser em si mesmo está dividido numa multiplicidade, e um problema central se impõe na conquista do chão para que se possa compreender a multiplicidade dos modos de ser a partir da idéia de ser. [...]
> A essência da filosofia, como tarefa finita do homem, reside no fato de ela estar limitada à finitude do homem. Pelo fato de a filosofia se dirigir à dimensão total e suprema do homem, deve mostrar-se, na filosofia, a finitude de uma maneira absolutamente radical.[53]

Este texto, que apresenta os temas centrais da discussão Heidegger-Cassirer, revela o horizonte de preocupações do pensamento heideggeriano. Além da afirmação, mais explícita, da ontologia como índice da finitude e da filosofia como a manifestação mais radical da finitude do homem, Heidegger retoma aqui a temática dos últimos parágrafos de *Ser e Tempo* em sua primeira parte e dos últimos parágrafos de *Kant e o Problema da Metafísica*. Além de uma reafirmação das posições anteriores, aparece no diálogo Heidegger-Cassirer uma conjugação dos problemas dos livros até aí publicados. Explicitamente se aproximam os problemas do ser e da verdade, examinados anteriormente, e da análise da finitude, também, há pouco, abordada. Dessa aproximação decorre a afirmação insistente da "ontologia como índice da finitude" e "da filosofia como tarefa manifestadora da radical finitude do homem".[54]

Esses três textos examinados resumem, portanto, a posição de Heidegger com relação ao problema do ser e da verdade. O que neles vem afirmado representa o horizonte típico da reflexão heideggeriana de antes da assim chamada viravolta, horizonte que se desdobra em sua estrutura fundamental dentro da circularidade do ser-aí.

Também o texto *Sobre a Essência do Fundamento* situa a questão do ser e da verdade nesse mesmo horizonte da finitude da constituição circular da faticidade do ser-aí. Particularmente, na análise da questão do fundamento, Heidegger retoma o problema da finitude. Na "interrogação mais antiga pela essência do *fundamento*" constata-se "seu entrelaçamento com a tarefa de uma elucidação da essência do ser e da verdade".[55] "A liberdade enquanto transcendência [...] é a origem do fundamento em geral".[56] "O fundamento brota da liberdade finita".[57] O fundamento se instaura como projeto do mundo, como transcendência por meio do ser-aí como ser-no-mundo. "A transcendência do ser-aí [...] brota da liberdade finita do ser-aí".[58] "O fundamento emergente que transcende tem sua origem na própria liberdade, e ela própria, *enquanto origem*, se torna 'fundamento'".[59] "A essência da finitude do ser-aí se desvela na transcendência enquanto liberdade para o fundamento".⁶⁰ "À essência do ser pertence fundamento, porque ser (não ente) somente se dá na transcendência enquanto essa é um fundar que se instaura pelo projeto situado do mundo".⁶¹ "O projeto do mundo é, simultaneamente, um documento transcendental da *finitude* da liberdade do ser-aí".⁶² O ensaio *Sobre a Essência do Fundamento*, que é a primeira meditação de Heidegger sobre a diferença ontológica, também esboça, portanto, o mesmo problema da finitude com relação à questão do ser e da verdade.

Todas as análises que até agora fizemos sobre o problema da finitude e a questão da verdade, devem ser vistas no horizonte da interrogação heideggeriana pelo tempo. O fato de o sentido do ser-aí ser a temporalidade, de a temporalidade ser o sentido da preocupação, transforma-a no horizonte transcendental da pergunta pelo ser. "Todas as interpretações concretas, antes de tudo a do tempo, devem *unicamente* ser valorizadas na direção da *possibilitação* da *pergunta* pelo ser".⁶³ Heidegger procura "esclarecer o sentido do ser e a 'co-pertença' entre ser e verdade através da temporalidade da existência".⁶⁴ "Nós mesmos somos a fonte da idéia de ser. – Essa fonte, porém, deve ser entendida como a *transcendência* do ekstático *ser-aí*. Apenas no fundamento da transcendência dá-se uma articulação dos diversos modos de ser. Um problema difícil e derradeiro é a determinação da idéia de ser em geral".⁶⁵ Essa transcendência do ser-aí ekstático se dá como temporalidade. "A temporalidade ekstática ilumina originariamente o 'aí'".⁶⁶ "Da radicação do ser-aí na temporalidade emerge o fenômeno do ser-no-mundo".⁶⁷ Em síntese, a questão da finitude da tarefa da filosofia e da ontologia reside no "fenômeno do tempo corretamente visto e explicitado". "Nele radica a problemática central de toda ontologia".⁶⁸

Se observarmos atentamente os passos dados até aqui por Heidegger para situar o problema da transcendência finita na interrogação pelo ser e pela verdade, surpreende-nos o fato de que o movimento seja realizado pelo próprio método transcendental. Toda a problematização parece impôr-se a partir de uma reflexão transcendental que ilumina as estruturas do ser-aí enquanto preocupação e temporalidade. A linguagem é metafísica, ainda que "antimetafísico" seja aquilo para onde ela conduz. A dimensão interrogativa não se localiza mais na consciência, no espírito, na reflexão subjetivística, do eu puro etc., apontando antes para o terreno da faticidade do ser-aí e sua estrutura temporal finita. Apesar da busca do horizonte transcendental para a resposta ao problema do ser e da verdade, visa-se radicalmente à própria destruição de toda a interrogação subjetivística moderna, que se movimenta na reflexão transcendental. Heidegger se movimenta, ainda, na afirmação do ser e da verdade, em uma posição transcendental que, entretanto, objetiva a eliminação de seus próprios fundamentos. O movimento em direção ao virtualmente aberto para o infinito é experimentado como radical finitude. Em vez da busca da total autotransparência, a transcendência é afirmada no ser-aí como estar-na-verdade e na não verdade. A abertura é vista na ambivalência de velamento e desvelamento. Em lugar da meta de fundar o ser e a verdade em um fundamento transparente e autofundamento, eles são entregues ao abismo da finitude e do tempo. Assim, Heidegger pretende salvar a positividade da finitude para não entregá-la àquilo que a transcende, o que seria dar-lhe apenas uma explicitação negativa.

A interrogação pelo ser e pela verdade fica, assim, *aquém* das exigências da tradição filosófica. A ontologia como índice da finitude repousa, dessa maneira, em si mesma, sem buscar sua medida além de si, na não medida de uma afirmação teológica. Tal interrogação somente se poderá sustentar no horizonte de uma ambivalência radical. Seu ponto de partida já é sempre seu ponto de chegada. Seu movimento somente poderá ser circular. Na relação mútua, o ser e a verdade e o ser-aí se condicionarão mutuamente, ainda que em um momento se revele a hegemonia de um dos polos.

Por isso, toda a interrogação de Heidegger, tanto a do primeiro quanto a do segundo, se movimenta em uma ambivalência radical. Uma meditação filosófica que assume a ontologia como índice da finitude do ser-aí, se movimentará na circularidade do próprio fato do ser-aí, que não se dá sem o ser à medida que, também, esse não se dá sem aquele. Pelo fato de uma tal filosofia partir da analítica existencial, da transcendência do ser-aí, ela não poderá fugir inicialmente a uma interrogação transcendental. Somente a passagem da interrogação transcendental para um pensamento do ser, porém, permitirá levar o projeto a seu término.

Essa ruptura da interrogação transcendental o próprio Heidegger experimentou no impasse criado com a incompletude de *Ser e Tempo*. Não lhe foi possível e jamais o será a nenhum pensador pensar a finitude simplesmente a partir do ser-aí. A viravolta é destino de cada pensador e se impõe a todo aquele que, superando a subjetividade, procura pensar positivamente a finitude da interrogação pelo ser e pela verdade. Precisamente na viravolta, passa-se a pensar a finitude a partir do ser e de sua manifestação como velamento e desvelamento. Isso, porém, somente se torna possível mediante o pensamento da circularidade do próprio ser-aí e por intermédio do círculo hermenêutico.

Em última análise, pensa-se a circularidade do ser-aí como ponto de partida, quando se procura pensar a diferença ontológica pela transcendência finita e impõe-se a viravolta, justamente pela necessidade de se pensar a transcendência finita a partir da diferença ontológica. Uma tal interrogação na finitude, no entanto, jamais romperá o círculo da finitude. Sempre permanecerá interrogação e jamais será resposta definitiva. Isto é afirmado explicitamente por Heidegger em 1940:

> "Visa-se a distinção entre ser e ente, enquanto fundamento da possibilidade da ontologia. Mas, a 'diferença ontológica' não é introduzida para, assim, resolver-se o problema da ontologia, mas, para designar aquilo que, enquanto até agora permaneceu não-problematizado, torna, precisamente, problemática, em seus fundamentos, toda a ontologia, isto é, a metafísica. A referência à diferença ontológica designa o fundamento de toda a ontologia e, assim, de toda a metafísica. A designação da diferença ontológica prenuncia o fato da vinda de um momento histórico, em que se

torna urgente e necessário interrogar pela razão e fundamento da 'onto-logia'. É por isso que se fala, em Ser e Tempo, de 'ontologia fundamental'".[69]

Nessa direção apontava a afirmação de Heidegger dez anos antes:

"*Seguramente deve-se considerar que, justamente, a própria elaboração da essência última da finitude, exigida para a fundamentação da metafísica, sempre deve ser basicamente finita e jamais pode tornar-se absoluta. Disso segue-se, apenas, que a meditação, sempre renovada, sobre a finitude não pode ter sucesso através de um jogo recíproco e uma compensação mediadora de pontos de vista, para, afinal, contudo, ainda conquistar o conhecimento absoluto da finitude, 'em si verdadeiro', ocultamente ajuntado. Permanece, antes, apenas a elaboração da problemática da finitude enquanto tal, que se manifesta conforme sua essência mais própria, quando se torna acessível por meio de um empenho inamovível, conduzido pela pergunta fundamental da metafísica co-originariamente entendida, empenho que, evidentemente, jamais poderá ser exigido como o único possível.*"[70]

Heidegger rompe seu vínculo com a reflexão transcendental pelo pensamento da ambivalência de velamento e desvelamento. O ser e a verdade, com essas duas faces, não repousam mais no horizonte transcendental. Por isso a sua filosofia não vai mais em busca de uma total transparência do ser como total desvelamento, como pura presença. A experiência do ser e da verdade como velamento e desvelamento é, ao mesmo tempo, o ponto de partida para o estabelecimento de uma ontologia despojada da teologia natural. Desaparece, assim, o modelo de toda a reflexão transcendental, o *logos* divino na sua condição de identidade consigo mesmo, enquanto pensamento de pensamento. Isso representa simultaneamente a afirmação da ontologia da finitude. Essa ontologia não tem como ideal progredir em uma ascensão dialética até a afirmação de um ser ou uma verdade absolutos, mas ela pensa o ser verdade como velamento e desvelamento, como presença ou ausência. Na ontologia da finitude, como Heidegger a elabora, permanece a tarefa da fenomenologia que estuda o ser, assim como, a partir de si, se manifesta, isto é, mergulhando sempre na imanência e no velamento.

A superação da ontoteologia e o despojamento do ideal transcendental são colocados, são realizados, em um plano essencialmente ontológico. Do mesmo modo, a afirmação da finitude da ontologia visa a uma dimensão puramente ontológica. Todo o problema da finitude deve ser compreendido nesse horizonte ontológico. Trata-se de uma afirmação da finitude que não briga com qualquer afirmação no plano ôntico. Somente assim compreendida, a finitude heideggeriana não leva a equívocos. Não se trata de negar a infinitude positiva da tradição ocidental, nem de sustentar o sentido negativo de finitude que ela se opõe. Desviar-se-ia, assim, toda a reflexão para o plano ôntico e histórico. A finitude heideggeriana tem apenas sentido positivo. Essa positividade se afirma mesmo ali, quando, por força da própria finitude, o velamento se une ao desvelamento.

Tanto a afirmação de que o ser e a verdade somente se dão enquanto é o ser-aí, que a compreensão do ser é a radical atestação da finitude do ser-aí, que a ontologia é o índice da finitude, quanto, afinal, a afirmação de que a transcendência do ser-aí brota da liberdade finita do ser-aí, todas essas afirmações que estudamos nos textos anteriormente analisados referem-se ao problema da finitude em seu sentido positivo ontológico. Não são uma relativização da verdade ôntica, mas uma afirmação ontológica da ambivalência em que mergulha toda a compreensão do ser e da verdade. O ser-aí é finito porque sua abertura é, ao mesmo tempo, velamento; porque sua transcendência mergulha, ao mesmo tempo, na faticidade e na decaída; porque manifesta o ser sempre ligado ao nada. O ser é finito porque se revela na abertura do ser-aí, porque se mostra na transcendência do ser-aí e porque é sempre experimentado como o nada. "O próprio ser é essencialmente finito e somente se manifesta na transcendência do ser-aí exposto ao nada".[71]

O quanto essa afirmação da finitude se aproxima do conceito de finitude dos gregos e o quanto ela se separa da finitude cristã, o quanto ela se aproxima da finitude kantiana e o quanto ela se separa da finitude hegeliana, o quanto, enfim, essa finitude quer e pode assegurar a especificidade da ontologia ante a qualquer teologia, não pode ser explorado neste trabalho. Apenas alguns aspectos serão desenvolvidos no estudo da *aletheia*.

O trabalho visa a explorar simplesmente a estrutura e o movimento fundamentais de um pensamento que procura manter-se fiel ao projeto inicial de uma ontologia da finitude; uma ontologia da finitude que não seja apenas uma ontologia do ser-aí, como fenomenologia hermenêutica, mas que seja uma ontologia que pensa o ser, em uma fidelidade fenomenológica a sua manifestação, como velamento e desvelamento. Uma tal ontologia busca entender o ser a partir da finitude do ser-aí e procura compreender a finitude do ser-aí a partir do ser. Nisso reside o círculo hermenêutico ontológico. Ele é sustentado pela constituição circular do próprio ser-aí e a constituição circular do ser-aí recupera seu alcance e sua radicalidade no movimento da viravolta.

O problema da finitude no pensamento de Martin Heidegger somente conserva sua originalidade quando, assim, se acompanham as linhas fundamentais de seu desenvolvimento. Também, deste modo, somente se revelará como o pensamento da finitude jamais é suficientemente finito para compreender a finitude e o ser.

Notas

[1] Met. 1071b30
[2] Met. 1075a5, ver *"Chronos"* I, 1, p. 8-17
[2a] PLW
[3] N II 250
[4] SZ 206
[5] SZ 207
[6] SZ 211

[7] SZ 211
[8] SZ 212
[9] SZ 212, ver a interpretação de HB, p. 24
[10] SZ 212
[11] SZ 212
[12] SZ 213
[13] SZ 213
[14] SZ 218
[15] SZ 218-219
[16] SZ 219
[17] SZ 219
[18] SZ 220
[19] SZ 220
[20] SZ 220
[21] SZ 220
[22] SZ 221
[23] SZ 221
[24] SZ 222
[25] SZ 222
[26] SZ 222
[27] SZ 226
[28] SZ 226-230
[29] WW 19
[30] WW 20
[31] KPM 35
[32] KPM 31
[33] KPM 31
[34] KPM 31
[35] KPM 197
[36] KPM 199
[37] KPM 201

[38] KPM 203

[39] KPM 205

[40] KPM 206

[41] KPM 207

[42] KPM 207

[43] Vide IV 3: *Ser e Tempo: Tempo e Ser*.

[44] KPM 216

[45] KPM 216

[45a] NI 356

[46] KPM 219

[47] KPM 221-222

[48] Schneeberger, Guido – *Ergänzungen zu einer Heidegger – Bibliographie*; Bern 1960.

[49] Nesse curso, realizado em Davos, na Suíça, Heidegger expôs sua interpretação de Kant.

[50] Ver o testemunho de Edith Stein no último capítulo da quarta parte deste trabalho.

[51] Ver § 44 de SZ e WW

[52] EHB 19-20

[53] EHB 26

[54] EHB 19

[55] WG 50

[56] WG 44

[57] WG 53

[58] WG 49

[59] WG 53

[60] WG 54

[61] WG 51

[62] WG 47

[63] WG 42

[64] SZ 357
[65] *Zeit und Geschichte, Dankesgabe an Rudolf Bultmann zum 80. Geburtstag,* p. 498.
[66] SZ 351
[67] SZ 351
[68] SZ 18
[69] NII 209
[70] KPM 213
[71] WiM 40

PARTE PRIMEIRA

A *Aletheia*

CAPÍTULO 1

A *Aletheia* nos Gregos

Na vida e obra de cada pensador se esconde um elemento profundo que comanda sua interrogação e alimenta sua reflexão. Por momentos manifestando-se com maior visibilidade e, em outros, retendo-se na penumbra do pressentimento, sua presença constante acompanha a gênese do pensamento filosófico. Por isso, a unidade de um pensamento não se deverá tanto a fatores externos de sistematização rígida e às conquistas conceituais de determinada área, mas ela residirá, em primeiro lugar, neste elemento primeiro e original que fecunda a meditação, resistindo à sua própria explicitação reflexiva. Em momentos decisivos o pensador é envolto por essa realidade e do encontro misterioso jorram as fontes que alimentam a monotonia da meditação cotidiana. Um pensador que construísse seu pensamento das imagens e conceitos convencionais dominados pela linguagem e armazenados no uso corrente, esquecido do horizonte criador que nele se esconde, muito pobre seria e despojado de originalidade. Cada pensador tem o seu anjo com quem luta no invisível e a quem resiste até extrair o segredo que progressivamente pressente. Da resistência daquilo que o pensador persegue em sua intimidade, nasce a força fecundante de seu pensamento e o poder criador que dos subterrâneos arranca a ilha de sentido que ele comunica em sua obra. "A onda da vida não se elevaria tão alto com suas espumas, tornando-se espírito, não fosse a muda rocha antiga, o destino, opor-lhe resistência".[1]

Nos filósofos, em sua totalidade, se pode presumir essa terra inculta que pesa em cada forma que se eleva ao mundo do pensamento. É a terra originária que alimenta, com sua resistência, as figuras que se abrem à luz do sentido das coisas. Da constante incompletude da conquista das profundezas pressentidas, nasce a melancolia da perene precariedade do dizer daquilo que envolve o pensador. Auscultar os sinais reveladores e vislumbrar os contornos desse elemento unitário é compreender a inspiração profunda de cada pensador.

Quem pretende ter esgotado os meandros de um pensamento pelo meio-dia da razão, oculta, com essa convicção, a secreta individualidade do pensador.

Heidegger é um filósofo que luta com o imponderável que perpassa sua obra. Ainda que ele creia "que no fundo, a resposta aos grandes problemas deve ser algo de muito simples",[2] ela lhe resiste de tal modo que "cada pensador somente pode pensar um único pensamento"[3], como alguém "que caminha para uma estrela e somente isso".[4] O pensamento de Heidegger "se enrijece ao vento do objeto"[5] a ser pensado e sempre está envolto no perigo de que "quem pensa arrojadamente deve errar grandemente"[6] a não ser que "saiba parar ali onde o único pensamento do caminho de seu pensamento se inseriu em sua estrutura".[7] Mesmo assim, "o dizer do pensamento estaria apenas então silenciado em sua essência se se tornasse incapaz de dizer aquilo que deve permanecer não dito".[8] "Somente tal incapacidade situaria o pensamento diante do objeto?"[9] Isso deve chegar ao ponto de surgir o espanto diante "do fato de, constantemente, e, contudo, subitamente, haver um pensamento"[10], porque "nunca é o que foi falado e, em nenhuma linguagem, o que foi dito".[11]

Nessa luta com o elemento profundo que sustenta seu esforço de reflexão Heidegger vê-se colocado diante dos "três perigos que ameaçam o pensamento": "O bom e por isso salutar perigo é a vizinhança com o canto do poeta. O maligno, e por isso mais radical perigo é o próprio pensamento. Ele sempre deve pensar contra si mesmo, o que raramente consegue. O perigo daninho que confunde enquanto tal é o filosofar".[12]

Para penetrar na inspiração profunda do pensamento de Heidegger é preciso "que se tenha experiência bastante para distinguir entre um objeto aprendido e uma coisa pensada".[13] Por isso, impõe-se, na análise da obra do filósofo, a necessidade de acompanhar os veios profundos de onde ela emerge pelo esforço criador. A dimensão multifacetada de sua obra é, justamente, o resultado da dificuldade com que luta o pensamento diante do mais originário que é agredido por todos os flancos. Daí, também, a consequente incompletude que caracteriza seu caminho de interrogação. A questão do ser, com que Heidegger luta desde sua juventude, acompanha todos os seus passos com sua misteriosa vigência pesando no fundo de todas as conquistas conceituais. Somente a partir dessa questão primeira é possível pressentir a unidade de uma obra sempre a caminho de um dizer impossível, resistente e ambivalente.

Heidegger resume em uma palavra a unidade de seu pensamento, a constância de seu caminho e a inspiração do objeto: é a *aletheia*. Nessa palavra, que emergiu progessivamente do contato fenomenológico com o pensamento grego, residem as possibilidades supremas do dizer de sua obra. A *aletheia* é a matriz inspiradora dessa ambivalência que perpassa sua interrogação no claro-escuro da linguagem, do caminho e do objeto de seu pensamento. A *aletheia* envolve a pergunta pelo sentido do ser e pela verdade no horizonte de uma ontologia da finitude. Na *aletheia* se esconde a fidelidade e a constância que permitem vislumbrar uma unidade da obra de Heidegger. A *aletheia* cria, enfim, as possibilidades e a atmosfera em que se desenvolve o método fenomenológico, a analítica da circularidade do ser-aí e o movimento da viravolta, caracterizando conceitos de finitude e compreensão tipicamente heideggerianos.

Heidegger confirma explicitamente a importância da *aletheia* desde os primeiros passos determinantes de seu pensamento.

"O que se realiza para a fenomenologia dos atos conscientes como o automostrar-se dos fenômenos é pensado mais originariamente por Aristóteles e por todo o pensamento e existência dos gregos como aletheia, como o desvelamento do que se presenta, seu desocultamento, seu mostrar-se. O que as investigações fenomenológicas descobriram de novo como a atitude básica do pensamento se apresenta como o traço essencial do pensamento grego e, talvez mesmo, da filosofia enquanto tal."[14]

Um novo estudo de Aristóteles proporcionou-me nova compreensão do aletheuein como desvelar e a determinação da verdade como desvelamento ao qual pertence todo o mostrar-se do ente. Com a compreensão da aletheia como desvelamento reconheci o traço fundamental da ousia, do ser do ente; a presença. [...] Com a provisória elucidação da aletheia e ousia esclareçeram-se, como conseqüência, o sentido e o alcance do princípio da fenomenologia: 'Às coisas em si mesmas.'"[15]

"Não é descoberta e veleidade dos gregos o fato de para eles ter, aquilo que nós bastante inconscientemente chamamos 'verdade', o nome de aletheia, tanto na linguagem poética e não filosófica como na linguagem filosófica. É o maior dom para a língua dos gregos, na qual o que se presenta enquanto tal, chega ao desvelamento e velamento."[16]

"Como seria, entretanto, se nós assumíssemos, incansavelmente, o que foi, como o fulcro para a reflexão e com isso refletíssemos sobre o fato de esse mesmo não ser propriamente algo de novo, mas o mais antigo do antigo no pensamento ocidental, o originariamente antigo que se oculta no nome aletheia? Naquilo que é ditado por esse originário começo a todas as palavras-guias do pensamento fala um engajamento que envolve todo o pensamento, contanto que ele se submeta ao que deve ser pensado."[17]

"A aletheia, o desvelamento, não está apenas na palavras-chaves do pensamento grego, ele se movimenta na totalidade da língua grega".[18]

"Se atentarmos para o enigma da aletheia, que domina sobre o começo da filosofia grega e sobre o movimento de toda a filosofia, então a filosofia grega se mostra também num 'ainda não', para o nosso pensamento. Esse 'ainda não', no entanto, é o 'ainda não' do impensado, não é um 'ainda não' que não nos satisfaz, pelo contrário, é um 'ainda não' ao qual nós não satisfazemos e ao qual não podemos corresponder de maneira adequada".[19]

"A *aletheia* é o impensado digno de ser pensado, é o objeto por excelência do pensamento."[20]

Sirvam essas passagens para atestar a convicção do filósofo de que a *aletheia* é, em síntese, a tarefa do próprio pensamento através de toda a história da metafísica ocidental e o elemento inspirador e catalizador de seu próprio pensamento. Se, portanto, iniciamos nossa análise do problema do círculo hermenêutico, da circularidade do ser-aí e da viravolta, no horizonte da compreensão e finitude, com o estudo da *aletheia* estamos preparando o roteiro original que nos impedirá de maiores desvios em nossa empresa. O estudo da *aletheia* na primeira parte de nosso trabalho nos garante uma fidelidade à tarefa do pensamento.

Partiremos de uma análise da *aletheia* entre os gregos. Também a intenção que nos move é preparadora da compreensão da *aletheia* no pensamento de Heidegger. A penetração do alcance da *aletheia* nos gregos nos proporcionará o horizonte histórico em que mergulha a intuição heideggeriana da *aletheia*. Seguiremos alguns passos decisivos da discussão do problema da interpretação da *aletheia* entre os gregos na medida dos recursos disponíveis e das necessidades fundamentais para o sucesso na compreensão do problema em Heidegger.

O problema da *aletheia* entre os gregos vem despertando a atenção dos estudiosos, sobretudo a partir das interpretações do filósofo. A tradição somente chegou esporadicamente a referências explícitas ao problema, assim como hoje se situa. A palavra era tomada comumente apenas no sentido de verdade, sem preocupações etimológicas ou hermenêuticas de outra espécie. Isso se deve ao fato de que o sentido de *aletheia*, que hoje está em discussão, emerge, todavia, do problema ontológico que envolve, a partir das originais descobertas de Heidegger. Mesmo as interpretações que formalmente concordam com a interpretação heideggeriana da palavra, não tiveram ressonâncias e se perderam no vazio por sua falta de densidade ontológica. A bibliografia que trata do problema da *aletheia* nos gregos poderá ser de utilidade para nosso estudo, inelutavelmente fragmentário, contanto que não nos deixemos envolver na polêmica puramente externa que se tem criado entre os partidários da interpretação heideggeriana e os que discordam, por motivos que julgam procedentes, daquela orientação. É precisamente aquilo que poderia servir de elemento mediador que se trata de compreender. Heidegger aponta para tal possibilidade quando afirma: "Qual a situação em torno da própria *aletheia* enigmática, que se transformou em escândalo para os intérpretes do mundo grego, porque se ativaram somente a essa palavra isolada e sua etimologia, em lugar de pensar, a partir do objeto, para onde apontam palavras como desvelamento e desocultação?"[21] A análise da *aletheia*, quer de seu uso popular, quer de seu sentido etimológico, não revela todo o conteúdo da palavra. Nela se escondem possibilidades insuspeitas, do mesmo modo como em textos tantas vezes comentados através dos séculos, e se ocultam sempre novas dimensões para os arqueólogos e filólogos do futuro. Isso não visa à justificação de interpretações tendenciosas da palavra *aletheia*. Busca-se apenas um horizonte objetivo para o desenvolvimento da interpretação. Há, contudo, violências interpretativas que escandalizam a filologia, mas que, por motivos mais radicais, revelam novas possibilidades para a filosofia. Por isso, todo filósofo deve ser, de algum modo, o filólogo que cultiva o amor fenomenológico e o respeito pela palavra. A falta de compreensão disso faz entrever o sorriso de Heidegger divertindo-se com as acusações que lhe fazem por causa "da violência e unilateralidade do procedimento interpretativo heideggeriano que já se tornaram proverbiais".[22] "Não é necessário o apelo a uma etimologia da palavra *aletheia*, arbitrária em sua aparência, para perceber como, por toda a parte, a presença do que se presenta apenas fala enquanto brilha, se faz conhecer, está estendida diante, se produz e se oferece à vista".[23] Nesse sentido, Heidegger interpela:

> "Qual é a interpretação verdadeira? Aquela que aceita simplesmente as perspectivas de sua compreensão porque nela já reside e porque se lhe afigura como corrente e óbvia, ou aquela interpretação que problematiza as perspectivas atuais, desde seus fundamentos, porque poderia ser e, na verdade assim o é, que tal perspectiva não mais conduz para aquilo que se deve ver?"[24]

O caminho pelo qual Heidegger conduz sua interpretação, contrariando o cânone estrito da filologia, se movimenta, entretanto, no plano mais profundo em que o pensamento do objeto justifica a compreensão da palavra. Nesse sentido, toda a hermenêutica deve ser vista no horizonte das condições do intérprete e do próprio móvel que o conduz. Presente se deve ter o problema da historicidade do intérprete e de sua relatividade dentro do movimento que lhe traz as palavras e os textos.

Nossa interrogação pela *aletheia* entre os gregos movimenta-se em um plano objetivo e procura ver até que ponto a *aletheia* esconde as possibilidades da interpretação heideggeriana.

Friedländer: em sua obra sobre Platão, toma a posição mais explícita contra a interpretação heideggeriana de *aletheia*:

> *"Contra essa construção existe um argumento de muito mais peso: em nenhuma parte existe um ponto de apoio para o fato de que* alethes *tenha sido experimentado, no uso vivo da língua, como a-*lethes, *nem para o fato de que aquela etimologia tenha, portanto, estado ativamente presente, digamos desde Homero até Aristóteles, inclusive, ou até aquela época da qual se originam o texto de S. Empiricus ou os textos daquelas precárias notícias lexicográficas".*[25]

"Não se dá simplesmente velamento e desvelamento; velado e desvelado algo somente o é se for velado ou desvelado para alguém".[26] Friedländer termina acusando, a partir dessas conclusões, a filosofia de Heidegger de subjetivismo.

Ernst Heitsch comenta essa polêmica: "Assim, uma tomada de posição filológica diante de uma questão etimológica descamba, facilmente para a suspeita de um sectarismo filosófico".[27] Ernst Tugendhat analisa também essa posição de Friedländer:

> *"Característico para a concepção corrente é o capítulo onze que P. Friedländer acrescentou na segunda edição de seu livro sobre Platão (1954): "Aletheia (Uma discussão com Martin Heidegger)", p. 233-242. Friedländer constata, sintetizando, que a verdade em geral significa tanto entre os gregos (p. 242) como em Platão" l.) a*

retidão do dizer e do opinar, 2.) a atualidade do que subsiste, do ente, 3.) a... veracidade do homem" (p. 236) e, com isso, não percebe que com uma tal justaposição lexical se abandona previamente o problema pelo qual Heidegger precisamente se interessa. Esse consiste justamente na pergunta pela possibilidade e pelo modo como a palavra que designa a 'retidão do dizer' é simultaneamente a palavra para a 'atualidade do que subsiste' e o que, de acordo com isso, significa 'atualidade' (realidade)".[28]

A discussão do problema da *aletheia* tem sentido tríplice e não deve, portanto, ser simplificada. Assim, deve-se atentar para três aspectos da posição de Heidegger diante do problema da *aletheia*. Primeiro, se trata de discutir a vigência e validez da interpretação privativa de *a-letheia* entre os gregos. Tinham os gregos presente, no uso popular, o sentido etimológico da palavra como desvelamento? O segundo problema consiste em compreender a realidade que Heidegger pensa por meio da *aletheia*. Qual é o conteúdo do pensamento que se ocupa do binômio desvelamento-velamento e pensa o ser como residindo nessa ambivalência? A terceira questão pergunta se Heidegger atinge a essência do pensamento grego pela sua interpretação da *aletheia*. Pensaram os gregos, mediante a palavra *aletheia*, sempre o velamento como ligado ao desvelamento? Pensou a consciência dos filósofos gregos o ser no movimento de velamento e desvelamento, ou é para eles o ser pura presença?[29] E, afinal, uma pergunta poderia resumir um problema que se esconde nas três questões: Quem pensa a verdade como velamento e desvelamento pode ser taxado de subjetivista?[29a]

Nossa análise se dirige, fundamentalmente, em todo o capítulo, para a solução da primeira questão.

Uma análise completa da *aletheia* nos gregos exigiria uma exploração dos textos poéticos, não filosóficos e filosóficos, o que está fora de nosso alcance e também não é exigido pelas intenções do presente trabalho. Limitar-nos-emos, assim, ao estudo de alguns autores, de algumas situações e de determinados textos, procurando levantar algumas interrogações e respostas que permitam julgar o valor das interpretações heideggerianas de *aletheia*. Sempre devemos ter presente, no entanto, que Heidegger não persegue problemas etimológicos com finalidade filológica e que sua interpretação somente se torna compreensível, em seu sentido último, no âmbito daquilo que é pensado pela interpretação e que representa o problema fundamental de sua filosofia.

Mostraremos que sua interpretação de *aletheia* como desvelamento não é pioneira. Localizam-se esporadicamente semelhantes interpretações em vários momentos do pensamento ocidental. Mesmo que não sejam muitas, elas, entretanto, são suficientes para testemunhar o fato de que sempre esteve ligado ao uso da *aletheia* algo de seu sentido etimológico.

Para compreendermos algo das origens do uso da *aletheia* na linguagem grega, vamos analisar o uso da *aletheia* no mundo da epopeia grega primitiva e dos primeiros poetas e escritores que surgiram após o longo vazio entre o século 8º e o século 5º. Para este trabalho recebemos orientação de Heribert Boeder, docente da Universidade de Freiburg in Breisgau, com seu estudo sobre o Uso Verbal de *Logos* e *Aletheia* no Grego Primitivo.[30]

Mostraremos depois, mediante a análise de associações possíveis a partir dos textos, como na literatura grega se aproximam a palavra *aletheia* e vocábulos da mesma raiz ou outros, de tal modo que isso sugere a compreensão privativa de *aletheia* e seu sentido como desvelamento. Escolheremos apenas alguns textos que ilustrarão um possível caminho para análises mais exaustivas. O artigo de Ernst Heitsch sobre A *Aletheia Não-Filosófica* se apresenta como auxiliar importante para esta tentativa.[31] Algumas observações sobre a presença da *aletheia* nos textos dos filósofos gregos encerrarão este capítulo, cujo sentido auxiliar não deve ser esquecido.

Assim, estaremos mais próximos da compreensão daquilo que diz Heidegger: "O maior dom para a língua dos gregos está no fato de que aquilo que nós bastante inconscientemente chamamos 'Verdade' ter o nome de *aletheia*, tanto na linguagem poética e não-filosófica como na linguagem filosófica".[32]

Como ponto de referência para nossa análise é preciso que se distinga constantemente, na interpretação entre etimologia, uso linguístico e sentido filosófico. A filosofia pode inovar sentidos que surgem contra o uso comum, como temos exemplos indiscutidos na gênese de palavras-chave da filosofia de Aristóteles: *ousia, energeia, entelecheia,* etc. Heitsch analisa do seguinte modo o problema da etimologia e do uso linguístico:

> "*Primeiro, parece conveniente garantir a diferença entre etimologia e uso lingüístico: ambos não precisam absolutamente ter relação um com o outro. Mesmo que hoje uma etimologia, apresentada para uma palavra grega, seja certa, com isso nada se diz, no entanto, ainda sobre suas possibilidades de emprego, isto é, sobre aquilo que os gregos, através dos tempos, significavam com tal palavra. Assim, como aqueles que usavam a palavra naquele tempo não precisavam ter consciência da etimologia de uma palavra que tinha seu uso firmado em determinados sentidos, assim, entretanto, também podem, inversamente, a forma e o som da palavra despertar, em quem fala e ouve, associações que são essencialmente estranhas à palavra. Se se tomarem tão a sério as possibilidades de malentendidos que podem atingir uma palavra durante sua história, como mostram as análises programáticas de M. Leumann, em seu estudo 'Sobre o mecanismo da mudança de significado', então não se concederá uma posição prioritária à etimologia para a compreensão filológica*".[33]

A primeira interpretação de *aletheia* no sentido de *a-letheia*, não velamento, surge em Sextus Empiricus: "*hon alethe men ta koinos pasi phainomena; pseude de ta me toiauta; hothen kai alethes pheronymos eiresthai to me lethon ten koinen gnomem*".[34]

Em segundo lugar, Esíquio sugere, do mesmo modo, a etimologia *a-letheia:* "*Aletheia: apseude kai ta (me) epilanthanomena. Aletheis: hoi meden epilanthanomenoi hos Pindaros. Alethes, dikaia e dikaios, e mnemom, kata steresin tes lethes*".[35]

J. J. Reiske determina do seguinte modo a *aletheia*, em 1773:

> "*He alethes id est genetai phaneron in lucem proferatur. Alethes h. l. non id quod vulgo solet, verum puta, significat, ser aequipollet dictioni* ou *lanthanon, non obscurum, non ignotum, h. e. obtinet*

primigeniam vim suam, unde notio veri postmodum promanavit; quamquam nescio an apud auctores graecos, qui hodie supersunt, hoc significatu usurpatum nusquam locorum reperiatur".[36]

Em 1850, J. Classen interpreta explicitamente a etimologia de *a-letheia:*

> *"É muito característica, para a inclinação própria que queremos mostrar na língua grega, ao fato de ela não tomar a palavra mais comum para aquilo que visa o conhecimento humano em si mesmo, para a verdade do ser e da essência das coisas, mas da relação que essas coisas têm com nossa compreensão. Verdadeiro é para os gregos o desvelado, a-lethes (de* letho, lanthano*), e a verdade,* aletheia *se atribui às coisas e palavras à medida que não se subtrai de nosso juízo".*[37]

Do mesmo modo, Nicolai Hartmann insiste no alfa privativo como chave para a interpretação de *aletheia.* "O significado de *aletheia* não é aqui, como ocorre com mais freqüência em Platão, 'verdade' em nosso sentido, mas, 'desvelamento' e 'estar manifesto'".[38]

Bultmann faz uma análise semelhante:

> *"Aletheia é, portanto, primeiramente um caráter das coisas ou das situações, à medida que são percebidas ou delas se fala, à medida que se mostram como são, e não é um caráter da enunciação. Aristóteles determinou claramente esse sentido originário quando iguala a* aletheia *com o pragma e os phainomena".*[39]

Heribert Boeder, apesar de restringir ao sentido original da etimologia da palavra a tradução de *aletheia* como desvelamento, concede, com isso, no entanto, que é possível pensar *a-letheia* entre os gregos:

> *"A interpretação de* aletheia *como 'desvelamento', à diferença da verdade entendida como 'certeza', parece que encontra, pelo que acima dissemos, apenas apoio no significado original da palavra. O fundamento da certeza, isto é, o âmbito da abertura dos entes, somente se oferece ao olhar quando a certeza e, assim, a relação entre o saber e aquilo que aparece, dominam a compreensão da* aletheia".[40]

Hjalmar Frisk explica o fato de *aletheia* ter-se imposto no uso dos gregos, em detrimento de *eteos* e *etymos*, pela "maior expressividade e concreção" da formação negativa. "Desde tempos imemoriais até hoje os adjetivos verbais negativos se mantiveram vivos. A todas essas formações, sejam novas ou antigas, sejam desta ou daquela formação, é comum o fato de que as correspondentes positivas não raras vezes faltam ou somente surgem posteriormente".[41] "Assim, significado autêntico de *alethes* é 'o que não está velado, que está manifesto'".[42]

> *Aspectos interessantes se revelam em torno do uso primitivo da* aletheia *na linguagem da epopéia grega. Antes de Homero a palavra corrente para o "verdadeiro" era o vocábulo* eteos. *À medida que se penetra na obra de Homero percebe-se uma progressiva postergação de* eteos *em favor de* saphes, nemertes *e antes de tudo de* aletheia. *Na epopéia primitiva dos gregos a palavra* aletheia *passa a dominar e aparece quase sempre ligada a* legein, logos, *entendido como dizer. Boeder diz que "não se pode mais discutir que a palavra* aletheia *é de formação privativa. Todavia, o que essa palavra põe em discussão não se pode reconhecer tão imediatamente como na palavra* adelos. *Apenas está claro que se trata de uma palavra do tronco* 'ladh'. 'Aletheie *deriva de* alethes *através de* alethesia; *esse adjetivo é certamente deverbal; por isso pode-se partir de* lethein *ou de sua forma medial para determinar o sentido da palavra'".*[43]

> *Os sentidos de 'estar velado', 'esquecer', quando forma medial, de 'estar velado para si mesmo sob o ponto de vista de determinado objeto', apesar de serem corretos 'permanecem, contudo, em face do uso verbal, assim como vem atestado na epopéia, demasiadamente no indeterminado'".*[44]

O uso do *lethein* sempre supõe algo de comum entre dois: um sabe o que o outro não sabe; quem não sabe depende do saber do outro. Por isso *lethein* significa deixar algo na sombra, esconder algo de alguém, enganar alguém. A atitude oposta a *lethein* é a atitude que revela algo, que faz ver algo. O fato do morar juntos, de viver em comum, de ter confiança, limita o *lethein*. Ele é limitado pelo *noein*, *gignoskein* e *eidenai*. Saber os limites do *lethein*, ter consciência de quando deve ser usado com relação àquilo que se oculta, e aquele de quem se oculta, significa ter o critério da possibilidade de uma abertura ou da necessidade do fechamento. Boeder comenta: "Ulisses é mestre em todos os jogos do *lethein*, porque é mestre na invenção e no saber. As narrativas de seu comportamento depois de desembarcar em sua terra natal são uma atestação única do poder do *lethein*".[45]

A *aletheia* está limitada ao âmbito do dizer. Na convivência com outros se aprende o falar e, dessa maneira, o dizer que informa. Um tal dizer não está dependente da presença do objeto, mas pode apresentar, de memória, mesmo o que está ausente, o que existiu antes ou o que existe em outro lugar. O fato de mostrar o objeto convence pela presença. A crença no que foi dito, entretanto, vem daquele que diz, do seu desejo ou não de fazer participar os ouvintes de seu conhecimento. A *aletheia* pede-se daquele que sabe. "Alguém pede *aletheia* quando ele depende do saber de uma testemunha".[46]

Heitor, quando procura saber das servas onde está sua esposa, depende do ouvir a *aletheia*.[47] Príamo pergunta pela *aletheia* sobre o que aconteceu com o cadáver de seu filho, Heitor.[48] "Mas, na maior parte das passagens a *aletheia* é pedida com referência a uma informação sobre coisas passadas".[49] Isso se deve constatar mediante testemunhas. Um exemplo bem claro se apresenta no esforço de Telêmaco para saber algo de seu pai que desapareceu. Entre companheiros de luta de seu pai, procura informação sobre seu destino. "Primeiro ele se informa com Nestor, em Pilo. Esse lhe sugere que vá a Menelau, que peça dele a *aletheia*, sobre o retorno dos heróis. Mais tarde a mãe, que estava aguardando, pede que Telêmaco depois de retornar *sapha eipemen* e ele promete narrar-lhe a *aletheia*".[50]

> "A aletheia é pedida em relação com aquilo que interessa a uma pessoa de perto, mas que está, entretanto, velado no seu 'como é' e no seu 'como não é'. Isso são as ações e os destinos daqueles com quem se lida. Na epopéia nunca são quaisquer coisas por cuja aletheia há preocupação; pois as coisas são, para os homens nela apresen-

tados, ou sem importância ou então, à medida que podem ser substituídas ou encontradas, seu desaparecimento não se faz sentir tanto".⁵¹

Um pede a *aletheia* ao outro quando o acesso a uma situação é difícil ou quando ela é confusa e, assim, permanece obscura para o interessado. A única possibilidade de tornar presente aquilo que não se pode ver e que, assim, não se deixa mostrar, é o dizer. É por isso que a palavra *aletheia* vem ligada aos verbos de dizer.⁵²

Facilmente poderia parecer, uma vez que alguém transmite a *aletheia* a alguém, que a *aletheia* é sabida. Na epopeia faltam, no entanto, referências a essa situação de a *aletheia* residir no conhecimento. "O logos permanece o lugar da *aletheia*; nos períodos posteriores, entretanto se transforma a característica desse lugar e, corresponden-temente, também a compreensão da *aletheia*".⁵³

"Uma aletheia *somente existe - do mesmo modo também o* lethein *- no contexto de um possível saber comum. O pedido de* aletheia *já pressupõe que esse saber em comum esteja limitado de múltiplos modos e que ele possa sofrer restrições. A comunidade do saber - quase sempre imperceptivelmente - é perpassada pelas diferenças da clareza e atravessada pelos limites da confiança esperada e garantida. Para a compreensão da* aletheia *tem, antes de tudo, importância a confiança".*⁵⁴

É ela que determina os limites do que se pode dizer daquilo de que se pede a *aletheia* ou da possibilidade de dizer *pasa aletheia*.⁵⁵ O fato de se passar por cima, voluntariamente ou não, daquilo que no dizer da *aletheia* também teria sua importância é um *pseudos*. Boedor pensa que o *"lethein"* transitivo é aquilo que determina o sentido de *aletheia*.⁵⁶

Convém observar, enfim, que nas epopeias o *alethes*, que progressivamente toma o lugar do *eteon*, refere-se apenas à diferença entre o "é" e o "não é". *Alethes* de nenhum modo se refere aos modos de dizer. Por outro lado, porém, isso não deve sugerir que a *aletheia* seria, então, um qualificativo das coisas. "A *aletheia* não caracteriza, nem um dizer, nem uma coisa tomada por si, senão unicamente a coisa à medida que ela é algo que foi dito, isto é, à medida que entra em consideração para um saber comum".[57] Na epopeia nem entra ainda em consideração se aquele que diz a *aletheia* está informado de modo adequado sobre ela. A *aletheia* é apenas aquela que se pede e que se espera daquele que sabe, o qual está em uma total disponibilidade para fazer saber.

Apenas a partir de sua contraposição ao *pseudos* a *aletheia* recebe, paulatinamente, o significado de "retidão". "Então a *aletheia* não se refere mais tanto à relação daquele que sabe com aquele que não sabe, mas, prioritariamente à relação do saber com o seu objeto".[58]

A análise da *aletheia* em Homero revela, portanto, que ela é compreendida, nesse período, como puramente ligada ao dizer do "que é" e do "que não é". Ela não se refere ao como dizer, nem é uma qualidade das coisas, nem indica uma relação entre o saber e o seu objeto.

Somente após o longo vazio que se estende entre a epopeia primitiva e os primeiros poetas líricos do século 5°, pode-se retomar a evolução da *aletheia*. Ela ainda continua ligada, de modo predominante, aos verbos *dicendi* e, portanto, ao *logos*. A mudança que, entretanto, se pode constatar se refere à relação entre aquele que sabe e aquele que pede a *aletheia*. Na epopeia esse era praticamente o único vínculo que sustentava a palavra *aletheia*. Nela se revelavam a confiança e franqueza comuns. No início do século 5° a *aletheia* não está mais exclusivamente dependente dessa relação. Instaura-se a relação entre aquele que sabe e o objeto que ele sabe ou que pode conhecer. Assim, a *aletheia* se desprende de sua exclusiva dependência do dizer.

Surge já uma certa relação de objetividade entre o que sabe e seu objeto. Essa situação, porém, toma uma outra característica.

> "Em sua vinculação com a aletheia o saber a aletheia depende constantemente da presença. Uma coisa, no entanto, somente possui a plenitude da presença quando atingiu seu telos. Se esse telos ainda

não aconteceu, se ainda não se faz presente, então a aletheie ton pregmaton fica na dependência da marcha do tempo".⁵⁹

Píndaro enuncia desse tempo⁶⁰ que "somente ele põe em evidência a *aletheia* assim como ela é".⁶¹ Sólon dirá que "o tempo mostrará quando a *aletheia* entra no meio (se torna presente e pública)".⁶²

> *A presença de uma coisa é a condição de sua aletheia para um saber. A aletheia se dá quando uma coisa ou uma situação - por exemplo o valor de um homem (Baquílides, frg.14,2) - é perfeitamente conhecida.*
>
> *"Toda-poderosa é a aletheia, em seu elegchein, e geralmente se sobrepõe aos múltiplos modos de velamento de uma coisa ao tempo em que seu telos ainda não aconteceu, e se sobrepõe, sobretudo, a toda dissimulação (Baquílides XIII 204). Enquanto, porém, a aletheia é sabida ela está constantemente em perigo de ser violentada pelo dokein (Simonides 55D). É precisamente essa ameaça que faz com que a filosofia primitiva tematize a aletheia".⁶³*

Assim, se compreende por que no *hodos dizesios* de Parmênides a deusa lhe diz que "ele deve saber tudo, tanto o coração imperturbável da esférica verdade [*aletheies*] como as opiniões [*doxas broton*] dos mortais, nas quais não reside uma verdadeira certeza [*pistis alethes*]".⁶⁴

Examinados alguns aspectos referentes à *aletheia*, que se apresentam até o século 5°, completaremos a análise procurando localizar a presença oculta da interpretação de *a-letheia* (desvelamento) nos autores gregos, quer pela combinação de palavras diversas com *aletheia*, quer pela aproximação entre *lethe* e *aletheia*, o que mostrará claramente que a *aletheia* foi pensada etimologica-mente como *a-letheia*: não velamento. Tomemos primeiro duas passagens da *Ilíada*. No *Canto 23* se lê: "Puseram-se em seus lugares; muito ao longe, no plaino, Aquiles, lhes assinalou a meta final, onde pôs como guarda o venerando Fenice, companheiro do velho Peleu, para que tudo observasse (*memneoto*) e depois lhe contasse a verdade [*aletheien*]".⁶⁵ A combinação de *memneoto* e *aletheien* sugere aqui o sentido etimológico *a-letheien*.

O ancião deveria vigiar para que nada lhe escapasse (*lethe*) e para que pudesse dizer, assim, a *a-letheien*. Nada lhe deveria ficar velado para que pudesse dizer o não velado.

Ainda no *Canto 23* se faz a seguinte declaração: "Alegro-me em meu coração porque tu ainda te lembras [*memnesai*] de minha amizade e nunca escondes [recusas, *letho*] a honra que me convinha receber em meio ao povo aqueu".[66] O verbo *memnesai* que aqui se liga diretamente a *oude letho* sugere a leitura *a-letho*. O lembrar está vinculado com o não esconder.

Igualmente de grande poder sugestivo é a passagem de *Édipo Rei*, de Sófocles: "Digo que, *mesmo* que não o creias [que te escondas o fato] [*lelethenai*], vives um vergonhoso consórcio, com os teus, e que não vês os males em que vives", afirma Tiresias. Édipo responde: "Esperas tu continuar falando assim sem levar o que mereces?" Tiresias responde: "Sim, se é certo que a verdade [*aletheias*] tem algum poder".[67] Nesse texto se revela claramente o sentido etimológico de *a-letheias* pela sua aproximação com *lelethenai*. Aquilo que Édipo esconde de si mesmo, que ele entrega à *lethe*, é preciso ser desvelado por Tiresias, que possui aquilo que ele tira do esquecimento, a *a-letheias*.

A contraposição entre *mnemes, lethe* e *aletheia* aparece de modo exuberante em uma passagem de *Fedro*, de Platão:

> "*E eis, agora, que tu, em tua qualidade de pai das letras da escritura, tu te comprazes em dotar teu filho de um poder contrário àquele que ele possui. Pois, esta invenção, dispensando os homens de exercer sua memória [mnemes], produzirá o esquecimento [lethe] na alma daqueles que dela tiverem adquirido o conhecimento; enquanto confiantes na escritura, eles procurarão do lado de fora, graças aos caracteres estranhos, e de nenhum modo do lado de dentro e graças a eles mesmos; o meio de se lembrar [anamimneskomenous]; em conseqüência, não é para a memória [mnemes], é antes para o processo de recordação [hypomneseos] que encontraste um remédio. Quanto à ciência, é a ilusão, não a verdade [aletheian] que forneces a teus alunos*".[68]

Ernst Heitsch faz uma observação elucidativa:

> "Mesmo sem comentários, estes textos apresentados, os quais não é nem necessário, nem desejado, que sejam completos, falam uma linguagem convincente. Se Homero combina memnemai com aletheie – prestar atenção para algo e não deixá-lo cair no esquecimento (velamento), o que significa guardar o não-esquecimento (des-velamento) – não seria mais necessário, em última análise, primeiro a comparação com o verso 23,648, que foi igualmente citado, onde memnemai não é posto em relação com aletheie, mas com letho, para ver que o poeta realmente pensa a-letheie. Também para a época posterior a verificação é clara: sem dúvida subsistiram, na sensibilidade dos gregos para sua língua, desde Homero, relações entre lanthano, lethe e aletheia; assim, praticamente, nenhum texto dá a impressão de artificialmente construído. Predomina antes a impressão de que isso era algo óbvio na vida cotidiana".[69]

Heitsch, depois de aproximar vários textos de Platão, nos quais se manifestam as combinações, acrescenta:

> "Junto com as passagens anteriores, 'não filosóficas', têm estes textos de Platão maior vigor demonstrativo, já que, apesar da evolução semântica da linguagem, lethe e aletheia não surgem jamais numa relação contraditória, mas, por isso mesmo, também não se deixam mais simplesmente confrontar; pois, já há muito tempo, epilanthanomai e palavras afins (lethe, etc.) haviam avançado em seu desenvolvimento afastando-se do sentido de 'deixar que algo esteja velado para si', alcançando significado independente. Sem dúvida, pode-se presumir que, entretanto, o poeta do Canto 23,359 não apenas queria escutar na aletheia e lethe (não-esquecido) uma relação etimológica, mas, igualmente uma relação de significado. Se Platão, apesar disso, combina ocasionalmente essas palavras, ele mostra, assim, somente, que, do mesmo modo como seus contemporâneos, associa, na linguagem, grupos de palavras separados pelo sentido".[70]

Ernst Heitsch encerra sua análise da "aletheia não filosófica" discordando de Friedländer e defendendo implicitamente a posição de Heidegger:

"Tendo-se demonstrado o fato de que, em todos os tempos, era fácil para os gregos pensar a-letheia, é preciso que se elucide qual a importância disso. A assertiva, fácil de compreender, de que (des)velamento pressupõe um espectador, de que assim a compreensão etimológica de aletheia, orientada no composto, subjetiviza o conceito de verdade, permanece superficial e desfaz, justamente, a diferença decisiva com a palavra alemã 'verdade'. O decisivo é que 'aletheia', enquanto desvelamento, deve ser atribuída ao objeto e a verdade, pelo contrário, à afirmação; aletheia é primariamente uma qualidade do mundo enquanto conceito inclusivo dos objetos, enquanto a palavra alemã verdade, pelo contrário, é uma qualidade do juízo sobre os objetos [...] É possível, entretanto, ampliar ainda mais e inserir num âmbito maior a perspectiva que atingimos sobre a aletheia. Pois, não se deve deixar de notar que as observações realizadas se harmonizam da melhor maneira com outras aparições que também pertencem precisamente a esse âmbito. É preciso lembrar que o aletheia eipein tem seu oposto no "ocultar" (aparecem expressões como kryptein e keuthein). – É preciso lembrar a expressão corrente lelethen autous, hoti [...] e sua inversão ouk elanthamen autous, hoti [...], expressões em que a referência às respectivas verificações se faz sob o ponto de vista do velamento e desvelamento: a quem não permanece velado, que [...] este sabe, justamente, nesta situação, a 'verdade'. – É preciso pensar nos apelos dos oradores nos juízes, 'med ekein hymas, o andres Athenaioi, lanthaneto, hoti' [...]: os oradores devem, pelo contrário, conhecer a 'verdade'. – É preciso pensar na expressão vigorante aletheia ton pragmaton, que na sua inversão conduz para a expressão como tauta ginómena elelethee (Heródoto 9, 22, 3). É preciso perguntar, além disso, o que significa o fato de expressões como aletheian zetein, euriskein, gignoskein serem inteiramente correntes e de a expressão correspondente, que se poderia esperar, ser, contudo, manifestamente evitada: aletheian lanthanei. A qualquer grego isso teria parecido evidentemente uma piada sem graça. – E, finalmente, seja lembrado o fato de que tanto o aspecto que reside no phainesthai (aparecer) 'não-filosófico', de ver, por assim dizer, as coisas a partir de si mesmas, de deixar que elas se mostrem em si mesmas, enquanto são o que são, como também a compreensão do ser, que se manifesta no termo filosófico ta phainomena, correspondem exatamente ao caráter do conceito pré-filosófico de 'verdade'".[71]

Essas análises, todas realizadas em uma perspectiva não filosófica, evidenciaram, com suficiente amplitude, o contexto em que se constituiu e em que se desenvolveu o sentido de *aletheia*. Não apenas sua etimologia sugere não velamento, portanto, *a-letheia*, mas o próprio uso da palavra, ao longo dos séculos, deu-lhe um significado corrente que se aproxima e mesmo coincide com sua etimologia.

Quando surgiu a filosofia na Grécia, ela recebeu todo esse patrimônio que a palavra *aletheia* trazia consigo e, desde os présocráticos até Platão e Aristóteles, a *aletheia* se tornou *o* objeto da filosofia.

Os fragmentos dos pré-socráticos revelam a presença assídua dos termos: *aletheia, aletheuein, alethes, alethinos, alethomytheein, alethomythos*. A *aletheia* torna-se, para os primeiros filósofos gregos, a "verdade" das coisas que deve ser buscada em oposição à *doxa* enganadora.

Em Platão, a verdade e a presença são o único sentido do ser. "O conceito central, que é posto em pé de igualdade com o *on* (Faidon 66b-67b) e se torna o termo permanente para a "ideia" (Fedro 247d4, 284c3, Banquete 212a5), é *alethes*, "verdadeiro".[72] O conceito de *aletheia* atravessa toda a obra de Platão com o sentido de desvelamento.[73]

A filosofia aristotélica orienta-se totalmente pela busca da *aletheia*. Por isso a filosofia é "epistemen tes aletheias".[74] Para Aristóteles, o "philosophein peri tes aletheias.[75] é "apophainesthain peri tes aletheias".[76] A filosofia consiste fundamentalmente no desvelamento e manifestação daquilo que está contido na ambivalência da *aletheia* enquanto velamento e desvelamento.

Esta rápida análise das implicações da *aletheia* na cultura grega revelou a "expressividade e concreção" de uma palavra com a qual os gregos pensam o que lhes é mais caro: a presença, o não velamento. Enquanto presença, não velamento, a palavra *aletheia* resume o pensamento grego e contém em si o destino da filosofia ocidental. "A *aletheia*, o desvelamento, não apenas está presente nas palavras fundamentais do pensamento grego, ela se impõe com sua presença à totalidade da língua grega".[77] E, "através da *aletheia* é ditado a todas as palavras-guias do pensamento algo que envolve cada pensamento, suposto que corresponda ao apelo do que deve ser pensado".[78] Assim , Heidegger assume a *aletheia* em seu pensamento, para, por meio dela, revelar a história oculta do ser que perpassa a metafísica ocidental.[79]

Notas

[1] Hölderlin – *Hyperion*
[2] Azevedo, J. L. de – *El Antiguo y el Nuevo Heidegger*, p. 28.
[3] NI 475
[4] AED 7
[5] AED 11
[6] AED 17
[7] AED 19
[8] AED 21
[9] AED 21
[10] AED 21
[11] AED 21
[12] AED 15
[13] AED 9
[14] HVHN 37
[15] EVW 398
[16] EVW 401
[17] ZS 142
[18] HG 54
[19] HG 57
[20] HG 56

[21] HG 54-55

[22] EM 134

[23] VA 262

[24] EM 134

[25] Friedländer, P. – *Platon* I, p. 234.

[26] Friedländer, P. – *Platon* I, p. 242.

[27] *Hermes* 90. Band 1962, p. 25.

[28] Tugendhat, E. – *Ti Kata Tinos*, p. 7 Nota 6.

[29] Tugendhat, E. – *Ti Kata Tinos*, p. 9 Nota 10.

[29a] Ver E. Tugendhat, *Der Wahrheitsbegriff bei Husserl und Heidegger*, Berlim, 1967, p. 260, nota 1.

[30] *Archiv für Begriffsgeschichte*, Band 4, p. 82-112.

[31] *Hermes*, 90. Band 1962, p. 24-33.

[32] EVW 401.

[33] *Hermes* 90. 1962, p. 26.

[34] Apud Heitsch – Die nicht-philosolophische Aletheia, in *Hermes 90*, Band 1962, 26.

"Os fenômenos comuns a todos pertencem à verdade tanto quanto os que não são comuns pertencem à inverdade. E a partir daí (donde) concebes, com razão, como verdadeiro aquilo que não caiu no esquecimento do entendimento comum" (Sextus Empiricus).

[35] Vide nota 34, Ibidem, p. 26.

"*Verdade*: não-falso e as coisas não-ocultas (não-veladas). *Verdadeiros*: aqueles que não estão ocultos (não-velados), como diz Píndaro.

Verdadeiros: justo ou justa ou o que tem memória, conforme a privação do esquecimento" [como diz Hesíquio [ἀληθες = στερησις τῆς λήθης] [α = στέρησις].

[36] Vide nota 34, Ibidem p. 33.

[37] Classen, Joh. *Über eine hervorstechende Eigenthümlichkeit des griechischen Sprachgebrauchs*, p. 197.

[38] Hartmann, N. – *Kleine Schriften II*, Berlin 1957, p. 62.

[39] Bultmann, R. – Apud E. Heitsch in *Hermes 90*. Band, p. 31.

⁴⁰ Boeder, H. – Der frühgriechische Wortgebrauch von Logos und Aletheia, Apud Archiv für Begriffsgeschichte, Band 4. p. 99-100.

⁴¹ Frisk, H. – Über den Gebrauch des Privativpräfixes im indogermanischen Adjetiv, p. 44.

⁴² Frisk, H. – *Griechisches Etymologisches Wörterbuch*, Vide alethes.

⁴³ Boeder, H. – Vide o.c. 92.

⁴⁴ Boeder, H. – Vide o.c. 92.

⁴⁵ Boeder, H. – Vide o.c. 94.

⁴⁶ Boeder, H. – Vide o.c. 95.

⁴⁷ *Odisseia* – Canto 6, v. 382.

⁴⁸ *Odisseia* – Canto 24, v. 407.

⁴⁹ Boeder, H. – Vide o.c. 95.

⁵⁰ Boeder, H. – Vide o.c. 96.

⁵¹ Boeder, H. - Vide o.c. 96.

⁵² Boeder, H. - Vide o.c. 96.

⁵³ Boeder, H. - Vide o.c. 97.

⁵⁴ Boeder, H. - Vide o.c. 97.

⁵⁵ *Odisseia* – Canto 24, v. 407.

⁵⁶ Boeder, H. - Vide o.c. 98.

⁵⁷ Boeder, H. - Vide o.c. 99.

⁵⁸ Boeder, H. – Vide o.c. 99.

⁵⁹ Heródoto, II 119.

⁶⁰ Olímpias x 51.

⁶¹ Boeder, H. – Vide o.c. 112.

⁶² Solon 9d.

⁶³ Boeder, H. – Vide o.c. 112.

⁶⁴ Parmênides – Proêmio, Diels-Kranz – Die Fragmente der Vorsokratiker.

⁶⁵ *Odisseia* – Canto 23, 258-361.

⁶⁶ *Odisseia* – Canto 23, 647-649.

⁶⁷ Sófocles – Édipo Rei, 366-369.

⁶⁸ Platão – Fedro, 275a.

⁶⁹ *Hermes 90*, Band, 29.

[70] *Hermes 90*, Band, 30-31.
[71] *Hermes 90*, Band, 31-33.
[72] Tugendhat, E. Vide o.c. p. 6.
[73] Tugendhat, E. Vide o.c. § 1.
[74] Met. 993b20.
[75] Met. 983b2.
[76] Met. 993b17.
[77] HG 54.
[78] ZS 142.
[79] Ver a *Conclusão*.

CAPÍTULO 2

A *Aletheia* no Pensamento de Heidegger

Heidegger caracteriza-se por um estilo e uma força ao afirmar-se seu destaque entre os pensadores atuais. Muitas tentativas já se realizaram para compreender a possível unidade de sua linguagem e para penetrar na flagrante "violência" de sua palavra. Se em suas primeiras obras temos variações em torno de um modo de dizer, por vezes técnico, outras vezes prosaico, tantas vezes poético, não raras vezes pseudopoético e sempre chocante pela materialidade e plasticidade, a linguagem de Heidegger evolui depois para uma unidade que parece polarizar-se pela própria unidade do objeto perseguido. O que surpreende na linguagem não é a riqueza e a harmonia no vocabulário; é, antes de tudo, a precariedade das formas que sempre são subjugadas pelo que transborda do tema. A maleabilidade com que as palavras de Heidegger se rendem aos apelos menos discursivos e às exigências plásticas da matéria, dá-lhes a sugestão da incompletude e a impressão do estar a caminho. Por isso, seu pensamento perde a aspereza do ar especulativo e os contornos de ideias rigidamente dominadas pela lógica. Há antes uma profundidade nevoenta que sempre sugere mais abismos do que a paisagem aparenta. Há um movimento imenso que esconde a nitidez das ondas e que confunde pelo irisado das cores. Sua linguagem, contudo, vai direto ao tema e fere intimamente o conteúdo, sem perder nunca, pelo intimismo das imagens, a essencialidade da matéria. Por esse motivo, a linguagem de Heidegger somente se rende ao tradutor quando, antes, foi dominada a matéria que subjuga e envolve as palavras. Poucos modos de dizer dissecam tão violentamente os lugares comuns e fazem romper, das ideias já feitas, a novidade que desde sempre escondem. Não se tem, todavia, a impressão de que haja um método externo rígido, uma disciplina pessoal que mecanicamente orienta o surto da linguagem. Em Heidegger domina soberanamente o objeto, dele emerge a unidade, dele recebe a linguagem sua pujança e dele participa ela de seu caráter imponderável e sua ambivalência espontânea.

A presença desse objeto do pensamento de Heidegger não se impõe como matéria inerte, tampouco como bloco informe e nunca suspeitado. O filósofo resume seu pensamento em uma palavra da tradição que, avassaladoramente, inundou esta tradição com suas possibilidades inexploradas. É a palavra *aletheia*. A intuição da *aletheia*, de seu sentido insuspeitado, está no impulso inicial de seu pensamento e dela nasce seu próprio modo de dizer aquilo que essencialmente persegue com sua meditação. Não se trata de uma mística da palavra, de um fetichismo linguístico, mas revela um modo particular de movimentar-se em seu pensamento. Heidegger aborda uma topologia do ser.[1] Essa topologia retoma palavras e frases da tradição que escondem as possibilidades do pensamento. Trata-se de experimentá-las, de auscultar os sismos secretos que subterraneamente revelam o impensado, que convidam para um pensar mais radical e para uma fidelidade mais originária. Essa topologia que persegue a pergunta pelo ser nos lugares inexplorados da tradição, não surge de modo casual. Ela irrompe da auscultação da história da filosofia, da escuta dos autores da tradição, da meditação sobre o impensado de suas obras. A palavra *aletheia*, ainda que 40 anos analisada e meditada, não mostre todas as suas possibilidades, surgiu na filosofia de Martin Heidegger pelo trabalho rigoroso e metódico aliado a um pressentimento que ressuma como intuição. Não é um ímã caído do céu que veio polarizar e descobrir os temas originais de Heidegger. É um ímã que renasceu da tradição, por meio da exploração original do que legou para o pensamento futuro. A genialidade não está na descoberta desse lugar (*topos*), mas na fecundidade de um pensamento que irradiou suas possibilidades até coincidir com tal palavra-chave em seu conteúdo impensado. A *aletheia* somente se revelou ao interrogar insistentemente e na direção acertada.

Por isso não é possível extrair aquilo que o filósofo pensa na *aletheia* e por intermédio dela, mediante uma análise de suas origens e a penetração em seus mistérios etimológicos. Se não estiver presente o horizonte de interrogação de Heidegger e se não se pensar a coisa em si mesma que a *aletheia* revela-esconde, então se tornam vãs as tentativas arqueológicas da filologia. Isso, entretanto, não particulariza o conteúdo da *aletheia* e não o limita às intuições de um pensador. É precisamente nisso que se revela a inserção de um filósofo nos veios fecundos e ocultos da tradição. Se a *aletheia* resume o pensamento de Heidegger é pelo fato de nele eclodir, novamente, na história da filosofia, aquilo que estava impensado, mas que comanda o movimento da tradição em suas máximas possibilidades. A temática de sua obra permanece rigorosamente "tradicional", ainda que fira, em todas as suas páginas, os cânones da própria tradição. Se afirmarmos que a *aletheia* esconde em si o método fenomenológico e se, a partir do método, afirmarmos que o círculo hermenêutico e a viravolta devem sua ambivalência à *aletheia*, afirmamos que essa temática era uma possibilidade oculta da própria tradição; temática essencial que eclode na filosofia de Heidegger.

Para compreender a originalidade do pensamento do filósofo da Floresta Negra, que irrompe na sintetizadora palavra *aletheia*, talvez seja interessante conduzir a tematização, a partir de *Ser e Tempo*, para dentro do desenvolvimento posterior. Já, a ideia de ser-no-mundo joga o pensamento de Heidegger em uma esfera superadora da relação sujeito-objeto. O esquema sujeito-objeto se movimenta no horizonte de uma ontologia da coisa, de uma ontologia dos entes intramundanos que se encontram na união de alma e mundo. O ser-aí, no entanto, já sempre se encontra em contato com o mundo, como ser-no-mundo, e o esquema sujeito-objeto é posterior e derivado. Explicar o ser-aí, enquanto ser-no-mundo, pela relação sujeito-objeto, oculta a originalidade do próprio ser-aí por uma explicação ontologicamente inadequada.[2]

> "A constituição do ser-aí será apenas conhecida sob a apresentação que dela dá essa interpretação inadequada. E de um só golpe essa constituição aparece como 'evidente'. Ela fornece um ponto de partida, igualmente 'evidente', para uma teoria do conhecimento ou uma 'metafísica do conhecimento'. Pois, o que há de mais 'evidente' para um sujeito que o ter uma relação com um 'objeto' ou vice-versa? Essa 'relação sujeito-objeto' deve ser pressuposta. Ora, ainda que o fato dessa relação permaneça incontestável, sua própria suposição está cheia de perigos, já que sua necessidade e, sobretudo, seu sentido ontológico permanecem obscuros".[3]

A relação sujeito-objeto, então, "oculta em si mesma tanta verdade quanto vazio. De resto, o sujeito e o objeto de nenhum modo se identificam com ser-aí e mundo".[4] O ser-no-mundo não pode ser rompido, posto que constitui um fenômeno originário.[5] A afirmação de que a cada sujeito corresponde a um objeto e vice-versa, estabelece uma correlação "que é ontologicamente tão indeterminada como seus próprios membros".[6] Como é possível ontologicamente que o ente intramundano possa ser encontrado e como tal ser objetivado? Essa interrogação, que aponta para além de uma solução gnosiológica (*erkenntnistheoretisch*), vai além de uma simples discussão sobre realismo e idealismo.[7] A analítica existencial deveria mostrar a esfera originária em que mergulham as raízes de toda essa problemática. Essa esfera originária é chamada, na carta *Sobre o Humanismo*, de "abertura do ser".

> "O homem nunca está primeiro aquém do mundo, como um sujeito, seja como 'eu' seja como 'nós'. Ele também não é nunca primeiro e apenas sujeito que também, sempre simultaneamente, se relaciona com objetos, de tal modo que sua essência consistiria na relação

sujeito-objeto. Muito antes, o homem é primeiro ek-sistente em sua essência na abertura do ser. Esta abertura ilumina o 'entre' em meio ao qual pode 'existir' uma 'relação' entre sujeito e objeto".[8]

"Na relação entre o eu e o objeto se esconde algo historial, que pertence à história essencial do homem".[9] "O acontecimento de que o ser se manifesta na objetividade dos objetos, mas de que se subtrai em seu acontecer fenomenológico enquanto ser, determina uma nova época de retração. Essa época caracteriza a essência mais íntima da era que designamos os tempos modernos".[10] "Subjetividade e objetividade fundam-se, por sua vez, já numa original abertura do 'ser' e da 'essência do homem'".[10a]

> *"Mas, pelo contrário, o homem não apenas não está excluído do ser, quer dizer compreendido nele, mas o ser é, enquanto necessita do homem, determinado a abandonar a aparência do para-si, pelo que é também de essência diferente da que se quisera afirmar na representação de um conteúdo que abarca a relação sujeito-objeto".*[11]

Esses textos, que atravessam muitas obras de Heidegger, podem abrir-nos mais concretamente o sentido profundo da *aletheia*. A esfera ontológica em que se radicam sujeito e objeto, o elemento historial que em sua relação se esconde, o acontecer fenomenológico do ser que se retrai, e tantas outras expressões de Heidegger, apontam para o fenômeno originário que o filósofo resume na palavra *aletheia*. Por isso, deve-se atentar, desde o começo, para a linha de força polarizadora das intuições do pensador que conduz pelo núcleo da *aletheia* e, assim, conduz para fora, ou para o centro esquecido da temática da metafísica. A sensação de que Heidegger se movimenta no indeterminado, no inefável, naquilo que nunca pode ser sistematizado, mas, apenas pode ser perseguido como problema, corresponde a uma dimensão real, à medida que se exige sua volta para a dimensão gnosiológica da relação sujeito-objeto. Se determinar, dizer, sistematizar e resolver significam objetivar, então realmente seu pensamento não é nada disso. Talvez seja a própria compreensão da *aletheia* que tenha possibilitado a Heidegger distinguir nitidamente entre o conhecimento (compreensão) do ser e conhecimento (objetivação) dos entes na relação sujeito-objeto. Aquilo que se retrai, sendo, contudo, a abertura, escondendo-se como fundamento da relação sujeito-objeto, é a *aletheia* pensada em sua verdadeira essência, pois a *aletheia* sustenta a presença em que se confrontam o eu e o objeto. Pensado como *aletheia*, o ser adquire sua dimensão ocultante-desocultante que se manifesta ativadora da presença.

Se considerarmos que todo o movimento da metafísica ocidental, em seu sentido mais amplo, se realizou sempre sobre os dois eixos da substância e da subjetividade, podemos afirmar que Heidegger procura superar esse dilema mediante a explicitação do conteúdo da *aletheia*. O eixo sobre o qual se movimenta todo o pensamento do filósofo é a possibilidade, mas aqui devemos proceder com prudência, pois poderia parecer que Heidegger renuncia ao real e assume o possível do qual fala a tradição. A noção de possibilidade que ele introduz é, entretanto, precisamente, aquilo que ficou impensado na tradição. É novamente a *aletheia* que nos revela a essência da possibilidade. Não podemos esquecer o papel importante que a possibilidade exerceu na analítica existencial. No começo de *Ser e Tempo* já temos a afirmação: "Acima da realidade (atualidade) situa-se a possibilidade".[12] Isso se poderá compreender melhor a partir de uma passagem do livro *Nietzsche*, que data de 1937:

> *"A possibilidade problematizada, cuja problematização deve ser realizada até o fim, é mais poderosa enquanto possibilidade que qualquer coisa atual e real. O possível gera outras possibilidades. O possível enquanto tal traz consigo necessariamente outras possibilidades à luz do dia [...] Porque nós, de acordo com toda a história ocidental do homem até hoje e conforme a explicação do ente que a sustenta, estamos demasiadamente acostumados a pensar, partindo apenas do real, isso quer dizer, explicitar a partir do real (presença, ousia), estamos ainda despreparados, canhestros e medíocres no que se refere ao pensamento criador."*[13]

O fato, portanto, de não pensarmos ainda a possibilidade, faz com que tudo expliquemos a partir da presença e não tenhamos descoberto a dimensão daquilo que sustenta a presença do real, que é, precisamente, aquilo que se retrai e que se esconde na *aletheia* como velamento que sustenta o desvelamento: a presença, isto é, a *aletheia* como possibilidade. Em 1946, a explicação da posssibilidade, no sentido que Heidegger lhe dá, torna-se ainda mais explícita.

> *"O pensamento, digamos simplesmente, é o pensamento do ser. O genitivo diz duas coisas. O pensamento é do ser, à medida que o pensamento produzido pelo ser pertence ao ser. O pensamento, ao mesmo tempo é pensamento do ser, à medida que o pensamento, pertencendo ao ser ouve a voz do ser. Ouvindo o ser e a ele pertencendo, o pensamento é aquilo que é, segundo sua origem essencial. O pensamento é - isso quer dizer: o ser desde sempre se encarregou convenientemente de sua essência. Encarregar-se de uma "coisa" ou de uma "pessoa" em sua essência, quer dizer amá-la: querê-la. Esse querer significa, pensado originariamente: dar a essência. Tal querer é a essência autêntica do 'poder', que não apenas pode produzir isto ou aquilo, mas que faz ser, que faz com que algo desenvolva seu ser desde sua origem. O ser capaz do 'querer' é aquilo, em virtude do qual, algo, propriamente, 'pode ser'. Esse poder é o propriamente 'possível', é aquilo cuja essência repousa no 'querer'. É a partir desse querer que o ser pode o pensamento (pro-duz o pensamento). O ser possibilita o pensamento. O ser enquanto é aquilo que 'quer', 'pode', é o 'possível'. O ser como o elemento é a 'força silenciosa' do 'poder' que 'quer', isso é possível. Nossas palavras 'possível' e 'possibilidade' são, certamente, pensadas, sob o domínio da 'lógica' e da 'metafísica', apenas enquanto se distinguem da 'realidade'. Isto quer dizer que são pensadas a partir de uma determinada interpretação - a metafísica - do ser enquanto actus e potentia, distinção que é identificada com a distinção de essentia e existentia. Quando falo do 'poder silencioso do possível' não viso o possível de uma possibilitas meramente representada, não viso à potentia enquanto essentia de uma essentia de um actus da existentia, mas ao próprio ser, o qual, querendo, estende seu poder sobre o pensamento e, assim, sobre a essência do homem, o que quer dizer, sobre a relação do homem com o ser. Poder algo significa, aqui: guardar algo em sua essência, reter algo em seu elemento".*[14]

Agora, depois de escutarmos atentamente o imenso conteúdo concentrado nessa citação, compreendemos por que Heidegger substitui a substância e a subjetividade da tradição pela possibilidade. A substância e a subjetividade são elementos da realidade objetiva, que são sustentados pela possibilidade, enquanto ela os pro-duz com seu poder. Em 1962, Heidegger, discutindo o problema do tempo e do ser, conclui que aquele que dá ser e tempo (isto é, aquele que pode produzir ser e tempo, em seu destinar e alcançar) é o acontecimento-apropriação. Ele, segundo a interpretação de Heidegger, é o *einai* que *esti*, isto é, que *pode*, que é capaz de pro-duzir, de dar, de destinar o tempo e alcançar o ser. Esse acontecimento-a-propriação, que Heidegger identifica com o *mesmo*, é apresentado com "o mais antigo do antigo pensamento ocidental, o originariamente antigo que se oculta no nome *aletheia*".[15] A possibilidade, portanto, é a própria *aletheia*, é o ser pensado, não apenas como presença (*ousia*), como faz a metafísica, mas como possibilidade de presença (desvelamento), o que quer dizer velamento, retenção, retração. Na *aletheia* o ser é pensado como possibilidade em seu sentido ativo, enquanto toda a presença (ousia) depende da *lethe*, do ocultamento, do velamento.

A *aletheia* no pensamento de Heidegger representa a esfera anterior, a situação gnosiológica do esquema sujeito-objeto, esfera que é a própria possibilidade da qual emergem a substância e a subjetividade da tradição. Somente quem, por longa meditação, penetra nessa novidade do pensamento de Heidegger, compreende-o na sua tessitura fundamental. A estrutura da metafísica é assumida em seus fundamentos. Tanto a metafísica que ontologiza a consciência, quanto a metafísica que subjetiviza o ente, encontram sua matriz fundadora na possibilidade como *aletheia*. A possibilidade, no sentido forte que Heidegger lhe atribui e que, enquanto tal, sustenta o próprio *actus* e *potentia* da tradição, é um elemento que deve envolver qualquer reflexão sobre a filosofia do pensador de Freiburg. Sem a compreensão profunda da possibilidade, qualquer crítica erra o alvo, sobretudo se ela se perde nos meandros de uma teoria do conhecimento. Se o último Heidegger retoma, de vários modos, a reflexão sobre o ser como aquele que presentifica, aquele que dá, ele não faz mais do que levar à radicalidade o que potencialmente já se esconde em *Ser e Tempo*. O acontecimento-apropriação que dá ser e tempo é a própria possibilidade que se retrai em favor da própria emergência da presença.[16]

A partir da possibilidade, que Heidegger resume na *aletheia* em sua interpretação mais profunda, também se abre o horizonte do método fenomenológico. É na possibilidade que radica também o próprio movimento circular da existência. E a viravolta somente pode ser pensada, assim, como o sentido do ser somente o pode, à medida que o pensamento penetra no seio da ambivalência que se estabelece no império da possibilidade. Toda linguagem que joga com o binômio velamento-desvelamento somente tem sentido quando pensada no âmbito da possibilidade como *aletheia*.

A palavra *steresis*, que Heidegger analisa por ocasião de seu estudo sobre a Física de Aristóteles, abre-nos melhor a compreensão do que dissemos.[17] A tradução de *steresis* por *privatio* (privação) esconde o poder positivo da *steresis*. Se escutarmos a palavra a partir do âmbito, para o qual aponta, ela assume um sentido que pode explicar a *aletheia* e a possibilidade. Heidegger mostra como a *steresis* não é simplesmente o oposto da presença (a ausência). Enquanto ausência a *steresis* sustenta a presença. O fato de uma coisa faltar sustenta, precisamente, um certo ser dessa coisa. *Steresis* é a presença na qual justamente se presenta a ausência. "Na *steresis*", diz Heidegger, "se vela a essência da *physis*.[18] Mais adiante: "*physis* é *aletheia*".[19] Por fim, acrescenta: "Ao ser pertence *aletheia*".[20] Portanto, o caráter da *steresis* se atribui à *aletheia* e ao ser. Nesse sentido, esconde-se na *aletheia*, assim como na *physis*, o elemento da ausência que presentifica. Enquanto a *aletheia* aponta para a *lethe*, ela é retenção de presença, mas a própria *lethe*, como a *steresis*, sustenta a *aletheia* e, como ela, a presença. Na palavra *aletheia*, Heidegger descobre a dimensão paradoxal da *steresis* que, com sua ausência, traz a presença (e a presença é o ente) de sua ausência - que é o ser enquanto velamento. É para o âmbito dessa realidade que aponta o alfa privativo da própria *aletheia*. Heidegger traduz a *aletheia* por subtração e ainda por retração. A *steresis* é traduzida, igualmente, por retenção. É, precisamente, essa dimensão retentora da *steresis* que contém em si a possibilidade do surgimento da presença. A *steresis* é a própria possibilidade. O filósofo falará mais tarde em "reserva".[21] Enquanto a *aletheia* é *lethe* ela é a própria possibilidade.

A possibilidade é, então, aquilo que, ao mesmo tempo, vela e desvela. Vela-se na presença que faz emergir e desvela-se enquanto se esconde nessa presença. Isso é a própria *aletheia* como velamento e desvelamento.

Enquanto a *aletheia* se apresenta no horizonte anteriormente desenvolvido, ela comanda toda a atitude de Heidegger diante da metafísica ocidental. A ela se ligam a re-petição, a destruição, a superação, o retorno, a lembrança, o passo de volta, o adentramento na metafísica ocidental, que nada mais são do que o próprio movimento do pensamento que procura penetrar naquilo que foi esquecido e velado pela metafísica, o que, em última análise, quer dizer o que não foi pensado em seu velamento, sua retenção, sua retração, como possibilidade. Dentro desse horizonte se mostrará também a unidade entre *physis, ousia, logos* e *aletheia*.

Em um texto que data de 1943, Heidegger resume admiravelmente o que já dissemos e sua atitude diante da *aletheia*:

> *"O recurso à significação da palavra* aletheia *nada resolve e nada de útil nos dá. Também deve permanecer aberta a questão se aquilo que se discute sob os nomes de 'verdade', 'evidência', 'objetividade' e 'realidade' tem o mínimo a ver com aquilo para onde o desvelamento e a iluminação orientam o pensamento. É de se presumir que para o pensamento que segue tal orientação, estão em jogo coisas mais altas do que a garantia da verdade objetiva no sentido de enunciações válidas. Onde reside o fato de sempre novamente se esquecer apressadamente a subjetividade que pertence a toda objetividade? Donde vem o fato de, mesmo que se observe que são inseparáveis, procurar elucidar essa solidariedade a partir de um dos dois lados, a menos que se faça intervir um terceiro termo, encarregado de envolver o sujeito e o objeto? Por que a recusa teimosa de examinar se a interdependência do sujeito e do objeto não repousa naquilo que antes de tudo garante o ser ao objeto e à sua objetividade, ao sujeito e à sua subjetividade: seu ser, isto é, que garante o âmbito prévio de sua relação recíproca? O fato de nosso pensamento encontrar tão penosamente o caminho para esse âmbito protetor e, com isso, nós o procuramos apenas ao redor de nós, não pode consistir nem numa limitação do entendimento reinante,*

> nem numa aversão pelas perspectivas que inquietam os hábitos e perturbam a vida quotidiana. Devemos antes pressupor outra coisa: nós sabemos coisas demais e cremos com excessiva rapidez, para nos podermos sentir à vontade nas interrogações que procedem de uma verdadeira experiência. Essas interrogações requerem a capacidade de admirar-se diante do que é simples e de aceitar essa admiração como morada permanente. Sem dúvida, o simples não nos é dado, ainda, pelo fato de alardearmos e repetirmos, de forma simplista, o significado de aletheia como 'desvelamento'. O desvelamento é o traço fundamental daquilo que já apareceu e deixou atrás de si a ocultação. Esse é aqui o sentido do alfa que somente uma gramática inspirada pelo pensamento tardio dos gregos caracteriza como alfa privativo. A relação com a lethe, com a ocultação e ela em si mesma não perdem nada de sua gravidade para nosso pensamento, pelo fato de o desvelado somente ser imediatamente apreendido como coisa que aparece como coisa que se presenta. Somente quando se pergunta pelo que tudo isso quer dizer e pelo modo como isso se pode produzir, é que começa a admiração.[22]

Essa reflexão de Heidegger nos convida a meditarmos longe da dimensão gnosiológica para descobrirmos o verdadeiro âmbito em que possa eclodir o espanto com que se origina o filosofar. Sem citar nomes, o filósofo nos remete para o domínio dos primeiros gregos, em que a presença e o fundamento da presença dos entes (a *lethe*) suscitaram os primeiros filósofos.[22a] O *alfa* privativo que caracteriza o desvelado que deixou para trás aquilo que se retém em favor da presença, aponta para a retenção, a retração, para a possibilidade.

Todos os passos da análise textual da *aletheia* na obra de Heidegger devem vir envoltos nessa dimensão fundamental que estas páginas procuraram descerrar. Desse modo, a *aletheia* se apresenta como o elemento harmonizador das múltiplas tentativas de dizer aquilo que, desde sua juventude, o pensador persegue como "a pergunta determinante do caminho de seu pensamento: "qual é a simples e unitária determinação de ser que perpassa todos os seus múltiplos significados?"[23]

A grande interrogação que se levanta contra essa interpretação de Heidegger, que procura superar o esquema sujeito-objeto, é aquela que pergunta se um pensamento filosófico, que toma como centro de sua reflexão o velamento e o desvelamento, não traz consigo um sinal determinante do subjetivismo. Friedländer, em sua obra sobre Platão, já levanta o problema: "Não se dá simplesmente velamento e desvelamento; (des)velado algo somente é se for (des)velado para alguém".²⁴ Para impedir esse subjetivismo, sugere Friedländer que não se deve interpretar privativamente a *aletheia*. "Assim uma tomada de posição filológica com relação a uma questão etimológica descamba facilmente para a suspeita de um sectarismo filosófico".²⁵

Heidegger responde a Friedländer, em sua conferência sobre *Hegel e os Gregos*: "Observou-se já, também, mais vezes de que um desvelamento em si mesmo não poderia dar-se, que desvelamento sempre é desvelamento 'para alguém' Assim o desvelamento se 'subjetivaria' inevitavelmente."

> *"Deve, entretanto, o homem no qual aqui se pensa, ser determinado necessariamente como sujeito? Significa 'para o homem' incondicionalmente já: posto pelo homem? Podemos negar ambas as coisas e devemos lembrar de que a* aletheia, *pensada gregamente, impera seguramente para o homem, mas de que o homem permanece determinado pelo logos. O homem é aquele que diz. Dizer, no alemão antigo* sagan, *significa: mostrar, fazer aparecer e fazer ver. O homem é o ser, o qual, através do dizer, presentifica o que se presenta em sua presença e que, assim, compreende o que está presentificado. O homem somente pode falar enquanto é aquele que diz".²⁶*

O dizer do homem enquanto é "um reunir o que se presenta e um deixar que algo se estenda diante, em sua presença",²⁷ não é o dizer objetivante do sujeito. A "Sage" (*phasis*): o "dito", o que é dito, aquilo que o dizer mostra, não é o objeto que resulta da palavra enunciadora. Isso porque, como veremos mais adiante, no estudo das relações entre a palavra e o ser, o dizer essencial (*sagen*) brota do próprio ser.²⁸ O homem, quando diz, apenas corresponde, escuta a linguagem essencial que fala. Não é o homem que fala, mas ele primeiro deve ser dito para poder falar, para poder dizer. O fazer aparecer, o presentificar da atividade apofântica do homem, repousa no próprio desvelamento, que o possibilita. O homem é instaurado, pelo próprio desvelamento, como o lugar em que esse se mostra, se manifesta, aparece. Enquanto interpretarmos o velamento e desvelamento no plano do esquema sujeito-objeto, a própria análise se torna impossível. A manifestação que resulta no plano secundário da objetivação se fundamenta na manifestação originária do desvelamento. Nesse sentido, também se mostrará que o método fenomenológico não pode ser interpretado no plano da relação sujeito-objeto, porque assim a fenomenologia jamais atingiria o ser que se vela-desvela nos entes.

A *aletheia* é precisamente a presença que aponta para o velamento (*lethe*) que ficou para trás, que mostra para aquilo que a sustenta como presença. É graças à presença da *aletheia* que se tornam possíveis a objetivação e aquilo que o sujeito pode objetivar. O sentido grego da *aletheia* que "perpassa toda a língua grega"[29] é perdido se, em sua interpretação, apelamos para "os modos de representação romanos, medievais e modernos". "No mundo grego" não devemos procurar "nem personalidades, nem o espírito, nem o sujeito, nem a consciência".[30]

Aqueles que reduzem o conceito de velamento e desvelamento à presença e ao presentar-se, no plano da relação com a consciência, e querem ver, assim, no conceito de *aletheia* uma afirmação camuflada ou manifesta do subjetivismo moderno, não compreenderam absolutamente as intenções que perpassam toda a obra de Heidegger. Justamente a afirmação do círculo hermenêutico, da circularidade ontológica do ser-aí, e a visão da viravolta, mostram uma esfera em que o ser e o ser-aí se com-preendem (apropriam) fora da estrutura de sujeito e objeto. À medida que o ser instaura o homem (aí) como sua abertura, é que o homem manifesta, mostra, presentifica, o ser. Essa relação circular vai aprofundar-se pela viravolta, onde desaparecem todos os sinais de um horizonte transcendental, e onde o ser é pensado como o instaurador do ser-aí. A subjetividade continua com o seu valor no plano ôntico, mas, no plano ontológico da fenomenologia, no sentido heideggeriano, ela perde sua vigência. É a *aletheia* que se apresenta como o sinal decisivo da viravolta, quando pensada em sua dimensão própria, que ela já apresenta desde os gregos, mas que a metafísica não penetrou.

Heidegger não evita apenas os vocábulos típicos do pensamento da subjetividade, no plano da linguagem, mas seu movimento fundamental tira sua pujança de uma meditação que superou a filosofia moderna em suas raízes. Sobretudo, o conceito de espírito que predomina na filosofia da subjetividade se encontra superado desde a gênese de *Ser e Tempo*. Hans-Georg Gadamer, com a autoridade que o próprio Heidegger lhe atribui,[31] descreve, assim, a superação do subjetivismo:

> "O verdadeiro precursor da colocação heideggeriana da questão do ser e de seu movimento oposto à direção que assumiu a interrogação da metafísica ocidental, que a questão do ser significava, não podia, por isso, ser, nem Dilthey, nem Husserl, mas, antes de tudo, Nietzsche. Disso Heidegger terá tomado consciência apenas mais tarde. Mas, o olhar retrospectivo permite dizer: as tarefas que já então jaziam, segundo seu ponto de partida, em Ser e Tempo eram: levantar a crítica radical do 'platonismo' para o vértice da tradição, por ele criticada, ir ao encontro da metafísica ocidental, em seu próprio nível, reconhecer e superar a postura da interrogação transcendental como uma conseqüência do subjetivismo moderno. O que Heidegger finalmente designou de 'a viravolta', não era uma nova mudança, movimento da reflexão transcendental, mas, justamente, a liberação e realização dessa tarefa. Ainda que Ser e Tempo descobrisse criticamente a indeterminação ontológica do conceito husserliano de subjetividade transcendental, a obra mesma ainda formularia a própria exposição da questão do ser apelando a recursos da filosofia transcendental. Mas, na verdade, a renovação da questão do ser, que Heidegger tomara como tarefa própria, significa que ele reconheceu, em meio ao 'positivismo' da fenomenologia, o problema fundamental da metafísica não dominado, *problema que se velara, em sua extrema culminância, no conceito de* espírito *como o pensou o idealismo especulativo*. A ten-

dência de Heidegger visava, por isso, por meio da crítica a Husserl, à crítica ontológica ao idealismo especulativo. Em sua fundamentação da hermenêutica da 'faticidade', Heidegger ultrapassou tanto o conceito de espírito, que o idealismo clássico desenvolvera,[32] como a área de temas da consciência transcendental purificada pela redução fenomenológica".[33]

Essa afirmação é confirmada por Heidegger, precisamente em seu estudo sobre Hegel e os Gregos.

"Todas as afirmações históricas, porém, já se movimentam, junto com sua fundamentação, numa relação com a história. Antes da decisão sobre a retidão histórica da representação se exige, por isso, a consideração do fato e da maneira como a história é experimentada, a partir de onde ela é determinada, em seus traços fundamentais. Com referência a Hegel e os Gregos isso quer dizer: precede todas as afirmações históricas, certas ou erradas, o fato de Hegel ter compreendido a essência da história, a partir da essência do ser, no sentido da subjetividade absoluta. Até agora não existe uma compreensão da história, a qual, sob o ponto de vista filosófico, possa corresponder a essa compreensão da história. Mas, justamente, essa determinação especulativo-dialética da história traz, como conseqüência, o fato de, para Hegel, permanecer vedado vislumbrar a aletheia e seu dominar como o objeto do pensamento. Isso acontece, precisamente, na filosofia que determinou como 'a meta' da filosofia 'o reino da pura verdade'. Pois, Hegel experimenta o ser, quando o compreende como o imediato indeterminado, como posto pelo sujeito que determina e compreende. Assim, Hegel não pode libertar o ser em sentido grego, o einai, da vinculação ao sujeito, e liberá-lo em sua própria essência. Mas, essência do ser é o pre-sentar-se, isto é, o durar manifestando-se, a partir do velamento, para dentro do desvelamento. No pre-sentar-se se manifesta a desocultação. Ela se manifesta no hen e no logos, isto é, no prejazer que unifica e recolhe, o que quer dizer, no presentificar o que dura. A aletheia se manifesta na idea e na koinonia das idéias, à medida que essas, conjuntamente, fazem aparecer e, assim, constituem o ser do ente, o ontos on. A aletheia se manifesta na energeia, que nada tem a ver com o actus nem com atividade, mas somente se liga ao ergon compreendido gregamente e sua qualidade de produzir para dentro da presença".[34]

Heidegger mostra como Hegel, em consequência de sua subjetividade, não pode penetrar na essência das quatro palavras-chave que ele localiza em quatro autores gregos (*hen*, de Parmênides, *logos*, de Heráclito, *idea*, de Platão, e *energeia* de Aristóteles), porque Hegel não é capaz de pensar a *aletheia* como o elemento escondido que perpassa todas elas. Isso quer dizer que Heidegger pensa que a *aletheia* não pode ser pensada, em sua essência, pelo pensamento da subjetividade. Se o sujeito a tudo determina, como acontece em Hegel e também na subjetividade transcendental de Husserl – e em todos aqueles que determinam o espírito como ponto de partida da filosofia –, não é possível pensar a ambivalência velamento-desvelamento que se oculta na palavra *aletheia* e, por meio dela, "é ditada a todas as palavras-guias do pensamento".[35] Desse modo, podemos concluir que, ao contrário do que objetam aqueles que se voltam contra a interpretação heideggeriana de *aletheia*, nessa palavra, compreendida a partir do âmbito que mostra, reside a superação da subjetividade da metafísica ocidental.

Pensado, assim, o âmbito em que reside a compreensão da *aletheia*, podemos analisar a interpretação etimológica que Heidegger dela realiza, sem corrermos o risco de absolutizá-la. A própria tarefa do pensamento é que deve comandar a compreensão da história que a palavra esconde em suas raízes. Já em *Ser e Tempo* temos uma preocupação direta de Heidegger com o problema da *aletheia*. Tanto o seu conceito de fenomenologia,[36] quanto seu conceito de verdade,[37] mergulham no clima e no âmbito do sentido originário de *aletheia*. A fenomenologia e a verdade, como vêm analisados em *Ser e Tempo*, são determinantes de toda a analítica existencial e lançam as bases para toda a reflexão posterior. Disso podemos deduzir que a *aletheia*, já em *Ser e Tempo*, abre sua presença única e decisiva para toda interrogação pelo sentido do ser, presença que assume toda a sua intensidade após a viravolta.

É em *Ser e Tempo* que temos a primeira referência à etimologia da *aletheia*. Heidegger liga a *aletheia* ao *logos* e à *apophainesthai* e sua tradução já é desvelamento[38] e vem também vinculada ao problema da verdade. O filósofo assevera:

> *"A tradução dessa palavra [aletheia] por 'verdade' e, sobretudo, as definições conceituais e teóricas que dela são dadas mascaram o sentido da compreensão pré-filosófica que os gregos punham 'muito naturalmente' no fundamento de seu uso terminológico do termo* aletheia. *O recurso a tais argumentos deverá precaver-se para não se deixar levar pela mística das palavras. Entretanto, é tarefa da filosofia impedir que a força das palavras mais originais, nas quais se exprime o ser-aí, não se nivele, no senso comum, até sua incompreensão que, em seguida, se torna a fonte de falsos problemas".*[39]

Com essa observação descobrimos que Heidegger, desde muito cedo, se previne contra o formalismo da etimologia, vendo nela um modo de acesso ao que interessa ao pensamento e divisando, a partir disso, a possibilidade da verdadeira interpretação etimológica. Por isso, a insistência no *alfa* privativo de *a-letheia* já revela que isso não é uma teimosia de filólogo, mas, muito antes, a constância de um pensamento que já vem do objeto para o qual aponta o sentido da *a-letheia*. Assim, Heidegger dirá, em 1943: "O recurso à significação da palavra *alethesia* nada resolve e nada de útil nos dá". Mais adiante: "O simples, sem dúvida, não nos é dado ainda pelo fato de alardearmos de forma simplista o significado de *aletheia* como 'desvelamento'".[40] Ainda no mesmo texto afirma ele, referindo-se ao fato de que primeiro experimentou a esfera do objeto para onde aponta *aletheia*: "Não há nenhuma necessidade de apelar primeiro a uma etimologia, aparentemente arbitrária, da palavra *alethesia*, para perceber como, em toda parte, a presença das coisas presentes somente fala enquanto resplende, se faz conhecer, está estendida diante, emerge, se pro-duz, se oferece à vista".[41] Mostrando o fato de que a própria palavra *aletheia* se origina, entre os gregos, daquilo que mostra, Heidegger destaca: "Tudo isso, em sua harmonia não perturbada, no seio da existência grega e de sua língua, seria impensável, se 'permanecer velado' e 'permanecer desvelado' já não dominassem como aquilo que de nenhum modo primeiro é preciso dizer expressamente, porque dele vem a própria linguagem".[42] Em uma conferência de 1958, ele afirma que a palavra *aletheia* "se tornou uma pedra de tropeço porque a gente se atém apenas a essa palavra isolada e à sua etimologia, em lugar de pensar a partir da coisa, para onde apontam o desvelamento e a desocultação".[43]

Heidegger não se atém a um fetichismo etimológico e procura tirar da etimologia de *a-letheia* tudo o que nela se esconde para seu pensamento. É precisamente o mundo dos gregos, em sua experiência originária, que a metafísica lentamente esqueceu, que contém em si a possibilidade de eclodir em uma palavra que o resume. Sem a compreensão da experiência grega, a etimologia da palavra *a-letheia* é letra morta. Para Heidegger, a palavra *a-letheia* é a descoberta, resultado da sua meditação sobre a história da filosofia, que caracteriza particularmente a sua linguagem e modo de expressão do objeto de sua interpretação: a questão do ser.

O quanto se amplia a palavra *a-letheia* na obra do pensador é mostrado em uma passagem de 1937:

> "Ora, quanto mais freqüentemente a maioria dos homens, no seu cotidiano, caem vítimas da aparência e dos pontos de vista correntes sobre o ente e nisso se sentem à vontade, achando-se assim confirmados, tanto mais se esconde para eles o ser (lanthanei). A conseqüência desse ocultamento do ser junto aos homens reside no fato de serem surpreendidos pela lethe, por aquele ocultamento do ser, que suscita a aparência de que não se dá algo como o ser. Traduzimos a palavra grega lethe por 'esquecer', caso em que 'esquecer' deve ser pensado metafisicamente não psicologicamente. A maioria se afunda no esquecimento do ser, ainda que, ou melhor, porque eles constantemente correm atrás daquilo que encontram ao redor de si".[44]

Quantas ressonâncias desperta um tal texto no conhecedor da obra de Heidegger! Nele ressoa a essência de *Ser e Tempo*, toda a preocupação com a metafísica, o núcleo do pensamento do ser, e toda a atmosfera que perpassa a obra do filósofo.

Heidegger explora todas as ressonâncias secretas do sentido de *aletheia*. Assim, radicam na *aletheia* todos os aspectos e gradações do esquecimento e da lembrança. Essas duas categorias perpassam todas as obras em uma constância ascendente. À medida que essas duas palavras tomam corpo no pensamento, elas se desdobram em todos os seus ângulos e são de tal modo aproveitadas que, a partir delas, poder-se-ia descobrir uma unidade da obra do filósofo. Assim como Heidegger elevou o termo *aletheia* a uma dimensão ontológica, como palavra em que ele resume sua ideia de ser e, sob muitos aspectos, sua própria filosofia, assim também ela, enquanto significa esquecimento, adquire uma estatura ontológica. O ser é esquecimento à medida que se retrai, se esconde sob os entes que o velam, e é esquecimento para o homem que se movimenta em meio à familiaridade dos entes. Por isso, o pensamento do ser é lembrança. O ser, no entanto, é esquecimento ainda porque nós estamos inseridos em sua história e ele, como "o mais antigo do antigo, vem atrás de nós, em nosso pensamento, e contudo, ao nosso encontro. Por isso, o pensamento persevera no advento do que foi e continua sendo e é lembrança".[45] "O saber é a memória do ser".[46]

É, justamente, o problema central da filosofia aquele que consiste em pensar o esquecimento ligado à lembrança. Pensar o esquecimento como esquecimento é pensar o ser pela lembrança. Desacostumar os olhos à pura presença e detê-los na ausência é vigiar o ser como esquecimento.

> "O que se presenta é o que se desdobra presente e não-presente no desvelamento. Com a aletheia, que pertence à manifestação fenomenológica do ser, permanece inteiramente impensada a lethe e, conseqüentemente também o 'presente' e o 'não-presente', quer dizer, o âmbito da região aberta, em meio à qual advém tudo o que se presenta e se desenvolve e limita o presentar-se recíproco de cada coisa que dura".[47]

A *lethe* é um elemento central para pensar a presença, porque essa é aquilo que aponta para o âmbito do velamento de onde veio como desvelamento.

Esquecimento e lembrança são uma atitude própria daquele que quer manter fidelidade ao pensamento do ser. Não é uma atitude escolhida pelo homem, mas um dom do ser. O esquecimento e a lembrança têm um sentido ontológico.[48]

> "O 'esquecimento do ser', muitas vezes, se representou, para dizê-lo figuradamente, como se o ser fosse o guarda-chuva, que a distração de um professor de filosofia esqueceu em algum lugar.

> Entretanto, o esquecimento não ataca a manifestação fenomenológica do ser como se essa fosse algo separado dele. O esquecimento pertence à matéria do próprio ser, impera como destino de sua manifestação fenomenológica. O esquecimento corretamente pensado, o velamento da essência (verbal) ainda não desvelada, guarda tesouros inexplorados e é a promessa de um objeto a ser encontrado, que somente espera por uma procura adequada. Para presumir tal coisa não se necessita de dons proféticos e da mania dos pregadores, mas apenas da observação do que foi e continua sendo, exercitada durante decênios, e que se manifesta no pensamento metafísico do ocidente. O que foi e continua sendo levanta-se sob o signo do desvelamento do que se presenta. O desvelamento repousa no velamento da presença. Esse velamento, em que radica o desvelamento (aletheia), deve ser lembrado. A lembrança pensa o que foi, mas que não passou, porque permanece o perene em tudo o que permanece e que protege o acontecimento-apropriação do ser (Seyn)".[49]

Desse sentido, poder-se-ia dizer positivo, do esquecimento, que se liga à *aletheia*, enquanto sempre aponta para a *lethe*, Heidegger deduz também um sentido negativo do esquecimento. A metafísica envolta na preocupação com o ente é a história do esquecimento do ser. Esquecimento agora significa, todavia, não pensar a diferença entre ser e ente. Mais exatamente dever-se-ia afirmar que é a história do esquecimento do ser. Isso porque a metafísica pensa o ser como pura presença e não pensa o seu velamento, seu esquecimento, aqui no sentido positivo. Por isso, Heidegger pode assegurar que: "a penetração na essência da metafísica é a penetração na essência do esquecimento do ser".[50] Penetrar naquilo que a metafísica esqueceu, que é sua essência esquecida, é penetrar no ser enquanto esquecimento. "O esquecimento mais profundo é o não-lembrar".[51] Isso deve ser interpretado no sentido de que o não lembrar o ser enquanto esquecimento é o esquecimento mais profundo. Essa é a crítica mais radical que perpassa a obra de Heidegger: a metafísica esqueceu o ser como velamento, como esquecimento, como *lethe*. Se a *aletheia* pensada enquanto mergulha na *lethe* é a dimensão positiva da unidade que perpassa a obra de Heidegger, desde as análises de *Ser e Tempo*, pode-se então enunciar que a dimensão negativa que lhe corresponde é precisamente a constante acusação à metafísica de que ela padece do esquecimento mais profundo, que é não lembrar o ser como esquecimento, como velamento. Toda linguagem que fala em repetição, destruição, superação, adentramento na metafísica, encontra sua unidade dentro do horizonte metafísico em que não é pensada a outra face da *aletheia:* a *lethe.*

"O próprio ser enquanto tal permanece impensado na metafísica. Isso quer agora dizer: o próprio ser permanece ausente, se manifesta fenomenologicamente o próprio ser".[52] A quem pensa o ser como ausência, esquecimento, é fácil ver, no próprio esquecimento do ser pela metafísica, o ser como esquecimento. "Supondo finalmente que a esquecida essência da verdade da metafísica seja lembrada como o desvelamento do que está velado (*aletheia*)",[53] atingiremos a verdade como a não verdade, como o ocultamento, a *lethe.*

Toda a revisão do conceito de verdade que Heidegger realiza na conferência *A Essência da Verdade*, procura mostrar que a essência da verdade como adequação tem seu fundamento na "verdade enquanto a não-verdade" que é o velamento e a "esfera não experimentada da verdade do ser (e não primeiramente do ente)".[54] O "não" ("un-") aponta para o não desvelado, para a "relação com o ocultamento que nisso se esconde a si mesma, enquanto deixa predominar um esquecimento do mistério e nele desaparece".[55] Justamente, "a autêntica não-essência da verdade é o mistério".[56] O fato de o homem estar condenado a pensar o ser como o que se vela, faz com que ele se refugie nos entes. Talvez melhor se diga: a necessidade de pensar o ser como velamento condena o homem ao desvelamento. Nisso consiste a errância da qual trata Heidegger. "A errância é o âmbito daquela mudança na qual a ek-sistência insistente instável sempre torna a esquecer-se e sentir sua ausência".[57] Assim, o homem se perde no costumeiro, "se desvia para o mais próximo desviando-se do mistério".[58] "A errância é o lugar aberto e a razão do erro". O erro, entretanto, é "a maneira superficial do errar";[59] ainda que "a errância domine o homem enquanto o leva a desgarrar-se", nesse próprio desgarramento o homem pode encontrar o mistério.⁶⁰ "Pelo desgarramento, porém, a errância contribui também para fazer nascer a possibilidade, que o homem pode tirar da ek-sistência, de não sucumbir ao desgarramento. O homem sucumbe se ele experimenta a errância como tal e não se engana com relação ao mistério do ser-aí".⁶¹ A experiência da errância, portanto, pode levar o homem a experimentar o ser como velamento e o mistério como a não verdade.⁶² Essa é a experiência que Heidegger realiza quando experimenta a metafísica em sua errância, descobrindo a necessidade de superá-la porque nela reside o ser como esquecimento esquecido. Por isso, Heidegger fala, mais tarde, de adentra-mento na essência da metafísica. "O pensamento aparentemente continua nos caminhos da metafísica e realiza, contudo, em seus passos essenciais, que conduzem da verdade como certeza para a liberdade ek-sistente e desta para a verdade como velamento e errância, uma mudança na interrogação que pertence à superação da metafísica".⁶³ Em seu trabalho acerca de *A Doutrina de Platão sobre a Verdade*, o pensador mostra como se verificou o esquecimento do ser quando "a *aletheia* foi subjugada pela *idea*".⁶⁴

Esta análise nos mostrou com suficiente clareza o papel central da *aletheia* na obra de Heidegger. Deve ter-se tornado explícito como sua linguagem é perpassada pelas ressonâncias polivalentes daquilo que captou como a herança do próprio pensamento grego. Na *aletheia* o filósofo não busca uma inovação arbitrária, nem é intenção sua forjar uma mitologia da palavra. Ao assumir a *aletheia* como elemento determinante de seu pensamento, Heidegger pensa inserir-se na história viva do pensamento metafísico ocidental, que começa nos gregos. Ele sempre teve a preocupação de descobrir a corrente subterrânea que unifica o pensamento grego. Isso não se revela apenas em suas análises dos pré-socráticos, mas sua interpretação de Aristóteles visa ao mesmo objetivo, quando o filósofo o vê como "o eco do grande começo da filosofia ocidental".⁶⁵ Revela-se, em toda a obra de Heidegger, o esforço de situar seu pensamento em uma relação positiva com os gregos e de transformá-lo em uma repetição do pensamento que começou a filosofia ocidental.

Essa unidade do pensamento grego em si mesmo e deste com seu próprio pensamento, Heidegger encontra-a ainda no sentido profundo da *aletheia*. Já, em *Ser e Tempo*, temos a observação: "A tradução de *aletheia* pela palavra 'verdade' e, então, particularmente, a determinação conceitual teorética dessa expressão, encobrem o sentido daquilo que os gregos colocavam 'naturalmente' nas bases do uso terminológico de *aletheia*, em sua compreensão pré-filosófica".[66] Em um texto de 1941 temos a seguinte afirmação: "No começo de sua história o ser se revela como nascimento (*physis*) e desocultamento (*aletheia*)".[67] Em uma conferência sobre *Hegel e os Gregos*, Heidegger se pronuncia: "A *aletheia*, porém, o desocultamento, não apenas impera nas palavras-chaves do pensamento grego, ela está presente na totalidade da linguagem dos gregos".[68] Em 1963, diz o filósofo: "O que se realiza para a fenomenologia dos atos conscientes, como o auto-mostrar-se dos fenômenos, é pensado mais originariamente por Aristóteles e por todo o pensamento e existência dos gregos como *aletheia*, como desvelamento do que se presenta, seu desocultamento, seu mostrar-se".[69] Na carta ao padre Richardson, declara Heidegger: "Não é descoberta e veleidade deles, o fato de para os gregos ter aquilo que nós bastante inconscientemente chamamos 'verdade', o nome de *aletheia*, na linguagem poética e não-filosófica, tanto como na linguagem filosófica".[70] Se lermos *A Doutrina de Platão sobre a Verdade* impõe-se com insistência a mesma dimensão central da *aletheia* para o pensamento grego. Assim, também se ergue o hino à *aletheia*, que perpassa o estudo de Heidegger sobre Heráclito: "*Aletheia*".[71] Sua conferência sobre *Tempo e Ser* encerra-se identificando-se com a *aletheia*: "Como seria, porém, se nós assumíssemos, incansavelmente, o que foi como o fulcro para a reflexão e, assim, reflectíssemos no fato de esse mesmo não ser nem propriamente algo de novo, mas o mais antigo do antigo do pensamento ocidental, o originariamente antigo que se oculta no nome *aletheia*?"[72]

Ligado aos gregos, que o inspiram, o pensamento de Heidegger desenvolve, em uma unidade crescente e ascendente, suas intuições básicas em torno da palavra *aletheia*. Ela comanda toda a edificação do pensamento do ser e fundamenta toda a crítica à metafísica como a história do esquecimento do ser.

Perderíamos, no entanto, a visão de conjunto do pensamento heideggeriano se não integrássemos naquela unidade o problema da analítica existencial e a questão da viravolta em Heidegger. Podemos mesmo afirmar que somente tal concepção de ser que se fundamente na *aletheia* é compatível com a estrutura circular da existência e com o movimento ontológico que a ela corresponde e se manifesta na viravolta. Por outro lado, também não seria possível pensar a *aletheia* em seu sentido profundo se Heidegger não estruturasse sua inserção na circularidade do ser-aí. O círculo hermenêutico e a viravolta são o horizonte próprio para pensar o ser como *aletheia*, como velamento e desvelamento. Existe uma determinação recíproca entre a analítica existencial e a concepção do ser. A compreensão do ser que se revela no horizonte da *aletheia*[73] se comensura à finitude e temporalidade do ser-aí. Isso se deverá mostrar na progressão do trabalho. Também a concepção da fenomenologia heideggeriana mergulha suas raízes na compreensão que o filósofo tem do ser como *aletheia*. Mais adiante se mostrará como ele aproxima explicitamente a elaboração da sua fenomenologia da *aletheia*.

A *aletheia*, presente no binômio velamento-desvelamento, perpassa tanto a fenomenologia quanto o círculo hermenêutico e a própria viravolta com sua presença integradora. De início, ela não revela sua força, explicitamente, mas, à medida que o pensamento de Heidegger avança nos anos e em maturidade, "o mais antigo do antigo do pensamento ocidental, o originariamente antigo, a *aletheia*", permite compreender a absoluta originalidade do pensador dentro da metafísica ocidental e, além dela, enquanto a supera como onto-teo-logia.

Notas

[1] AED 23

[2] SZ 59

[3] SZ 59

[4] SZ 60

⁵ SZ 132
⁶ SZ 208
⁷ SZ §43 a
⁸ HB 36
⁹ G 57
¹⁰ SF 28
¹¹ SF 30-31
¹² SZ 38
¹³ NI 393
¹⁴ HB 7-8
¹⁵ ZS 142
¹⁶ ZS, passim
¹⁷ WW 19
¹⁸ WBPh 286
¹⁹ WBPh 289
²⁰ WBPh 289
²¹ Pöggeler, O. – Heidegger, 236
²² VA 259
²²ᵃ Ver Boeder, *Grund u. Gegenwart*.
²³ EVW 397
²⁴ Friedländer, P. – *Platon I*, p. 242
²⁵ Hermes 90. Band – 1962, p. 25
²⁶ HG 55
²⁷ VA 228
²⁸ Ver neste trabalho: IV4, *A Palavra e o Ser*.
²⁹ HG 54
³⁰ HG 54
³¹ Em uma conversa particular em que o autor pedia orientação ao professor Martin Heidegger para o presente trabalho, o filósofo recomendou, em primeiro lugar, a leitura de HG Gadamer, a quem tem em grande apreço.
³² SZ §43a
³³ Gadamer, HG – *Wahrheit und Methode*, p.243-244, WIM 14
³⁴ HG 34
³⁵ ZS 142

[36] SZ §7
[37] SZ §44
[38] SZ 333, 219
[39] SZ 219-220
[40] VA 259
[41] VA 262
[42] VA 262
[43] HG 54-55
[44] NI 225
[45] AED 19
[46] HW 322
[47] HW 341
[48] ID 46-47
[49] SF 35
[50] SF 35
[51] N II 468
[52] N II 354
[53] N II 331
[54] WW 20
[55] WW 20
[56] WW 20
[57] WW 22
[58] WW 22
[59] WW 22
[60] WW 22
[61] WW 23
[62] WW 20
[63] WW 26-27
[64] PLW 41
[65] WBPh 287
[66] SZ 219
[67] NII 403
[68] HG 54
[69] HVHN 37
[70] EVW 401
[71] VA 257-282
[72] ZS 142
[73] WiM 11

CAPÍTULO 3

A Estrutura Ambivalente da *Aletheia*

Heidegger move toda a sua interrogação pelo poder da *"pergunta* determinante do caminho de seu pensamento: qual é a simples e unitária determinação de ser que perpassa todos os seus múltiplos significados?"[1] Aristóteles constata que o ser se desdobra em quatro modos de manifestação.[2] Heidegger pergunta pela comum procedência desses quatro modos de o ser manifestar-se na sua multiplicidade. "Ser como propriedade, ser como possibilidade e realidade (atualidade), ser como verdade, ser como esquema das categorias.[3] Que sentido de ser fala nesses quatro títulos? Como se deixam eles dispor numa consonância compreensível?"[4] Heidegger acha que essa consonância somente pode ser percebida se se responde à pergunta: "de onde recebe o ser enquanto tal (não apenas o ente enquanto tal) suas determinações?"[5] Essa pergunta teve surpreendente desenvolvimento. "Com a compreensão da *aletheia* como desvelamento reconheci o traço fundamental da *ousia*, do ser do ente: a presença. [...] A inquietante pergunta sempre viva pelo ser enquanto presença (presente) se desenvolveu na pergunta pelo ser sob o ponto de vista de seu caráter temporal".[6]

Em *Ser e Tempo* Heidegger determina o sentido do ser-aí, a temporalidade.[7]

> "O ser-aí é de tal maneira que, enquanto ente, ele compreende o ser. Mostrar-se-á, tendo presente essa relação, que aquilo, a partir de que o ser-aí pode implicitamente compreender e explicitar o ser, é o tempo. Este deverá ser posto à luz e autenticamente compreendido como o horizonte de toda compreensão e explicitação do ser. Para que isto se torne manifesto, será necessário estabelecer uma explicação autêntica do tempo como horizonte da compreensão do ser, a partir da temporalidade como ser de um ser-aí que compreende o ser".[8]

Dessas afirmações se conclui que Heidegger procura a unidade do ser a partir de seu caráter temporal e que essa procura se realiza a partir da analítica das estruturas temporais do ser-aí. Isto é possível porque a constituição ôntica do ser-aí possui um ser pré-ontológico. Essa dimensão pré-ontológica será a área que enfocará a analítica existencial e nela procurará Heidegger compreensão de ser que sustenta toda a compreensão reflexiva transcendental. É o fato de o ser-aí ser ser-no-mundo, de ele mergulhar no "mundo da vida",[9] e, de, nesse "mundo da vida", se ocultar um ser jamais objetivável, mas, tarefa central para a radicalidade da interrogação ontológica, que leva Heidegger a tomá-lo como ponto de partida.

O ser-aí, enquanto temporalidade e existência, possui determinações ontológicas que outros entes sem o caráter existencial do ser-aí não possuem. Estas são os existenciais que Heidegger procura distinguir rigorosamente das categorias.[10] As categorias são, para os gregos, um dos modos de o ser manifestar-se em sua multiplicidade. O filósofo, porém, reduz a vigência das categorias ao mundo das coisas. São determinações de uma ontologia da coisa e, portanto, não de uma ontologia fundamental. Esta se estruturará a partir da analítica existencial que examina os existenciais nos quais se revela o ser nas próprias raízes pré-ontológicas do ser-aí. O nome "ontologia fundamental" será lentamente substituído pelo pensamento do ser. A analítica do ser-aí visa ao pensamento do ser. Toda a análise da circularidade da compreensão ontológica brota da circularidade do ser-aí e mesmo a posição de Heidegger depois da viravolta, em que é examinado e pensado o ser em sua relação com o homem, está sob o signo dessa circularidade. Somente a superação de uma ontologia objetivista, de uma ontologia da coisa, poderia permitir essa evolução.

Heidegger, seguindo a distinção de Dilthey entre as categorias da vida espiritual e as da natureza, dá às primeiras uma estrutura dinâmica e às outras, reduzidas ao mundo infra-humano, atribui estaticidade. Ainda que, à primeira vista, os existenciais pareçam ser modos de ser que se reduzem ao ser-aí, neles está implicada uma determinada visão da questão do ser. Nesse modo de dizer se manifesta a rejeição da ontologia fundada na substância. A ontologia tem na tradição filosófica seu fundamento na substância ou na subjetividade. O próprio ponto de partida heideggeriano de *Ser e Tempo* já o leva, na busca de uma ontologia, para além da ontologia tradicional. Se ficássemos nos quatro modos tradicionais de o ser manifestar-se em sua multiplicidade, poderíamos afirmar que Heidegger desenvolve o modo de ser do ser como verdade (o *on hos alethes*). Ele, no entanto, faz depender todos os outros modos de ser do ser como verdade, posto que esse modo se amplia, enquanto a verdade assume uma dimensão radical, enquanto concebida como abertura do ser-aí, como revelação, como ser-no-mundo, preocupação, temporalidade, como *aletheia*.

A dimensão dinâmica dos existenciais, enquanto determinações do ser-aí, é constatada, em confronto com o ser da ontologia tradicional, mais como ausência do que uma presença positiva no ser. É que *Ser e Tempo* está ainda sob o signo da *ousia* (presença) e da crítica à redução do ser à presença constante; presença que se confunde com a subsistência (*Vorhandenheit*) e que leva a uma generalização da ontologia da coisa. Somente mais tarde, no movimento da viravolta, é que se manifestaria a realidade de que os existenciais brotam do próprio ser.

O caráter temporal reduzido a uma dimensão do tempo, o presente, pela *ousia*, recuperaria sua dimensão dinâmica a partir da análise da tríplice estrutura da temporalidade do ser-aí. Mediante essa análise também se mostraria como a presença não é a dimensão mais decisiva do tempo, como presente, e que também a ausência (passado e futuro) está presente a seu modo.[11] Isso tudo já está contido na afirmação de *Ser e Tempo*: "A temporalidade em última análise não 'é' ente algum. Ela não é, mas se temporaliza (maturação)".[12] Sob muitos aspectos, a crítica à ontologia tradicional e a exigência de sua destruição, em *Ser e Tempo*, se colocam sob o signo da dinamicidade, do movimento.

Não possuímos documentos publicados sobre as análises que Heidegger realizou de Aristóteles, durante os 15 anos que medeiam entre 1920 e 1935, quando surgiu *Introdução à Metafísica*. A tese de Walter Bröcker,[13] surgida em 1935, a qual confessa influência e orientação direta de Heidegger, então, nos abre algumas perspectivas, sendo agora acessível também um texto de 1940, editado em 1958, o qual nos traz uma análise da *Física* de Aristóteles realizada por Heidegger. Sendo *Ser e Tempo* uma obra que nasceu no diálogo com Aristóteles, deve ser possível verificar o ângulo em que se dá essa aproximação. O livro de Bröcker sobre *Aristóteles* traz o subtítulo *A Filosofia de Aristóteles como pergunta pelo movimento*. No prefácio o autor afirma: "A convicção de que a pergunta pelo movimento é a pergunta fundamental da filosofia e que tal se deve tornar, é a força impulsionadora deste ensaio. A filosofia de Aristóteles foi tomada, aqui, para objeto da interpretação, porque ela se encaminha para a realização dessa pergunta, de modo mais agudo e radical, segundo me parece".[14] Mais adiante, Bröcker acrescenta:

> "o autor recebeu o impulso para esta análise através das pesquisas de seu professor, Heidegger, sobre 'Ser e Tempo'. Na perseguição ao problema de uma unidade intrínseca e essencial de ser e tempo, se devia impor, necessariamente, o enigma do movimento, que em si mesmo é simultaneamente ser e tempo. Foram, antes de mais nada, as pesquisas e ensinamentos de Heidegger, principalmente suas preleções sobre Aristóteles, que possibilitaram o presente trabalho".[15]

O autor ainda observa que nada pôde citar de Heidegger porque de sua interpretação de Aristóteles nada foi publicado, afora poucas referências.[16]

Não podemos determinar até que ponto a ótica do movimento desenvolvida em análises de Aristóteles levou Heidegger a determinar a dinamicidade dos existenciais e a estaticidade das categorias, como ocorre em *Ser e Tempo*. Até que ponto terá o filósofo visto um esquecimento do ser na *ousia* aristotélica, na pura presença estática, precisamente porque a *ousia* excluía o movimento? Ser e Tempo não responde essa pergunta, ainda que várias vezes fale em movimento. Isso, todavia, sempre se dá em relação com o ser-aí. "O estar em movimento da existência não é o movimento de algo subsistente".[17] "A interpretação existencial da historicidade do ser-aí perde-se constantemente, sem se dar conta, nas sombras. As obscuridades são mais dificilmente elimináveis porque as possíveis dimensões da interrogação adequada não foram claramente estabelecidas e porque, em todas elas, paralisa-se o *enigma* do *ser* e, como agora se tornou claro, o *enigma* do *movimento*".[18] Se os existenciais têm uma dimensão dinâmica, se o homem é determinado por eles precisamente por causa de sua relação com o ser, se a existência, como acontecer, como historicidade, é movimento, se a interpretação da historicidade sempre fracassa por causa do enigma do ser e do movimento, então impõe-se claramente uma relação entre ser e movimento. Já, em *Ser e Tempo*, Heidegger não fala, obviamente, de um movimento no plano ôntico, tampouco de um movimento físico. Aqui se trata de um problema ontológico. Isto se torna mais claro quando examinamos o texto de 1935, *Introdução à Metafísica*. Ali ele declara que, precisamente, no começo da filosofia ocidental, entre os gregos, "onde a pergunta pelo ente enquanto tal em sua totalidade teve seu verdadeiro início, designava-se, ao ente, *physis*".[19] "*Physis* é o próprio ser, por força de quem o ente somente se torna e permanece observável".[20] "*Physis* é o *surgir*, o ex-trair-se do que está velado e assim a conservação do surgir".[21] Tal interpretação de *Physis* é aplicada, por Heidegger, a Aristóteles. Isto já se revela no juízo que ele faz do livro *Física*, de Aristóteles: "A *Física* de Aristóteles é o livro fundamental, velado, da metafísica ocidental e, por isso, nunca pensado com suficiente profundidade".[22] "Sem dúvida é essa primeira compreensão da *physis*, realizada pelo pensamento e fechada em si mesma, também já o último eco do inicial e o mais alto *projeto* pensado da essência da *physis*, assim como nos foi conservado nos ditos de Anaximandro, Heráclito e Parmênides".[23] Heidegger mostra que essa *physis* é compreendida como movimento (*kinesis*), "e por isso a determinação da essência do movimento se torna um elemento essencial na pergunta pela *physis*".[24] Aristóteles foi o primeiro que conseguiu aquele nível de interrogação, "em que o *estar-em-movimento* é autenticamente problematizado e compreendido como o modo fundamental do ser".[25] Isto quer dizer que o ser não pode ser explicado sem uma análise do problema do movimento.

Heidegger procura aproximar a *physis* da *ousia* aristotélica, afirmando: "A *physis* deve ser compreendida como *ousia*, como uma espécie e modo de presentação [*Anwesung*]".[25a] Na *ousia* compreendida, portanto, não como presença (*Anwesenheit*) mas, como presentação (*Anwesung*), ainda se esconde o surgir (*physis tis*), isto é, o movimento. Assim, ele faz um último esforço para ver em Aristóteles o eco derradeiro do *grande começo*.[26] "Ousia é uma explicação transformada daquilo que no começo se chama *physis*".[27] O filósofo procura evitar, a todo custo, a conotação substancial de *ousia*, presença, falando em presentação. Ser não será assim a presença no desvelamento, mas "presentar-se para dentro do desvelamento".[28] Assim compreendida a *ousia*, ainda se salva, nela, a dimensão dinâmica, o movimento. O fato de a metafísica ter pensado *ousia* como pura presença é prova de que ela esqueceu o ser porque esqueceu o movimento. Esse movimento é ontológico e se dá na esfera do velamento e desvelamento. Não é o movimento físico, tampouco o movimento ôntico se verifica no ente que não foi e agora é. É o movimento do ser que se desvela sem sair de seu velamento, sem se esgotar na presença do ente que surge. É o movimento que se dá na relação do ser com o homem. Não é, portanto, o movimento do objeto que se revela ao sujeito, mas *o movimento que se dá na abertura do homem, no ser-aí*, como velamento e desvelamento. É o movimento pelo qual o próprio ser instaura sua abertura no homem, sendo essa própria abertura, revelando-se nela. Nesse horizonte, é possível aproximarmos a dinamicidade dos existenciais, que compõe a estrutura do homem que compreende e porque compreende o ser, e o movimento do ser do qual brotam esses existenciais enquanto, com seu próprio movimento de velamento e desvelamento, o ser os instaura. Talvez melhor se chamasse esse jogo de velamento e desvelamento, esse movimento pendular da presentação, de *ambivalência*, para libertarmos o nome de uma interpretação falsa que distorce o sentido exclusivo que se pretende dar.[29]

Esta análise, até agora desenvolvida, prepara a reflexão sobre a *a-letheia* em sua estrutura ambivalente de velamento e desvelamento. A preferência de Heidegger por essa palavra grega tem raízes na plasticidade com que nela se apresentam as duas dimensões que sempre acompanham o ser: velamento e desvelamento. Assim, é possível revelar, no sentido que o filósofo dá à *a-letheia*, uma ambivalência, que salva a dinamicidade dos existenciais, que reserva em si o movimento da *physis* e da *ousia*; ambivalência que permite uma aproximação entre as palavras gregas que ele sempre torna a examinar: *physis, aletheia, logos* e *ousia*.

A partir do Fragmento 16, de Heráclito, Heidegger desenvolve a análise da ambivalência da *aletheia*. "*To me dynon pote dos an tis lathoi*: como pode alguém esconder-se diante daquilo que jamais tem ocaso?", pergunta Heráclito.[30] Mediante minuciosa análise, o filósofo procura extrair o conteúdo fundamental retido na relação entre *lathoi* e *to me dynon pote*.

> "A pergunta de Heráclito não considera de antemão a ocultação e a não-ocultação em sua relação com o homem, com o mesmo homem que nós, conforme as representações habituais da filosofia moderna, quereríamos declarar que é o portador ou até o artesão da não-ocultação. Se falarmos em linguagem moderna, a pergunta de Heráclito pensa em sentido inverso. Ela considera a relação do homem com "aquilo que jamais desaparece" e pensa o homem a partir dessa relação.[31]

Heidegger mostra como "aquilo que jamais desaparece" diz apenas de modo negativo "aquilo que constantemente emerge".[32] Com isto Heráclito aponta para a *physis*. Heráclito pensa a perene emergência e não algo a que a emergência se aplica como qualidade, nem o todo, que é atingido pela emergência. Pelo contrário, pensa a emergência, somente a ela; a emergência que sempre durou e dura é designada pela palavra physis, dita e pensada ao mesmo tempo.[33]

> "O dito designa, conforme seu sentido, o ocultamento, a saber, o jamais entrar no ocultamento. A sentença ao mesmo tempo visa, precisamente, à perpétua emergência, ao desvelamento que sempre dura e durará. O composto to me dynon pote, o 'jamais ter ocaso', quer dizer as duas coisas: desvelamento e velamento, não como dois eventos diferentes e simplesmente justapostos, mas como uma só e mesma coisa".[34]

Se o que nunca tem ocaso é a physis, então esta não pode significar somente a emergência. Ela também deve significar ambas as coisas. Heráclito, em seu Fragmento 123 enuncia: "Physis kryptesthai philei".[35] "A emergência, como tal, sempre tende ao fechamento." Nesse fechamento de si mesmo a emergência recebe seu abrigo. Kryptesthai, enquanto é um retirar-se para o abrigo, não é simplesmente fechamento, mas um abrigar no qual permanece preservada a possibilidade essencial da emergência quando a emergência, enquanto tal, tem seu lugar. "É o velar-se que garante ao desvelar-se seu ser. No velar-se domina, em sentido inverso, a retenção da inclinação ao desvelar-se. Que seria um velar-se, que em sua inclinação para a emergência, não se contivesse?"[36] Assim, a physis e o kryptesthai não se separam, mas se inclinam um para o outro. São a mesma coisa. Na inclinação recíproca de um para o outro ambos recebem seu ser. Esse favor recíproco é o ser do phylein e da phylia. "Nesse debruçar-se, que inclina um para o outro a emergência e o velamento, repousa a plenitude do ser physis".[37] Com base nessa análise, Heidegger sugere a seguinte tradução de "Physis kryptesthai philei": "A emergência (a partir do velar-se) deve seu favor ao velar-se".[38]

Com essas interpretações ele introduz uma ambivalência fundamental na physis; ambivalência que se sintetiza no mútuo entregar-se, na mútua inclinação do velar-se e desvelar-se. A esse mútuo entregar-se, que somente subsiste como mútuo entregar-se, podemos chamar de movimento. Um movimento original, movimento que consiste em sustentar a diferença mediante a recíproca entrega, a identidade de velamento e desvelamento. Desse movimento da *physis* ninguém pode escapar. Por isso Heidegger traduz o *Fragmento 16* da seguinte maneira: "Como poderia alguém ficar oculto para aquilo que jamais tem ocaso?"[39] O homem está envolto na ambivalência de velamento e desvelamento. O homem está condenado ao movimento dessa ambivalência. Não é apenas aquele a quem ela se dá como velamento e desvelamento. Ele mesmo é velamento e desvelamento. Sua própria constituição é ambivalente. Essa ambivalência do ser-aí no homem é a sua constituição circular. O que imerge o homem na ambivalência é a circularidade da constituição da faticidade do ser-aí. Dessa ambivalência emerge a relação que o homem tem com o ser. O homem somente o atinge como velamento-desvelamento. A circularidade do ser-aí atrai o ser, na sua relação com o homem, para dentro dessa circularidade. Esta circularidade, porém, é já um resultado do próprio ser em sua ambivalência. Dessa situação brota o problema do círculo hermenêutico e o da viravolta ontológica que é destino de cada pensador.

Essa interpretação da *physis*, que leva a tão radicais consequências, abre-nos o horizonte para a interpretação heideggeriana de *aletheia*. Precisamente a *aletheia* é a palavra decisiva que contém em si, de modo flagrante, a possibilidade de pensar essa ambiva-lência, esse movimento de inclinação recíproca, entre o velamento e o desvelamento. Heidegger, no início do texto em que realiza a análise que apresentamos, expõe o seguinte:

> "Sem dúvida o simples não nos é dado ainda pelo fato de alardearmos e repetirmos de forma simplista o significado da aletheia, como 'desvelamento'. O desvelamento é o traço fundamental daquilo que já apareceu e deixou atrás de si a ocultação. Este é aqui o sentido do alfa, que somente uma gramática inspirada pelo pensamento tardio dos gregos caracteriza como alfa privativo. A relação com a lethe, com a ocultação, e a lethe em si mesma, não perdem

nada de sua gravidade para nosso pensamento pelo fato de o desvelado somente ser imediatamente apreendido, como coisa que aparece, como coisa que se apresenta".[40]

A relação recíproca entre *aletheia* e *lethe* aponta para o mesmo dar-se recíproco que se revela na *philia* entre a *physis* e o *kryptesthai*. A mesma ambivalência e o mesmo movimento emergem na realidade que se resume na *aletheia*.

Em seu estudo sobre *Essência e Conceito da Physis*, Heidegger aproxima de tal modo a *aletheia* da *physis*, "enquanto a esta pertence o *kryptesthai*",[41] que ele afirma: "*Physis* é *aletheia*, desvelamento, e, por isso, *kryptesthai philei*".[42] O filósofo deduz, assim, o movimento de velamento e desvelamento atribuído à *physis*, da própria ambivalência da *aletheia*. Isto revela, sem dúvida, o fato de ele ter chegado à ideia profunda da *physis* pela intuição originária de *aletheia*, situando nela o movimento que aproxima velamento e desvelamento na *physis*.

Também é determinada, do mesmo modo, pelo filósofo, a consonância e dependência entre *logos* e *aletheia*. "O *logos* é um recolher, um pôr na presença, e, assim, ao mesmo tempo, um abrigar. *Logos* aponta para velamento e desvelamento".[43]

> "O pôr que recolhe, enquanto logos, pôs tudo, isto é, as coisas presentes, em seu desvelamento. Pôr é um abrigar. Todas as coisas presentes são, assim, abrigadas na sua própria presença, lá onde é possível ao legein humano ir sempre procurar, especialmente para as produzir como coisas presentes. O logos prepõe na presença e dispõe, isto é, repõe, a coisa presente na presença. Presentar-se, entretanto, significa: uma vez manifestado, durar no desvelado. Enquanto o logos deixa estendido-diante, aquilo que se estende-diante enquanto tal, ele desvela o que se presenta na sua presença. Ora o desvelamento é a aletheia. Esta e o logos são a mesma coisa. O legein deixa a aletheia, o desvelado enquanto tal, ficar estendido-diante".[44]

Todo desvelamento arranca, o que se presenta, do velamento. O desvelamento necessita do velamento. A *aletheia* repousa na *lethe*, haure dela, prepõe aquilo que por ela é mantido em retração. O *logos* é *em si mesmo, simultaneamente*, desvelamento e velamento. Ele é *aletheia*. "O desvelamento necessita do velamento, da *lethe*, como sua reserva, de onde, por assim dizer, haure seu desvelamento".[45] Revela-se, portanto, também uma ambivalência na palavra *logos*. Também nessa originária palavra grega se realiza o mesmo movimento de recíproca inclinação entre velamento e desvelamento, como na *physis*. Também, nesse caso, Heidegger parte da *aletheia* para elucidar o movimento do *logos*, identificando-os mutuamente. Novamente a ambivalência da *aletheia* é determinante. Também "a *ousia* como *physis tis*, um eco do grande começo da filosofia grega e do primeiro grande começo da filosofia ocidental",[46] tem o sentido da "presentação constante".[47] E "decisivo não é a duração e medida da presentação, mas o fato de se dar como dom ao desvelamento do simples e, assim, se retirar para o velamento do inesgotável".[48] Apesar de a *ousia* ter-se transformado, aos poucos, em *idea* e, portanto, em pura presença, "ainda se conserva um último brilho e lampejo da originária essência da verdade".[49] Quer dizer que na *ousia* ainda sobrevive a *aletheia*, ainda que despojada do seu originário "poder sustentador e sua força expansiva".[50] Também a *ousia*, em sua dimensão originária, aponta para um velamento e desvelamento; também nela se dá movimento recíproco em que a presença e a ausência se condicionam. Isto se pode ainda inferir do fato de a *ousia* ser uma *physis tis*, como afirma Heidegger. A mesma ambivalência de *aletheia* se manifesta na *ousia*, tendo apenas a metafísica esquecido a ambivalência, nela oculta, pensando-a como pura presença.

As quatro palavras gregas, para Heidegger a chave do pensamento do ser, portanto, são dotadas de uma ambivalência radical, ambivalência que ele atingiu pela intuição da *aletheia*, como velamento e desvelamento. Todas essas palavras apontam para algo velado: "Porque o ser é *logos, harmonia, aletheia, physis, phaines thai* [e, poderíamos acrescentar, *ousia*], por isso, precisamente, ele não se mostra de qualquer maneira".[51] Isso quer dizer que o ser sempre vem ligado ao velamento. O ser sempre é simultaneamente desvelamento. Dessa maneira, Heidegger pôde concluir sua análise da "essência e conceito da *physis*" com a seguinte afirmação:

> *"Porque a* physis, *no sentido que recebe da 'Física', é uma espécie de ousia, e porque a* ousia *mesma se origina do projeto da* physis *originária, por isso, pertence ao ser* aletheia *e, por isso, desvela-se, como um caráter da* ousia, *a presentação no aberto da* idea *(Platão) e do* eidos kata ton logon *(Aristóteles), por isso, se torna visível, para este, a essência da* kinesis *enquanto* entelecheia *e* energeia.⁵² *Justamente, porque o ser é* physis *e* ousia *e, assim, desvelamento, ele é* aletheia. *É da* aletheia *que surge a presentação no aberto. Essa presentação aponta para um movimento no ser, movimento a que Aristóteles designa de* entelecheia *e* energeia.

Essas palavras fundamentais, comandadas pela *aletheia*, que está na raiz da concepção heideggeriana de velamento e desvelamento, são elementos básicos para compreender e caracterizar a concepção do ser de Heidegger. A contínua ambivalência que conduz a meditação do filósofo sobre a questão do ser radica nessa presença de *physis, aletheia, logos* e *ousia*. Essas palavras, enquanto compreendidas como velamento e desvelamento, como movimento de recíproca "doação" e "condicionamento", envolvem todo o dizer da filosofia de Heidegger.

A palavra que introduz o movimento de velamento e desvelamento na análise do ser é a palavra *wesen*,⁵³ em seu sentido verbal, que traduzimos, explicando, por "manifestação fenomenológica do ser", e que, por vezes, é substituída por *walten* (imperar, dominar). Heidegger evita dizer que o ser é. Quando o diz dá um sentido ativo ao "é": "fazer ser", etc. É que a palavra "é" facilmente convida para a compreensão do ser como ente.⁵⁴ *Wesen*, pelo contrário, põe uma mobilidade ontológica no ser, a qual corresponde ao dar-se recíproco de velamento e desvelamento, indicando, simultaneamente, o fato de que "o ser nunca se manifesta fenomenologicamente sem o ente".⁵⁵ O verbo *wesen* aparece, por vezes, ligando o ser àquelas palavras gregas. Temos, por exemplo, as afirmações: "O ser se manifesta fenomenologicamente como *physis*";⁵⁶ "O ser sustenta sua manifestação fenomenológica pelo movimento";⁵⁷ "Ser e verdade haurem sua manifestação fenomenológica da *physis*".⁵⁸

Com o acontecer fenomenológico do ser se abre a clareira que, ao mesmo tempo, é a iluminação onde se dá o velamento e o desvelamento. O ser é, assim, a clareira e a manifestação que nela se dá. "O nome dessa clareira é *aletheia*".[59]

Wesen, como o acontecer fenomenológico do ser, abre o espaço da história do ser.[60] *Wesen*, compreendido em seu sentido verbal, "é a diferença que impera entre ser e ente".[61] A ambivalência da diferença ontológica repousa no ser como velamento e desvelamento e somente assim pode ser pensada.[61a]

Assim, se poderiam multiplicar os exemplos da presença de velamento e desvelamento introduzindo, por meio da palavra *"wesen"*, uma ambivalência e fluidez, um jogo de verso e reverso, em toda a obra de Heidegger. Poder-se-á perguntar pelo que nos autoriza a traduzir, explicando *wesen*, "por manifestação ou acontecer fenomenológico do ser." Na segunda parte deste trabalho se mostrará a importância do sentido verbal de *wesen* na ligação entre fenomenologia e pensamento do ser. Ali revelar-se-á o sentido verbal de *wesen* como a abertura, a clareira da manifestação do ser. Quando falamos em acontecer fenomenológico do ser, apoiamo-nos aqui no método fenomenológico de Heidegger, desenvolvido no § 7 de *Ser e Tempo*. Lá, o filósofo, fiel ao princípio fenomenológico, procura o acesso ao ser assim como a partir de si se mostra, isto é, velando-se no ente. "Fenômeno em sentido fenomenológico sempre é apenas aquilo que constitui o ser".[62] Acontecer fenomenológico do ser é, assim, um acontecer exclusivo do ser enquanto velamento e desvelamento, em sua ambivalência fundamental. É o que Heidegger pensa pela *aletheia*. Sendo "wesen" a palavra que designa essa ambivalência fundamental do ser, enquanto acontece como velamento e desvelamento, ela comunica todo o seu conteúdo na tradução explicativa: "acontecer ou manifestação fenomenológica do ser". À *wesen* liga-se o tempo mediante *anwesen*: presentar-se, mantido em sua dupla dimensão de uma presença que aponta para um velamento de onde emergiu.[63]

A ambivalência que surge da *aletheia* determina, em última análise, o ser-aí em sua autenticidade e inautenticidade, abertura e fechamento, verdade e não verdade.[64] Nisto também radica a compreensão que Heidegger tem da circularidade do ser-aí em sua relação com o ser. A vinculação do ser-aí com o ser se dá no homem. A ambivalência radical, no entanto, se manifesta na viravolta, que se processa no pensamento de Heidegger, na própria gênese essencial de sua reflexão. A viravolta que se realiza em sua obra não é apenas um fato histórico relativo a um pensador, mas, como a parte final mostrará, é destino de todo pensamento que se conduz para a radicalidade. Não basta pensar o ser a partir de seu horizonte (transcendental) privilegiado, o ser-aí. Superando-o, é preciso partir do próprio ser para compreender a possibilidade "transcendental" do ser-aí. Esta é a viravolta, o segundo Heidegger. Ainda ali o filósofo se movimenta na ambivalência que perpassa o seu pensamento desde a intuição originária e originante da *aletheia*.

Se pensarmos, enfim, a palavra-chave do pensamento de Heidegger, na qual domina a força da *aletheia* – *Ereignis*: acontecimento-apropriação,[64a] descobriremos nela a mesma ambivalência do dar-se recíproco de velamento e desvelamento, em um movimento de apropriação e transpropriação entre ser e homem. É no acontecimento-apropriação que Heidegger resume o encontro da constituição circular do ser-aí com o ser da viravolta.[64b] Não apenas o ser mergulha na ambivalência, nem apenas, graças a ele, o ser-aí, mas, "a própria relação entre ambos se mostra ambivalente. Permanece, porém, ainda aberta a questão se a ambivalência de nossa relação com o ser depende de nós ou do próprio ser",[65] observa Heidegger com prudência.

Mostrando como o homem, em sua relação com o ser, facilmente esquece a ambivalência do ser, que se revela na diferença ontológica, Heidegger escreve:

> "*Mais urgente, porém, do que a pergunta se as supracitadas oposições repousam na própria manifestação fenomenológica ou se elas apenas brotam de nossa relação ambivalente com o ser, ou se mesmo essa nossa relação com o ser brota do próprio ser, porque dele depende, mais urgente que essa pergunta, evidentemente decisiva, permanece primeiramente a outra: é, afinal, a partir da situação concreta, ambivalente nossa relação com o ser?*

> *Relacionamo-nos nós mesmos de modo tão ambivalente com o ser que essa ambivalência nos perpassa nós próprios, isto é, nossa relação com o ente? Devemos responder: não. Em nosso relacionamento ficamos sempre apenas de um dos lados das oposições: o ser é para nós o mais vazio, o mais universal, o mais compreensível, o mais usado, o mais seguro, o mais lembrado, o mais pronunciado. E mesmo a isto, não prestamos quase atenção e, por isso, também não o sabemos como o oposto ao outro.*
>
> *O ser fica-nos indiferente e, por isso, praticamente, não atentamos para a distinção entre ser e ente, ainda que nela assentemos todo o nosso comportamento para com o ente. Mas, não apenas nós, homens atuais, situamo-nos fora daquela ambivalência não experimentada da relação com o ser. Esse situar-se de fora e desconhecer é a característica de toda a metafísica".*[66]

Heidegger reivindica, portanto, o pensamento dessa ambivalência do ser, o pensamento da diferença ontológica, que somente pode ser pensada dentro da ambivalência do ser enquanto velamento e desvelamento.[67] Seu pensamento do ser como *physis*, *ousia*, *logos* e, sobretudo, como *aletheia*, lhe revelou o movimento essencial que se esconde no recíproco inclinar-se de um para o outro de velamento e desvelamento. Essa ambivalência, essa diferença, esse movimento pendular, foi esquecido pela metafísica que pensou apenas a presença, o desvelamento, sem meditar sobre aquilo para onde apontam e de onde emergiram. Essa ambivalência de velamento e desvelamento instaura, por fim, um movimento que se torna a própria história do ser.

> *"O pensamento do ser está tão definitivamente embaraçado pelo pensar metafísico do ente enquanto tal, que somente pode abrir e trilhar seu caminho com grandes esforços emprestados da metafísica. A metafísica auxilia e atrapalha simultaneamente. Mas, ela dificulta o caminho não porque é metafísica, mas, porque mantém sua própria essência no impensado. Essa essência da metafísica, entretanto, que consiste no fato de ela, velando, guardar o desvelamento do ser e, assim, ser o mistério da história do ser, garante, em primeiro lugar, ao pensamento ontológico historial a travessia para a liberdade que é a verdade do próprio ser em seu acontecer fenomenológico".*[68]

Notas

[1] EVW 397

[2] Ver Brentano, F. *Von der mannigfachen Bedeutung des Seienden nach Aristoteles*, reedição fotomecânica da primeira edição de 1862, Hildesheim 1960.

[3] Met. E, 2, 1026, a 34

[4] EVW 397

[5] EVW 398

[6] EVW 398

[7] SZ 17

[8] SZ 17

[9] Ver, neste trabalho, *III: Heidegger e o Movimento Fenomenológico*, passim.

[10] SZ 44-45

[11] ZS, passim

[12] SZ 328

[13] Bröcker, W. *Aristóteles*, primeira edição de 1935 e segunda edição acrescida de uma segunda parte, de 1964.

[14] Bröcker, W. *Aristóteles*, p. 5.

[15] Bröcker, W. *Aristóteles*, p. 6.

[16] Referências a Aristóteles em SZ: p. 2, 3, 10, 14, 18, 25, 26, 32, 33, 39, 40, 93, 138, 139, 140 nota, 159, 170, 171, 199 nota, 208, 213, 214, 219, 225, 226, 244 nota, 341, 342, 399, 421, 427, 428-9, 432 nota. Além disto Bröcker terá conhecido as referências mais raras de KPM.

[17] SZ 375

[18] SZ 392

[19] EM 10

[20] EM 20

[21] EM 12

[22] WBPh 134. SG 112

[23] WBPh 134

[24] WBPh 134

[25] WBPh 135

25a WBPh 149

26 WBPh 134; NII 228: "A metafísica de Aristóteles, apesar da distância do começo da filosofia grega, é, em aspectos essenciais, ainda uma vez, uma espécie de retorno ao começo em meio ao pensamento grego".

27 N II 217, 228

28 WBPh 156

29 US 118; NII 250, 253, 254

30 VA – III, *Aletheia* 257-282

31 VA 265-266

32 VA 267

33 VA 269

34 VA 269-270

35 Diels-Kranz. *Die Fragmente der Vorsokratiker*, 1964

36 VA 271

37 VA 271

38 VA 271; ver também HW 322 (muito importante)

39 Diels-Kranz. *Die Fragmente der Vorsokratiker*, 1964

40 VA 259

41 WB Ph 289

42 WB Ph 289

43 VA – Logos 207-229

44 Ver Frg. B112, de Heráclito

45 VA 220-221

46 WB Ph 288

47 WB Ph 153

48 WB Ph 158

49 EM 145

50 EM 145

51 EM 102

52 WB Ph 289

53 WHD 144

54 SZ 230; ZS 133; SG passim

[55] WiM 46

[56] EM 77

[57] EM 80

[58] EM 86

[59] WW 26

[60] SG 114

[61] WW 26

[61a] NII 458: "A in-decisão do ente e do ser no ὄν e sua ambivalência.

[62] SZ 37

[63] WiM 17

[64] SZ §44 e WW passim

[64a] Ver US 258. Tugendhat op. cit., p. 379: texto e nota 8

[64b] "Trata-se de pensar a estrutura circular a partir do acontecimento-apropriação". (H.)

[65] N II 254

[66] N II 253-254

[67] N II 241, 246

[68] N II 397

CAPÍTULO 4

Negatividade e Finitude

A meditação sobre a *aletheia* auxilia, particularmente, a compreensão do problema da negatividade e da finitude na filosofia de Heidegger e, desse modo, do movimento fundamental que o separa da problemática homônima da filosofia da tradição. Desde *Ser e Tempo* a *aletheia* é analisada em sua estrutura ambivalente. Enquanto *aletheia* ela sempre mantém em si mesma uma indicação para o velamento, donde emerge o que se mostra, o que está não velado, o desvelado. O reverso de *a-letheia* é o não desvelamento. Na palavra *a-letheia* se insere, a partir da interpretação heideggeriana, o problema da negatividade e finitude. Pelo fato de o filósofo pensar o ser como *a-letheia*, introduz-se na sua ideia de ser o movimento da negatividade e finitude. Isto poderia conduzir, à primeira vista, para a convicção de que, em última instância, a reflexão de Heidegger não é estranha ao grande movimento da negatividade e finitude modernas que se estende de Hegel a Sartre. Se, porém, tivermos presente a radicação do pensamento moderno na metafísica tradicional e se lembrarmos que, desde seu ponto de partida, o pensador se vê em oposição a ela, já previamente compreendemos a necessidade de distinguir a afirmação heideggeriana da finitude e negatividade das posições da tradição. Positivamente, a análise do problema, em Heidegger, deverá elucidar a questão da compreensão e finitude que ele desenvolve na analítica das estruturas circulares do ser-aí e no movimento da viravolta.

O primeiro passo deverá dirigir-se para a interpretação do ser como o nada e da finitude do ser. A *aletheia* servirá de elemento catalizador e condutor da interrogação.

Desde *Ser e Tempo*, Heidegger afirma que o ser é o nada dos entes. Especialmente o texto *Que é Metafísica?* se debruça sobre o problema do nada procurando mostrar como, na angústia, o ser-aí experimenta o nada como o véu do ser. "O nada que designamos o ser".[1] "Mas, esse nada se desdobra como o ser".[2] "O que experimentamos no nada é o próprio ser",[3] "para que o homem aprenda a experimentar o ser no nada".[4] "O nada enquanto o outro com relação ao ente é o véu do ser".[5] Essas primeiras afirmações se intensificam e desdobram por toda a obra do filósofo e todas as referências ao ser, em última instância, a elas se reduzem. Ser como recusa, retração, ausência, subtração, ocultamento, velamento e tantos outros vocábulos que apontam para essa dimensão, centram-se na afirmação do ser enquanto nada. Toda essa "negatividade" deve ser vista a partir da intuição da *a-letheia*. O fato de o ser velar-se no nada decide também sua finitude. "Ser e nada se co-pertencem, mas não porque ambos – sob o ponto de vista do conceito hegeliano de pensamento – se conformam, em sua indeterminação e imediatidade, mas, porque o próprio ser é finito em sua essência (sua manifestação fenomenológica) e somente se manifesta na transcendência do ser-aí exposto no nada".[6] Heidegger afirma, portanto, desde muito cedo, que à finitude do ser se deve sua pertença ao nada.[7] Essa finitude que leva o homem a experimentar o ser como o nada, todavia, está ainda colocada aqui, ao menos externamente, no horizonte da interrogação transcendental.

A finitude do ser se manifesta na ambivalência de velamento e desvelamento. Justamente, o fato de o ser sempre mostrar-se, apontando para aquilo que o vela, faz com que o ser sempre se manifeste de modo finito. O ser sempre aponta para o âmbito de onde emerge e que se oculta. Para isto, conduz a palavra *a-letheia* à medida que ela sempre se vincula à *lethe*, que é a possibilidade de sua própria negação na *a-letheia*. Há dez anos, Heidegger fez uma declaração que nos faz compreender melhor essa finitude do ser. "Sim, ainda hoje diria que o ser é finito. Tudo depende de como se entende o conceito de 'finito'. Entendo-o não como oposto a infinito, mas em sentido grego, como fechado em si mesmo, como aquilo pelo qual se diferencia do outro".[8] Precisamente, essa ideia de finito é a que surge da palavra *a-letheia*. Nela, enquanto repousa na *lethe* como em sua origem, o ser se finitiza distinguindo-se dos entes. O ser como desvelamento se separa dos entes e, assim, pela diferença ontológica, se afirma como privação de desvelamento, isto é, como finito em sua manifestação. O ser é finito enquanto instaura o lugar finito onde se desvela e enquanto o desvelamento sempre se volta para o velado que, assim, se estabeleceu na finitude. O ser sempre será experimentado enquanto se manifesta na abertura finita, a qual sempre, por sua vez, se afirma como negação do velamento. Heidegger insiste nesse sentido, também, em sua análise do problema da verdade. A não verdade (o não desvelamento) é apresentada como o âmbito ainda não experimentado da verdade do ser.[9] O ser é finito precisamente porque o acesso a ele somente se faculta pelo desvelamento, o qual apresenta sempre o limite da manifestação de seu velamento.

O nada e a finitude do ser são analisados positivamente. Não podem ser vistos, na perspectiva heideggeriana, como simples negação e imposição de limite. A positividade do nada e da finitude reside precisamente no fato de o ser somente assim poder ser experimentado em sua manifestação. Em *A Doutrina de Platão sobre a Verdade*, assevera Heidegger: "Antes é preciso valorizar o 'positivo' na essência 'privativa' da *aletheia*. Antes deve ser experimentado esse elemento positivo como traço básico do próprio ser".[10] Mais tarde ele explica: "Desvelameto é o traço básico daquilo que já se manifestou e que deixou atrás de si o velamento. Esse é, aqui, o sentido do *alfa* (a-) que somente foi caracterizado como *alfa* (a-) privativo numa gramática baseada no pensamento grego tardio".[11]

A negação de velamento tem o sentido positivo de afirmar o ser enquanto velamento. Essa afirmação do velamento que se dá mediante sua negação é o sentido positivo da *a-letheia*. A finitude que, assim, se apresenta, aponta para trás, para o âmbito do velamento, em que se oculta sua própria possibilidade. A *aletheia* é privação de velamento. Essa privação, vista a partir do velamento, no entanto, é afirmação do velamento enquanto possibilidade do desvelamento.

A finitude do ser e o ser enquanto nada, tem um sentido positivo. Vimos, anteriormente, que Heidegger entende o ser como finito "em sentido grego", "como fechado em si mesmo". É por essa finitude que o ser sai da indeterminação e se diferencia do outro, do ente, emergindo, desse modo, a diferença ontológica. Essa positividade é construída pela negatividade, à medida que a finitude da compreensão dá o acesso ao ser. Essa finitude grega é explicada pelo filósofo: "O limite não é aquilo onde algo deixa de ser, mas, como os gregos o reconheceram, o limite é aquilo a partir de onde algo começa o desdobramento de seu ser. É por isso que o conceito é *orismos*, isto é, limite".[12] A finitude é, dessa maneira, concebida por Heidegger como aquilo onde o ser começa sua manifestação fenomenológica e não onde ele limita a si mesmo no sentido puramente negativo. Negatividade e finitude devem, portanto, ser entendidas a partir do nada e da finitude como dimensões positivas, e ser situadas no horizonte da ambivalência da *aletheia* compreendida ontologicamente.

A negatividade e a finitude heideggerianas nada têm a ver com a composição dos entes finitos de essência que limita sua existência, e limitando-a nega o ser. Heidegger situa-se em um plano puramente ontológico. Negatividade e finitude (o nada e a finitude do ser) referem-se somente ao ser como velamento e desvelamento. Não se trata de inserir, portanto, um movimento dialético que progredisse, de negação em negação, no horizonte virtualmente infinito. Trata-se, antes, de conservar a ambivalência das duas faces da manifestação do ser, o desvelamento e o velamento, sem dissolvê-los em um movimento dialético. Importa pensá-los no recíproco jogo do ser na finitude. A diferença ontológica somente tem sentido quando sustentada em si mesma e não quando diluída em um movimento que a destrói. Heidegger mesmo o diz: "Devemos, porém, agora, fazer também ver essa dupla face do 'ser', além da simples referência sem, contudo, evidentemente, cairmos no risco de apelar, em última instância, em lugar da abstração, ao instrumento apreciado de modo igual: a dialética. Ela constantemente se insinua, ali onde se fala de coisas opostas".[13] Introduzir a dialética seria ceder à tentação da reflexão transcendental, que Heidegger justamente procura superar, pensando o ser como velamento e desvelamento.

A negatividade heideggeriana não é a discursividade introduzida pela razão, nem é a glorificação da negatividade inserida na realidade pela consciência. Heidegger procura pensar o ser originariamente enquanto velamento e desvelamento, e a negatividade (a-letheia) que, assim é afirmada, não é sequer grega simplesmente, nem cristã, tampouco hegeliana. Ela emerge da ideia de ser, enquanto nada. Somente o ser como o nada permite qualquer negação e sustenta qualquer negatividade dialética. O próprio ser não pode ser pensado dialeticamente. Enquanto a negação da filosofia da tradição é sustentada pela finitude, a finitude heideggeriana é sustentada pelo nada enquanto véu do ser;[14] é por isso que a finitude sempre permanece aquém e a caminho do nada e por ele envolta. É, assim, que Heidegger pode afirmar que o ser é finito porque se manifesta na transcendência do ser-aí exposto ao nada.[15]

A interpretação heideggeriana do ser como o nada e seu empenho em pensar o ser na finitude que se manifesta ao longo de sua obra, sobretudo nas análises da aletheia, revelam, originalmente, sua concepção de negatividade e finitude e seu original pensamento do ser, dentro da metafísica ocidental. Erra-se o movimento básico da reflexão heideggeriana, se se quiser pedir-lhe contas da incompletude e condição aporética de sua interrogação e se se quiser exigir sua inserção no movimento dialético ou sua justificação diante do problema da infinitude positiva da teologia especulativa. A reflexão de Heidegger não ultrapassa a problemática da diferença ontológica, e, nisso, ela é sustentada pelo seu método fenomenológico e pelo círculo hermenêutico. A viravolta é o movimento que supera o pensamento da diferença em um horizonte puramente transcendental, para pensar a própria diferença como a história do ser enquanto velamento e desvelamento.

Heidegger somente pôde pensar o nada e a finitude à medida que a sua analítica existencial lhe preparou a estrutura circular do ser-aí e a compreensão do movimento da viravolta. Somente tal concepção de finitude e negatividade o impediu de transportar a solução da questão do ser para o âmbito da teologia natural e de recusar a finitude como chão de toda experiência, refugiando-se no fluxo da dialética. Somente assim o filósofo pôde guardar a fidelidade ao mistério da diferença imanente. Essa diferença imanente é a diferença ontológica pela qual Heidegger pensa "o ser que nunca se manifesta fenomenologicamente sem o ente".[16] O ser não subsiste sem essa diferença e somente se dá nessa diferença como o nada do ente. A diferença ontológica nada pode dizer de positivo do ser a não ser que o não velamento, a negatividade, é a afirmação do ser. A negação do ser que se revela nos entes pelo desvelamento é a afirmação positiva do ser.

O pensamento fiel à imanência ontológica, à diferença imanente, que realiza uma ontologia da finitude que pensa o ser velado nos entes como o nada, não pode ser chamado pensamento de uma ontologia negativa.[16a] Essa perspectiva não deixa de ser tentadora por causa de seu paralelismo com a teologia negativa da tradição. A negatividade e finitude pensadas por Heidegger, todavia, de nenhum modo conduzem a uma ontologia negativa. Elas apontam para a diferença imanente que sustenta a interrogação heideggeriana. Nessa diferença o velamento pertence necessariamente ao desvelamento, assim como à verdade necessariamente pertence a não verdade. O ser jamais é experimentado na sua plenitude, mas, pelo contrário, ele somente se dá na ambivalência, na ruptura. Essa ambivalência e ruptura caracterizam o ser heideggeriano. A chave para compreender essa ambivalência e ruptura é a intuição de *a-letheia*. É por meio do sentido profundo da *a-letheia* que o ser sempre fica suspenso na diferença imanente, na diferença ontológica. Essa ruptura fundamental é, sem dúvida, a raiz da afirmação da finitude do pensamento de Heidegger. O ser, assim, se apresenta como finito e, dessa maneira, somente na finitude e no tempo pode ser experimentado. O ser na pura simplicidade de sua presença seria pensado na imagem do ente sempre presente, absoluto. Novamente se introduziria o modelo da teologia especulativa que, desde Aristóteles, permanece o ideal da perfeição, da compreensão e do conhecimento. Pela negatividade e finitude, Heidegger guarda fidelidade à diferença imanente, permanecendo fiel ao mistério da manifestação fenomenológica do ser, na ruptura e na ambivalência.

Heidegger não insere o espírito para conduzir, por uma negatividade hegeliana, o desvelamento e velamento a uma unidade. Tal negatividade diluiria a ruptura e ambivalência do ser na finitude na indeterminação pura ou na determinação absoluta. Ele procura, pelo contrário, vigiar a própria ruptura em que o ser e o homem se encontram, como ser e tempo, em uma ambivalência, a que chamará, um dia, a mútua apropriação. A fidelidade à diferença imanente tem como resultado o caminho de Heidegger e seu perpétuo estar a caminho na interrogação. Ela representa o movimento, que sempre recomeça na circularidade da constituição do ser-aí. Mesmo na viravolta em que se procura pensar o ser fora de qualquer reflexão transcendental, há sempre o jogo do verso e reverso do ser na diferença imanente.[16b]

A ontologia da finitude, que pode ser desdobrada enquanto tal, a partir da concepção heideggeriana de *a-letheia*, e que somente pode ser compreendida a partir da estrutura circular da própria faticidade do ser-aí, em sua relação com o ser, abre o espaço para a experiência do ser na imanência fenomenológica. O ser é pensado à medida que se dá no âmbito anterior à reflexão transcendental, em uma esfera antepredicativa.[16c] Na imanência fenomenológica o que se reserva ao pensamento é o acontecer do verso e reverso do ser em seu movimento de velamento e desvelamento. Nesse acontecer fenomenológico do ser, nesse dominar da ambivalência, que Heidegger procura captar de múltiplos modos, se abre o espaço em que se realizam os múltiplos ensaios do filósofo para captar o ser em instâncias privilegiadas como a linguagem, a arte, a coisa, etc.[17]

Todo o empenho em penetrar na palavra, na obra de arte, na coisa, por intermédio de suas análises fenomenológicas, visa a abrir caminho para o ser manifestando-se como velamento e desvelamento em sua concretude. Esse reino da manifestação ambivalente do ser, em que o homem mergulha, é facilmente violentado e omitido, como a "pura imediatidade", por um pensamento que procura captar o ser no horizonte transcendental ou no âmbito da autoconsciência.

A infinitude de um horizonte transcendental que se conduz pelo modelo de autotransparência da noesis noeseos não atinge as dimensões de ser que se revelam nas coisas em sua concretude. Precisamente nelas, em uma esfera antepredicativa, porém, já se dá uma manifestação do ser. Esse respeito fenomenológico pela palavra, pela obra de arte e pela coisa, que procura surpreendê-las em seu acontecer originário, sem violentá-las com a violência do juízo que as elevaria para a generalidade do ser, somente é possível onde se desenvolve uma fidelidade à diferença imanente. O juízo já transcende sempre a concreção e atinge o ser e os entes em sua generalidade. À medida que Heidegger penetra nessa concretude do acontecer antepredicativo, ele atinge o ser em sua finitude e ambivalência de velamento e desvelamento. Quando o filósofo fala uma linguagem que parece tautológica, ele pretende, precisamente, surpreender esse acontecer antepredicativo do ser. Assim, Heidegger destaca, por exemplo: o mundo acontece como mundo (*Die Welt weltet*), a coisa acontece como coisa (*Das Ding dingt*), a linguagem fala (*Die Sprache spricht*).[18] Ele não ultrapassa, com tais modos de dizer, a concretude do próprio acontecer. Nesse acontecer, no entanto, se revela o ser em sua concretude de velamento e desvelamento. Cada acontecer fenomenológico é um desvelamento que aponta para o velamento de onde emergiu. A finitude e negatividade heideggerianas têm seu sentido originário nesse âmbito. Por isso mesmo, é flagrante sua diferença e distância do problema da finitude e negatividade do pensamento moderno que se desenvolvem no plano predicativo e no horizonte da consciência transcendental. Somente um pensamento que guarda fidelidade à diferença imanente tem abertos, para a sua reflexão, esses espaços antepredicativos em que o ser acontece originariamente. O modelo que leva Heidegger a todas essas análises é sempre o mesmo: a *a-letheia* em sua ambivalência e concretude.

Essa finitude do ser e a negatividade heideggerianas se revelam na análise das palavras gregas: *physis*, *logos* e *ousia*. Também nelas, como na palavra *a-letheia*, Heidegger descobre uma ambivalência de verso e reverso. Como vimos antes, o recíproco inclinar-se do velamento e desvelamento que se esconde em cada uma dessas palavras introduz uma verdadeira ideia de movimento ontológico no ser. A finitude e a negatividade surgem, nesse movimento do ser, como velamento e desvelamento, na luta que se instaura entre o desvelar-se e o velar-se. Essa luta originária é o verdadeiro objeto da fenomenologia, em sua fidelidade à diferença imanente ou à diferença ontológica.[19] O progressivo desvelar-se do ser, que sempre permanece ligado ao não desvelamento, é a maturação (temporalização) do ser no tempo. O desvelamento do ser no tempo é, simultaneamente, entretanto, o seu velamento. Heidegger o diz paradoxalmente: "Presença (ser) pertence à clareira do ocultar-se (tempo). Clareira do ocultar-se (tempo) produz presença (ser)".[20] A manifestação do ser no tempo jamais permitirá seu desvelamento fenomenológico total. A fenomenologia permanece prisioneira da *a-letheia* em sua ambivalência. A luta entre velamento e desvelamento, entre o pertencer ao ocultar-se e o produzir presença, jamais se decide, nem em favor do ser, tampouco em favor do tempo. Nisso reside a ontologia da finitude de Heidegger e nisso se empenha seu pensamento. O filósofo designa essa luta originária de acontecimento-apropriação. Ser e tempo, ser e pensar, ser e homem, sustentam mutuamente sua finitude, e sustentam a diferença ontológica, em uma relação circular.

> *"Não é nem mérito de minha interrogação, nem decisão autoritária de meu pensamento, o fato de esse pertencer e produzir repousarem no acontecer e apropriar e significarem acontecimento-apropria-*

> ção. Não é descoberta e veleidade deles, o fato de os gregos darem, àquilo que nós bastante inconscientemente chamamos 'verdade', o nome de aletheia, na linguagem poética e não filosófica tanto como na linguagem filosófica. É o maior dom para a língua deles, na qual, o que se presenta enquanto tal, chega ao desvelamento e ao velamento. Quem não tem sensibilidade para ver a oferta de um tal dom ao homem, para o destinar de algo assim destinado, jamais compreenderá o discurso do destino do ser, como o cego de nascença jamais pode experimentar o que são a luz e as cores".[21]

A finitude e a negatividade heideggerianas, entendidas em seu sentido profundo, através da *a-letheia*, revelam, em última análise, a relação entre ser e homem, ser e tempo, ser e pensamento. Essa relação se estabelece na diferença ontológica. O fato de essa diferença jamais poder ser superada na finitude, por meio de uma identidade, instaura, precisamente, essa ambivalência de velamento e desvelamento. O problema da identidade e diferença coloca a interrogação decisiva dentro do pensamento de Heidegger.[22] Até que ponto uma ontologia da finitude pode responder a essa questão? Responde a isso a diferença ontológica imanente? O primeiro Heidegger pensa o velamento e desvelamento, a ambivalência da *aletheia* a partir do ser-aí, e a diferença ontológica é pensada a partir da circularidade da faticidade, a partir da transcendência finita. O segundo Heidegger pensa a circularidade do ser-aí e sua transcendência finita a partir da diferença ontológica instaurada pelo ser, como velamento e desvelamento. Heidegger sempre pensa a diferença ontológica, quer parta do ser-aí, quer parta do ser. Na analítica existencial ele procura pensar o ente privilegiado sem o qual nunca se pensa o ser e ao qual o ser sempre se dá na diferença ontológica. No pensamento posterior, ele pensa o ser enquanto ser *do ente*, e o ente enquanto ente *do ser*.

> "Ser significa, constantemente e em toda a parte: ser do ente, expressão em que deve ser pensado o genitivo como genitivus obiectivus. Ente significa constantemente e em toda parte: ente do ser, expressão em que deve ser pensado o genitivo como genitivus subiectivus. [...] Claro está apenas que no ser do ente e no ente do ser se trata cada vez de uma diferença".[23]

Heidegger, no entanto, pensa o ser na diferença com o ente e o ente na diferença com o ser. Sempre insiste no problema da diferença. Quando fala da identidade, analisa-a como aquilo de que emerge a copertença entre ser e homem. Essa identidade é chamada de acontecimento-apropriação. É o mesmo, o *auto* parmenídico.[24] Ser e pensar brotam de uma identidade. Essa afirmação heideggeriana da identidade repete, em outras palavras, aquilo que já vinha como tese de *Ser e Tempo*, que o homem é o ente que tem por ser compreender o ser. O homem deve pensar o ser ou, coma diria o segundo Heidegger, o ser assume o homem para que seja pensado por ele. O ser é presença e velamento que instaura no homem seu lugar. O homem é homem como o "aí" do ser. O idêntico no ser e no homem é a sua mútua apropriação. Ser e homem somente surgem dessa mútua apropriação, que é a sua identidade e, assim, acontecimento-apropriação. Dessa mútua dependência do homem e do ser, dessa apropriação e necessidade recíprocas, brota a possibilidade da diferença ontológica.

A recíproca apropriação é o signo da finitude do ser e do homem. A mútua apropriação instaura o velamento e o desvelamento, portanto, a negatividade heideggeriana. Dessa recíproca apropriação surge a possibilidade da diferença ontológica como da própria constituição circular do ser-aí. A identidade que Heidegger pensa não é nada mais que a própria possibilidade da diferença. Na identidade o filósofo também procura pensar a diferença. É na copertença de ser e homem que se salva a diferença ontológica para a filosofia. Assim, a própria identidade heideggeriana é o âmbito originário em que mutuamente se dão o ser e o homem, o velamento e o desvelamento. Também a identidade é a afirmação da finitude. Da mesma forma ela permanece na diferença imanente. Ela nada tem a ver com a identidade da metafísica ou a identidade do pensamento do idealismo especulativo. No pensamento de Heidegger identidade e diferença se copertencem, enquanto da identidade entre ser e pensar brota a diferença ontológica. A identidade entre ser e pensar (homem) é, justamente, a constituição circular da faticidade do ser-aí, e essa circularidade possibilita o pensamento da diferença ontológica. O filósofo não rompe, portanto, o círculo da finitude. Permanece na ambivalência do velamento e desvelamento. Sustenta a finitude e negatividade presentes pela intuição original de *a-letheia*.

Notas

[1] WiM 45
[2] WiM 45
[3] WiM 46
[4] WiM 46
[5] WiM 51
[6] WiM 40
[7] Heidegger foi, por isso, acusado de niilista. Responde às acusações pelo Posfácio a WiM (1943), p. 43-51.
[8] Azevedo, Juan Llambias de. El Antiguo e el Nuevo Heidegger e un Diálogo con El, p. 26.
[9] WW 20
[10] PLW 52
[11] VA 259
[12] VA 155
[13] N II 250; WgM 333
[14] Nisto consiste a dimensão essencial do segundo Heidegger.
[15] WiM 40 – Ver tb. WiM p. 28 et seq.
[16] WiM 16
[16a] Ver *Allgemeine Metaphysik*. Martin p. 55.
[16b] É por isso que o filósofo afirma que "SZ" é um caminho necessário, mas não suficiente. O Heidegger da viravolta não renunciou ao pensamento transcendental, retornando a uma situação anterior que nega uma parte do caminho andado. A viravolta somente é possível após a passagem pela análise transcendental. Os fundamentos da reflexão transcendental somente se conquistaram passando por ela. É, no entanto, necessário compreender o que o filósofo entende por transcendental e como é feita sua análise.
[16c] Ante-predicativo designa o que condiciona a predicação e por ela nunca é plenamente atingido.
[17] Ver todo US; HW p. 7-68; VA-II p. 129-204; Rothacker, E. *Zur Genealogie des menschlichen Bewusstseins*, § 14.
[18] Ver a amarga ironia de G. Marcel em sua peça: *La Dimension Florestan*; ver discurso de B. Welte em, Martin Heidegger, 26 de setembro de 1959, p.3-13.
[19] Ver H. U. von Balthasar, *Herrlichkeit* 3/I, p. 769-787.
[20] EVW 401
[21] EVW 401
[22] ID p.11-34 e ZS.
[23] ID 59
[24] ID 28; ZS 142

PARTE SEGUNDA

A Fenomenologia

CAPÍTULO 1

Heidegger
e o Movimento Fenomenológico

Ainda que as experiências iniciais tenham marcado o caminho de Heidegger, o fator determinante de seu pensamento foi seu encontro com a fenomenologia. Seus primeiros trabalhos manifestavam profundos laços com a problemática corrente da tradição alimentada pelo neoaristotelismo, neotomismo e neokantismo, e as soluções dadas pelo filósofo, dentro desse horizonte, às questões básicas, se conduziam pelo esquema ontoteológico.[1] Foi a descoberta da fenomenologia que desencadeou os novos recursos que o conduziram às regiões distantes de um pensamento que se afirmava em confronto com toda a tradição filosófica ocidental. Impõe-se, entretanto, o reconhecimento da originalidade de interrogações na filosofia de Heidegger, quando se observa o quanto o filósofo marcou a própria fenomenologia com sua problemática. Analisar sua posição dentro do movimento fenomenológico é, portanto, destacá-lo como um pensador que ultrapassou a situação concreta da corrente fenomenológica que o recebera.

O sopro de renovação da filosofia europeia trazido pela obra de um desconhecido livre-docente, as *Investigações Lógicas*, de Edmundo Husserl, publicada no começo do século 20, somente tem similar no movimento grandioso do idealismo alemão, única corrente filosófica imediatamente anterior que se aproxima, pela riqueza de suas consequências, do movimento fenomenológico.

A história da fenomenologia começa com os trabalhos de Husserl do século 19, os quais giravam em torno da matemática e da psicologia. Os estudos realizados em Leipzig, Berlim, Viena e Halle sofreram a influência de Franz Brentano e Karl Stumpf. A atividade docente exercida em Halle, e logo a seguir em Göttingen, não fazia suspeitar a gestação da obra que, subitamente, conquistou os interesses acadêmicos em 1900 e 1901: *Investigações Lógicas*. O primeiro volume trazia, como subtítulo, *Prolegômenos à Lógica Pura*. No segundo volume o subtítulo para as cinco primeiras investigações era: *Pesquisas sobre Fenomenologia e Teoria do Conhecimento*. A Sexta Investigação trazia, como subtítulo, *Elementos de uma Elucidação Fenomenológica do Conhecimento*. A introdução ao segundo volume explicava o papel da fenomenologia na busca de uma lógica pura:

> "A fenomenologia pura representa um domínio de pesquisas neutras, no qual as diferentes ciências têm suas raízes. De um lado, ela é útil à psicologia enquanto ciência empírica. Pelo seu método puro e intuitivo ela analisa e descreve a generalidade da essência – especialmente enquanto fenomenologia do pensar e conhecer –, as vivências de representação, do juízo, do conhecimento, que a psicologia submete à sua investigação de ciência empírica, concebendo-os empiricamente como classes de acontecimentos reais em relação com a realidade natural animal. Por outro lado, a fenomenologia revela as 'fontes' de onde 'decorrem' os conceitos fundamentais e as leis ideais da lógica pura, até os quais é preciso remontar se se quiser fornecer-lhes 'a clareza e distinção' necessárias para uma compreensão crítica da lógica pura. A fundação da lógica pura sobre a teoria do conhecimento, ou, mais precisamente, sobre a fenomenologia, compreende pesquisas de uma grande dificuldade, entretanto, também de uma importância sem igual".[2]

Essa descrição do sentido e alcance da fenomenologia já contém, em germe, todos os desdobramentos essenciais do pensamento de Husserl. Já trouxe, por isso mesmo, a primeira decepção em meio aos encantos suscitados pelo primeiro volume no qual se perseguia uma lógica pura contra as pretensões do psicologismo. No segundo volume vinha claramente exigida a descrição dos atos conscientes, o que se revelava como apelo explícito à psicologia. Esse contraste com o antipsicologismo do primeiro volume das *Investigações Lógicas* foi compreendido a partir da publicação da obra programática de Husserl, em 1913: *Idéias para uma Fenomenologia Pura e Filosofia Fenomenológica*.³ Trazendo, no entanto, luzes para a situação conflitante dos dois volumes das *Investigações Lógicas*, as *Idéias* foram um escândalo ainda maior. Praticamente todos os discípulos de Göttingen viam como impossível a conciliação entre as intenções descritivas das *Investigações* e as intenções transcendentais das *Idéias*. A redução transcendental dividiu ainda mais os ânimos.

Heidegger confessou, em 1963, sua perplexidade diante das publicações de Husserl:

> "*A repetida abordagem das* Investigações Lógicas *não me satisfez, porque não consegue superar uma dificuldade básica, referente ao problema de como se deve realizar os modos de proceder do pensamento chamado fenomenologia. O inquietante dessa interrogação brotava da ambigüidade que, à primeira vista, se apresentava na obra de Husserl. O primeiro volume, que apareceu em 1900, traz a refutação do psicologismo na lógica, demonstrando que a doutrina do pensamento e conhecimento não se deixa fundamentar na psicologia. Opondo-se a isso o segundo volume, aparecido no ano seguinte e três vezes maior, contém a descrição dos atos conscientes básicos para a edificação do conhecimento. Impunha-se, portanto, contudo, uma psicologia. A que outra finalidade se destinaria o § 9 da Quinta Investigação, sobre o significado da delimitação de Brentano dos "fenômenos psíquicos"? Assim, recai, com sua descrição fenomenológica dos fenômenos conscientes, na posição do psicologismo, que precisamente refutara. Se, entretanto, tão grosseiro erro não podia ser atribuído à obra de Husserl, que seria então a descrição fenomenológica dos atos conscientes? Onde estaria o que é próprio da fenomenologia se ela não é nem lógica, nem psicologia? Surgia aqui uma disciplina filosófica de espécie inteiramente nova ou mesmo com posição e dignidade próprias?*"⁴

Heidegger confessou, então, que "o ano de 1913 trouxe uma resposta"⁵ com a publicação das *Idéias para uma Fenomenologia Pura e Filosofia Fenomenológica*:

"A 'fenomenologia pura' é a 'ciência básica' da filosofia por ela caracterizada. 'Pura' significa 'fenomenologia transcendental'. Enquanto 'transcendental', porém, é tomado, como ponto de partida, a 'subjetividade' do sujeito que conhece, age e valora. Ambas as expressões, 'subjetividade' e 'transcendental', indicam que a 'fenomenologia' consciente e decididamente se inserira na tradição filosófica moderna. Isso, no entanto, de tal modo que a 'subjetividade' 'transcendental' alcançava uma determinação mais originária e universal, através da fenomenologia. A fenomenologia reteve, como sua esfera temática, 'as vivências da consciência', mas, agora, na exploração da estrutura dos atos da vivência, projetada e garantida sistematicamente, unida à exploração dos objetos vivenciados nos atos, sob o ponto de vista de sua objetividade. Nesse projeto universal de uma Filosofia Fenomenológica, podia ser apontado o lugar sistemático para as Investigações Lógicas, que, filosoficamente, tinham permanecido neutras. Apareceram, no mesmo ano de 1913, em segunda edição. A maioria das Investigações havia sido, nesse meio tempo, submetida evidentemente a 'profundas reelaborações'. A Sexta Investigação, 'a mais importante no que se refere à fenomenologia', contudo, foi retida. Também o ensaio Filosofia como Ciência Rigorosa, publicado no primeiro volume da recém-fundada revista Logos (1910/1911), recebeu, somente, através das Idéias para uma Fenomenologia" Pura', a suficente fundamentação de suas teses programáticas".[6]

Se Husserl formou imediatamente escola, suscitando novas esperanças pela amplidão de horizontes não dogmáticos que descerrava com a dimensão descritiva de sua fenomenologia, à medida que, no entanto, dissipava a ampla neutralidade com a determinação transcendental, ele mesmo dividiu seus seguidores. As tendências, concepções, especializações, no entanto, que formaram os diversos grupos, se uniam sob a palavra de ordem do movimento fenomeno-lógico: "Às coisas em si mesmas". Ela escondia em si o princípio axial de toda a fenomenologia: cada espécie de ente tem seu modo próprio de se revelar ao investigador, e constatações filosóficas com sentido somente podem ser feitas quando fundadas nessa autorrevelação. Assim, era preciso aprender os modos diversos de acesso às coisas em si mesmas. Leitura e erudição não bastavam para se obterem resultados. Era necessário exercitar-se no instrumento que ajudaria no progresso da filosofia. Trabalhar com grandes fenomenó-logos era, portanto, o primeiro atestado de competência para o trabalho fenomenológico.[7]

Assim, múltiplas direções se uniam sob um mesmo nome. O problema que surgia imediatamente se referia ao fato de que a fenomenologia husserliana, que se caracterizava por meio de seu método, servia para caracterizar correntes que precisamente discordavam do método original de Husserl. Não se contradizia tal filosofia, que se distinguia pelo seu método, permitindo que com seu nome fossem distinguidos outros métodos? Isto se torna menos paradoxal quando se observa que a própria fenomenologia de Husserl apresenta fases em sua evolução. Oskar Becker distingue na filosofia de Husserl o objetivismo fenomenal e a constituição idealística transcendental.[8] Wilhelm Szilasi destaca três fases: fenomenologia descritiva, fenomenologia transcendental e fenomenologia transcendental-constitutiva.[9] Walter Biemel distingue quatro etapas do pensamento de Husserl: para a primeira etapa seria marcante a *Filosofia da Aritmética* (1891); para a segunda seriam decisivas as *Investigações Lógicas* (1900); para a terceira etapa se deveria ver um sinal nas *Idéias para Uma Fenomenologia Pura e Uma Filosofia Fenomenológica* (1913); a quarta, enfim, seria a da *Crise das Ciências Européias e a Fenomenologia Transcendental* (1935).[10] Gerhard Funke distingue, finalmente, na fenomenologia de Husserl, momentos que são, ao mesmo tempo, filosófica e objetivamente diferentes. Haveria um momento psicológico, um momento formal-lógico e significativo-lógico, um momento constitutivo transcen-dental, um momento de metafísica da consciência e, afinal, um momento histórico-crítico.[11] Cada um desses momentos, além de mudar de objeto, possui uma perspectiva determinante particular. Essas etapas e momentos não se dão necessariamente em uma sucessão cronológica.

Assim, se situaria a fragmentação das escolas fenomenológicas a partir da atitude fundamental de Husserl. Ainda que se possa admitir que isto represente aspectos verdadeiros, deve-se, contudo, acrescentar que essa sucessão de momentos apresenta, aparentemente, mudanças profundas quando vista de fora. Nas intenções de Husserl estava muito claramente presente a meta de suas reflexões desde o começo do século. As diversas tendências que se manifestaram no movimento fenomenológico devem ser localizadas nas experiências individuais de cada um dos que aderiam ao movimento. A fenomenologia, como um chamado à *sinceridade e radicalidade* da interrogação filosófica veio, antes de tudo, abrir horizontes para a elaboração das intuições e experiências metafísicas dos que a ela aderiram. Assim se compreendem melhor os motivos da progressiva separação entre Heidegger e Husserl.

Podemos determinar nas fenomenologias parciais que constituíram as diferentes escolas fenomenológicas, a partir da fenomenologia de Husserl, cinco correntes principais: 1) a fenomenologia *descritiva*, de Göttingen, com Adolf Reinach, Alexandre Koyré, Hedwig Conrad-Martius, Theodor Conrad, Johannes Daubert, Jean Héring, Herbert Leyendecker, Roman Ingarden, Kurt Stavenhagen, Ernst W. Hocking, Wilhelm Schapp e Moritz Geiger; 2) a fenomenologia *transcendental*, de Freiburg im Breisgau, com Edith Stein, Fritz Kaufmann, Oskar Becker, Marvin Farber, Wilhelm Szilasi, Ludwig Landgrebe, Eugen Fink e Martin Heidegger; 3) a fenomenologia psicológico-descritiva, de Munich, com Alexandre Pfänder, Aloys Fischer, Gerda Walter, Moritz Geiger (numa fase de sua evolução), August Gallinger, Dietrich Von Hildebrand e Herbert Spiegelberg; 4) a fenomenologia *dos valores*, de Colônia, com Max Scheler, Hendrick Gerardus Stocker, Heinrich Lützeler, Paul Ludwig Landsberg e Nicolai Hartmann; 5) a fenomenologia *hermenêutica*, de Marburgo (1923-1928) e Freiburg im Breisgau (a partir de 1928), sob a orientação de Martin Heidegger, com Paul Tillich, Rudolf Bultmann, Hans-Georg Gadamer, Gerhard Krüger, Karl Löwith, Helmuth Kuhn, Franz Joseph Brecht, Karl-Heinz Volkmann-Schluck e Walter Bröcker.[12]

> *"Olhando globalmente essas diversas tendências percebe-se como é problemático determinar se é possível e em que medida se deve designar tudo isto fenomenologia. Pois, o realismo ingênuo do grupo de Munich está a léguas de distância do idealismo transcendental*

> *do grupo de Freiburg e separa-se, infinitamente, o objetivismo dos valores do grupo de Colônia, do grupo de Marburgo que se caracteriza pela hermenêutica do ser absolutamente desinteressada dos entes enquanto tais."*[13]

Em meio a essas tendências tão diversas, a intenção profunda de Husserl de elaborar "uma filosofia como ciência rigorosa" era sufocada e Husserl, rodeado de discípulos, já era um solitário diante de sua "tarefa infinita". Todo o seu esforço para construir uma fenomenologia transcendental para chegar à filosofia como ciência rigorosa que substituiria as múltiplas tentativas positivistas psicologistas, historicistas e materialistas, desembocando em uma luta de visões de mundo, era visto como uma recaída no idealismo kantiano. Seus ex-colegas junto a Brentano, Meinong e Kraus, os círculos de Göttingen e Munich, Max Scheler e Nicolai Hartmann, viam nas preferências pelas análises da subjetividade um grande risco, e o conhecimento que tinham das ligações de Husserl com Natorp parecia comprovar as tendências kantianas do fundador da fenomenologia.

Dessa maneira, Husserl deve ter visto sua mudança para Freiburg, em 1916, como uma verdadeira libertação e como a abertura de um novo horizonte de esperanças. Ele via a nova cátedra como o lugar ideal para realizar o programa traçado nas *Idéias*. "Também minha atividade acadêmica em Freiburg impulsionava a orientação de meus interesses para a fundamental universalidade e o sistema", declarou em 1921.[14]

Ali, em Freiburg, Heidegger entrou logo em contato com Husserl. Heidegger estava perplexo e confuso pela multidão de problemas que lhe haviam suscitado suas intuições e seu contato com as obras de Husserl.

> *"Naquele tempo era-se, muitas vezes, surpreendido com a constatação 'evidente' de que, com a 'fenomenologia', surgira um novo movimento filosófico em meio à filosofia européia. Quem teria negado a veracidade de tal afirmação? Mas um tal tipo de cálculo histórico não acertava o que acontecera por meio da 'fenomenologia',*

> isto é, já por meio das 'Investigações Lógicas'. Nunca foi dito e ainda hoje mal se deixa dizer com exatidão. Os esclarecimentos programáticos do próprio Husserl e suas explicações metodológicas antes reforçavam o mal-entendido de que, através da 'fenomenologia', era exigido um novo começo da filosofia, que negaria todo o pensamento passado. [...] O encanto que emanava das 'Investigações Lógicas' provocou nova inquietação que ignorava sua razão de ser, ainda que permitisse pressentir que ela brotava da impotência para chegar ao exercício do modo de pensar chamado 'fenomenologia', apenas pela literatura filosófica. Só lentamente a perplexidade se esvaía e custosamente se resolvia a confusão, desde o momento em que eu pessoalmente tive permissão de encontrar-me com Husserl, em seu lugar de trabalho".[15]

Quem eram esses dois homens que, assim, se encontraram? O que os aproximara no trabalho e o que motivou a ruptura de Heidegger com Husserl? A resposta pode ser dupla. De um lado deve-se olhar para a biografia de ambos e, de outro, para as experiências pessoais que já, então, marcavam seu caminho de reflexão filosófica.

De Husserl nos testemunharam Wilhelm Szilasi e Karl Löwith. Disse o primeiro:

> "Suas preleções, das quais eu ouvi muitas, não tinham particular sucesso. Falava, por assim dizer, para si, sem pathos, sem ambição literária, de modo marcante, como se o pensamento falasse por si mesmo, independente de quaisquer considerações, independente de atualidades, mantendo em mira apenas a 'tarefa infinita' (sua palavra preferida). Ao falar ele fixava um ponto longínquo 'infinito', cuja visibilidade podia sugerir. Não se preocupava, entretanto, em atingir com sua explicação a todos. A estranha concentração de sua dedicação desprendida dava-lhe uma dignidade e uma autoridade, que ainda transparecem de seu espólio literário (...) Sempre permaneceu fiel a si mesmo. Nada de exterior podia desarvorá-lo. Sua alegria tranqüila e sua bondade despretensiosa envolviam sua figura para todos os que tinham ocasião de dele se aproximar".[16]

Disse o segundo:

> "Recebi a notícia da morte de Husserl em Freiburg. Nessa cidade amiga com a catedral vermelha, cidade que se ergue nas encostas da Floresta Negra não longe do Reno, iniciei, retornando da guerra,

nos círculos de uma juventude aberta, ainda à procura de seu próprio caminho, meu estudo junto a Husserl e Heidegger. Se me pergunto hoje, após vinte anos, pelo que aprendi com Husserl, talvez nem a ele a resposta satisfizesse. Sua doutrina da 'redução' à consciência pura, muito em breve perdeu em interesse, enquanto as interrogações entusiasmadoras a que o jovem Heidegger arrastava cada vez nos fascinavam mais. Ficamos, entretanto, devendo a maior gratidão ao mais velho. Tinha sido ele que, por meio da arte da análise metódica, da clareza na exposição e do rigor humano da formação científica, nos ensinou a tomarmos pé numa época de dissolução interna e externa de tudo o que era estável, obrigando-nos a evitar toda a linguagem grandiloqüente, a provar cada conceito na intuição dos fenômenos e a lhe responder suas perguntas em troco miúdo em lugar de grandes notas. Era um 'consciencioso do espírito', como Nietzsche o descreve em Zaratustra. Inesquecível é para mim como aquele grande pesquisador das menores coisas lecionava, naqueles dias em que se temia uma ocupação de Freiburg pelas tropas francesas, com grande tranqüilidade e segurança, como se a seriedade da pesquisa científica, por nada no mundo, pudesse ser perturbada".[17]

De Heidegger testemunhou Gadamer:

"O primeiro encontro com seu olhar mostrava quem ele era e quem ele é: um visionário. Um pensador que vê. Parece-me que isto realmente fundamenta a originalidade de Heidegger em meio a todos os professores de filosofia de nossa época. Isto se revela no fato de que as coisas, que ele expõe numa linguagem muito própria, que não evita o barbarismo e o que choca o gosto, sempre podem ser vistas como que intuitivamente. Isto não acontece apenas em evocações momentâneas suscitadas pela palavra acertada e que provocam lampejos, intuitivos, mas isto se dá de tal modo que toda a análise conceitual, que é exposta, não progride de um pensamento a outro argumentando, mas, partindo dos diversos ângulos sempre desemboca no mesmo, dando, com isto, à descrição conceitual, por assim dizer, a plástica da terceira dimensão do real palpável. Quando Heidegger expunha, em sua cátedra, seus pensamentos, preparados minuciosamente e vivamente apresentados até a minúcia, no instante da exposição, ele via o que pensava e fazia com que os ouvintes o vissem, levantando constantemente os olhos e olhando pela janela. Husserl tinha razão, quando nos primeiros anos após a primeira guerra mundial, perguntado sobre a fenomenologia, respondeu: 'A fenomenologia somos eu e Heidegger'".[18]

Gadamer concluiu apontando para uma possibilidade de ruptura entre Husserl e Heidegger por causa do diverso horizonte humano de ambos.

> "Sem demora Husserl terá pressentido, na década de vinte, que seu discípulo Heidegger não era colaborador e continuador do paciente trabalho intelectual de sua vida. O súbito impacto causado por Heidegger, seu incomparável fascínio, seu temperamento violento deviam tornar-se suspeitos para o paciente Husserl, do mesmo modo como, há muito, se lhe tornara suspeito o fogo vulcânico de Max Scheler. Realmente o discípulo de uma tal arte de pensamento era bem diferente de seu mestre. Era oprimido pelas grandes interrogações e pelas coisas radicais, sacudido até as últimas fibras de sua existência, inflamado pelo problema de Deus e da morte, do ser e do nada, sentindo-se chamado para a tarefa do pensamento imposta à vida. Os problemas cuja urgência pesava sobre uma geração, revolvida, sacudida em sua educação tradicional e no orgulho de sua cultura, mutilada pelo espanto das batalhas materiais da primeira guerra mundial, todos esses eram também os seus problemas".[19]

Quando um tal homem se encontrou com Husserl, ele já trazia toda uma experiência no exercício da docência e em trabalhos elaborados. Trazia consigo a intuição da problemática ontológica, subitamente suscitada pela leitura de Brentano sobre Aristóteles: *Sobre o Significado Múltiplo do Ente Segundo Aristóteles*. As soluções que Heidegger dera às suas primeiras interrogações, portanto, se inseriam simplesmente dentro das respostas tradicionais. O problema último do sentido e do ser recebera uma solução onto-teo-lógica, em sua tese de livre-docência. Heidegger confessou que, desde o início, enquanto aprendia o "ver" fenomenológico, não se sujeitava a todas as exigências metodológicas do mestre:

> "O ensino de Husserl consistia na forma de um gradual exercício do 'ver' fenomenológico, que ao mesmo tempo exigia o afastamento da utilização não-crítica de conhecimentos filosóficos e também a renúncia a trazer para o diálogo a autoridade dos grandes pensadores. Eu, entretanto, podia separar-me tanto menos de Aristóteles e dos outros pensadores gregos, quanto mais claramente a intimi-

dade com o ver fenomenológico fecundava a interpretação dos escritos de Aristóteles. Não podia prever, em verdade, de imediato, as conseqüências práticas que traria o apelo renovado a Aristóteles".[20]

Heidegger insistia sempre no retorno às *Investigações Lógicas*:

"Quando, em 1919, eu mesmo ensinando-aprendendo, na proximidade de Husserl, exercitava o ver fenomenológico e, ao mesmo tempo, experimentava, no seminário, uma nova compreensão de Aristóteles, mais uma vez meu interesse se voltou para a Sexta Investigação. A distinção nela elaborada entre intuição sensível e intuição categorial revelava-me seu alcance para a determinação do "múltiplo significado do ente".[21]

"Assim, pois, Husserl, magnânimo, sem, no entanto aceitar, no fundo, viu como eu, paralelamente às minhas aulas e exercícios de seminário, trabalhava semanalmente, com alunos mais adiantados, nas 'Investigações Lógicas', em grupos de trabalho particulares. A preparação desse trabalho se tornou para mim muito fecunda. Conduzido mais por um pressentimento do que guiado por uma compreensão fundamentada, experimentei nela o seguinte: o que se realiza para a fenomenologia dos atos conscientes, como o automostrar-se dos fenômenos, é mais originariamente pensado por Aristóteles e por todo o pensamento e existência dos gregos como aletheia, como desvelamento, do que se presenta, seu desocultamento, seu mostrar-se. O que as investigações fenomenológicas descobriram de novo como a atitude básica do pensamento, se apresenta como o traço básico do pensamento grego e talvez mesmo da filosofia enquanto tal. Quanto mais isso se clarificava tanto mais insistentemente retornava a pergunta: a partir de onde e como se determina o que, segundo o princípio da fenomenologia, deve ser experimentado como 'a coisa em si mesma'? É isto a consciência com sua objetividade ou é isto o ser do ente em seu desvelamento e velamento? Assim fui levado ao caminho da pergunta pelo ser iluminado pela atitude fenomenológica, novamente e de outro modo que antes inquietado pelas questões que me ocupavam desde a leitura da dissertação de Brentano'".[22]

Essas confissões revelam muito bem o clima em que Heidegger participou da experiência de Husserl e no qual ele aprendeu e aplicou o ver fenomenológico. A problemática ontológica estava muito mais presente que nas preocupações sistemáticas de Husserl. Além disso, o exercício do ver fenomenológico abrira-lhe novas perspectivas para a interrogação pelo ser. Essa interrogação pelo ser, que assim se esboçou, ia tornando-se, simultaneamente, uma problematização de toda a sua experiência anterior à medida que as soluções dadas a partir da tradição onto-teo-lógica não se mostravam genuinamente filosóficas, mas uma presença da teologia na filosofia. O fato de isso ser a resposta dada por toda a tradição, fazia com que Heidegger se confrontasse com toda a metafísica ocidental. O problema do ser que lhe vinha de Aristóteles e o método fenomenológico de o abordar que lhe vinha de Husserl, instauraram um outro horizonte de interrogação no ânimo de Heidegger. À medida que surgiram, os frutos da análise dos pensadores gregos mostraram a Heidegger uma série de elementos novos.

> *"Pela experiência imediata do método fenomenológico, nas conversas com Husserl, preparava-se o conceito de fenomenologia que a Introdução a Ser e Tempo (§ 7) apresenta. Papel importante teve nisso a referência às correspondentes palavras-chaves do pensamento grego, explicadas:* logos *(tornar manifesto) e* phainesthai *(mostrar-se). Um novo estudo de Aristóteles (em particular do livro nono da 'Metafísica' e do livro sexto da 'Ética a Nicômaco') ofereceu nova compreensão do* aletheuein *como desvelar e a caracterização da verdade como desvelamento, ao qual pertence todo o mostrar-se do ente. Com a compreensão da* aletheia *como desvelamento reconheci o traço fundamental da* ousia, *do ser do ente: a presença. [...] A inquietante pergunta, sempre viva, pelo ser enquanto presença (presente) se desenvolveu na pergunta pelo ser sob o ponto de vista do seu caráter temporal. [...] Com a provisória elucidação da* aletheia *e* ousia *esclareceram-se, em conseqüência, o sentido e alcance do princípio da fenomenologia, 'às coisas em si mesmas'. No trabalho de penetração, não mais apenas literário, mas, no exercício da fenomenologia, contudo, permanecia em meu horizonte a pergunta pelo ser despertada por Brentano. Assim, surgiu-me a pergunta se realmente se deveria determinar a consciência intencional ou mesmo o eu transcendental como 'a coisa em si mesma'. Se a fenomenologia deve determinar o método característico da filosofia como o mostrar 'das coisas em si mesmas' e se a pergunta-guia da filosofia permanece, desde a antigüidade e pelas formas mais diversas, a pergunta pelo ser, então o ser deveria permanecer a primeira e última 'coisa em si mesma'".*[23]

Compreendido o ser como velamento e desvelamento, decidido que o ser é "a coisa em si mesma", estabelecido que o ser, desde a Antiguidade, se dá como tempo, determinado que o método da filosofia é o mostrar fenomenológico, então se apresenta toda a problemática heideggeriana até hoje envolta nas experiências e no seu contato com Husserl. Tarefa fundamental da filosofia será, portanto, para Heidegger, captar o ser como velamento e desvelamento por meio de um método adequado e no horizonte adequado. O método adequado será a fenomenologia esboçada em *Ser e Tempo*. O horizonte adequado será o tempo que, desde a Antiguidade, vem ligado ao ser. Para analisar o ser ligado ao tempo é preciso partir daquele ente que esconde em suas estruturas o tempo como seu sentido: é o ser-aí. É necessário, portanto, partir da faticidade do ser-aí que esconde em suas estruturas a temporalidade para determinar o ser como tempo. Isto é possível sem que se incorra no perigo de errar a analítica, porque o único ente cujo ser consiste em compreender o ser é o homem. Dessa maneira, uma hermenêutica das estruturas do ser-aí, realizada pelo método fenomenológico hermenêutico, conduzirá ao horizonte em que se poderá interrogar pelo sentido do ser que é o tempo. Afinal, interrogar pelo ser no tempo e partir da temporalidade do ser-aí é movimentar-se na finitude, é compreender a questão do ser fora do contexto da tradição metafísica. Assim, se estabeleceu uma interrogação ontológica que não visava mais a responder às questões básicas, apelando para uma teologia natural cujo objeto, sendo determinado a partir de uma imagem temporal, não pode explicar o tempo. Heidegger rompe, portanto, com suas primeiras respostas ontoteológicas e se debruça, mediante o método fenomenológico, sobre a finitude do ser-aí e a finitude do ser. Essa interrogação se realizou por intermédio do círculo hermenêutico por causa da circularidade da constituição do ser-aí que se movimenta no ser enquanto o ser nele se manifesta e enquanto o ser o sustenta. Assim, se instaurou, no pensamento de Heidegger, uma ontologia como o signo da finitude.

Um tal desenvolvimento necessariamente o pôs em confronto com o pensamento de Husserl, à medida que esse autor recorre à redução transcendental, que permanece a imagem do pensamento ontoteológico da tradição metafísica.

> "Entrementes, a 'fenomenologia' no sentido que Husserl lhe dava foi ampliada para uma determinada posição filosófica prefigurada por Descartes, Kant e Fichte. Para ela a historicidade do pensamento permanece absolutamente estranha. Contra esta posição filosófica se levantou a pergunta pelo ser, desenvolvida em 'Ser e Tempo', e isto, como hoje ainda o creio, com base numa fidelidade mais concreta ao princípio da fenomenologia".[24]

Para penetrarmos melhor no elemento profundo que separou os caminhos das interrogações de Heidegger e Husserl, vamos analisar mais detalhadamente o problema central do mundo-da-vida. Nesse conceito se estabeleceu, em última análise, uma preocupação comum entre os dois filósofos. Para Heidegger, a faticidade da vida, o ser-no-mundo, o mundo da vida, era o ponto de partida necessário para sua interrogação e, ao mesmo tempo, o elemento fundamental para sustentar sua crítica à fenomenologia transcendental de Husserl. Para Husserl, o problema do mundo da vida era o fator decisivo que o levava a uma revisão da radicalidade de sua redução e, portanto, dos fundamentos de sua fenomenologia transcendental. A questão que provocou discussão e está ainda insolvida é a que pergunta pela prioridade cronológica da colocação do problema do mundo da vida: Quem colocou o problema do mundo da vida em primeiro lugar? Foi Heidegger ou foi Husserl? Husserl usara o termo já por volta de 1920,[25] mas desenvolveu a problemática que o envolve a partir de 1934.[26] *Ser e Tempo*, de Heidegger, tem na ideia de mundo da vida (ser-no-mundo) uma das colunas de sustentação. *Ser e Tempo* é inconcebível sem a ideia fundamental de ser-no-mundo. É precisamente nessa ideia que se funda toda a crítica latente, que perpassa *Ser e Tempo*, à insuficiência ontológica da redução transcendental de Husserl. De outro lado, a obra de Husserl, *A Crise das Ciências Européias e a Fenomenologia Transcendental*, que o fundador da fenomenologia escreveu a partir de 1934, preocupa-se intensamente com o problema do mundo da vida representando, ainda, sob muitos aspectos, uma tentativa de resposta às acusações e alusões que povoam a obra de Heidegger.

Para compreendermos como se instalou a divergência entre Husserl e Heidegger a partir da ideia de mundo da vida, vamos retroceder em nossa análise até o momento em que se preparava essa questão nos gregos. Assim, se mostrará como, justamente, a ideia do mundo da vida é o elemento axial da obra de Heidegger, o fulcro para a crítica a seu mestre e, simultaneamente, o elemento que sacode, perigosamente, toda a fenomenologia transcendental porque problematiza a radicalidade da redução na filosofia de Husserl.[27]

No livro *De Anima*, Aristóteles fez a seguinte constatação:

> "Já que nós percebemos o fato de vermos e ouvirmos, é necessário que se perceba, ou com a vista o fato de ver, ou com outro sentido. Mas, então, o mesmo sentido dirigirá sua atenção para o ver e para a cor que tem pela frente. E, assim, dois sentidos dirigiriam sua atenção sobre a mesma coisa ou um sentido prestaria atenção a si mesmo".[28]

O problema da consciência da percepção a que Aristóteles se refere aqui foi retomado, de passagem, no livro doze da *Metafísica*, em que o filósofo grego discutiu a possibilidade de o pensamento ter a si mesmo como objeto, porque isso parece impossível, uma vez que o ser do que pensa e do que é pensado é diferente: "Entretanto, a ciência, a percepção sensível, a opinião e a inteligência têm manifestamente um objeto sempre diferente delas mesmas e *somente se ocupam de si acessoriamente*".[29] A reflexão, portanto, sempre é passageira, jamais é total, e a consciência de si (autoconsciência) nunca é plena, mas mergulha, constantemente, em uma camada mais profunda, em que a consciência se exerce diretamente.

Os escolásticos designaram essa mesma situação com as expressões: *actus exercitus* e *actus signatus*. Esses dois conceitos indicam o conhecimento reflexivo (*actus signatus*) e o conhecimento direto (*actus exercitus*). É possível perguntar e perguntar por que se pergunta. O ato de ouvir um som é a consciência direta e a consciência reflexa está no fato do perceber que se está ouvindo um som. É possível, portanto, que nem todos os *actus exerciti* sejam atingidos plenamente pelos *actus signati*. Diferentes áreas dos atos diretos podem ficar ocultas ou se tornar inacessíveis aos atos reflexos. Nem toda experiência pode ser recuperada pela reflexão, por causa da própria condição finita do homem.

Franz Brentano, baseando-se nas passagens supracitadas de Aristóteles, distinguiu entre "percepção interior" e "observação interior". A percepção interior corresponde aos *actus exerciti* e a observação interior aos *actus signati*. Husserl se liga a essa distinção desenvolvendo a doutrina de Brentano, de que a consciência interior já sempre é dada na memória pela existência de uma estrutura "horizontal" da consciência. Husserl insiste no horizonte retencional. "O conceito de intencionalidade da consciência, o conceito de constituição da corrente da consciência, mesmo o conceito do mundo da vida, são elementos que servem para desenvolver essa estrutura de horizonte da consciência".[30]

Precisamente, entretanto, a distinção entre os *actus exerciti* e os *actus signati* levanta um problema que se resumiu, para Husserl, no problema do mundo da vida. Se nem todo *actus exercitus* pode transformar-se em *actus signatus* ou, ao menos, somente transformar-se parcialmente, se o esforço de reflexão não chega a esgotar constantemente o conhecimento direto e as vivências concretas, se o esforço de reflexão chega mesmo a ocultar dimensões dos *actus exerciti*, então surge a seguinte interrogação: Pode a redução transcendental ao ego atingir sua exigida radicalidade? É possível que a reflexão e a redução transcendental recuperem radicalmente o mundo da vida na consciência transcendental?

Gadamer comentou esse problema crucial que se punha para o velho Husserl:

> *"A pergunta decisiva na realização do programa fenomenológico, traçado nas 'Idéias', em 1913, era se a planejada redução era realmente radical. Devia-se perguntar se na construção da produção de sentido da consciência, a partir do eu originário transcendental, realmente tudo o que tinha valor alcançava sua legitimação transcendental ou se nesse processo de legitimação se escondiam ainda crenças encobertas sem que pudessem ser observadas, tornando, assim, suspeitas tanto a justificação como a evidência de tal processo. Transcorreu pouco tempo para que Husserl reconhecesse que a suspensão geral da afirmação ontológica da realidade, que ele exigira para se opor à consciência posicional da ciência,*

> alcançara algo definitivo e constante no ego transcendental. Este último, era, no entanto, em última análise, algo vazio com o qual não se sabia bem o que fazer. Husserl reconheceu particularmente que ao menos dois pressupostos desapercebidos tinham ficado retidos neste ponto de partida radical: de um lado, fora retido o pressuposto de que o eu transcendental encerrava em si o 'todos nós' da comunidade humana e de que a auto-interpretação transcendental da fenomenologia, de nenhum modo, levantara expressamente o problema de como propriamente era constituído pelo eu transcendental, além do mundo pessoal do eu, o ser do 'tu' e do 'nós' (o problema da intersubjetividade). De outro lado, Husserl reconheceu que a suspensão universal da tese da realidade não bastava, – à medida que a suspensão da afirmação sempre atinge apenas o objeto expresso do que a intencionalidade tem em vista e não o que está complicado com o que a intencionalidade visa e ainda as implicações anônimas que são constantemente dadas em todas aquelas intenções. Essas implicações tornam-se, entretanto, comprometedoras para a radicalidade da redução transcendental, à medida que a crítica ao objetivismo da ciência pressupõe o valor do mundo da vida, sem legitimação e prova constitutiva (IV, 136). Assim, Husserl chegou a elaborar uma teoria dos horizontes, os quais no fim se cerram no horizonte universal do mundo, que compreende toda a nossa vida intencional."[31]

Por causa de tudo isso é que Husserl procura mostrar, na obra *A Crise das Ciências Européias*, que todo o mundo da vida, da crença do mundo, que sustenta todo o chão da experiência natural da vida do pensamento humano, deve ser suspenso e encontrar sua constituição no eu transcendental. Isso era absolutamente necessário para salvar a radicalidade da redução transcendental. Dessa maneira, Husserl procura assumir todos os *actus exerciti* do mundo da vida na consciência transcendental.[31a]

Aqui pode ser surpreendido o núcleo em que reside um elemento decisivo de ruptura que se vem juntar a todos aqueles que já analisamos com referência a Hussel e Heidegger. *Ser e Tempo* se ocupa diretamente da analítica do mundo da vida enquanto o homem é um ser-no-mundo, como faticidade. À primeira vista, a analítica transcendental que Heidegger realiza da cotidianidade poderia, realmente, dar a impressão de que a obra do discípulo de Husserl se inseria na análise e nas intenções da fenomenologia husserliana. Se isso era apenas aparência, devia-se tal fato às experiências e intenções profundas que o próprio Heidegger já trazia consigo de suas análises da história da filosofia fecundadas por seu método fenomenológico. Sua preocupação essencialmente ontológica visara à analítica do ser-aí como o ponto de partida privilegiado para recolocar a questão do ser contra toda a tradição transcendentalista e subjetivista da metafísica ocidental. Por isso Heidegger rompia, em *Ser e Tempo*, o círculo de ferro da reflexão e procurava mostrar como era importante e decisiva a análise do ser-no-mundo no qual mergulhava toda a reflexão como em seu chão nunca inteiramente retomado ou retomável pela consciência reflexa. O mundo da vida não se apresenta, portanto, para Heidegger, como um desafio para a radicalidade reflexiva, mas, antes, a reflexão dele recebe seu alimento e movimento. O mundo da faticidade do ser-aí era, para Heidegger, a área em que se impunha o problema do ser se se quisesse fugir de um objetivismo ingênuo.

Gadamer fala dessa interpretação heideggeriana como de um novo horizonte que se descerrava em meio ao racionalismo da reflexão transcendental:

> "*A possibilidade de* anular *(fazer retroceder) essa passagem da intenção imediata e direta para a intenção reflexiva, parecia, então, naquela época um caminho que se abria para a liberdade: era a promessa da libertação do inevitável círculo da reflexão, a reconquista do poder evocador do pensamento conceitual e da linguagem filosófica, a qual era capaz de garantir, à linguagem do pensamento, uma posição digna ao lado da linguagem da poesia*".[32]

Heidegger descobriu nos *actus exerciti* uma camada mais profunda da experiência humana do mundo, além da atitude objetivante da consciência, que se deveria constituir no campo específico da filosofia. "Que, com isto, entretanto, se impunha uma tarefa ontológica de pensar o 'ser', que não era o ser 'objeto', isto a consciência filosófica em geral notou apenas através da crítica de Heidegger ao conceito de pura subsistência (Vorhandenheit) em *Ser e Tempo*".[33]

É em *Ser e Tempo*, ainda em uma analítica transcendental, que Heidegger esboça uma fenomenologia que procura pensar essa camada da realidade do ser-no-mundo, do mundo da vida, das vivências cotidianas, que se ocultam nos *actus exerciti*. Heidegger não sonha em reduzir essa realidade a um horizonte transcendental do puro eu conforme o modelo husserliano. Pelo contrário, para ele o papel da fenomenologia consistia em se inserir nessa realidade que escapa à total autotransparência e nela manifestar aquilo que ali se ocultava à reflexão, assim como a partir de si se manifestava, isto é, ocultando-se para a radicalidade reflexiva. Assim, Heidegger queria atingir o ser do ente, muito além das dissimulações da vida em seu acontecer concreto, assumindo o ser como velamento e desvelamento reciprocamente enviscerados. Para o filósofo, a fenomenologia de nenhum modo pode corresponder às exigências da radicalidade husserliana de autofundar a própria faticidade na total transparência. Para ele, isso é impossível. O fato de o ser-aí ser faticidade faz com que ele seja irredutível a uma total transparência reflexiva. Sua faticidade é existência. "A 'essência' do ser-aí é sua *existência*"[34], afirmação que Heidegger insere no início de *Ser e Tempo* e que aponta para a irredutibilidade do ser-aí a uma essência. Nenhuma das reduções husserlianas atinge o ser-aí porque o ser-aí é existência, e como tal deveria ser posto entre parênteses para proceder-se à sua redução eidética. Não sendo ele essência, então, essa é impossível e, uma vez posto entre parênteses, não mais se recuperaria para a reflexão, pois, sem existência, o ser-aí não é mais.

A análise do ser-aí como ser-no-mundo deveria mostrar como ele, em sua determinação ontológica, jamais se esgota na pura objetivação. O ser-aí já vem sempre envolto na autenticidade e inautenticidade, na verdade e na não verdade, no velamento que acompanha todo o desvelamento. Dessa maneira, a fenomenologia não será mais o instrumento de redução de tudo à subjetividade, tampouco um caminho que deve transformar tudo em "objeto". A fenomenologia heideggeriana mergulhará no seio do velamento e desvelamento em que residem todas as essências. Esse âmbito é o lugar em que se dá a abertura do ser no ser-aí. Heidegger procura precaver-se, principalmente, diante da tentação da constituição do eu transcendental, porque além de julgar insustentável que isso possa ser atingido pela redução ou qualquer outro caminho, ele entrevê, na insistência em torno do transcendental, um ancorar no modelo da metafísica ocidental, que é a *noesis noeseos*, o pensamento de pensamento, o Deus na sua absoluta autopossessão como modelo inacessível da interrogação filosófica. A fenomenologia transcendental, à medida que procurava pensar tudo como presença, tencionava precisamente eliminar toda a dimensão fática, assumindo todo o mundo da vida no ego transcendental. Além de Heidegger não admitir a possibilidade da redução, ele via nela uma ausência de lastro ontológico. Precisamente a sua fenomenologia devia vigiar a manifestação do ser dentro da diferença ontológica, dentro da ambivalência de velamento e desvelamento.

Assim, a fenomenologia de Heidegger se torna uma meditação da finitude. A ideia de verdade e não verdade, de velamento e desvelamento, aponta para essa incompletude de toda a compreensão do ser e da verdade, à medida que se dá na faticidade do ser-aí. Essa finitude da compreensão, no entanto, não significa uma limitação na possibilidade de objetivação. Heidegger se move em um terreno anterior à relação sujeito-objeto, em que não é possível a ideia de frustração diante do todo inobjetivável. Heidegger procura pensar o ser e a verdade da faticidade do ser-aí como distintivos dessa faticidade e marcas da finitude. Por isso ele renuncia às possibilidades da dialética e à solução teológica, porque elas nada trazem de positivo para a compreensão da finitude. "O entrelaçamento de ocultamento e desocultamento, presença e ausência, que Heidegger procura pensar, não é, nesse sentido, 'dialético' e não é pensado como uma experiência-limite de uma 'presença originária' e de uma verdade 'absoluta'".[35]

A finitude da compreensão do ser em que se movimenta o ser-aí se revela precisamente no seu modo de acesso ao ser e no modo de acesso do ser a ele. Na compreensão do ser prevalece o velamento; o homem somente compreende o ser ligado ao velamento imposto pela finitude do próprio homem. A compreensão do ser é o sinal da finitude. A reflexão transcendental é apenas um álibi da finitude e uma tentativa de fugir ao âmbito ambivalente do velamento e desvelamento em que mergulha a faticidade do ser-aí e por isso nele também se dá o acesso ao ser. O horizonte transcendental revela uma indigência do ser-aí e a sua condenação à finitude.

> *"Para que se tome a sério a finitude, como o chão de toda a experiência do ser, parece-me essencial o fato de ela se negar toda a complementação dialética. Sem dúvida, é 'evidente' o fato de que a finitude é uma determinação privativa do pensamento e que, enquanto tal, pressupõe uma infinitude; talvez também o seja o fato de que a 'imanência fenomenológica' pressupõe seu oposto, a transcendência, ou a história (de outra maneira), a natureza. Quem negará isto? Acho, porém, que de Kant aprendemos, de uma vez para sempre, que tais caminhos do pensamento 'evidentes' não são capazes de mediar conhecimento possível a nós entes finitos. A dependência da experiência possível, a legitimação por meio dessa experiência, permanece o alfa e o ômega de todo conhecimento que obriga."*[36]

É preciso ter claramente presente a opção de Heidegger por uma teoria do ser que se desenvolve, mediante o método fenomenológico, na finitude da compreensão, no "a caminho" da interrogação sempre ligada ao tempo. Heidegger permanece na diferença imanente do ser como velamento e desvelamento e não é intenção sua resolver o problema metafísico pelo seu movimento na finitude. Nele está, sobretudo, a busca de uma fidelidade radical ao ser na sua ambivalência, no seu vínculo com o homem. Não se trata de fechar os horizontes possíveis da transcendência, mas se trata, positivamente, de um debruçar-se sobre os fundamentos em que mergulha toda a consciência transcendental e escavá-los, mostrando a positividade da finitude. Essa posição vinha brigar diretamente com as intenções de Husserl.

Apesar da amizade que os ligava, falam com suficiente clareza as críticas à posição de Husserl contidas em uma carta de Heidegger ao mestre, opinando sobre o artigo *Fenomenologia*, para a *Enciclopédia Britânica*. Eis como já, em 1922, Heidegger via o problema da fenomenologia transcendental:

> "Concordo que o ente no sentido do que o senhor designa "mundo" não pode ser explicado, em sua constituição transcendental, pelo regresso a um ente da mesma espécie. Assim, entretanto, não se diz que o que constitui o lugar do transcendental não seja, de nenhum modo, um ente. Surge, justamente, o problema: qual é o modo de ser do ente, no qual se constitui "mundo"? Esse é o problema central de Ser e Tempo – isto é, uma ontologia fundamental do ser-aí. Trata-se de provar que o modo de ser do ser-aí humano é totalmente diferente do modo de ser do outros entes e que, justamente, enquanto é o que é, esconde em si a possibilidade da constituição transcendental. A constituição transcendental é uma possibilidade central da existência do fático em si mesmo. Essa existência, o homem concreto em si mesmo, jamais é um "fato mundano real", porque o homem jamais é puramente subsistente, mas existe. O "admirável" consiste no fato de que a constituição existencial do ser-aí possibilita a constituição transcendental de tudo o que é positivo. [...] Aquilo que constitui é não um nada, portanto, algo e um ente, ainda que não no sentido positivo. A pergunta pelo modo de ser do próprio constituinte não pode ser evitada. O problema do ser tem, portanto, referência universal ao constituinte e constituído. Que significa ego absoluto à diferença do puramente anímico? Qual é o modo de ser desse ego absoluto? Em que sentido é o próprio eu fático, em que sentido não o é? Qual é o caráter da posição em que o ego absoluto é posto? Em que medida não há aqui uma positividade?"[37]

Essas perguntas mostram, com suficiente clareza, como o problema do mundo da vida estava na raiz da discordância, até um ponto decisiva, nas concepções de Husserl e Heidegger, com relação à fenomenologia e à tarefa do labor filosófico.

Mesmo, portanto, ainda que tenha sido decisiva a presença de Husserl na elaboração das intuições heideggerianas, nos momentos decisivos os caminhos se separam. A fenomenologia que Heidegger elaborou, premido por grandes interrogações que trazia de sua juventude, se constituiria no instrumento que aprofundaria sempre mais as diferenças entre os dois filósofos. Por isso Husserl podia enunciar, diante da acolhida triunfal de Ser e Tempo, cuja filosofia ele acusava de "ter caído no antropologismo transcendental":[38] "Filosofia como ciência, como ciência séria e exata, sim, como ciência apoditicamente exata - o sonho está no fim".³⁹ A "tarefa infinita" deveria esperar melhores tempos, porque, justamente, viera perturbar o projeto da fenomenologia transcendental, aquele sobre o qual Husserl, poucos anos antes, observou: "A fenomenologia - isso somos eu e Heidegger".³⁹ᵃ

Heidegger, voltando-se, em 1962, com sua lembrança para a fenomenologia, pôde expor:

> "Hoje parece que o tempo da filosofia fenomenológica passou. Já é julgada como algo do passado, que apenas é consignado ainda historicamente, ao lado de outros movimentos da filosofia. Entretanto, em sua essência, a fenomenologia não é um movimento. Ela é a possibilidade do pensamento – que periodicamente se transforma e somente assim permanece – de corresponder ao apelo do que deve ser pensado. É a fenomenologia assim compreendida e guardada, então ela pode desaparecer como expressão, em favor do "objeto" do pensamento, cuja manifestação permanece um mistério".⁴⁰

Notas

[1] KBDS p.98, 108, 235, 241. Em HVHN Heidegger declara: "Do professor de teologia dogmática Carl Braig ouvi pela primeira vez, em algumas caminhadas em que pude acompanhá-lo, da importância de Schelling e Hegel para a teologia especulativa à diferença do sistema doutrinal da escolástica. *Desse modo a tensão entre ontologia e teologia especulativa, como estrutura da metafísica, penetrou no horizonte de minha interrogação*" (p. 31). Ver o problema do criticismo presente na obra de H. em M. Brelage.

[2] Husserl, E. *Investigaçoes Lógicas*, Vol. I § 1

[3] *Husserliana*, Band 3.

[4] HVHN 32

[5] HVHN 32

[6] HVHN 33-34

[7] Gadamer, HG – Die phänomenologische Bewegung, p. 3, in *Philosophische Rundschau*, 11. Jahrgang, Heft 1/2, Maio 1963.

[8] Becker, Oskar – Die Philosophie Edmund Husserls, 1930, in *Kantstudien XXXV*, 1930. p. 119-150.

[9] Szilasi, W. – *Einführung in die Phänomenologie Edmund Husserls*, 1959, p. 7, 51, 92.

[10] Biemel, W. – *Die entscheidende Phasen der Entfaltung von Husserls Philosophie*, 1959.

[11] Funke, G. – *Phänomenologie: Metaphysik oder Methode?* 1966. p. 85.

[12] Funke, G. – vide o. c. p. 82 et seq. e Gadamer, HG – vide o. c., passim. Ambos fazem a análise das escolas fenomenológicas a partir do livro de um dos daquelas escolas: Spiegelberg, Herbert *The phenomenological Movement*, 2 vol., Den Hag, 1960.

[13] Funke, G. – vide o. c. p. 83

[14] HVHN 36

[15] HVHN 35

[16] NLZH 274-275

[17] Szilasi, W. - *Philosophie als strenge Wissenschaft*, Anhang 104-105.

[18] Gadamer, HG – *Martin Heidegger*, in *Neue Sammlung*, 5 Januar/Februar 1965. Heft 1, p. 2-3

[19] Gadamer, HG - *Martin Heidegger*, p. 3

[20] HVHN – 35

[21] HVHN – 35-36

[22] HVHN – 36-37

[23] EVW 398

[24] EVW – 399

[25] *Husserliana IV*, p. 372 (Beilage XII)

[26] *Husserliana VI*.

[27] Gadamer, HG – *Phän. Bewegung*, passim

[28] *Peri Psyches*, 425b, 12-15

[29] *Met*. 1074b, 35-37

[30] Gadamer, HG - *Phän, Bewegung*, p. 23

[31] Gadamer, HG – *Phän. Bewegung*, p. 21-22

[31a] N I 379-82

[32] Gadamer, HG – Heidegger und die Marburger Theologie, in *Zeit und Geschichte*, Dankesgabe an R. Bultmann zum 80. Geburtstag, p. 483

[33] Gadamer, HG – *Phän. Bewegung*, p. 24
[34] SZ 142
[35] Gadamer, HG – *Phän, Bewegung*, p. 39.
[36] Gadamer, HG – *Phän. Bewegung*, p. 40.
[37] *Husserliana IX*, p. 601-602.
[38] *Husserliana V*, p. 140.
[39] *Husserliana VI, Beilage XXVIII*. Ver o sentido que Landgrebe dá a essa frase em *Der Weg der Phänomenologie*.
[39a] O que Heidegger deve a Husserl e a radicalização que o leva além do mestre é soberbamente analisado por E. Tugendhat em *Der Wb. Hu. u. He.*, sobretudo no § 12.
[40] HVHN 40; ver G. Funcke, o. c. (nota 11). Vigorosa interpretação da fenomenologia.

CAPÍTULO 2

A Fenomenologia na Obra de Martin Heidegger

Na introdução a *Ser e Tempo*, que trata da exposição da pergunta pelo sentido de ser, depois de mostrar a meta da analítica ontológica do ser-aí e de apresentar a tarefa de uma destruição da história da ontologia, Heidegger desdobra o método de sua pesquisa.[1]

Desde o início o autor previne contra a tentação de aproximar a análise esboçada da tradição filosófica. Ainda que a "característica do objeto temático da pesquisa (ser do ente, sentido do ser em geral)"[2] pareça apontar para os métodos da ontologia tradicional, é preciso atentar que o método da ontologia permanece muito problemático se se procura conselho junto as ontologias históricas da tradição ou tentativas congêneres. Heidegger toma o termo ontologia em um sentido formal e amplo. Assim, o método não pode ser fornecido por nenhuma das ontologias existentes. Isso porque Heidegger usa a palavra ontologia em um sentido que não coincide com nenhuma disciplina filosófica até aí existente. Não quer satisfazer à tarefa de uma disciplina preestabelecida. Heidegger, pelo contrário, anuncia a possibilidade de surgir uma disciplina "das necessidades objetivas de determinados problemas e do modo de tratamento exigido pelas 'coisas em si mesmas'".³

O filósofo não se liga a nenhuma posição ontológica da história da filosofia. Procura situar sua reflexão e análise dentro da problemática fundamental da filosofia em geral. Tomando a análise como guia da pergunta pelo sentido do ser, ela se insere na questão fundamental da filosofia. Fenomenologicamente será tratada essa questão, informa Heidegger, e logo destaca sua posição singular diante da fenomenologia mostrando que em seu trabalho não seguirá um ponto de vista ou uma determinada tendência. "Porque a fenomenologia, enquanto se compreender a si mesma, não é nem pode tornar-se uma ou outra coisa".⁴ Com a expressão "fenomenologia", Heidegger determina um conceito de método. A fenomenologia não visa a caracterizar os conteúdos dos objetos da pesquisa filosófica. Ela apenas caracteriza o "como", a maneira de proceder da filosofia. O método, todavia, não é algo exterior e puramente técnico. Ele se liga tanto mais à discussão das coisas em si mesmas quanto mais amplamente determina o movimento básico de uma ciência.⁴ᵃ

É, justamente, para fugir às sistematizações infundadas, às descobertas casuais, ao uso de conceitos apenas aparentemente elaborados, às questões imaginárias, que durante gerações se espalham como problemas, que Heidegger assume a fenomenologia enquanto lhe traz a máxima: "Às coisas em si mesmas". Ainda que esse apelo oculto na fenomenologia pareça óbvio, como expressão do princípio de todo conhecimento científico, Heidegger afirma que vai precisá-lo, à medida que é necessário, para iluminar a marcha de seu trabalho. "Exporemos apenas um conceito provisório da fenomenologia".⁵ O motivo que o leva a fazer essa exposição provisória do conceito de fenomenologia não é decisão arbitrária, mas imposição do próprio caminho da reflexão. Somente a terceira seção da primeira parte traria possibilidades de ir além de uma determinação provisória. No fim da segunda seção, Heidegger acena para a questão, destacando que somente elucidados o sentido do ser e as relações entre ser e verdade, a partir da temporalidade da existência, seria possível o desenvolvimento de "uma idéia da fenomenologia diferente do conceito provisório exposto na Introdução".⁶ Essa terceira seção nunca surgiu como havia sido planejado. É por isso mesmo que a elaboração explícita do conceito de fenomenologia não foi realizada até hoje. Como veremos mais adiante, porém, é possível descobrir, em obras posteriores de Heidegger, a presença implícita de um conceito de fenomenologia que é mais definitivo que aquele elaborado na obra *Ser e Tempo*. Esse conceito, que se faz presente, sobretudo, no segundo Heidegger, vem profundamente enviscerado na própria análise da questão do ser.

O filósofo fará a exposição provisória do conceito de fenomenologia mediante a determinação do sentido das duas partes que o compõe: *phainomenon* e *logos* e do nome por elas composto. Aparentemente a palavra fenomenologia é formada de modo igual à teologia, biologia e sociologia, e seria, assim, a ciência dos fenômenos.

Heidegger analisa primeiro o conceito de fenômeno.

> *"A palavra grega* phainomenon, *à qual remete o termo 'fenômeno', deriva do verbo* phainesthai, *que significa: aquilo que se mostra, o manifesto.* Phainesthai *é o infinito médio de* phaino: *trazer ao dia, colocar na luz;* Phaino *pertence à raiz* pha– *como* phos, *a luz, a claridade, isto é, aquilo em que algo pode tornar-se manifesto, visível em si mesmo. Devemos reter como significação da palavra 'fenômeno': aquilo que se mostra em si mesmo, o manifesto. Os* phainomena, *'fenômenos', são, portanto, o conjunto daquilo que está ou pode ser trazido à luz e que os gregos, por vezes, identificavam simplesmente com os* ta onta *(os entes, o ente). O ente portanto pode mostrar-se, a partir de si mesmo, de diversas maneiras, conforme o modo de acesso a ele".*⁷

O ente, ainda, pode parecer aquilo que realmente não é. Assim, ele se mostra como aquilo que ele não é. Tal maneira de se mostrar se chama o "parecer". Desse modo, o segundo sentido grego de *phainomenon* aponta para o que parece, o "aparente", a "aparência". As duas significações de *phainomenon* ("fenômeno" como aquilo que se mostra e "fenômeno" como aparência) estão unidas pela própria estrutura do conceito, mas a primeira fundamenta a segunda significação. "Nós atribuímos, diz Heidegger, à palavra 'fenômeno' o sentido positivo e original de *phainomenon* e distinguimos o fenômeno da aparência, que é uma modificação privativa do 'fenômeno'".[8]

Depois dessa distinção inicial, Heidegger procura distinguir, do fenômeno enquanto aquilo que se mostra e do fenômeno enquanto aparência, o fenômeno-índice ou o puro fenômeno. O fenômeno-índice pode ter quatro sentidos. Primeiro, ele é o anúncio daquilo que não se manifesta. Todos os sintomas, símbolos, indicações e apresentações possuem a estrutura fundamental formal do fenômeno-índice nesse primeiro sentido. Em segundo lugar, é o anúncio enquanto ele próprio é um fenômeno – aquilo que, na sua manifestação, indica o que não se manifesta. Em terceiro lugar, fenômeno-índice pode ser usado para designar o sentido autêntico do fenômeno, entendido como manifestação de si. Em quarto lugar, fenômeno-índice pode ter o sentido de puro fenômeno. Isto acontece quando o anúncio fenomenal, que, na manifestação de si, indica o não manifesto, é alguma coisa que surge ou emana do não manifesto, de tal maneira que o não manifesto é pensado enquanto aquilo que é essencialmente incapaz de manifestar-se. Assim, o fenômeno-índice torna-se sinônimo de produção ou coisa produzida, sem que estas constituam o verdadeiro ser do que produz. "Essa não-manifestação dissimuladora não é, contudo, uma simples aparência".[9] Por fim, o fenômeno-índice pode transformar-se em pura aparência. Isso acontece quando este, enquanto anúncio fenomenal, implica, a sua constituição, fenômeno que pode transformar-se privativamente em uma aparência.

Partindo do conceito de fenômeno como aquilo que se manifesta a partir de si mesmo, Heidegger procura distinguir claramente as palavras fenômeno, aparência, fenômeno-índice e puro fenômeno. Assim, o fenômeno, enquanto modo privilegiado de encontrar-se com algo, é mantido livre de ser confundido com formas derivadas que nele se fundam.

O que Heidegger visa, contudo, é à determinação do conceito fenomenológico de fenômeno. Se, no conceito de fenômeno enquanto aquilo que se mostra em si mesmo, fica indeterminado qual o ente que é caracterizado como fenômeno e se não se decide se o que se mostra é um ente ou o caráter ontológico de um ente, então temos conquistado o sentido puramente formal de conceito de fenômeno. Esse conceito formal pode ser aplicado e, então, surge o conceito vulgar e o conceito fenomenológico de fenômeno. Heidegger traz dois exemplos elaborados no horizonte da problemática kantiana. "Quando se entende por aquilo que se manifesta o ente que, conforme Kant, é acessível à intuição empírica, faz-se uma aplicação correta da noção formal de fenômeno. Segundo esse uso, a idéia de fenômeno corresponde à noção vulgar dessa palavra".[10]

> *"No horizonte da problemática kantiana se poderia caracterizar o que se entende fenomenologicamente por fenômeno (reservas feitas de outras distinções), dizendo: o que, no fenômeno, em sentido vulgar, se manifesta sempre de modo prévio e implícito, ainda que não tematicamente, pode ser levado a manifestar-se tematicamente, e o que, assim, se manifesta em si mesmo ("as formas das intuições") é fenômeno da fenomenologia".*[11]

Para a compreensão geral do conceito fenomenológico de fenômeno é necessário, segundo Heidegger, a penetração do sentido formal do conceito de fenômeno e sua aplicação correta em sentido vulgar.

Antes de estabelecer o conceito provisório de fenomenologia, o filósofo passa à determinação da significação de *logos*. Ele mostra que as divergências sobre o conceito de *logos* resultam da ausência de uma interpretação que revele sua significação fundamental. Mesmo quando a significação fundamental é reduzida ao discurso, *logos* não é explicado, em seu sentido radical, a não ser pela determinação do que se entende por discurso. A história do sentido dado a *logos* e as interpretações múltiplas e arbitrárias da filosofia, mascararam, de tal modo, o sentido de discurso, que *logos* passa a ser interpretado como razão, juízo, conceito, definição, razão suficiente ou relação. *Logos* enquanto enunciação e, afinal, juízo, era o sentido fundamental da palavra. Isto ocorreu, sem dúvida, muito por causa da própria mudança de sentido que sofreram as diversas palavras com que *logos* foi traduzido. A passagem do grego para o latim e deste para as línguas nacionais terminou obstruindo profundamente o acesso às dimensões originárias das palavras primitivas.

> "Muito antes logos, *no sentido de discurso, significa* deloun, *tornar manifesto aquilo sobre que se discorre no discurso. Aristóteles explicitou mais precisamente essa função como* apophainesthai. *O* logos *faz ver* (phainesthai) *alguma coisa, a saber, aquilo sobre que se discorreu; ele o faz ver àquele que discorre (forma média) ou àqueles que discorrem entre si. O discurso 'faz ver'* apo [...] *a partir daquilo sobre que se discorre. No discurso* (apophansis), *enquanto ele é autêntico, o que é dito se deve haurir daquilo sobre que se fala, de tal modo que a comunicação discursiva torne manifesto e assim acessível aos outros, naquilo que é dito, aquilo de que se fala. Tal é a estrutura do* logos *como* apophansis".[12]

Após afirmar que a realização concreta do discurso acontece na linguagem, na notificação vocal, em que alguma coisa é dada a ver, e depois de mostrar que o *logos* somente é capaz de revestir a função estrutural de *synthesis* porque como *apophansis* consiste em fazer ver mostrando, Heidegger liga o mesmo *logos* ao verdadeiro e falso. O *logos*, pelo fato de fazer ver, pode ser verdadeiro e falso. O elemento original da *aletheia* não se encontra na adequação. "O ser-verdadeiro de logos como *aletheuein* significa que esse *logos* retira do velamento o ente do qual fala, através do *legein*, como *apophainesthai*; ele o faz ver, o descobre como desvelado (alethes)".[13] Toda a análise da primeira parte já nos mostrou a importância decisiva, na obra de Heidegger, do sentido da *aletheia*, facultando a descoberta do binômio velamento-desvelamento.

O *logos* não é o lugar primordial da verdade porque é um modo determinado de fazer ver. Ainda que se determine que a verdade pertence ao juízo, certo é que, para os gregos, o verdadeiro reside na *aisthesis* mais originalmente, enquanto apreensão sensível de alguma coisa. É nela, no *noein*, incapaz de encobrir, que se dá o verdadeiro desvelamento. A síntese já explica e faz ver um ente mediante outro ente e, assim, mais facilmente pode ocultar. Por isso a verdade do juízo é, de muitas maneiras, derivada. O *logos* não significa apenas *legein*, sendo também aquilo que ele indica, o *legomenon* como *hipokeimenon*; ele pode significar fundamento, *ratio*.

Assim, Heidegger encerra a análise da interpretação do discurso apofântico que procurou elucidar a função primária do *logos*.

Determinados os dois elementos que compõem a palavra fenomenologia, o filósofo passa a definir o conceito provisório de fenomenologia.

> "A palavra fenomenologia pode ser, assim, formulada em grego: legein ta phainomena. Ora, legein significa apophainesthai. Fenomenologia significa então, apophainesthai ta phainomena: fazer ver, a partir de si mesmo, aquilo que se manifesta, tal como, a partir de si mesmo, se manifesta. Este é o sentido formal que se dá ao nome de fenomenologia. A máxima, acima formulada, chega assim a enunciar-se: 'Às coisas em si mesmas'".[14]

Dentro da tradição metafísica, sobretudo escolástica e kantiana, há objeções contra a aplicação do método fenomenológico de Heideger à análise da questão do ser, que se baseiam na afirmação de que este não é o caminho adequado para o acesso à questão do ser. O impulso fenomenológico não seria capaz de romper a imanência e, por isso, toda sua interrogação se perderia no plano finito e histórico. O método fenomenológico poderia ser admitido como preparador do terreno para uma posterior e necessária reflexão metafísica.

Husserl e sua escola viam, por sua vez, na conceituação da fenomenologia heideggeriana, um perder-se em um antropologismo, uma vez que Heidegger se recusava a aceitar a redução transcendental e, por isso, não alcançara a universalidade necessária para a colocação da questão do ser. Isso analisamos antes.

Ainda que o longo caminho de Heidegger tenha trazido novos elementos para a formulação do conceito de fenomenologia e tenha mesmo levado o autor a silenciar sobre o método, acenando apenas de passagem para alguns aspectos novos, devemos, contudo, ver na análise que vem esboçada na letra C do parágrafo 7, ao mesmo tempo, uma resposta às objeções de ambos os lados e uma abertura para uma posição nova dentro da história da filosofia. Aqui estão os elementos que silenciosamente desabrocharão durante a longa meditação de Heidegger, e que, sem eles, as suas últimas posições não são compreensíveis.

A simplicidade do esboço provisório da fenomenologia é apenas aparente. O que choca é que Heidegger procede mais por afirmações que por explicações, e isto esconde bastante o clima histórico e o contexto problemático da emergência de sua fenomenologia. A violência na interpretação dos elementos que compõem o vocábulo já aponta para a decisão de Heidegger de impor um conceito novo. Aliás, é preciso que se constate, já desde o começo de *Ser e Tempo*, que o método de interpretação que será elaborado teoricamente no texto já está presente na própria elaboração. Por isso, a própria análise do conceito de fenomenologia é projetiva e antecipadora. A palavra é carregada com um sentido que, progressivamente, se impõe no contexto.

A clareza exige que penetremos primeiro no que contém *Ser e Tempo* sobre fenomenologia, a fim de nos voltarmos, depois, com Heidegger, para as considerações esparsas posteriores a esta elaboração provisória. A consciência de movimento, de um estar a caminho, é tão viva em Heidegger que ele confessa: "O permanente no pensamento é o caminho. E o caminho do pensamento esconde em si a possibilidade misteriosa de o trilharmos para frente e para trás, de até mesmo o caminho de volta somente nos conduzir para frente".[15]

Heidegger procura dar à dimensão formal da fenomenologia aquela envergadura que a comensure com o apelo de volta às coisas mesmas do movimento fenomenológico de sua época. No sentido que dá à fenomenologia, entretanto, já vai uma renúncia ao movimento fenomenológico. A palavra não traz mais a conotação objetivante das "coisas mesmas", dos fenômenos. Ela indica o modo de acesso, de indicação, de tratamento daquilo que deve ser tratado. Fenomeno-logia não é a ciência de tal e tal coisa, mas o método de acesso a tal e tal coisa.

Heidegger, porém, procura transformar esse conceito formal no conceito fenomenológico. Fenômeno em sentido privilegiado é aquilo que

> "primeiramente e o mais das vezes, justamente, não se manifesta, o que, frente ao que, primeiramente e o mais das vezes, se manifesta, está velado, ainda que pertença ao mesmo tempo e essencialmente àquilo que, primeiramente e o mais das vezes, se manifesta e de tal maneira que constitua seu sentido e fundamento".[16]

A fenomenologia é, portanto, o instrumento e método que dá acesso não ao fenômeno no sentido vulgar, mas ao fenômeno no sentido fenomenológico.[17] Este é o que primeiramente e o mais das vezes não se dá como manifesto. A este se dirige a fenomenologia.

Os primeiros parágrafos de *Ser e Tempo* apresentaram a situação concreta da questão do ser, mostraram a necessidade de uma renovação explícita da pergunta pelo sentido do ser, provaram a necessidade de parar nessa tarefa da analítica existencial e revelaram o sentido positivo da tarefa de uma destruição da história da ontologia. A fenomenologia pretende, precisamente, ser o método que permite o encaminhamento dessas questões. Ela é determinada, em sua estrutura formal, para ser aplicada no âmbito da obstrução da questão do ser, na esfera do esquecimento do sentido do ser, no horizonte da determinação desveladora do sentido do ser. O que, em sentido mais próprio, permanece velado, cai no estado de dissimulação ou se manifesta de maneira distorcida, não são os entes determinados, mas é o ser do ente. "A fenomenologia tomou como tarefa, como seu objeto temático, aquilo que reclama, em sentido privilegiado e em virtude de seu conteúdo inalienável, ser fenômeno".[18] O ser não é fenômeno. A fenomenologia procurará transformá-lo em fenômeno no sentido fenomenológico, como aquilo que se oculta no que se manifesta e, contudo, constitui o fundamento e sentido de tudo o que se manifesta. O método deve adequar-se, portanto, ao modo de manifestação do ser; deve ser o caminho para recolocar a questão do sentido do ser.

A explicitação do sentido do ser será o papel da ontologia em seu significado lato. Essa explicitação não pode tomar como instrumento nenhum método tradicional, pois a tradição, justamente, permitiu o velamento, a dissimulação e a distorção do sentido do ser do ente. Assim, a ontologia, que é a meta de Heidegger, recebe um novo instrumento.

> "A fenomenologia é o modo de acesso ao que deve tornar-se o tema da ontologia; ela é o método que permite determinar o objeto da ontologia, legitimando-o. A ontologia somente é possível como fenomenologia. O conceito fenomenológico de fenômeno visa ao ser do ente, enquanto aquilo que se manifesta, seu sentido, suas modificações e derivações".[19]

É difícil que essa afirmação tome seu sentido radical e inequívoco neste contexto. Ela, desde o primeiro momento, foi acompanhada de críticas vindas de vários horizontes. Somente sua aplicação na análise da questão do ser poderia mostrar a positividade dessa afirmação em seus resultados. O fato mais claro que vem atestar essa situação reside na aceitação dos resultados da reflexão de Heidegger por parte daqueles que não admitem seu método aqui provisoriamente esboçado. Mesmo as profundas considerações de Heidegger sobre o ser emergem da fenomenologia, que, progressivamente, vai sendo calada em favor do próprio objeto da ontologia heideggeriana.

Os equívocos brotam, particularmente, da exposição provisória do conceito de fenomenologia, que parecia lançar o pensamento de Heidegger contra toda a tradição. A finalidade foi, entretanto, penetrar no chão esquecido e velado da tradição, recolocando a questão do sentido do ser. A ontologia, assim como Heidegger, via que sua tarefa somente era possível como fenomenologia. A elaboração de um novo horizonte para a manifestação do ser através da analítica existencial, somente podia ser realizada mediante o método fenomenológico. A elaboração do sentido do ser, pelo modo de o ser se desvelar ao homem, velando-se naquilo que o constitui em seu fundamento, apenas era possível como fenomenologia. Enfim, o ser que se manifesta de múltiplos modos somente podia ser captado mediante um instrumento que se adaptasse às variadas condições de sua eclosão. Afinal, a ontologia, no sentido lato que Heidegger lhe dava, para que correspondesse às exigências de seu objeto, exigia a fenomenologia.

A análise do sentido do ser, entretanto, não pode ser visada diretamente. Ainda que o fenômeno, em seu sentido fenomenológico, seja sempre o ser e as estruturas ontológicas, este, contudo, se apresenta como o ser do ente. Assim, a manifestação do ser exige que primeiro se analise o ente. Desse modo, o fenômeno, em sentido vulgar, adquire relevância fenomenológica. É por isso que a tarefa preliminar de assegurar fenomenologicamente o ente exemplar, de onde possa partir a análise propriamente dita, sempre está incluída na meta de tal análise. Ainda, portanto, que a fenomenologia pretenda ser um instrumento, o método da ontologia, ela exige, contudo, que seja precedida de uma análise fenomonológica anterior do ente privilegiado, a partir do qual então se possa realizar a análise fenomenológica do fenômeno do ser. Heidegger tem isto presente já no início quando as explicações dadas sobre as tarefas da ontologia estabelecem a necessidade de uma ontologia fundamental que tome por tema um ente privilegiado tanto no plano ontológico quanto ôntico: o ser-aí. As estruturas desse ente serão analisadas para que desvelem o horizonte em que se afirma a questão do sentido do ser em geral. É na análise do ser-aí que a fenomenologia assume uma dimensão hermenêutica, explicitadora. Essa hermenêutica das estruturas fundamentais do ser-aí adquire quatro dimensões, como se mostrará.[19a]

Ao fim da exposição provisória da fenomenologia, Heidegger mostra como é possível que o ser, enquanto "o transcendens por excelência"[20] pode, contudo, e deve, mesmo ser problematizado a partir do ser-aí. "O ser e a estrutura ontológica estão além de todo ente e de toda determinação ôntica possível que seja da ordem do ente".[21] A transcendência do ser do ser-aí implica privilegiadamente a possibilidade e a necessidade da individuação mais radical. "A questão do sentido do ser é a mais universal e a mais vazia; contém, entretanto, ao mesmo tempo, a possibilidade de se concretizar e de se concentrar num ser-aí individual".[22] É por isso que se torna possível analisar o ser a partir do ser-aí. "A universalidade do conceito de ser não exclui o caráter 'especializado' de nosso estudo; este se propõe, realmente, ascender ao ser pelo caminho de uma interpretação particular de um ente determinado, o ser-aí, esperando obter através dele o horizonte necessário para uma compreensão e para uma explicitação possíveis do ser em geral".[23] Essa individualização do estudo do ser no ser-aí, como ponto de partida, é mesmo necessária. A fenomenologia primeiro deve ser hermenêutica. "Toda a exploração do ser como transcendens é conhecimento transcendental. A verdade fenomenológica (enquanto ela é uma revelação do ser) é veritas transcendentalis".[24] Conhecimento transcendental é aquele que parte do ser-aí. Assim, o estudo e a análise do transcendente por excelência é transcendental, isto é, se individualiza na transcendência do ser do ser-aí. A verdade fenomenológica que é o desvelamento fenomenológico do ser, somente é possível a partir do desvelamento das estruturas do ser-aí e é, por isso, verdade transcendental.

> "Ontologia e fenomenologia não são duas disciplinas diferentes que entre outras pertencem à filosofia. Essas duas expressões caracterizam a própria filosofia, segundo seu objeto e seu método. A filosofia é ontologia fenomonológica universal, que parte da hermenêutica do ser-aí; esta, enquanto analítica existencial, dá o fio condutor de toda a problemática filosófica, fundamentando-a sobre a existência de onde brota toda a problemática e sobre a qual ela repercute".[25]

O esboço provisório da fenomenologia levou Heidegger à elaboração formal do conceito de fenomenologia, que, no fim do § 7, recebe sua informação material na determinação hermenêutica. A analítica do ser-aí é a concretização da dimensão formal da fenomenologia, imposta pela privilegiada situação ôntico-ontológica do ser-aí. A máxima individualização do "ens como o transcendens por excelência", é exigida como ponto de partida. É por isso que a verdade (o horizonte do projeto do ser, da abertura do ser, o sentido do ser) do ser será necessariamente *veritas transcendentalis* que parte da analítica do ser-aí. A fenomenologia hermenêutica funda, portanto, a *veritas transcendentalis*, o horizonte de abertura no ser-aí concreto, que permite a interrogação pelo sentido, pela verdade do ser em si mesmo. A verdade que emerge da fenomenologia hermenêutica é verdade transcendental. Especialmente a fenomenologia hermenêutica do ser-aí, em suas estruturas e sua temporalidade, visa a uma abertura para a questão do sentido do ser. A meta é a explicação do tempo como o horizonte transcendental da questão do sentido do ser. Esse tempo fundado na temporalidade do ser-aí, analisada pela analítica existencial, é transcendental, porque conota a abertura do ser-aí. O desvelamento apofântico das estruturas e da temporalidade do ser-aí descobre as condições em que na transcendência do ser-aí emerge a transcendência do ser. Isto, porém, não é uma análise abstrata da origem da transcendência. É uma análise da faticidade, da dimensão fenomenológica da existência, em seu acontecer concreto.

Depois de Heidegger ter penetrado no acontecer fático da transcendência do ser-aí e de, a partir daí, ter determinado a temporalidade das estruturas do ser-aí, ele estabeleceria o tempo como o horizonte transcendental da pergunta pelo sentido do ser, o que até agora não se realizou.

Representa isto o fracasso do método fenomenológico hermenêutico? Se este procurava desvelar as estruturas do ser-aí fático, contudo, não podia penetrar na gênese do acontecer do ser aí, na raiz da existência fática, porque ela não se dá como faticidade. A pergunta que se impõe imediatamente é a seguinte: tem a explicação do tempo possibilidade de ser o horizonte transcendental da questão do sentido do ser? E ainda: É possível a interrogação pelo sentido do ser em um horizonte transcendental? E afinal: Não é o ser o lugar da emergência desse horizonte transcendental e, portanto, não está seu sentido aquém desse horizonte?

O problema reside na possibilidade ou não de a explicação do tempo levar ao sentido do ser, no modo de proceder nessa explicação. A explicação do sentido de *ousia*, no pensamento de Heidegger, e a análise posterior da viravolta deixam mais bem situada a questão. O que nos interessa agora explicitamente é a atitude do filófoso diante da fenomenologia, depois que ela, enquanto hermenêutica, levou a um impasse. As análises em torno da fenomenologia hermenêutica cessaram após as tentativas dos trabalhos que surgiram em torno de "ST". Isto, porém, não representa uma renúncia e uma rejeição da fenomenologia como momento necessário. Heidegger esclarece no prefácio de "ST", nona edição: "Entretanto o caminho traçado, ainda hoje permanece necessário, se a questão do ser deve inspirar nosso ser-aí".[26] Igualmente uma carta de 1962 o confirma: "A problematização de *Ser e Tempo*, contudo, de nenhum modo é abandonada".[27] "A problematização de *Ser e Tempo* é completada de modo decisivo, no pensamento da viravolta. Completar somente pode aquele que abarca o todo. Somente essa complementação oferece a determinação suficiente do ser-aí, quer dizer da essência do homem pensada, a partir da verdade do ser, enquanto tal".[28]

Ser e Tempo queria desdobrar a verdade do ser a partir da analítica do ser-aí realizada pela fenomenologia hermenêutica. Lá, porém, se afirmava já a necessidade de essa analítica ser complementada após uma profunda discussão do conceito de ser.[29] Nessa discussão do sentido do ser não seria aplicável o método fenomenológico hermenêutico. Continuaria Heidegger com o método fenomenológico para determinar e esclarecer a ideia de ser em geral? Os trabalhos posteriores mostram que o método continua comandando a interrogação, apesar das poucas referências explícitas. Todas elas situam-se, entretanto, já no âmbito da viravolta.

Em um texto motivado pela visita do professor Tezuka da Universidade Imperial de Tókio, em 1953/1954, Heidegger aponta certos elementos que nos podem conduzir na abordagem da fenomenologia que surge diante da tarefa da viravolta: determinar a verdade do ser e, assim, a partir dela, a verdade do homem. A conversa versava sobre o sentido do título de uma preleção que Heidegger realizava em 1923: *Expressão e Fenômeno*. Ele falava de uma nova dimensão da hermenêutica enquanto esta descobre uma nova relação do homem com a diferença ontológica entre presença e presente. O japonês assevera que Heidegger abandonou o âmbito da subjetividade "através do aprofundamento da relação hermenêutica com a diferença ontológica".⁽³⁰⁾ "Procurei-o ao menos, replica Heidegger. As representações principais, que sob os nomes 'expressão', 'vivência' e 'consciência', determinam o pensamento moderno, se deveriam tornar problemáticas no que se refere a seu papel determinante".³¹ O japonês, porém, objeta que o título da preleção de 1923, *Expressão e Fenômeno*, parece situar a problemática dentro da relação sujeito-objeto. Heidegger reconhece que muitas coisas obscuras ficaram naquelas aulas e diz que não é possível sair de um salto da esfera representativa dominante. Além disso, o pensamento de Heidegger, na sua discussão com o pensamento moderno, pretendia, antes de tudo, recuperar mais originariamente o passado-presente. Heidegger chama atenção para a palavra "repetição", que vem no título do §1 de *Ser e Tempo*. Essa repetição aponta para um tomar, um recuperar, um reunir daquilo que se esconde no pensamento antigo. Para isso, se exige "a atenção para os indícios que conduzem o pensamento para o âmbito de sua origem".³² Esses indícios não são do autor e são poucas vezes perceptíveis, como o eco apagado de longínquo apelo. Para mostrar que não mais coloca a relação sujeito-objeto como fundamento da distinção *Expressão e Fenômeno*, ele apela a Kant. O conceito de fenômeno em Kant repousa no fato de que tudo o que se presenta já se transformou em objeto da representação. Todo fenômeno em Kant deve ser experimentado como ligado à oposição ao sujeito. Isso é necessário para podermos experimentar, antes de mais nada, originarianente, o aparecer do fenômeno.

> "Os gregos, diz Heidegger, foram os que, pela primeira vez, experimentaram, enquanto tais, os phainomena, *os fenômenos*. Mas, nisto é-lhes absolutamente estranha a caracterização do que se presenta pela objetividade; phainesthai *significa para eles: chegar a manifestar-se e, assim, aparecer como fenômeno. O aparecer como fenômeno permanece o traço básico da presença do que se presenta, à medida que o que se presenta emerge no desvelamento.*"³³

Heidegger usa a palavra fenômeno no sentido grego, ao menos à medida que este exclui o sentido kantiano. A distinção contra Kant, no entanto, não basta. Quando se usa a palavra "'objeto" para o que se presenta, querendo afirmar que o que se presenta subsiste em si e por si, rejeitando, assim, a explicação kantiana da objetividade, ainda não se pensa o aparecer enquanto fenômeno no sentido grego, mas, ainda que em sentido muito velado, no sentido cartesiano: a partir do eu enquanto sujeito.[34]

Heidegger, entretanto, também não pensa o aparecer do fenômeno no sentido grego. "Nosso pensamento atual, diz Heidegger, tem a tarefa de pensar mais radicalmente que os gregos o que eles pensaram".[35]

> *"Pensando a presença mesma como o aparecer enquanto fenômeno, então reina na presença o emergir na clareira (abertura), no sentido do desvelamento. Isso acontece no desvelar enquanto abertura de uma clareira. Essa abertura de uma clareira permanece, contudo, em si mesma, sob qualquer ponto de vista, enquanto acontecimento. Inserir-se no pensamento desse impensado significa: ocupar-se mais radicalmente daquilo que foi pensado em grego, descobri-lo na origem de seu ser. O olhar que isso descobre é, a seu modo, grego e, entretanto sob o ponto de vista do que foi descoberto, não mais, nunca mais grego"*.[36]

Aquilo que é assim descoberto pelo olhar desvelador apresenta-se como o fenômeno no sentido fenomenológico, no segundo Heidegger, depois da viravolta. Aqui se mostra algo fundamental no pensamento do filósofo. A mesma relação que, anteriormente, Heidegger apontara como resultado da nova dimensão hermenêutica, irrompe aqui. O sentido fenomenológico de fenômeno desponta aqui ligado novamente ao hermenêutico. Isso não acontece mais, todavia, no horizonte de *Ser e Tempo*. Pode-se observar aqui, claramente, a presença da viravolta. Nela, a relação sujeito-objeto está superada e a dimensão hermenêutica brota do próprio ser e assume o homem como mensageiro. Tanto a dimensão do método fenomenológico quanto a da hermenêutica é transportada para outro plano. "Pois, na origem do aparecimento do fenômeno dirige-se para o homem aquilo em que se esconde a diferença de presença e do que se presenta".[37] Essa diferença já sempre se comunicou ao homem, ainda que ocultamente. À medida que o homem é homem ele ouve essa mensagem. O homem, mesmo sem prestar atenção, ouve essa mensagem. Ele é obrigado a ouvi-la. Assim, o homem está em uma relação hermenêutica em sentido novo. Ele traz a notícia da mensagem. "O homem é o mensageiro da mensagem que lhe inspira o desvelamento da diferença".[38]

Essa análise realizada por Heidegger em *A Caminho da Linguagem* entreabre o âmbito no qual podemos situar o método fenomenológico após a viravolta. O fenômeno no sentido fenomenológico se instaura em uma nova relação entre ser e homem, em que o ser assume a hegemonia na sua manifestação, fazendo com que o próprio homem o atinja como fenômeno. A verdade transcendental mergulha agora na verdade fenomenológica enquanto ontológica. A abertura transcendental emerge da clareira do próprio ser, enquanto velamento e desvelamento. A verdade, o sentido, a abertura, a esfera de projeto do próprio ser, fazem do homem seu mensageiro.

Se, no texto examinado, o fenômeno e a fenomenologia assumem uma forma que os insere no próprio acontecer do ser, no texto que examinaremos a seguir eles emergem na esfera da interrogação pelo pensamento. O mostrar e o manifestar do fenômeno se apresenta, aqui, como traço especificador e fundamental do pensamento. A fenomenologia coincide com o próprio binômio velamento-desvelamento do ser. Pensar o que se presenta enquanto se retira é coincidir com o ser enquanto fenômeno.

Heidegger enfoca a questão a partir da afirmação de que a ciência não pensa. O não-pensar (a ciência) é lhe uma vantagem, que lhe assegura um acesso possível ao domínio dos objetos, que corresponde a seus modos de pesquisa. Ainda que a ciência não pense, contudo, ela nada pode sem o pensamento. "A relação da ciência com o pensamento é, somente então, autêntica e fecunda, quando se tornou visível o abismo que separa as ciências e o pensamento e quando aparece que não se pode estender sobre ele nenhuma ponte. Não há ponte que conduza das ciências para o pensamento, a não ser o salto".[39] O salto, no entanto, não nos revela apenas o outro lado, mas, uma região absolutamente nova. A região do pensamento nunca pode ser objeto de demonstração se significa: "derivar proposições conforme a questão dada, a partir de premissas adequadas, através de cadeias de raciocínios". Heidegger reduz, assim, o pensamento a uma dimensão original. Falando da fuga do pensamento em que se movimenta o homem moderno, ele distingue dois tipos de pensamento: o pensamento que calcula e o pensamento que medita: "Existem dois tipos de pensamento; ambos, por sua vez e a seu modo, justificados e necessários: o pensamento que calcula e o pensamento que medita o sentido".[40] O pensamento que medita o sentido é o pensamento não científico. É somente esse pensamento que pode buscar o sentido do ser. Se a fenomenologia visa ao desvelamento do sentido do ser, portanto, é desse pensamento que ela se alimentará.

> "Quando uma coisa se manifesta apenas enquanto ela aparece a partir de si mesma, permanecendo ao mesmo tempo velada, querer ainda provar ou que seja provada tal coisa, de nenhum modo é julgar conforme uma regra superior e mais rigorosa de conhecimento: é, unicamente, fazer uma conta utilizando um certo sistema de medida e um sistema inapropriado".[41]

Eis outro modo de expressão do sentido heideggeriano de fenômeno. A ontologia é fenomenologia, porque seu "objeto", o ser, é o que se manifesta, velando-se nos entes. O ser somente se manifesta quando, a partir de si, é mostrado assim como em si mesmo se mostra: isto é, *apophainesthai ta phainomena*. O ser é fenômeno no sentido fenomenológico: mostra-se, portanto, ocultando-se.

Heidegger aprofunda mais sua explicação:

> "Pois, a uma coisa que somente se manifesta de modo que apareça no próprio ato pelo qual se esconde, nós só respondemos bem se atraímos a atenção sobre ela e se nós nos impomos a nós mesmos a regra de deixar aparecer no desvelamento que lhe é próprio, aquilo que se mostra. Mostrar assim, simplesmente é um traço fundamental do pensamento. É o caminho em direção daquilo que desde sempre e para sempre dá que pensar ao homem".[42]

Demonstrar é a via comum de acesso a todas as verdades científicas. Mostrar, porém, simplesmente podemos poucas coisas. Somente essas podem ser liberadas por meio de um ato indicador que as convida a vir ao nosso encontro. Essas coisas, todavia, não são apenas raras. Raramente elas se deixam mostrar assim. Aquilo que faz o homem pensar é o ser, o ser no estranho modo de entrar em relação com ele, pois seu desvelamento próprio é ocultar-se. É por isso que o método fenomenológico que se aplica ao fenômeno no sentido fenomenológico, justamente, consiste em mostrar aquilo que, em seu próprio ato de manifestação, se vela.

Todo o pensamento se exerce, portanto, diante daquilo que se presenta a nós enquanto se retrai. Esse presentar-se do ser se dá sempre no movimento de velamento, de reserva. Ele sempre permanece enigma porque sua plenitude mais reserva em si do que mostra. O homem está envolto e atraído por aquilo que se mostra enquanto se retira. Assim, o homem é aquele que mostra o que se esconde. A essência do homem consiste em mostrar no ente o ser que nele se desvela e nele se retrai.

É preciso observar o fato de que Heidegger liga sua fenomenologia ao problema do pensamento. Pensar, para ele, é, entretanto, pensar o ser. O verdadeiro, o único pensamento essencial, é o pensamento do ser. O ser enquanto fenômeno no sentido fenomenológico é determinante do pensamento. É o fenômeno do ser que nos faz pensar e é o único digno de ser pensado. Heidegger resumirá toda a sua posição diante do pensamento ocidental na interrogação: "Que significa pensar?"

A presença da fenomenologia na obra de Heidegger assume um alcance que abarca e envolve toda a temática central do filósofo: o pensamento do ser. A condição provisória, que é retratada em *Ser e Tempo*, evoluiu para um desdobramento imanente à própria discussão do objeto da ontologia heideggeriana. As metamorfoses da fenomenologia heideggeriana estão involucradas nas mudanças de perspectiva em torno da mesma preocupação central. Da análise, até agora realizada, já ressalta a necessidade de penetração mais radical em alguns ângulos novos que a fenomenologia foi tomando ao longo do caminho do pensamento de Heidegger. A fenomenologia hermenêutica aplicada à analítica existencial teve uma presença decisiva no ponto de partida de Heidegger e no confronto do pensamento fenomenológico de Heidegger com o de Husserl. Depois ele silenciou a respeito, antes de referir-se a ela rapidamente, apontando para uma radical mudança de sentido da hermenêutica nos últimos anos. Se continuou presente a inspiração primeira da fenomenologia como hermenêutica, ainda que veladamente, a dimensão formal de fenomenologia, no sentido fenomenológico, se concretizou em volta das reflexões de Heidegger sobre o problema do ser. Já não se tratava mais de discutir tanto a analítica existencial quanto o ponto de partida escolhido para a interrogação pelo sentido do ser. O decisivo então se tornava a análise e meditação do próprio sentido do ser. Nessa meditação, a fenomenologia tomou força nova e silenciosamente orientou a lenta progressão da discussão do próprio sentido do ser. O próprio ser como fenômeno no sentido fenomenológico envolve em si os novos horizontes da fenomenologia. Levanta-se, porém, uma terceira perspectiva do contexto da obra de Heidegger como ontologia fenomenológica. Suas análises da história da filosofia, enquanto procuram penetrar no impensado dos textos da tradição (o que se vela no que foi pensado) são reflexões fenomenológicas sobre as especulações dos filósofos. A partir dessa direção, a fenomenologia assume uma perspectiva riquíssima para a compreensão da obra de Heidegger. Sem dúvida, aqui se faz notar a presença da destruição fenomenológica da história da ontologia que fora projetada em *Ser e Tempo*, sobretudo em seu sentido positivo. O importante é constatar que "a fenomenologia oferecia as possibilidades de um caminho",[43] e enquanto caminho ele se confunde com o próprio caminhar.

> *"Ela é a possibilidade do pensamento – que periodicamente se transforma e somente assim permanece – de corresponder ao apelo do que deve ser pensado. É a fenomenologia assim compreendida e guardada, então ela pode desaparecer como título, em favor do objeto de pensamento, cuja manifestação permanece um mistério".*[44]

Já em 1926, Heidegger apresentou a fenomenologia em um âmbito que procurava deixá-la aberta às surpresas da fortuna andeja de um longo caminho filosófico: "Nossas explicações relativas ao conceito provisório de fenomenologia mostram que para ela o essencial não consiste em se *realizar* como 'movimento filosófico'. Além da realidade situa-se a *possibilidade*. Compreender a fenomenologia quer dizer: captar suas possibilidades".⁴⁵

Antes de encerrarmos a análise da fenomenologia na obra de Heidegger, é necessário que assinalemos a importância da *aletheia* na gênese da fenomenologia heideggeriana. Em 1962 o filósofo confessou: "Com a provisória elucidação da *aletheia* esclareceram-se, em conseqüência, o sentido e alcance do princípio da fenomenologia: 'às coisas em si mesmas'".⁴⁶ Qual é o sentido que Heidegger descobriu na *aletheia*? "Um novo estudo dos tratados de Aristóteles (em particular do livro nono da *Metafísica* e do sexto livro da *Ética a Nicômaco*) propiciou uma nova compreensão do *aletheuein* como desocultar e a caracterização da verdade como desvelamento ao qual pertence todo o mostrar-se do ente".⁴⁷ Com essas palavras, Heidegger descreve sua evolução antes de *Ser e Tempo*. A ideia de fenomenologia, como o mostrar das coisas em si mesmas assim como a partir de si se mostram, portanto, está vinculada à interpretação heideggeriana de *aletheia*. Da *aletheia* advém, sobretudo, a dimensão ambivalente da fenomenologia enquanto ela deve desvelar aquilo que, a partir de si, sempre se oculta e vela nos entes.

Na Introdução de *Ser e Tempo* o filósofo já aproxima *aletheuein* e *apophainesthai*. "O 'Ser-verdadeiro' do *logos* como *aletheuein* significa que esse *logos* retira da obscuridade o ente *do qual* ele fala, pelo *legein* como a *apophainesthai*; ele o faz ver, o *descobre* como desvelado (*alethes*)".⁴⁸ E no § 44 Heidegger repete: "O ser-verdadeiro do *logos* como *apophansis* é o *aletheuein* conforme o modo do *apophainesthai*: fazer ver o ente - retirado da dissimulação - na sua não-dissimulação (ser-descoberto). A *aletheia* que Aristóteles identifica ao *pragma*, aos *phainomena*, significa as 'coisas em si mesmas', o que se mostra, o ente segundo seu modo de ser-descoberto".⁴⁹, ⁴⁹ᵃ

Em uma declaração de 1963, Heidegger confirma, ainda uma vez mais, a ligação entre fenomenologia e *aletheia:* "O que se realiza para a fenomenologia dos atos conscientes, como o automostrar-se dos fenômenos, é pensado mais originariamente por Aristóteles e por todo o pensamento e existência dos gregos como *aletheia,* como desvelamento do que se presenta, seu desocultamento, seu mostrar-se".[50] Não é, entretanto, essa aproximação externa que mostra a dependência essencial entre fenomonologia e *aletheia* em sua profundidade. *Aletheia* e fenomenologia perpassam todo o movimento fundamental do pensamento de Heidegger, e da *aletheia* passa a ambivalência pela fenomenologia para caracterizar, radicalmente, a analítica da circularidade do ser-aí e o problema da viravolta como ser, como história. Não se pode conceber a fenomenologia heideggeriana sem a presença formal, mas, principalmente, material da *aletheia,* já no início da elaboração provisória de seu método fenomenológico. Somente à medida que a *aletheia* perpassa toda a obra de Heidegger está nela também presente a fenomenologia. A *aletheia* inspira a fenomenologia, mas a fenomenologia é a via de acesso ao ser que acontece como *aletheia,* como velamento e desvelamento.

Se Heidegger afirma que "compreender a fenomenologia" é compreender "suas possibilidades", podemos enunciar que as possibilidades da fenomenologia residem na constância com que retorna o tema fundamental do pensamento de Heidegger, que se esconde nas profundezas da *aletheia.* A fenomenologia perpassa a obra de Heidegger, mesmo quando nominalmente silenciada, porque o filósofo sustenta, em sua meditação, aquela que é a suprema possibilidade de fenomenologia, enquanto é a própria possibilidade: a *aletheia* em seu movimento de velamento e desvelamento, de retração e presença, de retenção e oferta.

Notas

[1] SZ § § 1-8
[2] SZ 27
[3] SZ 27

[4] SZ 27

[4a] "O método [...] em nenhuma época foi uma técnica rígida, mas se desenvolvia na medida de seu avanço para o ser" (NI 199).

[5] SZ 28

[6] SZ 357

[7] SZ 28

[8] SZ 29

[9] SZ 30

[10] SZ 31

[11] SZ 31

[12] SZ 32

[13] SZ 33

[14] SZ 34

[15] US 99

[16] SZ 35

[17] SZ 352

[18] SZ 35

[19] SZ 35

[19a] II 3 185-186

[20] SZ 38

[21] SZ 38

[22] SZ 39

[23] SZ 39

[24] SZ 38

[25] SZ 38

[26] SZ V

[27] EVW 400

[28] EVW 400-401

[29] SZ 333

[30] US 130

[31] US 130

[32] US 151

[33] US 132
[34] US 133
[35] US 133
[36] US 135
[37] US 135
[38] US 136
[39] VA 134
[40] G 15, SBDU 8
[41] VA 134
[42] VA 134; EiM – "a relação com o ser é o deixar" (p. 16).
[43] US 92
[44] HVHN 40
[45] SZ 38
[46] EVW 398
[47] EVW 398
[48] SZ 33
[49] SZ 219
[49a] Ver: ὂν φαινομενον e ὂν τη αληθεια̣ em Platão, segundo a interpretação de Heidegger; em NI 207.
[50] HVHN 37.

CAPÍTULO 3

A Fenomenologia Hermenêutica

Kant resume os problemas da filosofia na pergunta: Que é o homem? Segundo Heidegger, a resposta incompleta de Kant à questão do ser e da verdade se deve a uma insuficiente compreensão do homem. A ausência de uma analítica do homem, para chegar a uma ontologia fundamental, deixou Kant no impasse. Já no projeto da tarefa da segunda parte de *Ser e Tempo* – a destruição da história da ontologia –, Heidegger promete um estudo do capítulo da doutrina do esquematismo e, a partir daí, uma interpretação do tempo. Então, se mostraria por que a compreensão da problemática da temporalidade fracassara em Kant. Heidegger aponta um duplo elemento que impediu essa compreensão: "primeiro, de modo geral, a omissão do problema do ser e, correlativamente, a falta de uma ontologia temática do ser-aí, ou, na linguagem kantiana, a falta de uma analítica ontológica prévia da subjetividade do sujeito".[1]

O problema do esquematismo devia, segundo Heidegger, ser posto à luz, para que a palavra "ser" pudesse ter um sentido, suscetível de legitimação fenomenal. Kant o entrevira na *Crítica da Razão Pura*: "Esse esquematismo de nosso entendimento, relativamente aos fenômenos e a suas formas puras, é uma arte oculta nas profundezas da alma humana, cujo mecanismo verdadeiro será difícil arrancar, um dia, à natureza, para expô-lo descoberto diante de nossos olhos".[2]

É pela analítica existencial que Heidegger queria chegar ao fenômeno da temporalidade, para, então, abordar a questão do sentido do ser.

Para recolocar a questão do sentido do ser, de modo expresso, era necessária uma explicação ontológica do ser-aí. Isto seria preciso porque "compreensão do ser é, em si mesma, uma determinação ontológica do ser-aí", justamente porque "cada característica ôntica do ser-aí deve-se ao fato de ele ser ontológico",[3] o que não quer dizer que ele tenha elaborado uma ontologia. E porque reservamos o nome ontologia para a interrogação explícita e teórica pelo sentido do ser, o ser-aí assume uma característica pré-ontológica. Isto significa que o ser-aí é ao modo da compreensão do ser. Todas as ontologias, que se ocupam de questões ontológicas não características do ser-aí radicam, portanto, na estrutura ôntica do ser-aí, que inclui, em si, uma compreensão pré-ontológica do ser. Desse fato emerge o nome ontologia fundamental a ser dado à analítica existencial. Essa ontologia fundamental é a base para qualquer problematização ontológica.[3a]

O ser do ser-aí é a existência. A explicitação da estrutura ontológica da existência visa à compreensão da constituição da existência. O conjunto das estruturas que constituem a existência é a existencialidade. A analítica dessas estruturas tem o caráter de compreensão existencial. Essas estruturas têm o nome de existenciais. Heidegger as distingue radicalmente das categorias que são determinações do ente que não é ser-aí.[(4)] Os existenciais assumem caráter dinâmico, enquanto as categorias são extáticas. Para as ontologias antigas toda a explicação ontológica era realizada sobre o modelo da ontologia das coisas intramundanas. As coisas puramente subsistentes eram o elemento também determinante para a compreensão da existência. Heidegger se interroga sobre essa tendência do homem de se guiar sempre, na interrogação pelo ser dos entes, nos entes puramente subsistentes, na ontologia da coisa.[5]

Em *Ser e Tempo* sua preocupação principal se dirige negativamente contra a ontologia da coisa, enquanto modelo da compreensão ontológica do homem. Mais tarde sua crítica ao problema transcendental procura atingir a redução da compreensão do ser em geral ao horizonte da subjetividade e da consciência. A analítica existencial das estruturas do ser-aí era o horizonte, do qual qualquer questão ontológica deveria partir. Explicitamente, ela se volta contra o domínio da ontologia da coisa, mas, implicitamente, nela já reside também a possibilidade de superação da posição transcendental. Seu sentido positivo, porém, e sua meta determinante, era a renovação da questão do sentido do ser. Assim, a elaboração da constituição ontológica do ser-aí se apresentava como um caminho,[6] para a ontologia, em sentido amplo, como Heidegger entendia o termo, para fugir de qualquer determinação de escola.[7]

O caminho que o filósofo escolheu para a elaboração da ontologia é o método fenomenológico. Emergindo da explicitação das tarefas da ontologia, a necessidade de uma ontologia fundamental, cujo tema é a analítica existencial do ser-aí, a ser realizada de tal modo que leve ao problema central da questão do sentido do ser, qual será o método a comandar tal empresa? Heidegger responde com o método fenomenológico concretizado na hermenêutica. A analítica do ser-aí será realizada por meio da descrição fenomenológica como explicitação. "O *logos* da fenomenologia do ser-aí tem o caráter de *hermeneuein* que anuncia à compreensão do ser, incluso no ser-aí, o sentido autêntico do ser em geral e as estruturas fundamentais de seu próprio ser".[8]

Heidegger assume a expressão hermenêutica no sentido de ontologia da compreensão. "Hermenêutica não significa, em 'Ser e Tempo', nem a teoria da arte de interpretar, nem a própria interpretação, antes a tentativa de, primeiramente, determinar a essência da interpretação, a partir do hermenêutico".[9] O hermenêutico é, justamente, o elemento ontológico da compreensão, enquanto ela radica na própria existencialidade da existência. O ser-aí é, em si mesmo, hermenêutico, enquanto nele reside uma pré-compreensão, fundamento de toda posterior hermenêutica. A compreensão é o modo de ser do ser-aí enquanto existência. A compreensão é um existencial, é o existencial fundamental, em que reside o próprio "aí", a própria abertura, o próprio poder-ser do ser-aí. Assim, o ser-aí é, em si mesmo, hermenêutico, enquanto já sempre se movimenta em uma compreensão de seu próprio ser. A compreensão prévia de sua existência já demonstra uma presença da ideia do ser em geral. O sentido do ser que é buscado já é alcançado pré-ontologicamente na compreensão do ser-aí. Isso é o hermenêutico em si mesmo e dele irrompem todas as outras dimensões da hermenêutica.

Os quatro sentidos que a hermenêutica recebe em *Ser e Tempo*: – tudo o que se refere à explicitação, elaboração das condições de possibilidade de toda análise ontológica, analítica da existencialidade da existência e metodologia das ciências históricas do espírito – residem no hermenêutico em si mesmo, que é a condição do ser-aí que, já sempre, se compreende em seu ser. Toda a obra *Ser e Tempo* quer ser, primariamente, uma analítica da existencialidade da existência, que é possível graças à condição hermenêutica do próprio ser-aí. Dessa analítica existencial emergem, então, os outros três sentidos: a explicitação enquanto reside na própria compreensão; a elaboração das condições de possibilidade de toda a análise ontológica, enquanto a analítica existencial descobre o sentido do ser e as estruturas básicas do ser-aí, como horizonte para toda a pesquisa ontológica dos entes que não são ser-aí; e, por fim, a metodologia das ciências históricas, enquanto a analítica existencial elabora ontologicamente a historicidade do ser-aí como condição ôntica da possibilidade da história.[10]

É preciso atentar, cuidadosamente, para a dimensão profunda do próprio hermenêutico na obra *Ser e Tempo*, para compreender-se as metamorfoses posteriores da fenomenologia, enquanto hermenêutica. Apesar de a fenomenologia hermenêutica visar, diretamente, à analítica existencial, ela penetra, mais profundamente, na obra de Heidegger, ainda que silenciosamente, como a análise posterior mostrará. Se em *Ser e Tempo* a fenomenologia hermenêutica visa à explicitação das estruturas existenciais do ser-aí, analisando o homem enquanto abertura para o ser, posteriormente essa fenomenologia hermenêutica orientará sua atenção para o ser, enquanto emerge na clareira que instaura no homem.

Tanto na meditação sobre o sentido da fenomenologia em geral quanto em nossa presente consideração da fenomenologia hermenêutica, surpreende-nos uma nova face, a partir da qual podemos falar da viravolta ou do segundo Heidegger. Essa mudança de visualização, em que o ser toma preponderância, não é casual nem arbitrária, como o estudo do círculo hermenêutico e da viravolta vão mostrar explicitamente. Ela já vem prevista, em *Ser e Tempo*. Repetidas vezes, Heidegger observa que a analítica existencial somente pode ser exaustiva a partir da elaboração da própria questão do sentido do ser.

Temos, já nas primeiras páginas, a afirmação de que: "Assim, depende também a possibilidade do desenvolvimento da analítica do ser-aí do exame prévio da questão do sentido do ser em geral".[11] Isso é necessário porque a compreensão que o ser-aí tem de seu ser implica constantemente uma certa compreensão do ser em geral, de uma ideia prévia do próprio ser.

Do mesmo modo, quando Heidegger analisa o problema dos existenciais e das categorias, ele mostra que o ente, que a eles corresponde, reclama, em cada caso, um tipo primordialmente diferente de interrogação: o ente é um *quem* (existência) ou um *que* (subsistência no sentido mais lato). "Só se poderá tratar das relações entre esses dois modos, que formam os caracteres do ser, quando uma vez explicitado o horizonte da questão do ser".[12]

Quando Heidegger fala do ser-aí como compreensão, como projeto, quando afirma que "todo o projeto do ser-aí em direção a suas possibilidades já antecipa uma compreensão do ser", surge o mesmo problema. "Entretanto, a explicitação última do sentido existencial dessa compreensão do ser somente será atingida quando forem também atingidos os limites de todo esse trabalho, sobre o fundamento da interpretação temporal do ser".[13]

A elaboração da temporalidade do ser-aí, enquanto cotidianidade, historicidade e intratemporalidade, leva Heidegger a insistir em que o ser-aí somente atinge sua total transparência ontológica no horizonte da elucidação do ser que não tem as características do ser-aí. Todos os seres disponíveis e subsistentes, porém, e tudo aquilo de que podemos dizer "é", além do ser-aí, somente podem ser explicitados mediante uma suficiente elucidação da ideia de ser em geral.[14] Enquanto não for conquistada essa ideia de ser em geral, portanto, a análise do ser-aí será incompleta e obscura. "A análise existencial-temporal exige, por sua vez, uma repetição renovada no âmbito da discussão básica do conceito de ser".[15]

Ao falar da interpretação existencial da ciência, Heidegger destaca que ela somente pode ser realizada "quando o sentido do ser e a 'unidade' entre ser e verdade forem esclarecidos a partir da temporalidade da existência".[16]

A própria fenomenologia receberá um desenvolvimento, à diferença do conceito provisório apontado na introdução, com o crescimento da problemática central do sentido do ser e da "unidade" entre ser e verdade.[17]

A cotidianidade também somente atingirá sua delimitação conceitual completa com a conquista do sentido do ser em geral. "Todavia, pelo fato de, com o nome cotidianidade, em última análise, nada mais se visar que à temporalidade e esta constituir o *ser* do ser-aí, a suficiente delimitação conceitual da cotidianidade só pode ter sucesso no âmbito da discussão básica do sentido do ser em geral e suas possíveis modificações".[18]

A discussão do problema da historicidade aponta para a mesma necessidade da presença da questão do sentido do ser em geral, para ser compreendida em sua radicalidade. Ao discutir o modo de como a historicidade pode ser compreendida filosoficamente, em sua diferença com o ôntico, e de como ela pode ser conceituada "categorialmente", Heidegger mostra que isso somente ocorre se for possível reduzir a uma unidade originária o "ôntico" e o "histórico", na qual possam ser comparados e diferenciados. Isto, por sua vez, somente é possível quando compreendido que a questão de historicidade é uma pergunta ontológica pela constituição ontológica de um ente historial; que a questão do ôntico é uma pergunta ontológica pela constituição ontológica do ente que não tem a característica do ser-aí, do subsistente no sentido mais amplo; que o ôntico é apenas uma área do ente. "A idéia do ser compreende" o "ôntico" e o "histórico". É ela que deve poder ser "diferenciada genericamente".[19] Heidegger conclui: "O problema da diferença entre o ôntico e o histórico somente pode ser elaborado, como objeto de pesquisa, se ele mesmo se garantiu, antes, mediante a elucidação fundamental-ontológica da questão do sentido do ser em geral, o fio condutor".[20]

A questão da intratemporalidade novamente remete para uma solução posterior ao seguinte: "A questão se de fato e como ao tempo pertence um 'ser' porque e em que sentido o chamamos de ente, somente pode ser respondida, quando se mostrou em que medida a própria temporalidade, na totalidade de sua maturação, torna possível algo tal como compreensão do ser e abordagem de ente".[21]

A discussão sobre o que é o ser e o que é o tempo novamente nos situa no horizonte da questão do sentido do ser em geral.

> "Dá-se o ser – não o ente – somente se há verdade. E verdade somente é à medida que e enquanto houver ser-aí. Ser e verdade são co-originários. Somente se pode perguntar, concretamente, sobre o que significa afirmar que o ser é, dado que deve ser distinguido de todo o ente, quando estiver elucidado o sentido do ser e o alcance da compreensão do ser em geral. Somente então, se poderá explicar, adequadamente, o que pertence ao conceito de uma ciência do ser enquanto tal, as suas possibilidades e modalidades. A delimitação de uma tal pesquisa e de sua verdade desencadeará a determinação ontológica da pesquisa que é descobrimento do ente e de sua verdade".[22]

> "Tem (o tempo) afinal um ser? E se não tiver, é ele, então, um fantasma ou mais ente que qualquer outro ente possível? A análise que progride na direção de tais questões se chocará com as mesmas barreiras que já se ergueram para a provisória discussão da unidade de verdade e ser".[23]

A discussão do que "é" ser e do que "é" tempo, portanto, também é remetida para o momento da elucidação do sentido do ser em geral.

No último parágrafo de *Ser e Tempo*, Heidegger, ainda uma vez, transfere a solução de analítica existencial e de outras perguntas básicas para o horizonte da resposta ao problema do sentido do ser. "A analítica *temática* da existência, por sua vez, necessita, primeiro, da luz que emana da idéia do ser em geral, a ser antes elucidada".[24] "Será mesmo possível *procurar* a resposta, enquanto a questão do sentido do ser em geral permanece obscura e informulada?"[25]

Essa longa série de procrastinações que emerge dos diversos capítulos de *Ser e Tempo*, mostram a incompletude da fenomenologia hermenêutica e encorajam para a procura de aspectos que possam trazer nova luz sobre as análises do livro. Se olhássemos apenas para as passagens inventariadas, teríamos os seguintes problemas a serem explicitados, posteriormente, na obra de Heidegger: as relações entre ser-aí e os outros entes; a explicitação última do sentido existencial da compreensão: o problema dos entes subsistentes e disponíveis; a analítica existencial-temporal; o problema da interpretação existencial da ciência; o desenvolvimento do conceito de fenomenologia; a suficiente delimitação conceitual da cotidianeidade; o problema da diferença entre o ôntico e o histórico; o problema da intratemporalidade; o fato e o modo de como o ser pertence ao tempo; a própria questão do "ser" de *Ser e Tempo* é remetida para o horizonte da elucidação do sentido do ser em geral.

Ainda que a filosofia não se esgote na fenomenologia hermenêutica, e ainda que o segundo Heidegger, depois da viravolta, tenha-se preocupado com a interrogação pelo sentido do ser, sobretudo na história da filosofia, podemos, contudo, descobrir, nos anos posteriores a 1930, referências a *Ser e Tempo* que abordam o problema da fenomenologia hermenêutica. O horizonte dessas autointerpretações põe nova luz sobre a presença e análise de homem no pensamento de Heidegger. A fenomenologia hermenêutica está, ocultamente, presente nas discussões sobre as relações entre ser e homem. É verdade que o ponto de partida, o elemento determinante, é, agora, explicitamente, o ser. A dimensão hermenêutica do homem é um dom do ser. Praticamente todas as dimensões básicas de *Ser e Tempo* podem ser repensadas a partir da problemática da viravolta e por isso todo o segundo Heidegger deve ser compreendido a partir de *Ser e Tempo*.

O texto da introdução, que o filósofo retoma no fim de seu livro, mantém essa abertura de horizontes que perpetua a presença necessária de *Ser e Tempo* na sua obra: "A filosofia é ontologia fenomenológica universal, que parte da hermenêutica do ser-aí; esta, enquanto analítica da existência, dá o fio condutor de toda problemática filosófica, fundando-a sobre essa existência, da qual toda problemática irrompe e sobre a qual toda a problemática repercute".[26]

A dimensão fenomenológica universal da ontologia já se apresentou, na análise que fizemos da fenomenologia em geral, na obra de Heidegger. Essa ontologia, entretanto, reside na hermenêutica e parte dela. O desvelamento do hermenêutico no ser-aí, pela analítica existencial, é o ponto de partida necessário para a ontologia. Esse princípio caracteriza toda a obra de Heidegger. Nossas reflexões posteriores sobre o problema da compreensão da finitude, no horizonte específico de nosso trabalho, radicam na hermenêutica. Toda a concepção das estruturas do ser-aí, do problema da verdade, do ser e do tempo, das outras ontologias, e mesmo o problema de Deus, somente podem ser visualizados dentro dessa perspectiva que *Ser e Tempo* estende sobre todo o pensamento do filósofo. Mesmo o segundo Heidegger, em todas as suas considerações e projetos, está ligado ao princípio hermenêutico. Por isso sua concepção de ser, sua posição relativa ao vínculo entre ser e homem, tomam um cunho próprio, que não pode ser confundido com outras posições da filosofia atual.

A fenomenologia hermenêutica não aparece mais tão explicitamente, mas Heidegger afirma implicitamente sua necessidade no caminho de sua reflexão. Se da analítica existencial emerge toda a problemática e nela repercute, então sempre permanece necessário o caminho traçado em "Ser e Tempo" para quem quer manter fidelidade à inspiração da questão do ser. O importante é desvendar, no segundo Heidegger, a presença indispensável do homem na renovação da questão do sentido do ser. Não é mais uma análise que se efetua no horizonte de *Ser e Tempo* com que Heidegger mergulha nas estruturas do ser-aí para captar fenomenologicamente a constituição do "aí", como compreensão, como abertura, como lugar da transcendência. Na viravolta a presença omnicompreensiva do ser revela as estruturas do homem enquanto o ser nele as instaura, como escuta, clareira. Há, sem dúvida, uma presença hermenêutica, que Heidegger revela, pela primeira vez explicitamente, no livro *A Caminho da Linguagem*, precedida e acompanhada dos sinais da viravolta.

Já, em sua obra sobre *Nietzsche*, ele confessa uma necessidade de instaurar outro horizonte, para ser possível auscultar o impensado na história da filosofia, correspondendo, mediante a destruição, ao que nela vem oculto. Diz textualmente:

> *"A tradição da verdade sobre o ente, que se desenvolve como 'metafísica', se desdobra numa acumulação e obstrução da originária essência do ser, que a si mesmo não mais conhece. Nisso consiste a necessidade da destruição, tão logo se tenha tornado necessário um pensamento da verdade do ser [Confer 'ST']. Mas essa destruição, assim como a 'fenomenologia' e toda interrogação hermenêutico-transcendental, ainda não é pensada como história do ser".[27]*

Em *Ser e Tempo* a interrogação gira em torno do ser da verdade, enquanto abertura e compreensão do ser-aí. O pensamento da verdade do ser coincide com a história do ser e se dirige à abertura e compreensão que o ser instaura no homem. Então, emerge a questão do "ser e sua verdade na relação com o homem".[28] Nesse âmbito, a "fenomenologia" e a hermenêutica devem passar por uma transformação. A analítica do ser-aí apresenta traços acentuados do pensamento transcendental, ainda que a intenção seja superá-lo. A fenomenologia hermenêutica pode ser pensada na viravolta, como história do ser, quandoa interrogação transcendental, "cujo caráter de horizonte é apenas a face, voltada para nós, de um aberto que nos envolve",[29] cede seu lugar ao acontecer do ser que a instaura e funda.

No diálogo com o japonês, Heidegger observa:

> *"Não lhe terá passado despercebido que não emprego mais, em meus escritos posteriores a 'Ser e Tempo', os nomes 'hermenêutica' e 'hermenêutico' [...] Abandonei um ponto de vista anterior, não para trocá-lo por um outro, mas porque a posição de outrora foi apenas uma interrupção na caminhada. O permanente no pensamento é o caminho. E os caminhos do pensamento escondem em si a possibilidade misteriosa de neles podermos avançar retrocedendo, de o próprio caminho de retorno nos conduzir para frente".*[30]

A fenomenologia hermenêutica representa, portanto, uma etapa no seu pensamento. Essa etapa se comensura com o primeiro Heidegger. Na viravolta, porém, essa etapa retorna em um outro horizonte.

O filósofo confessa o motivo que o levou a deixar de lado os nomes hermenêutica e hermenêutico. "Isto não aconteceu, como muitos pensam, para negar o significado da fenomenologia, mas para deixar o caminho de meu pensamento numa região sem nome".[31] Heidegger, entretanto, confessa que, diante do público, não se consegue passar sem nome. Assim, ele procura, por meio de uma análise etimológica, mostrar que a utilização da palavra hermenêutica "não foi arbitrária, mas, justamente, própria para clarificar, em suas intenções, minha experiência com a fenomenologia".[32] Essa análise leva Heidegger para além do sentido ontológico da hermenêutica em *Ser e Tempo*. Ela leva para o coração da temática que polariza as atenções do segundo Heidegger.

> *"A expressão 'hermenêutico' deriva, diz Heidegger, do verbo grego* hermeneuein. *Este se liga ao substantivo* hermeneus. *O substantivo pode ser juntado, por meio de um jogo mental, que se impõe mais que o rigor da ciência, ao nome do deus* Hermes. *Hermes é o mensageiro dos deuses. Cabe a ele trazer a mensagem do destino;*

hermeneuein *é aquela exposição que comunica, à medida que tem possibilidade de escutar uma mensagem. Tal exposição se torna explicação daquilo que já vem dito pelos poetas, os quais, segundo a palavra de Sócrates no diálogo de Platão 'Íon'[33], 'são mensageiros dos deuses':hermenes eisin ton theon.*"[34]

"Através do que foi dito se torna claro, que o hermenêutico não é, primeiramente, a explicação, mas, antes disto, já o trazer uma mensagem e comunicação".[35]

Heidegger explica que usou a palavra hermenêutico nesse sentido mais originário para

"*caracterizar, com seu auxílio, o pensamento fenomenológico, que lhe abriu o caminho para 'Ser e Tempo'. Tratava-se e trata-se ainda de levar o ser do ente a se manifestar; é claro que não ao modo da metafísica, mas de tal maneira, que o próprio ser se manifeste como fenômeno. O próprio ser significa: presença do que se presenta, isto é, a diferença ontológica de ambos a partir da simplicidade. É ela que assume o homem para seu acontecer (wesen) enquanto fenômeno. O homem então acontece como homem, à medida que corresponde à inspiração da diferença ontológica e, assim, a comunica na mensagem dela. O que prevalece e sustenta a vinculação do ser humano com a diferença ontológica é, assim, a linguagem. Ela determina a relação hermenêutica*".[36]

Essas observações de Heidegger, que são ditas em um sentido que se esconde no jogo engenhoso com os radicais de palavras, que penosamente se transpõem para o vernáculo, dão-nos a presença da hermenêutica estendendo-se, como um arco, sobre toda a obra de Heidegger. O jogo mental que se anuncia na aproximação, etimologicamente impossível, entre a palavra *hermeneuein* e o deus *Hermes*, permite a Heidegger afirmar que aquilo que por toda parte surge, em seus últimos trabalhos, já se escondia em *Ser e Tempo*. A analítica existencial que desvelaria as estruturas do ser-aí, para, então, colocar a questão do sentido do ser, procedia como uma fenomenologia hermenêutica. Essa fenomenologia, entretanto, não deixaria de ser hermenêutica ao se tentar a abordagem da questão do sentido do ser em geral. O hermenêutico, em *Ser e Tempo*, põe a tônica na abertura do ser-aí, no ser da verdade, enquanto as obras posteriores se concentram na verdade do ser, isto é, na abertura que o próprio ser instaura no homem. Essa abertura, em ambos os casos, é a dimensão hermenêutica. Por meio dela se dá a manifestação do ser do ente. Em *Ser e Tempo*, Heidegger concentra suas considerações sobre o "aí", enquanto lugar em que o ser se manifesta. Depois, sua meditação se recolhe naquele que é a fonte do "aí". O sentido do ser, buscado como meta, é o próprio ser enquanto instaura o "aí" no homem, como clareira em que o ser se manifesta. O sentido de ser é a verdade do ser. Heidegger tratou primeiro de analisar o lugar em que se manifesta o ser enquanto fenômeno no sentido fenomenológico. Depois parte da própria análise do ser enquanto fenômeno no sentido fenomenológico, em sua relação com o lugar de sua manifestação. A manifestação hermenêutica que o homem realiza do ser enquanto fenômeno é a própria mensagem que ele recebe do ser. Se o homem realiza um papel hermenêutico é porque o ser faz com que ele comunique e, assim, possibilita a comunicação de sua mensagem. Heidegger põe todo o peso no verbo "wesen", que exprime, justamente, a dimensão fenomenológica do acontecer do próprio ser. O ser acontece como fenômeno enquanto presença do que se presenta, enquanto clareira do que se manifesta, mas sempre se oculta como a simplicidade da qual emerge a diferença ontológica. Heidegger afirma que o que determina a vinculação hermenêutica do homem com o acontecer do ser, enquanto fenômeno, é a linguagem. Em outra passagem ele diz: "Naquela locução [a linguagem é a casa do ser] não viso ao ser do ente metafisicamente representado, mas ao acontecer fenomenológico (wesen) do ser, mais exatamente, à diferença ontológica entre ser e ente. Essa diferença ontológica é, entretanto, sob o ponto de vista do ser digno de ser pensado".[37] Para Heidegger, o ser acontece, como fenômeno, na linguagem. Por isso ela é a casa do ser. Isto toma seu sentido próprio quando temos presente que Heidegger distingue "entre 'ser' enquanto 'ser do ente' e 'ser' enquanto 'ser' sob o ponto de vista do sentido que lhe é próprio, isto quer dizer, sob o ponto de vista da verdade (clareira) do ser".[38] Esse acontecer do ser, sob o ponto de vista de seu sentido, é o que Heidegger buscava, segundo o projeto de *Ser e Tempo*, no acontecer do tempo.

Quando Heidegger fala da vinculação hermenêutica do homem com o acontecer do ser como fenômeno, ele não fala de um vínculo no sentido de relação. O fato de o homem estar em uma vinculação hermenêutica é, assim, explicado por Heidegger: "A palavra 'vinculação' procura dizer que o homem é utilizado em sua essência, que ele, enquanto acontece como homem, pertence a um 'uso', que o solicita."[39] Esta solicitação é hermenêutica. Isto quer dizer que o homem é solicitado "para trazer uma comunicação", "para guardar uma mensagem".[40]

> "O homem está 'numa vinculação' diz o mesmo que: o homem acontece como homem 'num uso' que chama o homem para guardar a diferença ontológica que não se deixa elucidar nem a partir da presença, nem a partir do que se presenta, nem a partir da relação mútua de ambos. Porque somente a diferença ontológica desdobra a claridade, isto é, a clareira, na qual o que se presenta, enquanto tal, e a presença, podem ser distinguidos pelo homem, o qual pela sua própria essência está na vinculação, isto é, no uso da diferença ontológica. Por isso também não mais podemos dizer: vinculação com a diferença ontológica, pois, ela não é nenhum objeto da representação mas o imperar do 'uso'".[41]

Essas observações resumem muitas páginas das obras de Heidegger. Não é preocupação nossa penetrar nas filigranas da linguagem. O que nos interessa, diretamente, é ver nessas observações a nova dimensão que a fenomenologia hermenêutica atinge no segundo Heidegger. O homem realmente é colocado a serviço da manifestação do ser. Ele é seu mensageiro. Ele é usado para que o ser se possa manifestar enquanto fenômeno. Mostram essas observações, com as quais Heidegger procura manifestar a multiplicidade de ângulos com que procura dizer – aqui, sob o ponto de vista hermenêutico –, sua única preocupação: o sentido do ser, a verdade do ser, a clareira do ser, a manifestação do ser, o ser enquanto fenômeno no sentido fenomenológico, acontecendo como velamento e desvelamento.[42]

Notas

[1] SZ 24

[2] SZ 23

[3] SZ 12

[3a] HB 41

[4] SZ 44

[5] SZ 437

[6] SZ 436

[7] SZ 27

[8] SZ 37

[9] US 98

[10] SZ 37-38

[11] SZ 13, 17

[12] SZ 45

[13] SZ 147

[14] SZ 333

[15] SZ 333

[16] SZ 357

[17] SZ 357

[18] SZ 372

[19] SZ 403

[20] SZ 403

[21] SZ 406

[22] SZ 230

[23] SZ 420

[24] SZ 43 6

[25] SZ 437

[26] SZ 38 e 436

[27] N II 415

[28] EVW 401

[29] G 39
[30] US 99
[31] US 131
[32] US 120
[33] Platão, *Íon* 534 e
[34] US 121
[35] US 122
[36] US 122
[37] US 118
[38] US 110
[39] US 125
[40] US 126
[41] US 126
[42] Vide III 4; *Compreensão da Finitude*.

CAPÍTULO 4

A Fenomenologia e o Pensamento do Ser

"Fenomenologia é a possibilidade de que o pensamento corresponda ao apelo do que deve ser pensado".[1] O decisivo é captar "a fenomenologia em suas possibilidades".[2] Para a compreensão da fenomenologia devemos, portanto, penetrar nela como possibilidade de pensar o ser. Heidegger, repetidas vezes, qualificou seu pensamento de pensamento do ser. Por isso, a fenomenologia, enquanto método, coincide com o núcleo da sua própria filosofia. Esta tem, como tema central de sua interrogação, o sentido do ser, que, enquanto meta, será expresso de muitas maneiras ao longo de sua meditação.

O surpreendente do método fenomenológico heideggeriano é sua perfeita comensuração com o pensamento do ser, tanto que depois da viravolta o nome cede lugar ao objeto sem, contudo, desembocar em um sistema construído como no pensamento de Hegel. O caráter inconcluso do pensamento de Heidegger, tão marcante em seus ensaios, se impõe como um "caminho", uma "senda perdida", um "caminho do campo", segundo expressam os títulos de seu livros. Esse caráter de inacabado não pode ser visto como atitude reticente que mantém reservas na interrogação filosófica. Nele surge, antes, a fidelidade radical à própria condição da interrogação pelo ser. Não é apenas uma dimensão formal presente na filosofia de Heidegger. A dimensão itinerante de sua interrogação emerge das condições ontológicas em que procede a própria reflexão na finitude. O método fenomenológico liga-se a essa estrutura itinerante da interrogação e, mais adiante, a vinculação do método fenomenológico com o círculo ontológico e a viravolta deixarão bem claro o alcance dessa situação concreta.

O método fenomenológico heideggeriano, desde o esboço provisório em *Ser e Tempo*, coincide com o próprio movimento da interrogação do homem pelo sentido do ser. Dessa coincidência resultará, mais tarde, a expressão "pensamento essencial", que designará o pensamento do ser. Aqueles que negam a continuidade latente do método fenomenológico no segundo Heidegger confundem-no com sua dimensão hermenêutica. Assim como o método se concretiza primeiramente na analítica existencial, no desvelamento das estruturas do ser-aí, assim sua radicação nessas próprias estruturas o eleva para além de uma dimensão puramente hermenêutica. Isso acontece à medida que da unidade e do ser dessas estruturas emerge a possibilidade da compreensão do sentido do ser. A fenomenologia, enquanto método que visa ao desvelamento do sentido do ser, radica na hermenêutica do ser-aí, da existência, porque "toda a problemática *irrompe* dela e sobre ela repercute".[3] Suas possibilidades se desdobram, todavia, à medida que se tornam o caminho para o desvelamento do próprio sentido de ser, do pensamento de ser. As possibilidades da fenomenologia, portanto, elaborada, primeiro em função da analítica existencial e, somente nesse sentido, mediatamente orientada para o sentido do ser, eclodem decisivamente na fenomenologia como pensamento do ser. Desde já se estabelece, assim, a convicção de que o pensamento de Heidegger passou por uma viravolta não porque o segundo Heidegger tivesse abandonado a fenomenologia, mas, pelo contrário, essa viravolta, imposta pela condição circular da própria interrogação ontológica, abriu as verdadeiras possibilidades da fenomenologia, servindo-se da própria fenomenologia como método.

Durante dez anos, de 1919 a 1929, temos uma presença explícita da preocupação fenomenológica na denominação das próprias aulas e seminários.⁴ Essa presença formal e verificável nos arquivos universitários pode seduzir o juízo sobre a verdadeira presença da fenomenologia no pensamento do filósofo. Já ali, no entanto, a fenomenologia não apresenta apenas uma dimensão hemenêutica. Já temos, antes de 1930, uma aplicação da fenomenologia à história da filosofia, o que posteriormente aparecerá mais explicitamente em nossa análise. Nesses exercícios fenomenológicos sobre textos da história da filosofia já se instaura a busca do impensado na metafísica ocidental e, portanto, a aplicação da fenomenologia ao pensamento do ser. Essa presença explícita, histórica e nominal da fenomenologia atinge sua plenitude nas análises posteriores da viravolta, em que "o nome desaparece em favor do objeto do pensamento."

Vamos tentar uma análise progressiva da vinculação que se estabelece entre fenomenologia e pensamento do ser. Em *Ser e Tempo* Heidegger define a fenomenologia como "fazer ver a partir de si mesmo o que se manifesta, assim como a partir de si mesmo se manifesta".⁵ O verdadeiro desvelamento fenomenológico deve ter, portanto, sua incidência básica no modo como, a partir de si mesmo, algo se manifesta. A docilidade na forma de manifestação do fenômeno deve levar à sua ativa manifestação. "Explicitação expressa necessita aquilo que, primeiro e a maioria das vezes, justamente, não se mostra, que está oculto mas que constitui o sentido e fundamento do que se mostra".⁶ Então, Heidegger determina como objeto da fenomenologia o ser porque "a partir de sua realidade mais própria ele exige tornar-se fenômeno, num sentido eminente".⁷ De três modos o ser merece tornar-se objeto da fenomenologia: porque, primeiro, permanece oculto; segundo, recai no ocultamento; terceiro, apenas se mostra "dissimuladamente". A tarefa da fenomenologia será, portanto, mostrar o ser, assim como em si mesmo se mostra. Ora, em si mesmo ele se mostra ocultando-se nos entes. Logo a fenomenologia mostrará o ser em seu ocultamento. Essa dimensão paradoxal de um método, que deve mostrar algo enquanto não se mostra, caracteriza o método fenomenológico de Heidegger enquanto o método do pensamento do ser. O ser sempre está oculto, mas recai num duplo ocultamento enquanto é esquecido como oculto e confundido com o ente. Esse duplo ocultamento, geralmente, se apresenta como dissimulação na história da filosofia, na história da metafísica ocidental, que é a história do esquecimento do ser, enquanto pensa apenas o ser do ente. Por isso, Heidegger aponta para as duas tarefas fundamentais da fenomenologia: de um lado, a busca do sentido do ser e, de outro, a destruição da história da ontologia com o sentido positivo de nela mostrar o impensado.

O desvelamento do ser exige sempre um ponto de partida ôntico. O ser-aí é, entretanto, previlegiada e ontologicamente ôntico, por causa de sua prévia compreensão do ser. Então o desvelamento do ser deverá ser tentado primordialmente a partir do ser-aí, mediante uma analítica existencial de suas estruturas. O sentido do ser (preocupação) dessas estruturas do ser-aí é a temporalidade. Assim, a analítica das estruturas deverá ser refeita no homem, na temporalidade. Sendo, ainda, o sentido do ser-aí a temporalidade e o ser do ser-aí a compreensão do ser (preocupação), então é a partir da temporalidade que se determina a compreensão de ser. Dela, portanto, emergirá o sentido do ser em geral. O sentido do ser, porém, que tem seu lugar na temporalidade, reside em sua dimensão privilegiada, que é a historicidade. Deste modo, o ser deve ser analisado em sua história e a história do ser é a metafísica ocidental. A metafísica ocidental, contudo, é a história do esquecimento do ser. Por isso é preciso penetrar em suas raízes superando-a e revelando-lhe sua essência esquecida. Todos esses passos são realizados mediante o método fenomenológico. Não na linearidade desse esquema, mas na interrogação viva que progride na explicitação do sentido do ser.

Determinada a temporalidade como horizonte da compreensão do sentido do ser, seria necessário determinar também, a partir desse sentido do ser, as estruturas do ser-aí. O ser-aí, enquanto ser que compreende o ser, só seria definido, em seu sentido último, a partir do sentido do ser conquistado na analítica das estruturas do ser-aí. A análise completa da temporalidade, enquanto horizonte do sentido do ser nunca foi apresentada por Heidegger e, por isso mesmo, nunca apareceu a analítica das estruturas do ser-aí no horizonte do sentido do ser. Presente isto, compreende-se o hiato que quebra a linearidade da explicação fenomenológica na obra de Heidegger.

Em *Ser e Tempo* a fenomenologia é definida como o ato de mostrar aquilo que se oculta enquanto se mostra. Mais tarde o filósofo atribuirá essa definição ao pensamento:

> "A uma coisa que somente se manifesta de modo que ela aparece no ato mesmo pelo qual se oculta, nós somente respondemos bem se chamamos atenção sobre ela e se nos impusemos a regra de deixar aparecer aquilo que se mostra, no desvelamento que lhe é próprio. Mostrar, assim, simplesmente é um traço fundamental do pensamento, é o caminho para aquilo que, desde sempre e para sempre, dá ao homem o que pensar".[8]

Nessa afirmação, Heidegger faz coincidir a fenomenologia com o pensamento do ser. Sendo assim, o que mais importa é captar alguns momentos decisivos em que ele realiza, por intermédio de sua obra, a aplicação do método fenomenológico ao pensamento do ser.[8a]

O momento nuclear da análise de Heidegger surge no horizonte de implicação da palavra "wesen" em seu sentido verbal. A intenção do filósofo põe nessa palavra toda a carga fenomenológica do ser. Se, de um lado, "wesen" aponta para a irredutível faticidade da compreensão do ser, ela, de outro, procura centrar a atenção na própria dimensão fenomenológica do ser. O verbo "wesen", às vezes "walten", procura expressar o acontecer concreto do desvelamento do ser, como fenômeno. O ser acontece, então, como fenômeno, como desvelamento, para sempre novamente ocultar-se nos entes. Em Heidegger, a essência e a quididade não entram jamais na análise existencial ou nas análises do problema do ser, e "wesen", que comumente significa essência, toma aqui outro sentido. Na palavra "wesen" existe algo estranho que levou mesmo estudiosos de Heidegger a traduzi-la por "essencializar". Essa tradução quer apontar para o fato de o ser manifestar-se enquanto se fixa nas essências, se mostra na quididade dos entes. As próprias observações de Heidegger parecem proibir tal tradução interpretativa. Ele observa, por exemplo: "No conceito de 'wesen', porém, a filosofia pensa o ser".[9] Seria aproximar demais o ser da essência traduzir "wesen" por "essencializar". Devemos, muito antes, dentro das intenções do pensamento de Heidegger, manter-nos, nessa expressão, junto ao método fenomenológico.

A tradução da palavra *ousia* por "Anwesen" (presentar-se, presença), procura expor, em última instância, a *phisis* como *aletheia*. Enquanto *phisis* se desvela, se manifesta, se presenta, ela se torna *aletheia* e, assim, *ousia*. "Wesen" emerge nesse contexto temporal. Seu sentido verbal conota temporalidade. Em "wesen" se oculta o ser ligado à temporalidade e, nessa condição, enquanto pode manifestar-se fenomenologicamente. O pensamento do ser é possível graças à temporalidade das estruturas do ser-aí que manifesta o sentido do ser. A fenomenologia como pensamento do ser está ligada sempre à relação ser-homem, porque a temporalidade do ser, enquanto "Wesen", se dá constantemente como "An-Wesen", como presença que se oculta naquilo que se presenta. A abertura dessa presença, no entanto, é instaurada pelo ser no homem que assim compreende o ser.

O método fenomenológico, enquanto coincide com o pensamento do ser, é somente possível no horizonte do círculo hermenêutico e isto diz, mais radicalmente, no círculo da finitude em que "não acontece ser sem o ser-aí".[10]

A base textual nos descobrirá, mais claramente, a incidência básica da fenomenologia no acontecer fenomenológico do ser ("Wesen"). Necessário é apenas manter a lembrança de que a própria descrição que Heidegger realiza de fenomenologia, pensamento e ser os aproxima e envisceira condicionando-os mutuamente. Essa reciprocidade de fenomenologia-pensamento-ser deve, então, ser mostrada a partir de "Wesen" como acontecer fenomenológico do ser.

Heidegger assevera: "No conceito de "wesen", porém, a filosofia pensa o ser".¹¹ Afirma também: "Muito antes reside no acontecer fenomenológico do ser, o qual, enquanto desvelar-se, se vela, o fato de pertencer a esse desvelar-se um velar-se e isto significa um retrair-se".¹² E acrescenta: "O pensamento ontológico historial permite que o ser advenha para dentro do espaço essencial do homem. À medida que essa esfera essencial é o abrigo com o qual o próprio ser enquanto ser se dota, isto quer dizer: o pensamento ontológico historial permite que o ser aconteça fenomenologicamente como o próprio ser."¹³ Assim, se o acontecer fenomenológico é o próprio ser residindo em seu próprio acontecer, se ao desvelar-se, ao acontecer fenomenológico, pertence um velar-se e se, por fim, o pensamento consiste em permitir esse acontecer fenomenológico, então se exige um âmbito essencial em que o ser possa acontecer como velamento. É preciso a constituição de um espaço em que o ser se esconda e, assim velado, se mostre ao pensamento que o pensa. O ser não será, portanto, diretamente pensado, mas o seu modo de manifestação, como já no começo de Ser e Tempo, se apresentava mais como tarefa da fenomenologia. O ser será, por conseguinte, pensado no "como" de sua presença e não no "que" de si mesmo.¹³ᵃ

Heidegger permite uma colocação esclarecedora a partir das três perguntas que ele insere na filosofia:

> "Se, porém, se faz a pergunta-guia (Que é o ente?) e a pergunta fundamental (Que é o ser?), então, se pergunta o que é [...]? Procura-se a abertura do ente em geral e a abertura do ser para o pensamento. O ente deve ser levado para dentro da abertura do próprio ser e o ser para dentro da abertura de seu acontecer fenomenológico. A abertura do ente denominamos desvelamento: aletheia, verdade. A pergunta-guia e a pergunta fundamental da filosofia perguntam pelo que são o ser e o ente na verdade".¹⁴

"O que é a verdade? Em que consiste sua essência? Essa pergunta, já sempre, está incluída na pergunta-guia e na pergunta fundamental da filosofia; precede-as e pertence intimamente a elas próprias. Ela é a pergunta prévia da filosofia."¹⁵ Assim, Heidegger situa, ao lado da pergunta-guia e da pergunta fundamental, a pergunta prévia. Se a metafísica esqueceu a pergunta fundamental por causa da pergunta-guia, Heidegger realiza a pergunta fundamental, respondendo-a pela resposta à pergunta prévia. Realmente, a verdade é o âmbito em que o ser acontece fenomenologicamente. Ela é a abertura em que o ser se oculta. A verdade é o "como" da manifestação do ser (Recordem-se aqui as análises fundamentais de *aletheia*). O ser, portanto, permanece fundamentalmente o interrogado da filosofia, mas "O que é a verdade?" é a pergunta prévia que Heidegger procura responder para abrir o espaço da interrogação pelo ser.

O filósofo se orienta basicamente na interrogação pela verdade, porque todo o seu trabalho visa à preparação da questão do ser. Revela-se, nessa atitude, uma coerência em todo o seu pensamento. Toda a sua evolução mantém uma unidade que, ainda que variando em seus modos de elocução, progride na esteira de uma mesma interrogação. Tudo isto é sustentado pelo método. Não é por acaso que acentuamos a proximidade entre pensamento essencial e fenomenologia. O próprio fato de o ser somente se manifestar no velamento exige, em sua abordagem, tal estrutura. Não poderia ser uma explicitação lógica. O pensamento do ser rompe com a lógica e, contudo, deve utilizá-la, e é por isso mesmo que somente atinge o ser de modo indireto. Isto diz: fenomenologicamente. A prisão ao plano dos entes é destino essencial do pensador em sua condição fática. É por isso que o ser, objeto de sua interrogação, que "nunca acontece fenomenologicamente sem os entes", sempre se dá como ocultamento e retenção. Assim, o método fenomenológico se instaura em consonância com a própria condição do pensador do ser, pois o método, como Heidegger o define, visa a mostrar o ser como a partir de si se manifesta, isto é, ocultando-se nos entes. Na palavra "Wesen" se oculta toda uma gama de expressões em que o filósofo recolhe o essencial de sua intenção de abrir o espaço fenomenológico para o desvelamento-velamento do ser. Esse espaço, todavia, se abre sempre no homem, ainda que não se instaure pelo homem, mas pelo próprio acontecer do ser.

Dentro do horizonte da análise da primeira parte do trabalho, em que a *aletheia* emerge como tema condicionante, em torno do qual Heidegger formaliza grande parte de suas intuições, e tendo presente que a pergunta pela verdade é a pergunta prévia que sempre envolve e vem envolvida na pergunta-guia e na pergunta fundamental, é possível captar a verdadeira dimensão em que Heidegger inaugura a unidade fenomenologia-pensamento do ser.

Em *Ser e Tempo* a preocupação que se impõe como horizonte permanente é o sentido do ser. Ele condiciona toda a analítica existencial e, uma vez conquistado, toda ela deveria ser nele refeita. Daí surge a incompletude, tantas vezes confessada, da analítica das estruturas existenciais. Toda a interrogação pelo sentido do ser emerge da existência, cuja unidade e ser é a preocupação e cujo sentido é a temporalidade. O "aí" do ser-aí, em que se instaura a compreensão do ser, é a abertura em que se coloca a questão do sentido do ser.

Em mais de 50 passagens Heidegger se refere ao sentido do ser, na obra que apenas visa a preparar o horizonte da análise do sentido do ser.[16]

> "O ser tem, à medida que é entendido, um sentido. Experimentar e compreender o ser como o mais digno de ser questionado, interrogar propriamente pelo ser, então, não significa mais que perguntar pelo sentido do ser. No tratado Ser e Tempo é feita e desenvolvida como problema, pela primeira vez na história da filosofia, a pergunta pelo sentido do ser. Ali também vem dito exaustivamente e fundamentado o que se entende por sentido (a saber a manifestabilidade do ser, não apenas do ente enquanto tal)".[17]

É, precisamente, para colocar a questão do ser em geral e não do ser do ente, que Heidegger levanta o problema do sentido. "O caminho de seu pensamento conhece claramente a diferença entre 'ser' enquanto 'ser do ente' e 'ser' enquanto 'ser' sob o ponto de vista de sua verdade (clareira)".[18] Dessa citação já emerge outra palavra usada por Heidegger para designar o sentido do ser, a verdade: "A pergunta decisiva (SZ 1927) pelo sentido do ser, isto é,[19] pela esfera de projeto, isto é, pela abertura, isto é, pela verdade do ser e não apenas do ente, permanece intencionalmente não-desenvolvida".[20] "Sentido do ser" e "verdade do ser" dizem o mesmo",[21] por isso "também se lê, na página 230 de *Ser e Tempo*, que apenas se pode entender a partir do 'sentido', isto é, a partir da verdade do ser é como o ser é".[22] Em torno dessas duas palavras – verdade e sentido – se agrupam outras que dizem o mesmo: abertura, clareira, transcendência e, sobretudo, desvelamento.

"O homem está projetado na abertura do ser, conforme a qual o próprio ser é".[23] "O mundo é a clareira do ser".[24] "Somente à medida que o homem, conforme sua essência, está postado na clareira do ser, é ele um ser pensante."[25] "A compreensão é, aqui, ao mesmo tempo, pensada a partir do desvelamento do ser."[26] Assim, se apresentam por toda a obra de Heidegger, as referências ao sentido do ser, que manifestam a meta fundamental de sua reflexão. A variedade das expressões não deve ocultar a visão da unidade do tema. Em *Ser e Tempo* foram estabelecidas as bases para a linguagem que, mais tarde, retornaram no segundo Heidegger. Basicamente, a existência, como ser-no-mundo, e a preocupação, como o modo de ser-no-mundo que sustenta a abertura do ser,[27] são a fonte de que fluem sentido, abertura, verdade, clareira, desvelamento, etc., em *Ser e Tempo*. Essas palavras, porém, são elevadas a outra clave, à medida que se processa a viravolta e exprimem o acontecer fenomenológico do ser, porque seu surto, nas estruturas do ser-aí, é sustentado pelo ser. Cada uma das estruturas básicas do ser-aí pode, dessa maneira, ser realizada no horizonte do ser. Assim como o ser-no-mundo sustenta a abertura, o sentido, a verdade, a clareira, em *Ser e Tempo*, também, mais tarde, o mundo, em seu acontecer concreto, sustenta a abertura, o sentido, a verdade, a clareira e o desvelamento, enquanto ligados ao ser. Na expressão "mundo" Heidegger concentra, depois de 1930, todos os modos de manifestação do ser. O mundo, em seu sentido originário, será o âmbito em que acontecem todos os sentidos e em que se dá toda a transcendência.

A vinculação fenomenologia-pensamento do ser emerge, portanto, dessas expressões que são preparadas em *Ser e Tempo* e amadurecem progressivamente na viravolta. Em todas elas se esconde a pergunta prévia: Que é a verdade? Ela é o âmbito da interrogação pelo ser. Heidegger deixou isto bem claro em uma passagem de sua obra: "A compreensão desse contexto é o impulso para o tratado *Ser e Tempo*. A essência do homem se determina, a partir da essência (verbal) da verdade do ser, pelo próprio ser. No tratado *Ser e Tempo* fez-se a tentativa de, com base na questão da verdade do ser e não mais baseado na questão da verdade do ente, determinar a essência do homem a partir de sua relação com o ser e somente a partir dela. Em *Ser e Tempo* a essência do homem é caracterizada, em um sentido bem-delimitado, como ser-aí."[28] O ser é o elemento determinante, já em *Ser e Tempo*, das características que ali ainda parecem emergir do ser-aí e que depois se apresentam como âmbito da manifestação fenomenológica do ser.

"Wesen", como acontecer fenomenológico do ser, é, portanto, o sentido, a abertura, a verdade, a clareira, o desvelamento do ser. Antes de mostrarmos a dimensão paradoxal que inclui esse acontecer fenomenológico, enquanto implica sempre velamento, retração, recusa, não verdade, oclusão, vamos resumir a análise, aprofundando-a por meio da reflexão sobre tempo, verdade e fundamento em seu recíproco envisceramento na manifestação e no desvalamento do ser.

O ser em seu acontecer concreto, fenomenológico, velando-se em seu desvelamento, se manifesta no horizonte do tempo, da verdade, do fundamento: "ao ser pertence o tempo", "ao ser pertence a verdade", "ao ser pertence o fundamento"[29] O tempo, a verdade e o fundamento são a clareira em que fulgura o ser. Qual é o "ser do tempo", "o ser da verdade" e o "ser do fundamento"? Heidegger responderá: "o ser do tempo é o tempo de ser", "o ser da verdade é a verdade do ser", "o ser do fundamento é o fundamento do ser." "O tempo, a verdade, o fundamento são a abertura em que o ser inaugura sua manifestação. O ser se manifesta no tempo. O ser enquanto tal é, assim, desvelado a partir do tempo".[30] Heidegger afirma ainda: "Ser em 'Ser e Tempo' não é outra coisa que 'tempo', à medida que este é designado como pré-nome para a verdade do ser. Essa verdade é o acontecer fenomelógico do ser e, assim, é o próprio ser".³¹ Se, portanto, o tempo é o ser, então "o ser do tempo é o tempo do ser". "O tempo que se manifesta como horizonte do ser",³² brota do próprio ser como tempo (*ousia*). "Para nós, porém, diz *einai* e *ousia*, enquanto *parousia* e *apousia*, primeiramente isto: na presença impera, impensada e veladamente, o presente e seu perdurar, acontece fenomenologicamente tempo".³³ Toda a problemática do tempo tem aqui sentido absolutamente decisivo, que se estende por todo o pensamento de Heidegger na sua interrogação pelo ser (veja-se, por exemplo, a conferência *Tempo e Ser*, de 1962).

Já se evidenciou, anteriormente, que tempo e verdade se aliam e coincidem. O tempo designa a verdade do ser. Assim, podemos substituir "ser e tempo" por "ser e verdade". Para isto, conduz a reflexão de Heidegger em suas considerações sobre a essência da verdade. "Então, a pergunta pela essência da verdade é mais aprofundada. Então, se revela a razão do entrelaçamento da essência da verdade com a verdade da essência".³⁴ "A pergunta pela essência da verdade brota da pergunta pela verdade da essência".³⁵ Segundo Heidegger, a primeira parte da frase entende essência como quididade ou realidade e a verdade como característica do conhecimento. "A pergunta pela verdade da "essência" entende a "essência" em seu sentido verbal, e pensa nessa palavra, permanecendo ainda presa à representação da metafísica, o ser (*Seyn*), enquanto a diferença imperante entre ser e ente. Verdade significa o velamento iluminador enquanto traço básico do ser (*Seyn*). A pergunta pela essência da verdade encontra sua resposta na frase: "A essência da verdade é a verdade da essência".³⁶ "No conceito de 'essência' a filosofia, porém, pensa o ser".³⁷ Basicamente, Heidegger quer dizer que a verdade, enquanto característica do conhecimento, é, antes de mais nada, verdade enquanto característica do ser. Primeiro, essência designa, realmente, a quididade, mas, depois ela assume o sentido de *Wesen*, enquanto acontecer fenomenológico: a verdade enquanto manifestação desse acontecer do ser. Podemos, sem dúvida nenhuma, transportar a frase "A essência da verdade é a verdade da essência", para a dimensão secreta que nela vem escondida, a que certamente nos autorizam outras passagens da obra de Heidegger:

Essência da Verdade, Ser e Tempo; Verdade da Essência, Tempo e Ser. O acontecer fenomenológico da verdade, portanto, é a verdade do acontecer fenomenológico do ser. A verdade acontece como verdade do ser. Heidegger confirma essa interpretação em *Nietzsche II*: "Onde a pergunta pela essência da verdade do *ente* e do comportamento com ele, foi mesmo resolvida, deve permanecer totalmente ausente a reflexão sobre a verdade do ser enquanto a pergunta mais originária pela essência da verdade".[38] A verdade do ser determina o ser da verdade. "Estabelecido porém, que não apenas o ente brota do ser, mas, que também e mais originariamente ainda o próprio ser repousa em sua verdade e que a verdade do ser acontece fenomenologicamente como o ser da verdade, então se torna necessária a pergunta pelo que seja a metafísica em sua essência."[39]

Vinculada ao problema da verdade vem ainda a reflexão de Heidegger sobre o fundamento. Já a primeira interrogação pela essência do *fundamento* se mostra enviscerada com a tarefa de uma elucidação da "essência do *ser* e da *verdade*."[40] Mais tarde o filósofo afirmou, por ocasião de suas análises sobre o princípio da razão suficiente, que pode ser um princípio do ente ou então do ser: "Neste segundo caso estamos obrigados a pensar o fundamento enquanto o ser e o ser enquanto o fundamento. Em tal caso começamos com a tentativa, de pensar o ser enquanto ser. Isto quer dizer: não mais clarificar o ser por meio de um ente".[41] "Ser e fundamento: o mesmo".[42] "Que significa ser? Resposta: ser significa fundamento."[43] "Mas, o que significa fundamento? Para isto somente existe a seguinte resposta: fundamento significa ser. Ser significa fundamento. Fundamento significa ser: aqui tudo se move em círculo".[44] Se substituirmos fundamento por tempo ou verdade, temos a aproximação com a análise anterior. O ser acontece como fundamento e o fundamento acontece como ser. Essa análise do ser como fundamento situa, novamente, o acontecer fenomenológico do ser na abertura que se manifesta na consideração dos laços que aproximam ser e tempo – tempo e ser, ser da verdade – verdade do ser. Podemos, entretanto, observar, aqui, algo que já vinha pressentido em *Ser e Tempo*. Heidegger se pergunta ali se é possível afirmar que o ser é ou que o tempo é. O "é" do tempo e do ser deveria ter uma conotação diferente do "é" dos entes.⁴⁵ Heidegger, muitas vezes, dá ao ser um sentido transitivo. Aqui, entretanto, em *O Princípio do Fundamento*, o desvelo por um modo de dizer o ser sem possível confusão com os entes o leva a substituir o "é" por dois pontos (:) ou então por "designa", "significa".

Detenhamo-nos, por um instante, nesse gesto de Heidegger, que esconde muito mais do que a primeira vista possa parecer. Em princípio a atitude de evitar o "é" é exigida pelo próprio método fenomenológico enquanto quer pensar o ser. À medida que usamos o "é", simplesmente desvelamos algo. A fenomenologia, todavia, quer mostrar algo em seu velamento, assim como a partir de si se mostra, isto é, ocultando-se. É assim que "Wesen", como acontecer fenomenológico, substitui o "é" do ser. Apesar de precária essa substituição, contudo, nos arranca da fixidez lógica da simples cópula. Em vez do "é" Heidegger usa a expressão "dá-se", que ocorre já em *Ser e Tempo*.⁴⁶ Em tudo isso aparece o verdadeiro sentido do esforço do pensador para evitar a confusão do ser com os entes. Poderíamos enunciar que a fenomenologia se movimenta na esfera antepredicativa, posto que visa a manifestação do ser, de onde emerge toda a possibilidade de predicação. "A enunciação não é o lugar da verdade, mas a verdade é o lugar obrigatório da enunciação".⁴⁷

> *"Se atentamos cuidadosamente para a linguagem em que anunciamos aquilo que diz o princípio do fundamento como princípio do ser, então se mostra que falamos de um modo estranho, na verdade não acessível, do ser. Dizemos: ser e fundamento 'são' o mesmo. Ser é a ausência de fundamento. Se dizemos de algo, 'é' e 'é' isto ou aquilo", então, esse algo é representado, em tal modo de dizer, como um ente. Somente o ente "é"; ele "é" propriamente; o "ser" não "é" [...] O "é" e o "ser" se apresentam de modo original. Para corresponder a isto, expressamos, assim, aquilo que o princípio do fundamento diz como princípio do ser: ser e fundamento: o mesmo. Ser: a ausência de fundamento. Não é permitido dizer "ser" "é" fundamento, como observamos. Essa maneira de falar, em princípio inevitável, não diz respeito ao "ser", não o atinge naquilo que lhe é próprio".⁴⁸*

Assim como não se pode afirmar "ser é fundamento", também não se pode, propriamente, declarar "ser é tempo" ou "ser é verdade". Isto seria apenas possível se déssemos ao verbo ser uma força ativa de verbo transitivo.[48a] Para responder concretamente a esse problema e, ao mesmo tempo, levar esta análise ao seu clímax, para encerrá-la, deixemo-nos guiar por um texto de Heidegger, que resume com felicidade o que estamos analisando:

> "*Ser e fundamento copertencem. Da copertença ao ser enquanto ser recebe o fundamento sua essência (Wesen). De modo inverso, da essência (Wesen) do fundamento emerge o domínio do ser enquanto ser. Fundamento e ser ('são') o mesmo, não o igual, o que já indica a diversidade dos nomes 'ser' e 'fundamento'. Ser 'é' em essência: fundamento. Assim, o ser nunca pode primeiro ter um fundamento, que o fundamente. O fundamento fica, dessa maneira, afastado do ser. O fundamento fica ausente do ser. No sentido de uma tal ausência de fundamento do ser, 'é' o ser ausência de fundamento (abismo). À medida que o ser, enquanto tal, é fundamento em si mesmo, permanece ele mesmo sem fundamento*".[49]

A mesma copertença pode ser afirmada de ser e tempo e de ser e verdade. O ser não é tempo, nem é verdade; como se lhe fossem aditados tempo e verdade; como se o tempo e a verdade fossem o horizonte que sustenta o ser. Ser: tempo, verdade, fundamento. O ser acontece fenomenologicamente como tais e, assim, se manifesta. Manifesta-se, porém, no velamento porque o ser não irrompe no tempo, na verdade e no fundamento como substratos que o sustentam e o exibem. Essas três dimensões se instauram com o ser, por meio do próprio ser; por isso o ser não necessita delas para manifestar-se, mas, antes as manifesta oculto nelas. Assim, o ser nunca tem primeiro um tempo, uma verdade, um fundamento, para que ele se temporalize, se verifique, se fundamente, ainda que nunca se dê sem ser fundamento, verdade e tempo. Desse modo, o tempo, a verdade, o fundamento ficam ausentes do ser, ficam afastados do ser. Assim, podemos afirmar, paradoxalmente, o ser é não temporal, não verdadeiro, não fundamentado.[49a] Isto quer dizer que o tempo, a verdade, o fundamento, ocultam o ser, ainda que o manifestem enquanto dele emergem. Então, à medida que o ser é tempo em si mesmo, verdade em si mesmo, fundamento em si mesmo, ele permanece sem tempo, sem verdade, sem fundamento. Heidegger confirma isso na frase paradoxal: "Presença (ser) pertence à clareira do ocultar-se (tempo). Clareira do ocultar-se (tempo) produz presença (ser)".[50] Essa dimensão se resume no binômio velamento-desvelamento, em que reside o vigor do método fenomenológico de Heidegger, que acompanha todo o seu pensamento do ser. "O ser mesmo se retrai, mas, enquanto tal retração, o ser, precisamente, é a relação que reclama a essência do homem para abrigo de seu (do ser) advento".[51]

Não é, portanto, o prazer do paradoxo que leva Heidegger a envolver, em suas análises, o ser em opostas características que surpreendem à primeira vista. "O ser se ilumina enquanto o advento da retenção, da recusa de seu desvelamento. O que é designado com 'iluminar', 'advir', 'reter', 'recusar', 'desvelar', 'velar', é o mesmo, é o único que acontece fenomenologicamente: o ser".[52] O ser é, ao mesmo tempo o mais vazio e o mais pleno, o mais universal e o mais único, o mais compreensível e o que se opõe a qualquer conceito, o mais usual e o que está sempre por vir, o mais seguro e o mais abissal, o mais esquecido e o mais lembrado, o mais pronunciado e o mais silenciado".[53] Essa estrutura ambivalente da manifestação do ser surge da condição circular de nossa existência. Sempre estamos colocados do lado de cá do ser, não em uma relação que radica no esquema sujeito-objeto, mas em um vínculo que nos faz emergir do ser em uma abertura em que se oculta o dom do ser que é o nosso "aí".

Vemos, desse modo, como o método fenomenológico que procura pensar o ser, manifestando-se, assim como a partir de si se mostra, isto é, ocultando-se, é realmente o caminho em que o ser se aproxima de nosso pensamento. A extrema simplicidade da atitude diante do ser vigia a manifestação do ser enquanto ele se dá na temporalidade. "O situar-se ek-stàticamente no aberto do lugar do ser é, enquanto relação com o ser seja com o ente enquanto tal, seja com o próprio ser, a essência do pensamento".[54]

Toda a linguagem de Heidegger enquanto se refere ao abandono do ser, ao esquecimento do ser, à ausência do ser, não deve ser vista como pura crítica à metafísica, como a história do esquecimento do ser. Em todas essas expressões revela-se o modo próprio de o ser comunicar-se ao homem.

> "O ensombrecimento do ser pelo ente vem do próprio ser, como o abandono ontológico do ente no sentido da recusa da verdade do ser. Mas, à medida que penetramos, com nossos olhos, nessa sombra enquanto *sombra*, já estamos situados numa outra luz, sem encontrarmos o fogo de onde brota seu fulgor. A sombra já é outra coisa e nenhum obscurecimento".[55]

O pensamento deve corresponder a essa retração do ser,[56] porque

> "O próprio ser acontece fenomenologicamente como desvelamento no qual se presenta o ente. Todavia, o próprio desvelamento permanece ausente com relação a si. Fica-se no velamento do acontecer fenomenológico do desvelamento. Fica-se junto ao velamento do ser enquanto tal. O próprio ser fica ausente [...] A ausência do ser enquanto tal é o próprio ser. Na ausência o ser se vela através de si mesmo".[57]

A fenomenologia é o caminho para o pensamento do ser que, assim, acontece para o homem.

Notas

[1] HVHN 40

[2] SZ 38

[3] SZ 38; HB 29

[4] Ver *Introdução ao Pensamento de Martin Heidegger*, p. 25-29.

[5] SZ 34; HB 41, 42

[6] SZ 35

[7] SZ 35

[8] VA 134; ver também HB. G. [εἶναι e φαίνεσθαι coincidem progressivamente]

[8a] NII p.358-359

[9] WW 25

[10] WiM 46

[11] WW 25

[12] SG 122

[13] N II 389

[13a] A tentativa de definir o *ser* em seu "que" seria esquecê-lo. O ser não é: não tem quididade.

[14] N I 80

[15] N I 166

[16] SZ 1, 2, 3, 4, 17, 18, 19, 26, 35, 37, 39, 86, 146, 152, 183, 196, 200, 201, 211, 212, 213, 226, 228, 230, 231, 234, 235, 286, 303, 304, 314, 316, 323, 324, 325, 326, 327, 328, 330, 332, 333, 357, 371, 372, 392, 406, 419, 435, 436, 437.

[17] EM 64

[18] US 110

[19] SZ 151

[20] WW 26

[21] WiM 18

[22] HB 25

[23] HB 35

[24] HB 35

[25] SG 147

[26] WiM 18

[27] WiM 27

[28] N II 194

[29] SG 204

[30] WiM 17

[31] WiM 17

[32] SZ 437

[33] Wim 17
[34] WW 23
[35] WW 26
[36] WW 26
[37] WW 25
[38] N II 21
[39] WiM 44
[40] WG 50
[41] SG 118-119
[42] SG 205
[43] SG 204
[44] SG 205
[45] SZ 230, 420
[46] SZ 230
[47] SZ 226
[48] SG 93
[48a] Ver Schelling, S. Werke 7, 205, "Deus est res cunctas".
[49] SG 92-93
[49a] Isto diz, em síntese, que o ser não é nada entitativo. (Ver IV 3, passim).
[50] EVW 401
[51] N II 368
[52] N II 389
[53] N II 254
[54] N II 358
[55] N I 657
[56] N II 359
[57] N II 353; ver HW 322.

CAPÍTULO 5

A Fenomenologia e a História da Filosofia

A filosofia atual não tende mais à construção sistemática e à adesão rígida a posições ou sistemas de pensamento. Não tem mais vigência a abordagem puramente crítica, a agressão externa a autores ou escolas. A atitude básica consiste em um debruçar-se sobre a história da filosofia enquanto patrimônio. Todos os recursos de interpretação e análise de textos, de que hoje se dispõe no terreno da filosofia, são também canalizados para a hermenêutica das obras dos autores da tradição filosófica. A história da filosofia, desfeito o sectarismo, deixou de ser um campo em que se batem adversários e epígonos. Na história da filosofia se escondem as raízes de toda reflexão. Mesmo o esforço de sistematização dela recolhe suas possibilidades. Nas obras imortais da tradição se desenvolvem e crescem os diálogos do mundo filosófico. As posições se destacam, não mais nas crispações sistemáticas, mas nas posturas diante do patrimônio dos pensadores. A consciência de uma inserção na tradição está nas fontes de qualquer presença que se impõe no movimento filosófico mundial. Por isso as especulações em torno dos problemas da metafísica retomam novo vigor, à medida que se movimentam em um caminho que se desdobra nos textos e por meio deles. A consciência atual de que vivemos uma história do espírito, que pode ser descoberta nas reflexões sobre a história dos conceitos filosóficos, amplia as possibilidades. O passado se torna algo presente e vivo, à medida que, em suas categorias e conceitos, se encaminha para nós sempre o mesmo ser na multiplicidade de seus sentidos. Os fios invisíveis que ligam cada pensador à tradição devolvem gravidade à sua presença na história da filosofia. Desfeita está, assim, a atitude iconoclasta que isola autores, mas, em cada pensador, se descobrem as próprias raízes e as possibilidades pessoais.

O pensador, tendo presente, em seu horizonte pessoal, a tradição, terá modos diversos de comunicar-se com ela, quer parcial ou globalmente. Seu comportamento, com relação aos filósofos que o precederam, lhe garantirá maior ou menor resultado em suas interrogações. Assim, importa muito tomar as atitudes certas, trilhar os caminhos adequados ou desenvolvê-los em razão de seu próprio avanço. É possível desvendar novos modos de acesso à tradição, irromper em novos caminhos que enriqueçam a própria reflexão e revelem o essencial da história da filosofia. Os novos caminhos não apenas devem abrir o tesouro da história do pensamento metafísico, mas, antes, devem saber distinguir nele o que é passageiro, o que é detrito histórico, o que não é história viva, daquilo que, na história, participa da própria história do ser.

Heidegger, em uma atitude diversa da de seu mestre, Husserl, que desenvolvia suas análises fenomenológicas em uma consciente e escolhida distância das considerações históricas, ainda que se sentisse em oposição a toda metafísica, abre sua obra, *Ser e Tempo*, com uma frase que, diretamente, o compromete com toda a história da filosofia. A frase do sofista, na qual Platão, com uma certa melancolia, se debruça sobre a história de seu próprio pensamento e constata que no *Fedon* ele parecia saber o que era o ser, mas, que agora o ignorava, é uma apóstrofe que Heidegger lança à toda a história da filosofia.[1] "Temos nós, hoje, uma resposta à questão que interroga pelo que entendemos com a palavra 'ente'? De nenhum modo. Por isso convém recolocar a *questão do sentido do ser*".[2] Essa questão comandará o longo itinerário de Heidegger pela história da filosofia. Toda a obra *Ser e Tempo*, que por momentos parece tão distante das considerações históricas, é, sobretudo, uma iniciação à própria história da filosofia.

É imprescindível ver, em toda a obra principal de Heidegger, nas análises que realiza da existência, o revolvimento da própria estrutura da facticidade, colocada em virtude da posição do homem no movimento global da interrogação pelo ser. *Ser e Tempo* é uma microanálise precursora da macroanálise da história do ser. O esforço de uma catarse ontológica que se filtra por meio de *Ser e Tempo* é uma repetição e uma lembrança que mais tarde envolverá a história da metafísica ocidental como um todo. O que nos interessa agora é descobrir em que medida o método fenomenológico, em que se movimenta *Ser e Tempo*, e que nele vem preparado, em seu esboço inicial, desenvolve sua presença no diálogo que Heidegger estabelece com a história da filosofia. Para a aferição disto precisamos avançar para além das intenções expressas pelo autor. Tentaremos captar a presença fecundante e multívoca do método fenomenológico nas meditações de Heidegger, tanto sobre autores do pensamento ocidental quanto sobre a história desse pensamento como um todo.

Desde o início afirmamos que não é possível, e isto à primeira vista transparece nos trabalhos de Heidegger, que o método fenomenológico, que visa o caminho de acesso ao ser, esteja ausente na análise da história desse ser, sobre a qual Heidegger se debruça com especial cuidado e insistência. Dever-se-á mostrar como a originalidade da posição do autor reside no fato de ter aberto uma porta sobre a história da filosofia. Isto somente se tornou viável graças ao método em cuja elasticidade se esconde a teimosa perseguição de um único problema: Qual é o sentido do ser em geral?

A primeira referência explícita de Heidegger à história da filosofia, no parágrafo 6 de *Ser e Tempo*, deve ser vista no horizonte das mudanças da história do pensamento do autor. Ela se explicou lentamente nas obras posteriores a 1930, ainda que o projeto, que vinha nas primeiras páginas de *Ser e Tempo*, jamais tenha sido realizado completamente, por meio de outras formas e demominações.[3]

A segunda parte de *Ser e Tempo* traria o título: *Elementos de uma Destruição Fenomenológica da História da Ontologia à Luz da Problemática da Temporalidade*.[4] Essa destruição seria feita por etapas que se constituiriam nas três secções da segunda parte:

> "1. A doutrina kantiana do esquematismo e do tempo como primeiro desenvolvimento de uma problemática da temporalidade. 2. O fundamento ontológico do 'Cogito Sum' cartesiano e a sobrevivência da ontologia medieval na problemática da rés cogitans. 3. O tratado de Aristóteles sobre o tempo como critério do fundamento e dos limites da ontologia antiga".[5]

Somente a primeira secção foi publicada avulsamente, na sua provável forma, em *Kant e o Problema da Metafísica*.

O que entende Heidegger por destruição?

No primeiro parágrafo de *Ser e Tempo* ele fala de uma repetição da pergunta pelo sentido do ser. A destruição se liga a essa meta. No parágrafo 6, Heidegger situa a pergunta pelo sentido do ser, como marcada pela historicidade. "A pergunta pelo sentido do ser é, assim, de acordo com sua forma de exercício – que se realiza como explicitação prévia do ser-aí na sua temporalidade e na sua historicidade – levada, a partir de si mesma, a se compreender como historial".[6] A questão do ser deve, portanto, ser colocada, primeiro e principalmente, na dimensão historial e não sistemática. Isto se torna necessário por causa da condição historial do próprio filósofo, que levanta a questão do ser no contexto da história da filosofia. *Ser e Tempo* mostra, na análise das estruturas da existência, que o homem nem sempre assume sua historicidade e decai, passando, então, a explicitar-se a partir dos entes e da tradição que o envolve.[6a]

"A tradição, que assim impõe sua supremacia, longe de tornar acessível o que 'transmite', contribui, pelo contrário, primeiramente e o mais das vezes, a recobri-lo".[7] Assim, a tradição dissimula suas próprias raízes. "A conseqüência disto é que o ser-aí, por mais interesse e zelo que tenha para uma interrogação filológica 'objetiva', deixará de compreender até as condições de possibilidade mais elementares de um retorno real ao passado que lhe possibilita a sua apropriação criadora".[8] Se a questão do ser foi esquecida, torna-se, precisamente, necessário esse retorno, do qual Heidegger fará o tema central de toda a sua obra.

> *"Se se quiser que a questão do ser se elucide, pela sua própria história, será necessário que se reanime uma tradição esclerosada e que se eliminem as sobrecargas com que se embaraçou, temporalizando-se. Compreendemos essa tarefa como uma destruição, realizada em vista da questão do ser, do depósito ao qual a tradição reduziu a ontologia antiga; esta destruição deverá ser levada às experiências originárias onde foram conquistadas as primeiras determinações do ser, que deveriam permanecer fudamentais para o futuro."*[9]

A destruição não tem o sentido negativo de desprezo e rejeição da tradição. Ela quer surpeendê-la em seus limites. "A destruição não quer enterrar o passado no nada, ela tem uma intenção positiva; sua função negativa permanece inexplícita e indireta".[10]

Heidegger confessa: "A destruição da história da ontologia faz essencialmente parte da questão do ser e somente é possível nessa perspectiva. Os limites do presente trabalho, cujo fim principal é desenvolver essa questão, somente nos permitem a realização da destruição nos momentos decisivos dessa história".[11] Heidegger se propõe, por isso, analisar Kant, Descartes e Aristóteles.

Já que ao filósofo interessa uma destruição fenomenológica positiva, sua pergunta fundamental à história da ontologia será: Em que medida, no curso da história, da ontologia, a interpretação do ser esteve vinculada explicitamente ao fenômeno do tempo? E ainda: A problemática da temporalidade, pressuposto da análise do tempo, foi ou podia ser desenvolvida radicalmente?[12] Justamente, esse sentido positivo da destruição da tradição ontológica dará uma concreção real ao problema do ser. Nela se provará a necessidade de uma repetição da pergunta pelo sentido do ser. "Repetição, dirá Heidegger, mais tarde, não significa o arrolar uniforme do sempre mesmo, mas tomar, recolher e organizar o que se esconde na antigüidade".[13]

Podemos, pois, resumir a atitude inicial de Heidegger diante da história da filosofia: 1. quer repetir a pergunta pelo sentido do ser; 2. essa repetição exige primeiro uma destruição das obstruções criadas pela ontologia da tradição; 3. essa destruição será fenomenológica, ligando-se, portanto, ao método fenomenológico que esboça *Ser e Tempo*; 4. o fio condutor dessa destruição fenomenológica é a temporalidade; 5. essa destruição será levada a cabo em alguns autores que representam instâncias decisivas na história da ontologia.

Essas metas, já delineadas em *Ser e Tempo*, permaneciam na raiz do desenvolvimento posterior de Heidegger, quando ele falou em superação, passo de volta, adentramento. Todas essas análises, todavia, estavam sempre decisivamente envoltas pela fenomenologia e na problemática da temporalidade.

Para penetrarmos, com acerto, na vinculação que Heidegger estabelece entre fenomenologia e história da filosofia, a partir da projetada destruição da história da ontologia que permitiria um retorno originário à questão do sentido do ser, devemos refletir sobre a tese heideggeriana sobre a história da filosofia que se esconde em *Ser e Tempo*, na analítica existencial. Isso se impõe, com mais urgência ainda, porque a atitude do segundo Heidegger, sua evolução posterior, depende muito de sua posição diante da história da filosofia que transparece no abundante material analisado da história da filosofia como história do pensamento do ser. A ambivalência, que se manifesta nessas análises, somente pode ser atingida positivamente pelo método fenomenológico com o qual Heidegger se movimenta em direção à questão do ser que vem impensada na metafísica. Essa ambivalência não pode ser interpretada como involuntária. Ela faz parte das intenções fundamentais do próprio autor. O método fenomenológico é necessário para o desvelamento do ser que sempre se vela em sua própria história, dado que o ser sempre acontece fenomenologicamente com o ente. O método fenomenológico procura, portanto, em *primeiro lugar*, adaptar-se ao modo de manifestação do ser, assim como, a partir de si mesmo, se manifesta, ocultando-se. Isto é algo inevitável na história da filosofia, em que o ser sempre se dá como tempo, verdade, fundamento, que são a abertura e a clareira em que o próprio ser se mostra, ocultando-se.

O método fenomenológico que Heidegger aplicaria na terceira seção da primeira parte de *Ser e Tempo*, para analisar o tempo como essencialmente ligado ao ser, é usado para analisar o ser em sua história, na qual ele se oculta. O fato de Heidegger atentar para esse "comportamento" do ser procura algo de positivo nessa retração do ser e algo inevitável que emerge do próprio ser-aí enquanto sempre é facticidade e estar-jogado e, portanto, inevitavelmente decaída. O cuidado fenomenológico de Heidegger procura vigiar o ser que joga o homem nesse abandono, enquanto o ser se esconde em tal abandono do ser-aí. Sob esse aspecto, o próprio Heidegger pode ser vítima do esquecimento do ser e poder-se-ia perguntar se o impasse de *Ser e Tempo* não resultou de um tal esquecimento que foi assumido conscientemente, e por isso se interrompeu a obra. Uma confissão, que data de 1940, parece reconhecer isto.

> "No tratado Ser e Tempo *fez-se a tentativa de determinar a essência do homem, com base na pergunta pela verdade do ser e não mais na pergunta pela verdade do ente. Essa essência do homem é ali caracterizada, num sentido bem-delimitado, como ser-aí. Apesar do desenvolvimento simultâneo, porque objetivamente necessário, de um conceito mais originário de verdade, absolutamente não resultou possível (nos treze anos que se passaram) despertar nem mesmo uma compreensão elementar dessa problematização. A razão dessa não-compreensão se situa no costume não erradicável, que ainda mais se firma, ligado aos modos de pensar moderno: o homem é pensado como sujeito; toda a reflexão sobre o homem é compreendida como antropologia. Mas, de outro lado, a razão da não-compreensão reside no próprio ensaio [de Ser e Tempo], o qual, porque, contudo, é algo que cresceu historicamente e não é "artificial", vem do que está em vigência até hoje, procurando disso libertar-se, apontando, assim, ainda necessária e constantemente, de volta para o caminho que a história da filosofia trilhou até hoje. Pede até ainda auxílio a essa tradição, para dizer algo absolutamente diferente. Entretanto, esse caminho [de "Ser e Tempo"] se*

> *interrompe no ponto decisivo. Essa ruptura se fundamenta no fato de o caminho encetado e de esse ensaio caírem, contra sua vontade, no perigo de, novamente, se tornarem uma fortaleza para a subjetividade e no fato de o próprio ensaio impedir os passos decisivos, isto é, sua suficiente apresentação e realização essencial. Toda a inclinação para o "objetivismo", e o "realismo" permanece "subjetivismo": a pergunta pelo ser enquanto tal situa-se fora da relação sujeito-objeto".*[14]

Essa observação, que Heidegger inseriu em suas análises sobre o niilismo europeu, revela perfeitamente o problema, ainda que culpe o pensamento metafísico de cuja linguagem teve de servir-se para "dizer algo absolutamente diferente" da história da metafísica. Velar pelo ser que se vela e retrai no desvelamento é tarefa que continuamente sofre a tentação da decaída junto aos entes e, assim, a tentação do esquecimento. Essa condição da decaída nunca poderá ser eliminada definitivamente, e por isso a possibilidade do esquecimento do ser nunca pode ser eliminada. Sob esse aspecto, a história da filosofia sempre será o movimento complexo da lembrança e do esquecimento do ser.

Heidegger aplica, porém, o método fenomenológico também à situação concreta da época delimitada da história da filosofia, que representa a metafísica. A metafísica como história do esquecimento do ser é, para Heidegger, um momento concreto da história da filosofia, em que se afirma uma modalidade de existência concreta que não apenas participa da decaída própria à facticidade e que é destino do próprio ser enquanto se oculta em seu desvelamento, mas, de uma existência que acumulou obstruções tais que representa o período do verdadeiro niilismo em que nada mais há com o ser. Para isto, é necessária a destruição que permite o retorno aos fundamentos. Não podemos, é obvio, querer descobrir uma evolução linear, a partir de *Ser e Tempo*, da qual eclodissem os passos do segundo Heidegger. Verificamos apenas os grandes traços. Esses se mantêm ao longo do caminho do filósofo. Essa segunda dimensão da atitude de Heidegger diante da história da filosofia, como metafísica, permite resultados evidentemente positivos, na eliminação do esquecimento do ser provocado pelas obstruções da metafísica.

Se em *Ser e Tempo* a decaída se apresenta como explicação geral das possibilidades de esquecimento de ser, não podemos esquecer a ambivalência que nela se esconde. Podemos surpreender, nas obras de Heidegger, as fases em que essa ambivalência cede lugar a um ou outro de seus polos. A partir de 1935 até 1945, observamos nitidamente uma predominância das análises de Heidegger da metafísica como história do esquecimento do ser. Nesses anos, sobretudo na monumental obra que traz o título *Nietzsche*, Heidegger se debruça sobre os pensadores da história da filosofia procurando destruir positivamente o subjetivismo que inundara o pensamento ocidental. Nesse período (ainda que não exclusivamente), Heidegger se debruça sobre a história cronológica da filosofia procurando mostrar a necessidade da superação da metafísica enquanto esquecimento do ser. Nesses anos descobriu a pujança da fenomenologia como elemento de destruição das obstruções que escondem a originária manifestação do ser. É de 1941 a seguinte afirmação de Heidegger:

> *"A tradição da verdade sobre o ente, que se desenvolve como 'metafísica', se desdobra numa acumulação e obstrução da originária essência do ser, que não mais conhece a si mesmo. Nisso reside a necessidade da 'destruição' dessa obstrução, tão logo se tenha tornado necessário um pensamento da verdade do ser. Mas, esta destruição, assim como a 'fenomenologia' e toda a interrogação hermenêutico-transcendental, ainda não é pensada como história do ser".*[15]

A destruição visava, se assim podemos dizer, às consequências óbvias da decaída, que se manifestam como o niilismo da metafísica ocidental. Heidegger, no entanto, diante da insuficiência dessa destruição para colocar o problema do ser em seu verdadeiro lugar, apela para a história do ser.

Precisamente, a partir dos anos posteriores a 1945, podemos descobrir nas obras de Heidegger uma preocupação mais direta com a história do ser. A partir de então ele se ocupa não tanto da metafísica como esquecimento do ser, mas, sim, muito mais, da metafísica enquanto ela esconde em si a história do ser que se retrai e se oculta. Isto também é resultado de nossa condição existencial fáctica. É, entretanto, não apenas a simples obstrução que a vigilância fenomenológica procura destruir. Nessa história do ser se esconde a decaída do homem enquanto necessariamente o ser acontece para o homem e no homem, temporalmente, isto é, ocultando-se na clareira do tempo. A partir daí podemos verificar uma gradual mudança de linguagem e uma diminuição da agressividade contra a metafísica como esquecimento do ser. Heidegger se detém mais no esquecimento que o próprio ser instaura mediante o seu velamento no desvelamento. A superação da metafísica se transforma em um adentramento nas raízes da metafísica, assim como a destruição se transformara em superação. Não se trata mais tanto da insistência na desobstrução e superação, antes, porém, de pensar aquilo que ficou impensado: a história do ser. Heidegger substitui a palavra "Überwindung" por "Verwindung". Assim, superação é aprofundada e toma um sentido mais positivo que precisamente é e que se manifesta após a década de 35-45. "Verwinden" quer dizer, segundo explicação do próprio Heidegger, "fazer sua uma coisa entrando mais profundamente nela e transportando-a a um nível superior".[16] Trata-se, portanto, não mais de abandonar a metafísica, mas de assumi-la em suas raízes, nela penetrando e elevando-a ao nível de lembrança do ser.

Pode-se, então, afirmar que o horizonte de interrogação, preparado em *Ser e Tempo*, quando se realiza a análise da decaída e da inautenticidade, se mantém na obra de Heidegger, explicitando-se em uma ambivalência que bem-mostra as intenções do filósofo e sua impossibilidade de desvincular considerações sistemáticas sobre o problema do ser e da história da filosofia que vivemos, agora, como metafísica. As especulações de Heidegger se processam sobre a própria história da filosofia, porque elas, somente assim, podem considerar o ser apenas acessível em sua história, isto é, à medida que acontece temporalizando-se, manifestando-se em sua verdade e clareira. Essa estrutura do pensamento de Heidegger é muito complexa e deve ser considerada em todos os seus aspectos. Quando ele, à página 225 de *Ser e Tempo*, afirma que "A compreensão do ser que primeiramente se impõe ao ser-aí e que ainda hoje não foi superada *fundamental e expressamente* encobre, ela mesma, o fenômeno original da verdade", o filósofo transporta o problema para o plano cronológico da história da filosofia. Não quer, entretanto, dar a entender com isso a possibilidade de superação de toda a decaída, mas, a necessidade de superação daquilo que na metafísica oculta a história do ser.[17]

Aprofunda-se a questão se perguntarmos pela possibilidade da metafísica em geral. Devemos distinguir entre metafísica como o movimento histórico, no qual estamos envolvidos, e metafísica como filosofia. Será a metafísica como história, como esquecimento do ser, apenas uma florescência temporal da metafísica como possibilidade mais vasta de outras manifestações históricas? Haverá outras possibilidades de filosofia que não se tornem história do esquecimento do ser? É possível, apesar da facticidade e decaída do homem, que seja instaurado um pensamento que seja metafísica no sentido amplo, mas que não seja metafísica no sentido restrito de história do esquecimento do ser? Essas perguntas põem a questão anterior apenas em uma outra perspectiva. Segundo as múltiplas manifestações de Heidegger, é possível que a filosofia floresça em novos modos de meditação do ser, que não mais sejam vítimas do niilismo, que culminou na metafísica, enquanto história do esquecimento do ser. Heidegger busca isto por meio do seu pensamento do ser, que está muito além de todos os nomes que a metafísica ocidental registrou em seu acontecer. Aqui devemos situar o esforço de regresso aos fundamentos da metafísica, a penetração no impensado da metafísica ocidental, a busca do novo começo do qual fala o filósofo. Enquanto a filosofia é confundida com a metafísica, em seu sentido estrito, como movimento da subjetividade que desembocou no niilismo europeu, Heidegger procura superá-la. O pensador procura penetrar nela para assumi-la, elevá-la ao nível da lembrança do ser e conduzi-la ao seu próprio começo (o novo começo), que ela esqueceu.

Aqui se apresenta a condição precária do filósofo que busca esse novo começo. Ele somente pode fazê-lo pelos caminhos da própria metafísica como esquecimento do ser. Por isso é preciso a destruição, a superação e, então, o adentramento e a instauração do novo começo. Assim, o filósofo deve precaver-se contra duas ameaças: uma, que é a sua própria condição fáctica de decaída, e a outra, que é o resultado negativo dos pensadores ocidentais, que resultou da condição fáctica: a metafísica como esquecimento do ser. Se o pensador escapa do próprio perigo sempre apenas parcialmente, ele, contudo, pode, na meditação cronológica da história da filosofia ocidental, superar o móvel básico que reside nas raízes da metafísica da subjetividade. Sempre paira, porém, sobre o pensador que não adere à metafísica da subjetividade, a possibilidade de ele errar na própria interpretação dessa metafísica levado pela sua facticidade e decaída. Heidegger pergunta-se sobre essa questão, que exigiria, precisamente, uma dupla tarefa da fenomenologia: desvelar as estruturas da facticidade para, continuamente, prevenir a decaída na inautenticidade e destruir, superar e transformar a própria metafísica para nela descobrir o impensado, esquecido, enfim, o que resultou oculto pela decaída. Na intenção da destruição fenomenológica germina e radica toda a possibilidade futura da fenomenologia diante da história da filosofia. Não pode ser omitida, porém, a importância da fenomenologia da facticidade, como a microestrutura condicionante da macroestrutura da história da filosofia. Somente uma verdadeira analítica existencial pode diminuir os reflexos da decaída sobre a história do ser.

É a partir de Kant, que afirma que a metafísica é uma estrutura natural do homem, que Heidegger discute o problema da situação do homem na metafísica e diante da metafísica. O fundamento da metafísica é a diferença entre ser e ente. É essa distinção, portanto, algo humano? Faz ela parte da estrutura natural do homem? "Resulta essa diferença apenas como conseqüência da natureza do homem ou se determina, antes e de modo geral, a natureza e essência do homem fundamentada nessa distinção e a partir dela?"[18] Então o homem seria apenas homem à medida que permanece nessa distinção. Com uma série de perguntas, Heidegger vai para além da pura discussão da relação do homem com a diferença entre ser e ente, para estabelecer a relação do homem com o ser. "Fundamenta-se toda a metafísica na distinção entre ser e ente? Que é essa distinção? Fundamenta-se essa distinção na natureza humana ou fundamenta-se a natureza humana nessa distinção? Não é essa alternativa insuficiente? Qual é o sentido que tem aqui alternadamente o fundamentar? Por que pensamos aqui em fundamentar e perguntamos pelo "fundamento"? Não é aquilo que tem caráter e fundamento, um traço essencial do ser? Não perguntamos por isso, em todos esses modos de problematizar, pela relação do homem com o ser, que em nenhuma pergunta pode ser omitida e, contudo, simultaneamente em nenhuma é procurada? Não somos, pois, logo arrastados a tomar o homem como um dado, como natureza subsistente, que então carregamos com aquela relação com o ser? A isto corresponde o inevitável antropomorfismo, que até conseguiu sua justificação metafísica por meio da metafísica da subjetividade. Não se transforma, assim, a essência da metafísica, intocável como área que nenhuma interrogação filosófica pode ultrapassar? Em último caso pode, ainda, assim a metafísica relacionar-se consigo mesma e, então, de sua parte, poderá bastar na situação extrema, a essência da subjetividade. Essa reflexão da metafísica sobre a metafísica seria então a "metafísica da metafísica".[19] O elemento decisivo, portanto, é a pergunta pela relação do ser com o homem, que não pode ser estabelecida ao modo da metafísica.

É que a metafísica assenta sobre a diferença entre ser e ente e jamais pergunta pelo fundamento dessa diferença. Perguntar por ela é perguntar pela própria natureza do homem. É também perguntar pela própria possibilidade da metafísica. "Fundamenta-se a distinção entre ser e ente na natureza do homem de tal modo que essa natureza se deixa caracterizar a partir dela, ou fundamenta-se a natureza do homem nessa distinção?"[20] "É na conquista dessa questão decisiva que reside o modo e o ponto de vista a partir do qual nós conquistamos um sentido mais originário da metafísica. [...] Antes procuramos penetrar no fundamento da metafísica porque, assim, queremos experimentar a distinção entre ser e ente, mais exatamente, aquilo que sustenta a própria distinção enquanto tal: a relação do homem com o ser".[21] Aqui, vem claramente delimitada a intenção fundamental de Heidegger ao se debruçar sobre a história da metafísica ocidental. Procura desvelar nela o fundamento que a sustenta. Sobre este a metafísica nunca interrogou. Toda a fenomenologia de Heidegger visa a penetrar na relação do homem com o ser, porque nessa relação se esconde a raiz secreta da metafísica e na sombra dessa relação se esconde o motivo por que a metafísica se transformou no esquecimento do ser. O desvelamento fenomenológico dessa relação deverá mostrar que nossa relação com o ser é ambivalente, que ela tem dois polos. Um dos polos sempre é por nós atingido por meio da diferença ontológica. Assim, o ente é o concreto em relação com o mais geral, abstrato, indeterminado, que é o ser. Este é o ser da metafísica.[21a]

A metafísica pensa o ser sempre como o mais vazio, mais lembrado, mais comum, mais compreensível, mais universal, mais usual. Existe, porém, um outro polo da nossa relação com o ser que se estabelece além da diferença entre ser e ente. Este é o fundamento da nossa relação com a diferença ontológica. Este é o ser enquanto plenitude, o único, o inconcebível, o sempre em advento, o abissal, o mais esquecido, o mais silenciado. Sob esse aspecto, o ser nunca se nos dá no ente. Por isso o ser é o absolutamente indiferente para a metafísica. O esquecimento dessa dualidade ambivalente do ser na relação com o homem, no entanto, leva a metafísica ao esquecimento do ser. Heidegger pode resumir essa ambivalência no binômio velamento-desvelamento.[21b]

Do mesmo modo, Heidegger determina que o método fenomenológico deve mostrar o ser, assim como a partir de si se mostra, isto é, ocultando-se; assim, também, no plano da história da filosofia como metafísica, o mesmo método será o caminho para pensar o fundamento da diferença ontológica, o polo que torna ambivalente nossa relação com o ser, o esquecimento desse polo como esquecimento do próprio fundamento da metafísica, a lembrança desse polo como o novo começo. A história do ser como metafísica é, justamente, o esquecimento da condição do ser-aí, que, por causa da sua facticidade, sempre se deve movimentar em um dos polos da relação, mas que, ainda assim, deve vigiar o outro polo como o que se oculta, o que se vela no desvelamento do polo em que se move o ser-aí. Donde brota esta ambivalência: Do homem ou do ser? Do ser enquanto ele instaura no homem o seu aí. Do homem enquanto o aí do ser, aí fáctico, que sempre necessariamente está preso aos entes, isto é, sempre é decaída. O ser em si é o mesmo, único, sem conceito, o que sempre está por chegar, o abismo, o silenciado. Por causa da relação que estabelece com o homem é o universal, o compreenssível, o usado, o familiar, o falado. A ambivalência se estabelece na relação ser-homem e o pensamento que quiser superar a metafísica deve manter-se na experiência dessas duas faces do ser.[22]

Mais explícita se torna, dessa maneira, a presença da analítica existencial transportada para o macroorganismo da história da filosofia. O método fenomenológico aplicado, assim, a essa história da filosofia, representa, sem dúvida nenhuma, a substituição da análise do sentido do ser enquanto ligado à temporalidade, além de realizar a destruição fenomenológica da história da ontologia. À medida que *Ser e Tempo* não pode realizar a explicitação da temporalidade ligada ao sentido do ser, é a meditação sobre a história do ser, sobre a historicidade do ser, que toma o lugar de "Tempo e Ser". Ligada à tarefa da destruição, superação, adentramento, lembrança, impõe-se a tarefa de pensar o ser em sua história concreta que acontece na relação homem-ser.

O desvelamento fenomenológico da história da filosofia tem, para Heidegger, a finalidade de mostrar a substancialização e subjetivação do ser. Assim, o filósofo se levanta, tanto contra a substância quanto contra a subjetividade. Como Hegel via uma evolução no pensamento ocidental, à medida que progredia a subjetividade, o espírito, assim Heidegger vê, nesse processo, uma involução do pensamento ocidental. Se Hegel pode seguir, desde os gregos, os lampejos do *logos* em direção ao *telos*, Heidegger retrocede, mediante o desvelamento do impensado nos pensadores, até os gregos, em que reside o primeiro começo. É em torno desse desvelamento da subjetividade que ele procura um ponto fixo na história da metafísica, que lhe permita iniciar o passo de volta, tendo como referência um pensador. Este é Nietzsche. Nele, Heidegger vê o clímax da subjetividade, portanto o clímax da metafísica, o clímax do esquecimento do ser. Nietzsche é, assim, o momento de decisão para o retorno.

Diante de Nietzsche, Heidegger formula sua tese sobre a história da filosofia; essa história da filosofia que é a metafísica: "A metafísica funda uma época, enquanto lhe dá o fundamento de sua forma essencial, por meio de uma determinada explicação do ente e através de uma determinada concepção da verdade. Esse fundamento perpassa todas as manifestações que caracterizam uma época".[23] A época atual representa o máximo de desenvolvimento da subjetividade, tanto na explicação do ente como na concepção da verdade, e por isso nela a metafísica chegou a seu fim. Para provar essa interpretação filosófica da história da filosofia, Heideger escreveu grande parte de suas obras mais recentes. Sem dúvida nenhuma, todavia, surge uma coerência com as primeiras intuições de *Ser e Tempo* com relação a essa tese, cuja contingência pode esconder-se na opção por um momento da história da filosofia que se localiza em Nietzsche.

Todas as reflexões sobre fenomenologia e história da filosofia devem permanecer ligadas ao fio condutor da reflexão de Heidegger, que é a temporalidade. É por isso que toda a análise da história da filosofia permanece ligada à analítica existencial, ainda que esta seja transportada para o âmbito da hegemonia do ser, quando as estruturas do ser-aí são vistas a partir da temporalidade do ser que sustenta a temporalidade da existência. A penetração nas profundas intenções de Heidegger poderá ser muito facilitada pelo último capítulo de sua obra, *Nietzsche: O Adentramento na Metafísica*, e pela conferência *Tempo e Ser*.[24]

Para uma visão real da presença da fenomenologia na interpretação da história da filosofia, será interessante observarmos alguns aspectos concretos da história docente do próprio Heidegger.

Introduz-nos uma afirmação de Heidegger, de 1962:

> "O ensino de Husserl consistia na forma de um gradual exercício do 'ver' fenomenológico, que, ao mesmo tempo, exigia o afastamento da utilização não crítica dos conhecimentos filosóficos e, também a renúncia em trazer para o diálogo a autoridade dos grandes pensadores. Eu, entretanto, podia separar-me tanto menos de Aristóteles e dos outros pensadores gregos, quanto mais claramente a intimidade com o ver fenomenológico fecundava a interpretação dos escritos de Aristóteles. Não podia prever, na verdade, de imediato, que conseqüências práticas traria o apelo renovado a Aristóteles".[25]

Essa confissão, que narra uma situação de 1919, mostra como a fenomenologia, que se desdobraria até se apresentar, em 1926, no livro *Ser e Tempo*, com características muito pouco husserlianas, já fazia sentir sua presença no diálogo com a história da filosofia.

Ainda de 1962 temos a afirmação de uma carta a Richardson:

> "Entrementes, a 'fenomenologia', no sentido de Husserl, foi ampliada para uma determinada posição filosófica prefigurada por Descartes, Kant e Fichte. Para ela a historicidade do pensamento permanece absolutamente estranha [...] Contra essa posição filosófica se ergueu a pergunta pelo ser, desenvolvida em 'Ser e Tempo', e isto, como ainda hoje creio, com base numa fidelidade mais concreta ao princípio da fenomenologia".[26]

Foi, portanto, a falta de historicidade da fenomenologia de Husserl que levou Heidegger a dela afastar-se e a procurar uma fidelidade ao princípio da fenomenologia no esboço provisório da fenomenologia que surge em *Ser e Tempo*.

Se olharmos para o registro das aulas e seminários de Heidegger, observaremos que sua preocupação explícita com a fenomenologia se estende de 1919 a 1929. Nesse período, Heidegger realizou, em todos os semestres, exercícios fenomenológicos sobre autores diversos da história da filosofia. Depois, até 1957, cessou a referência explícita a "exercícios fenomenológicos", mas as análises dos pensadores ocidentais continuaram insistentemente. As referências explícitas à fenomenologia foram lentamente cedendo lugar ao próprio objeto que Heidegger perseguia em todo o patrimônio dos filósofos: o problema da história do ser. A ausência de alusões explícitas, no entanto, não infirmou a presença fecundante do método fenomenológico. Não a simples crítica, nem o registro histórico do espólio do pensador, mas a presença passada-presente do ser, como o impensado, guiava as suas incursões na história da filosofia.

Heidegger alia, em sua análise dos textos filosóficos, a especulação ao desvelamento fenomenológico. Dessa tensão entre especulação e ver fenomenológico surgem suas mais belas páginas que transfiguram os próprios textos, mostrando sua força escondida e sua perene atualidade.

Heidegger procura recuperar a verdade filosófica na sua pureza e por isso se mostra inclemente em "destruir fenomenologicamente" os detritos culturais e históricos que escondem o essencial impensado. Tanto a ontologia da coisa quanto a metafísica da subjetividade, assim como as tentativas teologizantes, são desbastadas e suas intenções profundas, desmascaradas. O filósofo procura destacar a perene tarefa da reflexão filosófica na finitude, enfocando todas as suas análises no horizonte da relação do homem com o ser.[27]

Todo o seu estudo da história da filosofia procura recuperar o chão perdido da meditação na finitude. A tarefa da filosofia como uma interrogação nunca acabada, que se movimenta no círculo hermenêutico ontológico, deve ser mantida também nas considerações sobre a história da filosofia. Heidegger realiza um verdadeiro desmascaramento fenomenológico, em seu esforço de fazer com que se manifeste, na história da filosofia, a história passada-presente do ser.

Eis, na voz de pensador, a síntese de sua posição:

"*O adentramento (na metafísica) não noticia sobre opiniões passadas e representações do ser. Ele também não persegue as relações de influência e não transmite pontos de vista no seio de uma* história conceitual. Ele não conhece o progresso e regresso de uma sucessão de problemas em si, que devem encher uma história de problemas.

Porque somente se conhece e quer conhecer história no círculo da pesquisa histórica que manifesta e apresenta coisas passadas para a utilização pelo presente. Fica, também, o adentramento na história do ser apenas entregue à aparência a qual deixa aparecê-la como uma pesquisa histórica conceitual e, ao lado disto, ainda, como unilateral e cheia de lacunas.

Se, contudo, o adentramento ontológico historial cita pensadores e segue seus pensamentos, então esse pensamento é para ele a suprema resposta, que acontece como resultado do apelo do ser e, aliás, como determinação, através do apelo. O pensamento dos pensadores não é nem um processo nas 'cabeças', nem é a obra de tais 'cabeças'. A cada momento pode-se considerar o pensamento historicamente em tais perspectivas e insistir na exatidão dessa consideração. Mas, assim não se pensa o pensamento enquanto pensamento do ser. O adentramento ontológico-historial retorna ao apelo da voz silenciosa do ser e ao modo de sua disposição. Os pensadores, em suas mútuas vinculações, não são medidos, nas suas produções, pelo sucesso que rendem para o avanço do conhecimento.

Cada pensador ultrapassa o limite interior de cada pensador, mas, tal ultrapassagem não é um melhor saber, pois, ela mesma apenas consiste no fato de manter o pensador no imediato apelo do ser para permanecer, assim, em seus limites. Estes, por sua vez, consistem no fato de o próprio pensador nunca poder dizer o que lhe é mais próprio. Deve permanecer não dito, porque a palavra dizível recebe sua determinação do indizível. O mais próprio do pensador, contudo, não é posse sua mas propriedade do ser, cuja inspiração o pensamento capta em seus projetos, que, entretanto, apenas confessam seu envolvimento no que lhes foi projetado.

A historicidade de um pensador (o modo como é considerado pelo ser para a história e o modo como corresponde a esse apelo) nunca pode ser medida pelo papel calculável historicamente que suas opiniões, em seu tempo, sempre necessariamente mal-entendidas, podem representar em sua circulação pública. A historicidade do pensador que não visa a ele, mas ao ser, tem sua medida na fidelidade originária do pensador a seus limites interiores. Não conhecê-los e não conhecê-los graças à proximidade do indizível não dito é o dom escondido do ser aos raros, que são chamados para o sendeiro do pensamento".[28]

Notas

[1] SZ 1 KPM 216
[2] SZ 1
[3] SZ § 6
[4] SZ 39
[5] SZ 40
[6] SZ 21
[6a] Daí a importância da problemática da decaída para compreender a postura de Heidegger diante da metafísica como história do esquecimento do ser.
[7] SZ 21
[8] SZ 22
[9] SZ 22
[10] SZ 23
[11] SZ 23
[12] SZ 23
[13] US 131
[14] N II 199-195
[15] N II 415
[16] Ver *Essais e Conférences*, p.80 nota 3.
[17] Ver *Lêtre et le Temps*, nota 1 da p. 225, Trad. Waelhens e Boehm.
[18] N II 242
[19] N II 244
[20] N II 245
[21] N II 245-246
[21a] Ver IV 5: a identidade entre ser e homem somente se dá na diferença.
[21b] A diferença se dá na identidade. A diferença ontológica nasce da indiferença (identidade) entre ser e homem. Velamento e desvelamento dão-se no movimento mútuo e pendular que vige entre identidade e diferença e se ligam à diferença ontológica.
[22] NII 246
[23] HW 69
[24] Ver *Introdução ao Pensamento de Martin Heidegger* do autor. p. 73-79, 129-142
[25] HVHN 35
[26] EW 399
[27] Ver III 4: *Compreensão da Finitude*.
[28] NII 483-485

PARTE TERCEIRA

O Círculo Hermenêutico

CAPÍTULO 1

O Círculo da Compreensão e a Situação Hermenêutica

O ontologia da coisa toma como ponto de referência a constância da substância. A filosofia transcendental mergulha na subjetividade e a ela sempre retorna. Tanto o método objetivo quanto o método transcendental terminam evocando como fulcro um elemento imóvel, perene, ideal, que permite sempre novamente o retorno a um ponto fixo para explicar o avanço da interrogação filosófica. Heidegger, em sua ruptura com a substância e a subjetividade do pensamento ocidental, desdobra um método fenomenológico que radica nas possibilidades da existência, que pretende ser a superação do esquema sujeito-objeto. O ser-aí não é nem substância tampouco sujeito.[1] O filósofo coloca todas as possibilidades da filosofia na estrutura existencial do ser-aí. Todas as ontologias subsistem a partir da ontologia fundamental que precede toda a interrogação ontológica. Com tal gesto, o filósofo instaura o movimento na finitude, que não tem elementos para romper as condições finitas da interrogação por uma referência a um elemento extrínseco à condição humana do filosofar. O método fenomenológico conforma-se com a própria estrutura do ser-aí e a ontologia que dele emerge será uma ontologia que, formal e constitutivamente, se manterá vinculada, na sua própria gênese, com o ser-aí.

O pensamento filosófico da tradição ancora sempre em um ponto de partida que, em última análise, pode ser reduzido ou desdobrado a partir da ideia do intelecto agente ou da *illuminatio*. Nesses elementos se apresenta basicamente a ruptura da condição finita, temporal, humana do filosofar. Kant temporaliza o elo que junge conhecimento sensível e intelectual e reduz a possibilidade do conhecimento às condições *a priori* da sensibilidade e do entendimento. Por isso, toda sua filosofia se concentra em uma única pergunta: Que é o homem? Heidegger, centrando sua interrogação na analítica do ser-aí, responde a essa pergunta e procura estabelecer, assim, todo o conhecimento ontológico nas estruturas do ser-aí. O que se atribui à presença de um intelecto agente, ou mesmo a uma *iluminatio divina*, o elemento espontâneo no conhecimento filosófico, é situado no próprio ser-aí.

> "*O ente, que traz o nome ser-aí, está 'iluminado'. A luz que constitui essa iluminação do ser aí, não é a força ôntica subsistente e fonte de uma claridade que irradia, manifestando-se, de tempos em tempos, nesse ente. O que fundamentalmente ilumina esse ente, isto é, o que o torna para si mesmo, tanto 'aberto' quanto 'iluminado', foi determinado, antes de qualquer interpretação 'temporal', como preocupação. Nela radica a plena abertura do 'aí'. Essa revelação possibilita primeiramente toda a iluminação e esclarecimento, toda a percepção, 'ver' e ter de algo. A luz dessa revelação é por nós, apenas, então, compreendida, quando não indagamos por uma força implantada e subsistente, mas, quando interrogamos a global constituição ontológica do ser-aí, a preocupação, a respeito do fundamento de sua possibilidade existencial. A temporalidade ek-stática ilumina originariamente o aí*".[2]

Essa afirmação se explicita com a observação de Heidegger, por ocasião da análise do ser-em enquanto tal:

> "*O modo figurativo, ôntico, de falar do lúmen naturale, no homem, não visa outra coisa que à estrutura existencial-ontológica desse ente, que é de tal modo que é seu aí. Dizendo que ele é 'iluminado', entendemos: ele é iluminado em si mesmo enquanto ser-no-mundo, não por um outro ente, mas, de tal modo, que para si mesmo é sua própria luz. Somente para um ente semelhante e*

> *existencialmente iluminado, um ente puramente subsistente, pode tornar-se acessível na luz e dissimulado na obscuridade. O ser-aí traz, desde sua origem, o seu aí consigo; não o tendo ele não apenas deixa de ser facticamente, mas de nenhum modo poderia ser um ente com tal essência. O ser-aí é sua abertura, sua revelação."[3]*

Heidegger rejeita, assim, explicitamente, qualquer explicação ôntica que seja posta como possibilidade da abertura do ser-aí. O ser-aí é abertura, revelação, iluminação, claridade, por motivo de seu próprio aí. Assim constituído concretamente, o ser-aí, a partir do qual apenas é possível o método fenomelógico, que procura revelar o que se mostra assim como a partir de si se manifesta, se movimenta necessariamente em um círculo. Esse círculo permanece ineslutavelmente na finitude, porque não pode ser rompido, no plano ontológico, por nenhuma intervenção ôntica, quer seja o *intelectus agens*, o *lumen naturale*, ou a *illuminatio divina*.

Deixemos de lado, inicialmente, a constituição circular do próprio ser-aí para determinarmos primeiro a estrutura formal do círculo em que necessariamente se move a interrogação filosófica que parte do ser-aí. Heidegger determinou, em *Ser e Tempo*, o movimento formal do círculo da compreensão e nele se movimentou desde o começo. Isto é inevitável para quem assume como fundamento o ser do ser-aí: a preocupação e o sentido desse ser; a temporalidade. A circularidade da interrogação pode ser determinada, em sua dimensão formal, a partir da análise da compreensão que se realiza em *Ser e Tempo*.

Já no início de *Ser e Tempo* Heidegger nota a presença de um círculo no ponto de partida de sua reflexão. Como é possível que a busca do sentido do ser possa e deva ser precedida por uma explicitação do ser do ser-aí? Busca-se o ser e, contudo, já se possui o ser.

> *"A posição expressa e consciente da questão do sentido do ser reclama uma explicitação prévia e adequada de um ente (ser-aí) com relação a seu ser. Não descamba, porém, uma tal empresa num círculo manifesto? Determinar primeiro o ente em seu ser, pôr*

> *depois, baseado nessa determinação, a questão do ser em geral, é isto outra coisa que se mover em círculo? Não pressupõe o desenvolvimento da questão aquilo que a resposta deveria fornecer?"*[4]

Heidegger assevera que tais objeções puramente formais não podem atingir o movimento concreto da interrogação.

> *"Concretamente, porém, essa maneira de pôr a questão não contém nenhum círculo. Um ente pode ser determinado em seu ser sem que para isto se tenha de dispor de um conceito explícito do sentido do ser. Se assim não fosse, jamais algum conhecimento ontológico se poderia constituir. Ora, não podemos negar a existência de fato de tal conhecimento."*[5]

Essa simples afirmação se desenvolve no momento em que Heidegger procura mostrar como a compreensão tem um caráter existencial e como a compreensão prévia do ser faz parte do projeto existencial: a compreensão é um modo de ser do ser-aí, um existencial. A compreensão é a própria abertura do ser-no-mundo. Toda a teoria, o ver, o compreender são derivados dessa compreensão existencial, que é a própria luz, iluminação, abertura, revelação do ser-aí.

> *"A revelação do aí na compreensão é ela mesma um modo de poder-ser do ser-aí. Enquanto, um mesmo movimento, ele projeta seu ser em direção ao em vista do que ele é e, em direção a suas possibilidades antecipa já uma compreensão do ser. O ser é compreendido no projeto, ainda que não seja captado por meio de um conceito ontológico. O ente, cujo modo de ser é essencialmente o ser-no-mundo, tem, como constituinte de seu ser, a compreensão do ser."*[6]

A compreensão prévia, portanto, do ser-aí. Enquanto existência o ser-aí é compreensão e essa compreensão é implícita compreensão de ser.

Heidegger progride em sua análise formal e verifica que se a compreensão é um existencial então toda a compreensão que emerge da explicação é derivada, posto que não existe explicação sem a prévia compreensão. O sentido que atingimos pela explicação já nos acompanha, de algum modo, na própria explicação, possibilitando-a. O sentido faz parte da própria estrutura prévia da compreensão, portanto, da estrutura do ser-aí, enquanto aquela é seu existencial.

> "O projeto da compreensão revela o ente conforme a sua possibilidade. O ente intramundano é projetado em direção ao mundo, isto é, em direção a uma significabilidade total; enquanto ser-no-mundo, a preocupação, de antemão, se vinculou ao sistema da referência constitutivo dessa totalidade. Quando um ente intramundano foi descoberto, isto é, chegou à compreensão, graças a sua relação com o ser do ser-aí, dizemos que ele tem um sentido. Propriamente falando não é, entretanto, compreendido o sentido, mas o ente ou o ser. Sentido é aquilo em que reside a possível compreensão de algo. Aquilo que se pode articular na relação constitutiva do compreender, eis o que designamos sentido. O conceito de sentido engloba a estrutura formal e necessária daquilo que será submetido à articulação da compreensão explícita. O sentido estruturado pela aquisição prévia, pela vista prévia e pela antecipação, forma, para todo projeto, o horizonte a partir do qual algo será compreendido enquanto tal."[7]

À medida, todavia, que a compreensão e explicitação constituem existencialmente o ser-aí, o sentido deverá ser concebido como a estrutura formal e existencial da revelação característica da compreensão. Assim, o sentido faz realmente parte do ser-aí e não se prende às coisas. Somente o ser-aí pode ter ou estar privado de sentido. Pela compreensão prévia, que é a abertura do ser-aí, portanto, nós já sempre levamos conosco o sentido que buscamos. Disso resulta o círculo da compreensão ou o círculo hermenêutico.

Heidegger refere-se ao fato de que, na filosofia, sempre se tivera consciência de um tal fato, posto que as partes de um texto eram compreendidas a partir de um sentido prévio que se projetava sobre o todo do texto e que esse todo, por sua vez, era, então, compreendido a partir das partes. Aquilo que parecia típico na interpretação filológica é transportado para a universalidade de toda a compreensão. Há, portanto, um círculo na compreensão. Heidegger, porém, enuncia: *"Mas, tomar esse círculo por vicioso, procurar meios para 'evitá-lo', ou mesmo 'experimentá-lo' como uma imperfeição inevi-*

*tável, equivale a uma incompreensão fundamental da compreensão."*⁸ "O elemento decisivo não é sair do círculo, mas, nele penetrar corretamente. O círculo característico da compreensão não é um círculo fatal no qual toda e qualquer forma de conhecimento se tivesse de movimentar: ele é a expressão da *estrutura* existencial da *antecipação* do próprio ser-aí."⁹

A instauração da circularidade da compreensão ontológica do ser-aí representa um elemento definitivo no pensamento de Heidegger, à medida que ele toma por ponto de partida a analítica existencial. Além de o círculo caracterizar todo o seu caminho filosófico, seu próprio método atinge suas possibilidades supremas enquanto se conforma com o próprio movimento circular da interrogação pelo sentido do ser. É um método fenomenológico no sentido especificamente heideggeriano, que busca, em última análise, a explicitação do sentido do ser; é um método perfeitamente adaptado à interrogação na finitude, dado que ele é o seu próprio movimento. Nesse âmbito a própria filosofia toma seu lugar adequado, enquanto ela, na pergunta pelo ser, questiona suas próprias possibilidades como filosofia. À medida que a filosofia interroga pelo ser, ela busca sua própria supressão. Precisamente, no entanto, a impossibilidade de uma resposta definitiva a essa pergunta na finitude é a própria possibilidade da filosofia. O círculo da compreensão sustenta o método fenomenológico.

> "*O círculo esconde em si uma possibilidade autêntica do conhecer mais original; este somente é compreendido corretamente quando a explicitação se determina, como tarefa primeira, permanente e última, não se deixar impor suas aquisições prévias, suas vistas prévias e suas antecipações por quaisquer intuições e noções populares, mas, se assegura seu tema científico pelo desenvolvimento dessas antecipações conforme 'as coisas em si mesmas'*".¹⁰

O que Heidegger descreve aqui visa precisamente à atitude daquele que procura deixar-se conduzir pelas coisas como a ele se mostram. Todas as antecipações do sentido devem ser conduzidas pelas "coisas em si mesmas" e não pelas opiniões e cargas que a tradição acumula e com que obstrui aquilo que originariamente se manifesta. A verdadeira inserção no círculo hermenêutico exige a fidelidade ao método fenomenológico que procura atingir as coisas, assim como em si mesmas e a partir de si mesmas se manifestam. A intenção profunda é preparar as verdadeiras antecipações para a explicitação do sentido do ser em geral. Essa explicitação somente se torna acessível à medida que, também fenomenologica-mente, são explicitadas as estruturas do ser-aí que traz em si a possibilidade da antecipação do sentido do ser pela pré-compreensão do ser. Em última análise, a abertura do ser-aí, seu ser é a preocupação e seu sentido é a temporalidade. Por isso, também a explicitação do sentido do ser se fará no horizonte da temporalidade. A explicitação das estruturas do ser-aí, mediante a fenomenologia hermenêutica, precisamente visa a mostrar "que aquilo a partir de onde o ser-aí em geral compreende e explicita expressamente algo como o ser, *é o tempo.*"[11] É preciso deixar-se comandar pelas próprias coisas para que a antecipação do sentido do ser em geral não se falseie. Heidegger procura justamente desvelar, pela fenome-nologia, o ser-aí em si mesmo, para que dele, então, desabroche o sentido – que é o próprio tempo. "Trata-se de procurar e de *trilhar* um *caminho* para a elucidação da pergunta ontológica fundamental. Se é o *único*, ou mesmo o certo, somente pode ser decidido após *sua realização.*"[12] Essa afirmação, com que o filósofo relativiza seu método e coloca a possibilidade de revisão da antecipação de sentido, surge na página derradeira de *Ser e Tempo*, porque Heidegger mesmo sabe que a nossa factidade e decaída sempre nos insere no risco de talharmos nas antecipações. Apesar de o círculo hermenêutico ser um elemento definitivo da compreensão da finitude, nele reside o caráter sempre indefinitivo da própria interrogação na finitude.

Devemos atentar, cuidadosamente, para o fato importante de que a determinação formal do círculo hermenêutico, na analítica existencial, somente é possível porque o próprio autor já nele se movimenta. Claramente se afirma, assim, a inelutável circularidade de toda interrogação. Também a própria temporalidade, como sentido do ser-aí, é já uma antecipação que emerge da fidelidade às coisas em si mesmas. A própria analítica existencial somente é possível mediante a antecipação e o projeto de sentido. Isso pode causar estranheza a quem sempre conta com um elemento extrínseco com que pretende ficticiamente corrigir e retificar seus próprios passos. A possibilidade de revelar o erro está no próprio caminho que sempre se conduz pelas coisas em si mesmas.

Toda delimitação formal do círculo da compreensão já é resultado da própria consciência de que o autor se movimenta nele. Isto se aplica a toda a obra de Heidegger. Há uma fidelidade ao projeto antecipador da qual emerge a própria necessidade da viravolta. A constituição ontológica circular do ser-aí revelará isto com mais precisão, quando analisada. "O 'círculo' na compreensão pertence à estrutura do sentido, fenômeno que está radicado na constituição existencial do ser-aí, na compreensão explicadora. O ente que, enquanto ser-no-mundo, se interessa pelo seu próprio ser, tem uma estrutura ontológica circular".[13]

Antes de passarmos à determinação da constituição ontológica circular do ser-aí, vamos tentar penetrar ainda mais na dimensão formal do círculo hermenêutico, detendo-nos na análise da situação hermenêutica. Aquele que, na interrogação ontológica, presume possuir ponto de partida fixo e indiscutível, no começo, ou mesmo extrínseco à própria pergunta, não necessita de uma situação hermenêutica, porque sua especulação cai ou se mantém à medida que cai ou se sustenta o próprio ponto de partida. No movimento da pergunta pelo ser na finitude, porém, em que sempre espreita a necessidade de revisão ao caminho, é decisiva a elaboração de uma verdadeira situação hermenêutica.

Heidegger elabora o conceito de situação hermenêutica no início da segunda seção de *Ser e Tempo*. Tendo mostrado na análise da compreensão e explicitação o caráter circular de toda compreensão,[14] ele vê a necessidade "de interromper o movimento da análise, não para 'descansar', mas para conseguir um impulso mais forte para ela",[15] ao iniciar o exame da temporalidade como o sentido da preocupação. Esta é a primeira vez que Heidegger para a fim de refletir sobre os passos a serem dados: "Até aqui – salvo observações ocasionais que se impunham – não se fizeram discussões metódicas expressas."[16] Nesse momento, contudo, o filósofo vai mostrar que o círculo hermenêutico, do qual teórica e formalmente falara antes, faz parte do próprio movimento da analítica existencial. A situação hermenêutica implica um círculo hermenêutico. É que "Toda explicitação tem sua aquisição prévia e sua antecipação".[17] Isso quer dizer que em toda explicitação é projetado um sentido global prévio que envolve a temática a desenvolver. Esse sentido é o conjunto dos pressupostos. "Se a explicitação enquanto interpretação se transforma em tarefa expressa de uma pesquisa, então o todo desses 'pressupostos', que designamos *situação hermenêutica*, necessita de um esclarecimento prévio e de uma garantia prévia, a partir da e na experiência básica do 'objeto' a ser explorado".[18] Somente assim é possível garantir uma interpretação ontológica originária do ser-aí. Originária, quer dizer, de acordo com as "coisas em si mesmas", como exige o método fenomenológico. Por isso mesmo o método fenomenológico desdobrado em *Ser e Tempo* exige e se movimenta na circularidade. É que "o círculo esconde em si uma possibilidade autêntica de um conhecer mais originário."[19] Essa originariedade depende, entretanto, do "desenvolvimento das antecipações conforme as coisas em si mesmas".[20]

A situação hermenêutica é, portanto, exigida pelo próprio método fenomenológico hermenêutico, que, por meio do círculo hermenêutico, procura explicitar o sentido ontológico do ser-aí.

> "O método autêntico reside na vista prévia apropriada sobre a constituição essencial do 'objeto' a ser explorado ou do âmbito do objeto. Reflexão metódica autêntica – que deve ser distinguida das discussões vazias da técnica informa, por isso, simultaneamente, sobre o caráter ontológico do ente tematizado. O esclarecimento das possibilidades, exigências e limites metódicos da analítica existencial, em geral, garantem, a seu passo fundamentador, a revelação do sentido ontológico da preocupação, primeiramente transparência necessária".[21]

Ainda que aqui nos interesse a dimensão puramente formal das observações de Heidegger, não é possível, contudo, separá-las do objeto a que se sujeitam. Tendo ele analisado as estruturas do ser-aí, e tendo mostrado que sua unidade, seu ser, reside na preocupação, na primeira seção, ele passa a determinar a possibilidade do ser-aí de ser total em seu correr para a morte, determinando, enfim, que a autenticidade brota da decisão enérgica. Assim, se completa a análise da primeira parte que se detivera nas estruturas do ser-aí cotidiano, não total e inautêntico. Heidegger responde, dessa maneira, à exigência de originalidade da pergunta ontológica fundamental; "Para que a interpretação do ser do ser-aí cotidiano, enquanto fundamento da elaboração da pergunta ontológica fundamental, se torne originária, é preciso que o ser do ser-aí seja posto antes existencialmente à luz em sua possível autenticidade e totalidade."[22] Realizado isto, então, é possível "determinar o sentido ontológico da preocupação mediante o desvelamento da temporalidade."[23] Uma vez explicada fenomenologicamente a temporalidade como sentido da preocupação, então

> "se realizará a garantia do fenômeno originário da temporalidade, pela demonstração de que todas as estruturas fundamentais do ser-aí, até agora evidenciadas, devem ser compreendidas sob o ponto de vista de sua possível totalidade, unidade e desenvolvimento como sendo essencialmente 'temporais' como modos da maturação (temporalização) da temporalidade. Assim, a analítica existencial tem, em conseqüência do desvelamento da temporalidade, a tarefa de repetir a análise do ser-aí já realizada, no sentido de uma interpretação das estruturas essenciais, sob o ponto de vista da temporalidade".[24]

É na temporalidade que Heidegger busca, portanto, o sentido ontológico do ser-aí, isto é, da preocupação. Se nos recordarmos da afirmação anterior do filósofo, de que o "círculo na compreensão pertence à estrutura do sentido",[25] então brota espontâneamente o pensamento de que também na busca do sentido da preocupação o filósofo deve ver-se no círculo hermenêutico. Assim, da mesma forma se imporá a necessidade da conquista de uma situação hermenêutica que permita a interpretação do sentido da preocupação. Essa situação hermenêutica, por sua vez, implicará necessariamente uma originariedade, que somente poderá garantir fundando "suas antecipações na conformidade com "as coisas em si mesmas".²⁶ É no §63 que Heidegger realiza essa reflexão e ali elabora simultaneamente o caráter metódico da analítica existencial em geral.²⁷

Para uma verdadeira explicitação do sentido da preocupação, é preciso construir uma verdadeira situação hermenêutica, que forneça a originariedade exigida. Assim, "o sentido, estruturado pela aquisição prévia, vista prévia e antecipação, forma, para todo o projeto, o horizonte a partir do qual qualquer coisa será compreendida enquanto tal e tal".²⁸ O projeto de buscar o sentido ontológico do ser-aí deve estruturar previamente, portanto, o horizonte a partir do qual se compreenderá originariamente a temporalidade. Esse horizonte é projetado à medida que "o ser-aí é originário, isto é, quando posto na aquisição prévia sob o ponto de vista de seu autêntico poder-ser total",²⁹ à proporção que "a vista prévia condutora, a idéia de existência, conquistou sua determinação através da elucidação do autêntico poder-ser"³⁰ e em conformidade, "com a elaboração concreta da estrutura ontológica do ser-aí, a originariedade ontológica deste se tornou tão distinta de todo o ente subsistente, que a antecipação sobre a existencialidade do ser-aí possui sua uma articulação suficiente que dirija seguramente a elaboração conceitual do existencial".³¹ Desse modo, a estrutura do sentido já é previamente possuída, como horizonte, por meio da aquisição, vista prévia e antecipação. Isto parece simples demais, pois "o ente que nós próprios somos é ontolologicamente o mais longínquo".³² O ser-aí, cotidiano tem a tendência de encobrir onticamente seu ser autêntico. É por isso que foi necessário a "violência da explicitação" do ser-aí cotidiano. Foi, portanto, a analítica existencial que conquistou e descobriu verdadeiras estruturas, o ser do ser-aí, possibilitando, assim, a aquisição prévia, a vista prévia e a antecipação.

Heidegger pôde lançar, por intermédio de uma pergunta, então a inelutável circularidade da analítica existencial e da pergunta pelo ser: "De onde surge o elemento condutor da interrogação existencial, se não for da 'pressuposição' da idéia de existência em geral?"³³ Não vem tudo já iluminado, ainda que crepuscularmente, pela luz da ideia de existência "pressuposta"?[34] Heidegger responde: "A indicação formal da idéia de existência foi conduzida pela compreensão do ser que reside no próprio ser-aí."[35] O ser-aí já sempre se compreende em seu ser, sem transparência ontológica, como ser-no-mundo. "O ser-aí não é apenas subsistente, mas, já sempre se compreendeu, em qualquer explicitação mítica ou mágica que seja."[36] O ser-aí cotidiano, apesar da decaída, portanto, possui uma compreensão de seu ser que pode servir de base para a analítica existencial. "Mas, não deve a idéia de ser em geral, ontologicamente elucidada, ser conquistada na elaboração da compreensão de ser que pertence ao ser-aí? Essa, porém, somente se deixa compreender, originariamente, fundada numa originária interpretação do ser-aí conduzida pela idéia de existência. Não torna afinal, assim, absolutamente manifesto que o arrolado problema da ontologia fundamental se movimenta em um "círculo"?[37] De fato "a idéia de existência e do ser em geral são 'pressupostos' e, 'após isto', o ser-aí é interpretado, para se conquistar, nessa interpretação, a idéia do ser".[38]

Já a análise da compreensão mostrou que nela sempre nos movemos no círculo, porque, no sentido que buscamos na compreensão, sempre antecipamos o horizonte a partir do qual compreendemos tal e tal coisa. Sempre partimos de uma situação hermenêutica. Isto também acontece na problemática da ontologia fundamental. A situação hermenêutica implica circularidade. Heidegger fundamenta e justifica o círculo a partir da própria constituição do ser-aí.

> "Na analítica existencial o 'círculo' na demonstração nem mesmo pode ser 'evitado', porque ela não demonstra de nenhum modo, segundo as regras da 'lógica das conseqüências'. O que o bom senso deseja afastar, evitando o 'círculo', pensando com isto satisfazer o máximo rigor da análise científica, não é nada menos que a estrutura fundamental da preocupação. O ser-aí, constituído originariamente por ela, já sempre é-adiante-de-si. Existindo, o ser-aí já sempre se projetou em determinadas possibilidades de sua existência e em tais projetos existenciais ele, simultaneamente, projetou pré-ontologicamente algo tal como existência e ser".[39]

Ainda que tenhamos a ocasião de explicitar posteriormente a circularidade da constituição ontológica do ser-aí, é necessário que nos demoremos um momento nessa decisiva afirmação. É nesse contexto que o filósofo vai estabelecer a ruptura definitiva com outros pontos de partida para a pergunta pelo ser e, assim, fixar a originalidade de sua posição. À medida que a preocupação é o próprio ser do ser-aí, e que ela é a unidade da existência, faticidade e decaída, do ser-adiante-de-si-mesmo, já-ser-no-mundo, ser-junto-dos-entes-intramundanos, ela é determinante da própria circularidade da interrogação ontológica. O homem que interroga não pode prescindir da sua condição de ser-adiante-de-si-mesmo, da sua condição de projeto. É somente assim que o homem pode interrogar, por intermédio de uma situação hermenêutica concreta, em que ele antecipa o horizonte a partir de onde tudo compreende. Essa antecipação é fundamentalmente a compreensão do ser do ser-aí e, portanto, a compreensão da existência e do ser. Sob esse aspecto a própria estrutura ontológica impõe ao ser-aí um ponto de partida circular na interrogação pelo sentido ontológico explícito do ser-aí, assim como também na interrogação pelo sentido do ser em geral. A temporalidade *ek-stática*, que se revelará como sentido do ser do ser-aí, isto é, da preocupação, será, por sua vez, o horizonte, a estrutura antecipadora, para a compreensão do sentido do ser em geral. Nessa perspectiva, se estabelecerá novamente e apenas em outro plano, uma estrutura circular enquanto a temporalidade do ser-aí brota da temporalidade do ser, ainda que esta somente seja atingida, previamente, na temporalidade do ser-aí. Esta é a dimensão em que se estabelece o problema da viravolta.

A preocupação é a condição inelutável do ser-aí e, nessa medida, o ser-aí, na interrogação pelo ser, não pode saltar por cima do fato de que a sua existência e o próprio ser já lhe são dados antecipadamente na abertura do projeto do próprio ser-aí. Depois se mostrará como o próprio projeto resulta do ser, sem que, contudo, haja uma prioridade cronológica entre ser e ser-aí. Não é possível estabelecer uma ontologia de qualquer ente sem que implicitamente ou, o que é o caminho correto, sem que explicitamente tenha sido elaborada a estrutura do ser-aí, determinando-lhe sua unidade e sentido e, a partir dessa determinação, explicitando o sentido do ser em geral. Por isso, todas as ontologias residem na ontologia fundamental. Essa é fundamental em dois sentidos: primeiro enquanto é uma explicitação ontológica do ser-aí e segundo enquanto é uma explicitação do sentido do ser. Esta dupla ontologia indispensável é o fundamento de qualquer ontologia particular, como se afirma no começo de *Ser e Tempo*. Por isso, também ninguém pode fugir do círculo hermenêutico da interrogação ontológica.[39a]

Heidegger mostra que o próprio desejo e esforço para fugir do círculo reside, justamente, na condição de decaída do ser-aí. Portanto, na preocupação como decaída está radicada a tendência de senso comum "de apenas experimentar o ente 'real', para poder fugir de uma compreensão do ser."[40] "O senso comum desconhece o fato de que somente pode conhecer realmente o ente se o ser já foi compreendido, ainda que não captado conceitualmente. O senso comum compreende mal a compreensão."[41]

A determinação formal do círculo hermenêutico permite a Heidegger desmascarar, a seu modo, todos os pontos de partida para a interrogação ontológica que querem ancorar em posições fixas ou então extrínsecas à situação do próprio homem que interroga. O movimento da interrogação pelo ser é um movimento circular e, por isso mesmo, finito. Romper esse círculo da finitude por elementos extrínsecos à interrogação pelo sentido do ser é ir contra as estruturas fundamentais do próprio ser-aí.[42] Tudo isto, que já analisamos anteriormente, se definirá mais claramente depois.

Heidegger mostra que as objeções ao círculo hermenêutico ou da compreensão brotam de um duplo desconhecimento: "1. De que a pré-compreensão constitui um modo essencial de ser do ser-aí. 2. De que esse ser é constituído pela preocupação".[43] É então que ele, com certa ironia, critica as posições básicas das filosofias de seu tempo. São atingidos, sobretudo, diretamente, Husserl, os neokantianos e Dilthey. A Husserl visa, sem dúvida, a afirmação: "não demais, mas de menos, é 'pressuposto' para a ontologia do ser-aí, quando se 'parte' de um eu extramundano, para, então, lhe fornecer um objeto e uma relação sem substância ontológica com o mesmo".[44] "Muito curto é o olhar, quando se problematiza 'a vida' e então ocasionalmente se toma em consideração a morte, 'é uma afirmação que visa os filósofos da vida'".[45] Artificial e dogmaticamente delimitado é o objeto temático, quando, "primeiramente a gente se limita a um 'sujeito teorético', para apenas então complementá-lo 'pelo lado prático' numa 'ética adicional".[46] Os neokantianos compreenderam muito bem o que isso quer dizer.

Mostrando a absoluta necessidade do ponto de partida circular para a analítica existencial, porque o ser-aí é preocupação, Heidegger encerra suas considerações sobre a situação hermenêutica necessária para uma analítica existencial. Assim, a delimitação formal da situação hermenêutica nos leva a compreender melhor o que já foi esboçado na interpretação do círculo da compreensão. O que aqui é objeto da própria análise das estruturas existenciais do ser-aí, lá é apontado como a própria condição da analítica dessas estruturas.

É preciso que se olhem em uma perspectiva comum os parágrafos 31, 32 e 63 de *Ser e Tempo*. Somente assim se compreenderá qual o movimento básico que perpassa a busca do sentido do ser-aí e do ser. A explicitação da compreensão, como existencial do próprio ser-aí, serve, ao mesmo tempo, para a delimitação formal do círculo hermenêutico, fundamentando, assim, a situação hermenêutica necessária para a própria analítica existencial. As três secções da primeira parte de *Ser e Tempo* se deveriam esboçar sob o signo do círculo hermenêutico. Tanto a analítica fundamental das estruturas do ser-aí quanto a interpretação da temporalidade enquanto horizonte transcendental da pergunta pelo sentido do ser em geral partem de uma situação hermenêutica e se movimentam no círculo hermenêutico. O projeto da segunda parte de *Ser e Tempo*, a destruição fenomenológica da história da ontologia à luz da problemática da temporalidade, implica uma situação hermenêutica e se movimenta em um círculo hermenêutico. A compreensão das secções não escritas de *Ser e Tempo* se complica, no enanto, porque, a partir da terceira seção da primeira parte surge um elemento estranho, que impede o movimento da viravolta, previsto desde a gênese de *Ser e Tempo*, quando o tempo se mostraria como o horizonte no qual o ser-aí compreende o sentido do ser e exige a continuação do pensamento de Heidegger no plano da historicidade (o tempo no sentido originário). A partir daí, o filósofo fala em viravolta e o círculo hermenêutico, ainda que comande a interrogação pelo ser, não aparece mais em referências explícitas. Somente em *A Caminho da Linguagem*, texto surgido em 1953/1954 e publicado em 1959,[47] aparece uma referência ao círculo hermenêutico, que tem sua importância elucidativa.

No diálogo com o japonês, Heidegger fala sobre a linguagem. O diálogo sobre a linguagem somente pode surgir enquanto é um "falar da linguagem [a partir da...], de tal modo que o diálogo seja solicitado a partir da linguagem e conduzido por ela"[48] "Um diálogo sobre a linguagem deve ser solicitado pela própria essência da linguagem. Como poderia o diálogo tal coisa sem que primeiro ele mesmo se tivesse engajado num ouvir, que atinge imediatamente o essencial?"[49] "Essa estranha relação chamei um dia de círculo hermenêutico. Esse círculo está em todo o hermenêutico, portanto, também lá onde domina a relação entre mensagem e mensageiro".[50] "O mensageiro já deve vir da mensagem. Mas ele também já deve ter ido em direção a ela."[51]

Compreendamos primeiramente essas observações. Heidegger afirma que o que determina o verdadeiro diálogo é a própria linguagem. Em outro lugar, dirá que somente a linguagem fala verdadeiramente.[52] Nossa possibilidade de falar, portanto, já é um dom da própria linguagem, mas, contudo, esse dom somente se manifesta quando nós falamos. A linguagem comunica sua essência por meio de nossa palavra, mas nossa palavra é seu dom. Existe aqui um movimento circular: nós não falamos sem que a palavra nos diga sua essência, mas ela não nos manifesta sua essência sem que nós falemos. Existe uma relação reciprocamente condicionante. Essa é a mesma situação que analisamos anteriormente, quando falávamos da fenomenologia hermenêutica. O mensageiro traz a mensagem do ser; este já deve tê-la comunicado. O ser não se comunica sem o homem, mas o homem somente pode comunicá-lo por graça do próprio ser. A manifestação do ser, portanto, é dom do próprio ser. Assim, a fenomenologia hermenêutica é, em última análise, determinada pelo próprio ser. O mesmo se dá com o círculo hermenêutico. O ser não se manifesta a não ser que o homem revele seu sentido – como se dá na analítica existencial. Esse sentido que o homem revela, porém, é possibilitado pelo próprio ser. Ele é dom do ser. O fato de o homem projetar o sentido como horizonte para compreender o ser é, portanto, resultado do próprio ser, que utiliza o homem para projetar seu próprio horizonte em que se manifesta. O círculo hermenêutico é, todavia, em última instância, inevitável, porque o ser assim nos determina. Então, o caráter circular da compreensão é obra do próprio ser. Aqui o filósofo já estabelece aquilo que deve manifestar-se como básico na análise da constituição circular do ser-aí.

Heidegger concede que o círculo seja inevitável. "Mas, esse reconhecimento necessário do círculo hermenêutico ainda não quer dizer que, com a representação do círculo admitido, já se tenha experimentado originariamente o vínculo hermenêutico."[53] Deixaria ele sua concepção primitiva de lado? "De fato – e à medida que o discurso sobre o círculo permanece sempre superficial."[54] É característico esse seu modo de falar. Há toda uma gama de mudanças nos modos de dizer seu pensamento ao longo do caminho. Cada tentativa é um modo mais aproximado de dizer mais radicalmente os problemas. Heidegger abandona o círculo hermenêutico como modo de dizer a profunda relação que nele se oculta, muito mais do que se mostra.

"O caminho de *Ser e Tempo* permanece, entretanto, ainda hoje, necessário, se a pergunta pelo sentido do ser deve inspirar nosso ser-aí."[55] Tal atitude não manifesta uma rejeição da analítica existencial de *Ser e Tempo*. Quer revelar apenas um progressivo adentramento e um esforço para evitar que se percam os estudiosos do problema do ser, em dimensões periféricas. Há, portanto, outros modos de manifestar essa relação hermenêutica que se esconde no círculo da compreensão. Esses modos se tornam cada vez mais profundos, à medida que progride o pensamento de Heidegger e se apresentam como uma das características da viravolta que se concentra definitivamente na relação que o ser estabelece com o homem. Assim como a fenomenologia hermenêutica assumiu uma nova dimensão, mais explícita, depois da viravolta, o círculo hermenêutico é abandonado, como modo de falar, em razão de um modo de dizer mais radical e revelador da verdadeira relação ser-homem que já se esconde em *Ser e Tempo*. Compreendido em sua profundidade, porém, o círculo hermenêutico continua sendo o movimento da interrogação pelo ser na finitude, porque a constituição ontológica do próprio ser-aí é uma constituição circular.

Notas

[1] SZ 303

[2] SZ 350-351

[3] SZ 133; VA 252; *La fin de la Philosophie*, p.183.

[4] SZ 7

[5] SZ 7

[6] SZ 147

[7] SZ 151

[8] SZ 153

[9] SZ 153, *Nietzsche*, Volume I 364; Ver Heidegger – o problema da circularidade em Nietzsche. A referência se aplica a Heidegger de modo análogo (p. 53-54, 1936/1937).

[10] SZ 153

[11] SZ 17

[12] SZ 437

[13] SZ 153, N I 364

[14] SZ § 32

[15] SZ 303

16 SZ 303
17 SZ 232
18 SZ 232
19 SZ 153
20 SZ 153
21 SZ 303
22 SZ 233
23 SZ 303
24 SZ 304
25 SZ 153
26 SZ 153
27 SZ 310-316
28 SZ 151
29 SZ 311
30 SZ 311
31 SZ 311
32 SZ 311
33 SZ 313
34 SZ 313
35 SZ 313
36 SZ 313
37 SZ 314 – N I-364: 1937 – Com singular clareza é retomada a ideia de 1927.
38 SZ 314
39 SZ 315
39a Ver p. 166-167.
40 SZ 315
41 SZ 315
42 SZ 315
43 SZ 315
44 SZ 315
45 SZ 316

[46] SZ 316
[47] Ver US p. 83-155.
[48] US 150
[49] US 150
[50] US 150
[51] US 150
[52] US 254; HH 34
[53] US 150
[54] US 131
[55] SZ V

CAPÍTULO 2

A Constituição Circular do Ser do Ser-aí

A historicidade concreta do ser-aí mergulha-o em uma relação com o ser. Nessa relação o homem se move e acontece enquanto compreende o ser. Formalmente Heidegger descreveu essa relação como um círculo – o círculo hermenêutico. É, porém, possível surpreender o acontecer fático desse círculo. "A analítica do ser-aí garante a visão plena da circularidade ontológica do ser-aí".[1] À medida que a analítica existencial é capaz de desvelar as estruturas fundamentais do ser-aí, ela desvela sua circularidade. Se antes acompanhamos o movimento circular que realiza a própria analítica existencial em sua explicitação das estruturas do ser-aí para desvelar fenomenologicamente o sentido do ser, procuramos agora descobrir a própria circularidade em que se inserem e desenvolvem essas estruturas.

Ao apresentar o ser-aí como um conjunto de estruturas básicas, que o caracterizam como ser do ente que compreende o ser, Heidegger se afasta das posições de sua época que trazem a marca gnosiológica tão imperante no seu tempo. Ele não procura isolar essa ou aquela qualidade ou determinação que o ser-aí teria como próprias, resultando delas um conhecimento do ser. O filósofo move-se em um plano essencialmente fático. O que ele procura surpreender é o acontecer concreto de uma abertura, de uma clareira em que se dá o fato da compreensão do ser. Atingir as estruturas irredutíveis dessa abertura, enquanto acontecem no ser-aí cotidiano e enquanto envolvem aquele mesmo que as desvela fenomenologicamente, é a meta da analítica existencial. Surpreenderá, sem dúvida nenhuma, a muitos, que o filósofo não se debruce sobre a análise dos processos de conhecimento e mostre, assim, como o homem chega ao conhecimento do ser. Como já vimos na segunda parte, Heidegger faz derivar todos esses processos de uma atitude mais básica, que emerge das estruturas do ser-aí enquanto compreende o ser. Todos os caminhos de acesso ao ser encontram suas raízes no fato concreto de que o homem já sempre está em relação com o ser. Sem essa abertura, intuição, abstração, ou qualquer outro ver, não existem. O homem, mergulhado na sua faticidade, se movimenta-se como abertura finita, que se apresenta, em última análise, como temporalidade. Nessa abertura já sempre se instaurou um contato com o ser. Essa abertura finita somente é possível à medida que o ser ali instaura o tempo originário. É, basicamente, por isso, que, já em seu ponto de partida, Heidegger supera qualquer pensamento objetivante com relação ao ser. O filósofo não descreve um sujeito abstrato, cuja constituição permita o acesso a seu objeto, talvez o mais importante, o ser. O esquema sujeito-objeto já vem rompido desde o ponto de partida de *Ser e Tempo*. "A pergunta pelo ser enquanto tal situa-se fora da relação sujeito-objeto",[2] dirá Heidegger, anos depois. O acontecer fático do ser-aí revela uma estrutura que deve ser analisada em si mesma. Somente dessa análise emerge a possível relação sujeito-objeto, que se apresentará como derivada.

Heidegger desvela fenomenologicamente o acontecer originário das estruturas do ser-aí em que se dá o acontecer da relação primordial: ser-ser-aí. Essa relação não surge de uma prioridade cronológica de um ou outro. Ela se instaura basicamente de maneira circular. O ser não se dá sem o ser-aí. É uma abertura que emerge da relação circular que o ser-aí e o ser instauram na abertura do tempo. É por isso que toda reflexão ontológica somente tem base firme à medida que reside, em seu ponto de partida, na analítica existencial. Nosso primeiro acesso ao ser é o fato mesmo da existência, que sempre já vem envolta na compreensão do ser. Sem estar ela posta na sua verdadeira luz, toda reflexão ontológica carece de suas bases.

Podemos tomar, como base textual primeira, a afirmação com que Heidegger resume as intenções de *Ser e Tempo* e a que remete, no fim da obra, como medida para qualquer investigação filosófica. "Filosofia é ontologia fenomenológica universal, que parte da hermenêutica do ser-aí; esta, enquanto analítica da existência, dá o fio condutor de qualquer problemática filosófica, fundando esta sobre a existência, da qual desabrocha e sobre a qual toda a problemática repercute".[3] Esse texto aponta, aparentemente, para a circularidade de toda interrogação filosófica, acentuando uma dimensão formal da pergunta pelo ser. Essa circularidade da problemática, que emerge e repercute na existência, porém, tem suas raízes na condição circular do próprio ser-aí fático, à medida que já sempre se movimenta na relação com o ser, sendo sua própria existência compreensão do ser. Toda problemática filosófica emerge dessa relação básica e a ela retorna. A relação do ser-ser-aí jamais pode ser rompida, pois dela depende a própria existência fática. É um círculo que sustenta a própria possibilidade da finitude.

Em *Ser e Tempo*, o ser-aí é determinado como ser-no-mundo. O mundo pode ser designado como o "de onde", o "onde" e o "para onde" do ser-aí. Assim, o ser-no-mundo resume a faticidade, a decaída e a existência do ser-aí. Ou ainda ser-no-mundo é o já-ser-em, o ser-junto-dos-entes e o ser-diante de si mesmo. Assim, o ser-aí é preocupação enquanto ser-no-mundo, porque a preocupação é a unidade das estruturas do ser-aí. O mundo é, ao mesmo tempo, entretanto, o "lugar" do passado-presente-futuro: temporalidade. Assim temos:

Mundo	– de onde	onde	para onde
ser-no-mundo	– faticidade	decaída	existência
ser-aí	– ser-jogado	articulação	projeto
preocupação	– já-ser-em	ser-junto-dos-entes	ser-adiante-de-si-mesmo
Temporalidade	– passado	presente	Futuro.

O *ser* do ser-aí é a preocupação. O *sentido* da preocupação é a temporalidade.

Para compreendermos bem a constituição circular do ser do ser-aí, que emerge e radica na relação ser-ser-aí, devemos prestar atenção à estrutura básica do ser-aí que Heidegger apresenta em *Ser e Tempo*. Ali, a relação ser-homem não está analisada de modo explícito e independente da analítica existencial. Não é possível, porém, compreender a análise das obras posteriores sem penetrar na relação ser-homem que se inaugura na analítica existencial. Em várias passagens de *Ser e Tempo* Heidegger põe a tônica na existência como "essência" do homem. "A 'essência' do homem radica na sua existência".[4] "Mas a 'substância' do homem não é o espírito enquanto síntese de alma e corpo, mas a existência".[5] "A substância do homem é a existência".[6] "A substância do homem é a existência".[7] "A estrutura ontológica do ente, que desde sempre eu sou, centra-se na autonomia da existência".[8] A mesma insistência aparece em outras obras: "O modo de ser do homem designamos existência".[9] "À medida que a essência (do ser-aí) reside na existência...".[10] "Portanto, é o homem ao modo da ek-sistência".[11] "A partir da 'existência' corretamente pensada, pode-se pensar a 'essência' do ser-aí".[12] "Somente o homem existe".[13] "A eksistência somente se pode dizer da essência do homem".[14] Se a essência do homem, isto é, o ser do homem reside na existência, então deve ser possível descobrir, a partir dela, a circularidade ontológica do ser-aí. A passagem pode ser estabelecida a partir de um texto de *Ser e Tempo* e outro da introdução a *Que é Metafísica*.

O "círculo" "não é nada menos que a estrutura essencial da preocupação. Constituído originariamente por ela é o ser-aí desde sempre adiante-de-si-mesmo".[15] Em 1949 Heidegger responde assim à pergunta pelo que significa a existência:

> "A palavra designa um modo de ser e, aliás, do ser daquele ente que está aberto para a abertura do ser, em que está postado enquanto a sustenta. Esse sustentar é experimentado com o nome 'preocupação'. A essência extática do ser-aí é pensada a partir da preocupação, assim como, de modo inverso, a preocupação somente é experimentada, de modo adequado, na essência extática do ser-aí".[16]

Se, portanto, a preocupação é circular e se a existência é preocupação, então se impõe a circularidade da existência. Sendo, por sua vez, a existência a essência do homem, do ser-aí, então a constituição da essência do ser-aí é circular. Não nos interessa, no entanto, aqui, uma igualdade ou identidade formal. Se a preocupação é circular e se a existência é preocupação, então podemos utilizar o sentido da existência para determinar o conteúdo da constituição circular do ser-aí. Mostrem isso os textos de diversas épocas. "Somente com base na compreensão do ser é possível a existência".[17] "O estar postado na clareira do ser designo eu ek-sistência do homem".[18] "A frase: 'A essência do ser-aí reside em sua existência' significa: 'O homem é de tal modo, que ele é o aí, isto é, a clareira do ser. Esse 'ser' do aí, e somente este se caracteriza essencialmente pela existência, isto quer dizer, pelo residir ekstático na verdade do ser."[19] "A frase: 'A substância do homem é a existência' não significa outra coisa que: o modo, como o homem, em sua própria essência, se apresenta ao ser, é o residir ekstaticamente na verdade do ser".[20] "Enquanto eksistente sustenta o homem o ser-aí, assumindo a preocupação do aí como a clareira do ser".[21] "Muito antes, o homem é 'projetado' pelo ser na verdade do ser, de modo, que, assim ek-sistindo, ele guarde a verdade do ser, para que o ente enquanto ente, que é, se manifeste na luz do ser. O fato e o modo de o ente se manifestar, o fato e o modo de Deus e os deuses, a natureza e a história entrarem na clareira do ser, o fato e o modo de sua presença e ausência, não decide o homem. O advento do ente repousa no destino do ser. O homem, porém, deve perguntar-se se encontra aquilo que se destina à sua natureza, a qual corresponde a esse destino; pois, conforme o destino, deve ele guardar a verdade do ser, enquanto ek-sistente. O homem é o pastor do ser. Nessa direção se orienta *Ser e Tempo* ao experimentar a existência ekstática como "a preocupação".[22]

Esses textos poderiam estender-se indefinidamente, sobretudo por meio do exame da carta *Sobre o Humanismo*, que é a carta por antonomásia da existência, cujo sentido último quer ser exposto na grafia "ek-sistência". Não apenas a aproximação, realizada pelo próprio Heidegger, entre existência e preocupação, mas, principalmente, o sentido de existência, que desenvolve nos textos citados, nos situam dentro da problemática do círculo hermenêutico, da circularidade ontológica do ser-aí. Tanto a preocupação quanto a existência sustentam a abertura do ser. Essa abertura (verdade, clareira), todavia, é destino do próprio ser. O ser não se manifesta sem que o homem sustente sua clareira no "aí" do ser-aí. "A própria clareira, porém, é o ser".[23] Logo, o ser-aí sustenta o ser, como o seu "aí". É por isso que surge, aqui, a importância das considerações de Heidegger nos parágrafos 43 e 44 de "ST" em que ele condiciona mutuamente ser e ser-aí. "Enquanto houver possibilidade ôntica de compreensão do ser, 'dá-se' ser".[24] "Ser – não ente – somente 'se dá' à medida que a verdade é. E verdade apenas é à medida que e enquanto é ser-aí".[25] O ser somente se manifesta à medida que existe o ser-aí, pois, somente nele o ser pode instalar sua clareira, ser sua própria clareira. Heidegger também afirma: "Ao ser do ser-aí pertence compreensão do ser".[26] Quer dizer que não existe ser-aí sem o ser que nele instaure sua verdade, seu lugar, seu "aí", sua clareira. "O ser-aí é ele próprio, enquanto resultado de sua relação essencial como o ser em geral. Isso significa a frase muito repetida em 'Ser e Tempo': 'Ao ser-aí pertence compreensão do ser'".[27]

Emerge, portanto, uma relação entre ser e homem que se constitui circularmente, sem que haja prioridade cronológica. À medida que Heidegger aprofunda sua meditação sobre essa relação, se esclarece a circularidade da preocupação e da existência que já emerge em *Ser e Tempo*. A relação ser-homem está tão enviscerada em nós que ela comanda toda nossa relação com os entes. Dela emerge também a possibilidade da diferença ontológica, como se mostrará adiante. Somos, portanto, o próprio círculo, porque, sem nossa relação com o ser, não somos homens. Nas obras posteriores a reflexão sobre essa circularidade desaparece em virtude do próprio fato da copertença entre ser e homem. É que, como diz Heidegger,[28] falar no círculo é algo superficial, que não penetra na concretização da própria copertença do ser ao homem, do homem ao ser. Em *Ser e Tempo*, cujo ponto de partida se fixa nessa copertença, era necessário um cuidado metodológico e formal, em razão da analítica existencial, que é o exame das estruturas do próprio homem que realiza essa analítica. A mesma coisa deve-se observar com relação ao método fenomenológico que reside essencialmente na relação que se estabelece originariamente entre ser e homem. O nome "fenomenologia" deixa seu lugar para o próprio objeto da interrogação que é o desvelamento do sentido do ser em geral. A circularidade do acontecer fenomenológico do ser para o homem e do homem para o ser, entretanto, continua o elemento decisivo de todo o pensamento heideggeriano.

Convém lembrar nossas referências anteriores às relações entre fenomenologia e pensamento do ser.[29] O pensamento essencial, que coincide com o próprio mostrar do ser, assim como a partir de si se manifesta, isto é, ocultando-se, é o movimentar-se nesse círculo hermenêutico em que ser e homem se apropriam mutuamente. Esse pensamento essencial, que já é a meta de *Ser e Tempo*, enquanto fenomenologia, nada tem a ver com realismo, idealismo ou subjetivismo. "Toda a inclinação ao 'objetivismo' e 'realismo' permanece 'subjetivismo': a pergunta pelo ser enquanto tal situa-se fora da relação sujeito-objeto".[30] Heidegger, procurando inserir-se no acontecer originário e circular da relação ser-homem, reflete em uma região afastada do esquema sujeito-objeto. Em *Ser e Tempo* ele analisa a faticidade da própria abertura que é a compreensão do ser. Depois, lentamente, ele se inclina para captar o acontecer originário, o fato primordial que instaura essa abertura. Esse é o segundo Heidegger e nele a superação da relação sujeito-objeto e a busca de sua fonte originária toma muitos modos de expressão. O filósofo procura dizer essa unidade originária de muitos modos. No trabalho sobre o princípio da identidade, Heidegger persegue a relação ser-homem para reduzi-la a uma unidade originária, donde emergem e a partir da qual copertencem. "O homem propriamente é essa relação com o ser".[31] "O ser somente se dá na clareira que abre no homem para nele poder manifestar seu resplendor".[32] O ser e o homem estão entregues um ao outro como propriedade. Heidegger chama essa copertença, essa unidade originária, essa identidade entre ser e homem, de acontecimento-apropriação. O homem e o ser são o mesmo em sua origem.[33]

As variações de tom, as inovações provocantes, as violências semânticas, se desdobram ao longo do trabalho do filósofo, repisando, insistentemente, a relação ser-homem, que se apresenta como o tema axial do pensamento heideggeriano. Desdobra-se toda uma luta para manter essa copertença no seu resplendor. Todo o esforço da fenomenologia, da destruição fenomenológica, da superação da metafísica, do adentramento da metafísica, do pensamento da história do ser, é um empenho para recuperar o domínio da relação do ser com o homem. A claridade dessa relação circular, a fulguração desse fato originário, que se dá na faticidade do ser-aí, é dotada de uma profunda ambivalência. Sob certo aspecto a própria circularidade instaura essa ambivalência. A relação do ser com o homem é um vínculo que se estabelece e que se manifesta como velamento e desvelamento.

Já, em *Ser e Tempo*, a circularidade constitutiva do ser do ser-aí, isto é, da preocupação, aparece como ameaçada pela decaída, pelo senso comum.[34] Por isso, era necessário uma hermenêutica da faticidade para nela mostrar o fato primordial da preocupação e o sentido desta: a temporalidade. Somente assim se poderia manifestar o ser no horizonte da temporalidade. A própria história da filosofia, como obstrução das categorias originárias em que era dito o ser, revela os resultados constantes da decaída do ser-aí. Por isso mesmo, seria necessária a superação e depois o adentramento da metafísica para recuperar, no começo e nas raízes da metafísica, o que ela esqueceu: o ser na sua vinculação primordial com o homem. A metafísica, como história do esquecimento do ser, é o longo rosário da decaída do ser-aí. É por isso que Heidegger procura repensar o ser como história originária, que se vela em seu próprio acontecer.

O fato circular da relação do ser com o homem e do homem com o ser deve ser vigiado em sua ambivalência. Ela se manifesta na diferença ontológica, mas, simultaneamente, nela se vela. Os diferentes, ser e ente, velam sua identidade originária, que é o próprio ser acontecendo na clareira do homem. É o acontecimento, a história originária entre ser e homem, que instaura a diferença ontológica. O fato de o homem participar dessa diferença vela já, de algum modo, o próprio ser que nela se manifesta. Podemos dizer ainda que, à medida que o ser instaura sua relação com o homem, ele mesmo se vela nessa relação. Essa ambivalência, em que reside a circularidade, Heidegger procura mostrar por meio de seu método fenomenológico. O homem nunca se liberta, completamente, de sua decaída, e, por isso, também não pode a história da filosofia ser simplesmente o âmbito da eclosão do ser. Cada pensador vela o ser mais do que o manifesta, isso por culpa do próprio ser, que se vela na clareira que faz emergir no homem.

O fato primordial da copertença de ser e homem pode ser pensado pelo pensamento essencial, que não representa, mas que se insere no acontecer originário do próprio fato. Nunca é possível construir sistematicamente essa relação, porque tudo o que entra em um sistema já é posterior à própria relação primordial. Nossa própria necessidade de erigir sistemas é resultado de nossa decaída. O acontecer originário do ser pode ser experimentado no pensamento essencial como o próprio fundamento de qualquer sistema em que se estruturam as conquistas de filosofia, mas, ele mesmo somente pode ser dito, transmitido, enquanto já sempre é velado. Somente o pensador que é capaz de romper o pensado, o transmitido, o comunicado, para descobrir o que nunca se pensa, transmite e comunica, e é capaz de pensar o fato originário da copertença entre ser e homem.

A constituição circular de nossa existência no plano ontológico nos vincula com um acontecimento originário que pressentimos em nossas raízes, mas que podemos dizer pela palavra, apenas no claro-escuro do desvelamento e velamento. Toda a ambivalência, da *aletheia* irrompe aqui com sua dimensão paradoxal que Heidegger descreve como: o maior dom da língua dos gregos, na qual, o que se apresenta enquanto tal, chega ao desvelamento e ao velamento".[35] Essa relação circular entre ser e homem, que está nas raízes da constituição do próprio homem, continua sendo perseguida pelo filósofo por intermédio de suas meditações sobre o tempo e o ser.

O ser instaura a abertura do tempo no homem. Nessa abertura, porém, o ser se mostra velando-se. O ser pertence à clareira do tempo, diz Heidegger, e o tempo produz o ser.[36] Somente à medida que o homem corresponde ao originário acontecer do ser que se dá ao homem, o homem coincide com o fato originário de onde irrompe sua faticidade.

No seu livro *Que significa pensar?*, Heidegger resume a inelutável circularidade da relação entre ser e homem, mostrando a necessidade de suportá-la, sem querer romper o círculo da finitude com elementos estranhos:

> "Perguntamos pela relação entre o ser do homem e o ser do ente. Mas, tão logo digo, pensando 'ser humano', já digo, assim, a relação com o ser. Do mesmo, tão logo digo, pensando "ser do ente", já vem com isto designada a relação com o ser humano. Em ambos os membros da relação entre ser humano e ser já radica a própria relação. Falando objetivamente: aqui não há nem membros da relação nem a própria relação em si mesma. Por isso, a relação entre ser humano e ser, aqui citada, não permite, de nenhum modo, uma manobra dialética que joga um membro da relação contra o outro. Essa situação, de que aqui toda a dialética não apenas naufraga, mas de que aqui nem mesmo sobra lugar para naufrágio dessa espécie, é, certamente, o mais escandaloso, que desconcerta os costumes de representação e as artes acrobáticas de sua vazia perspicácia".[37]

Semelhante veemência usa o filósofo, também, na carta a Richardson, para com aqueles que não compreendem o sentido profundo da *aletheia*. "Quem não tem sensibilidade para ver a oferta de um tal dom ao homem, para o destinar de algo assim destinado, jamais compreenderá o discurso sobre o destino do ser, assim como o cego de nascença jamais pode experimentar o que são a luz e as cores".[38]

Na insistência no pensamento essencial, Heidegger procura fazer sentir a necessidade de um novo modo de pensar, porque a metafísica pensa a relação entre ser e homem, se não no plano da pura subjetividade, então no âmbito da relação sujeito-objeto. Somente um pensamento que parte da analítica existencial, em que se revela a estrutura ontológica circular da faticidade, é capaz de pensar o ser e o homem sem querer estabelecer entre eles uma ponte. Talvez Heidegger se refira ao conhecimento do ser quando diz, em *Nietzsche*: "O conhecer não é como uma ponte, que qualquer dia e posteriormente liga duas margens, por si existentes, de uma corrente; mas o conhecer mesmo é uma torrente que já através do seu deslizar cria as margens e as aproxima uma da outra, mais originariamente que qualquer ponte o poderia".[39]

"Nenhum caminho do pensamento, nem mesmo o do pensamento metafísico, parte do homem e vai desse para o ser, ou inversamente, parte do ser para voltar ao homem. Muito antes, todo o caminho do pensamento já *avança sempre em meio* à relação total de ser e homem, senão não é pensamento".[40]

Notas

[1] SZ 315

[2] N II 195

[3] SZ 38 e 436, HB 29, explica o sentido da passagem.

[4] SZ 42

[5] SZ 117

[6] SZ 212

[7] SZ 314

[8] SZ 332

[9] KPM 205

[10] KPM 207

[11] WiM 16

[12] WiM 14

[13] WiM 15

[14] HB 14

[15] SZ 315; ver também HB 35; N I 364.

[16] WiM 15
[17] KPM 205
[18] WW 13
[19] HB 15
[20] HB 16
[21] HB 19
[22] HB 19
[23] WW 26
[24] SZ 212
[25] SZ 230
[26] SZ 85
[27] EM 22
[28] US 151
[29] Ver II 4: *A Fenomenologia e o pensamento do ser*.
[30] NII 195
[31] ID 22
[32] ID 23
[33] Ver *Introdução ao pensamento de Martin Heidegger*, capítulo XI: Ser e homem.
[34] SZ 315
[35] EVW 401
[36] EVW 401
[37] WHD 74
[38] EVW 401
[39] N I 570
[40] WHD 74

CAPÍTULO 3

A Circularidade do Ser-aí e a Diferença Ontológica

Heidegger coloca *Ser e Tempo* e, com essa obra, toda a sua interrogação sob o signo da diferença ontológica.[1]

> "O 'ser' é um conceito evidente. É usado em todo conhecimento, em toda enunciação, em todo comportamento com relação ao ente, em todo comportamento com relação a si mesmo, e a palavra é compreendida 'sem mais' ". [...] "Mas, essa compreensão ordinária prova apenas uma não-compreensão. Ela manifesta que um enigma se acha a priori incluso em todo comportamento e em todo o ser com relação ao ente enquanto tal".[2]

Esse enigma é o problema da diferença ontológica. "O ser do ente não 'é', ele mesmo, um ente".[3]

> "Todas as ontologias que existiram até o presente 'pressupõem' o 'ser', mas elas o supõem sob a forma de um conceito já disponível, elas não o supõem enquanto ele é um objeto da pesquisa. Essa 'pressuposição' tem o caráter de uma vista prévia do ser, permitindo uma articulação provisória do ser do ente imediatamente dado. Essa visão diretora brota da compreensão ordinária do ser, na qual nós nos movemos sempre necessariamente, e que, para finalizar, pertence à própria constituição essencial do próprio ser-aí".[4]

Heidegger vê claramente, porém, que "a tarefa da ontologia é a separação do ser do ente e a explicação do próprio ser",⁵ pois, "uma coisa é expressar-se sobre o *ente*, pelo relato e pela narração, e outra coisa é compreendê-lo em seu ser."⁶ "Como o 'ser', de fato, não é acessível sob a forma do *ente*, 'sempre se estará tentado' exprimi-lo pelas determinações ônticas dos entes em questão, isto é, pelos atributos."⁷ Heidegger, no entanto, insiste: "A unidade ontológica original dessa estrutura não poderia ser reduzida a um 'elemento' ôntico primeiro, *do mesmo modo como o ser não poderia ser 'explicado' pelo ente*" (o grifo é nosso)⁸. Mais adiante, ele repete: "O ser não pode ser elucidado através do ente".⁹ Por fim, conclui taxativamente: "Somente é possível interrogar-se, concretamente, sobre o que significa o ser '*é*', *já que é necessário que seja distinguido de todo ente* [grifo nosso] quando se tiver esclarecido o sentido do ser e o alcance da compreensão do ser em geral".¹⁰ Ainda que a distinção entre ôntico e ontológico, que perpassa *Ser e Tempo*, já seja uma referência contínua à diferença ontológica, a expressão emerge somente anos mais tarde na *Essência do Fundamento*. "Verdade ôntica e ontológica referem-se cada uma de modo diferente ao *ente em* seu ser e ao *ser do* ente. Elas copertencem essencialmente em razão de sua relação com a diferença *entre ser e ente* (diferença ontológica)."¹¹

A questão da diferença ontológica, que será progressivamente o tema central da filosofia heideggeriana, deve ser visualizada em sua vinculação com a circularidade do ser-aí. Supondo os passos anteriores de nosso trabalho, a ambivalência da *aletheia* e a fenomenologia, e preparando a viravolta, mostrar-se-á que a diferença ontológica se insere consequentemente nessa temática, por motivo de que não é uma distinção imposta pela razão ou por um sujeito objetivante, mas um fato que reside na constituição circular do ser-aí. À medida que o ser-aí é onticamente ontológico, à proporção que "ao ser-aí pertence compreensão do ser"¹², enquanto "no homem impera um pertencer ao ser", em razão de que "o ser apenas se manifesta fenomenologicamente e dura enquanto, através de seu apelo, se endereça ao homem",¹³ afirmamos que a diferença ontológica acontece na faticidade circular do ser-aí. A diferença ontológica revelar-se-á, portanto, como o acontecer concreto da circularidade do ser-aí, emergindo da ambivalência que perpassa a faticidade do ser-aí, enquanto mergulhado na verdade e na não verdade, no velamento e desvelamento.

A diferença ontológica não se apresenta, portanto, como resultado de um conhecimento, nem como algo que deve ser realizado pelo esforço da reflexão filosófica, mas como um elemento estrutural básico que informa o próprio ser-aí, dando-lhe seu ser e seu sentido. Assim, a interrogação não se movimenta para a diferença ontológica, mas, muito antes, sempre dela já parte. Heidegger já expressou isso, muito claramente, em um texto de 1929:

> "*Se, de outro modo, a característica do ser-aí reside no fato de se relacionar com o ente compreendendo o ser, então a capacidade de distinguir, em que* a diferença ontológica se torna fática, *[o grifo é nosso] deve ter plantado as raízes de sua própria possibilidade no chão da essência do ser-aí. Esse chão da diferença ontológica designamos, antecipando-nos, de* transcendência *do ser-aí*".[14]

A circularidade da faticidade do ser-aí, enquanto relação ser-ser-aí, enquanto transcendência, sustenta, então, faticamente, a diferença ontológica.

Heidegger, porém, enuncia, na conclusão do *Que Significa Pensar?*:

> "*O mesmo vale para toda a transcendência. Se nós ultrapassamos do ente para o ser, então, atravessamos, na ultrapassagem, à diferença de ambos. A ultrapassagem, contudo, jamais faz surgir primeiro a diferença. A diferença já está em uso. Ela é, em todo o dizer e representar, ação e omissão, o mais usado e, por isso, o absolutamente comum.*"[15]

Essa aparente contradição revelar-se-á o cerne da discussão em torno da circularidade do ser-aí e da diferença ontológica. Heidegger nos introduz nesse problema analisando a situação da relação hermenêutica.

Na medida em que a diferença ontológica radica na circularidade do ser-aí e porque essa circularidade se constitui pela compreensão do ser, Heidegger poderá afirmar que existe uma relação hermenêutica entre o homem e a diferença. O homem é o hermeneuta, o mensageiro do ser,[16] mas somente comunica sua mensagem enquanto o ser lhe comunicou. O homem manifesta a diferença ontológica, mas, somente o pode, à medida que a diferença radica na sua faticidade. Assim, "o homem postado na relação hermenêutica com a diferença",[17] "somente a manifesta porque a própria diferença desdobra a claridade, isto é, a clareira em meio à qual o que se presenta enquanto tal e a presença se tornam distinguíveis para o homem."[18]

> "Por isso, não podemos também dizer mais: relação com a diferença, porque ela não é objeto algum da representação mas o dominar do uso. Esse ser usado pela diferença, contudo, nós nunca o experimentaremos imediatamente enquanto representarmos a diferença apenas como a distinção que se torna visível na comparação que procura sustentar em sua oposição o que se presenta e sua presença."[19]

A diferença entre o que se presenta, o lente e sua presença, o ser, é somente sustentada pelo homem enquanto este é por ela sustentada. Isto é simplesmente a consequência última da circularidade do ser-aí. A relação circular ser-ser-aí levada à sua compreensão radical implica essa ambivalência. Em *Ser e Tempo* e nas obras de antes da viravolta, Heidegger pôs a tônica sobre a transcendência do ser-aí e nela se manifesta a diferença ontológica como em seu chão primeiro.

Nas obras após a viravolta a tônica é posta sobre o ser. Então a diferença ontológica emerge como dom do ser revelando-se na abertura do ser-aí. Enquanto se afirma que a diferença surge no horizonte da transcendência do ser-aí dá-se a primazia ao ser-aí. "Mas Heidegger abandonou essa esfera da subjetividade e a expressão a ela pertencente, aprofundando a relação hermenêutica com a diferença".[20] Nessa relação hermenêutica com a diferença, a circularidade da faticidade do ser-aí, que sustenta a diferença ontológica, se manifesta como instaurada pelo ser. O ser chama o homem, e a correspondência ao apelo do ser é o pensamento da diferença. Por isso, o filósofo pode dizer: "O homem é o mensageiro da mensagem que lhe inspira o desvelamento da diferença."[21] O homem manifesta a diferença ontológica, mas essa manifestação lhe é inspirada pelo ser que se desvela nessa diferença e nela se vela. A relação hermenêutica entre homem e ser dá-se, portanto, como um círculo hermenêutico ontológico. A dimensão formal do círculo hermenêutico tem seu sentido nessa relação hermenêutica instalada na circularidade fática do ser-aí.

Para melhor compreendermos a relação entre a constituição circular do ser-aí e a diferença ontológica, não devemos pensar em prioridades ontológicas e, ainda menos, cronológicas. A emergência da circularidade do ser-aí é a própria emergência da diferença ontológica e vice-versa. O fato da circularidade impõe a diferença ontológica e esta manifesta aquela. A relação do ser com o homem e do homem com o ser, que revela a circularidade, já é a própria diferença ontológica entre o ser e o ente. Uma não se dá sem a outra. Não podemos experimentar uma para, a partir dela, chegar à outra. Para pensarmos a circularidade já nela nos movimentamos e afirmamos a diferença; para pensarmos a diferença já nela nos movemos e afirmamos a circularidade. O fato fundamental é a condenação inelutável ao círculo da finitude. Assim, Heidegger afirma: "A relação do homem com o ser carrega em si a própria diferença enquanto tal".[22] "Em toda parte e constantemente caminhamos e paramos na estreita ponte dessa diferença, a qual nos carrega do ente para o ser e do ser para o ente, em todo o nosso comportamento em relação com o ente".[23] "Não podemos fugir à diferença entre ser e ente, nem mesmo então, quando achamos que renunciamos ao pensamento metafísico".[24]

> "Estamos postados na diferença entre o ente e o ser. *Essa diferença sustenta a relação com o ser e sustenta o relacionamento com o ente. Ela domina mesmo que não atentemos para isto. Assim, parece ser uma diferença cujo diferente por ninguém é distinguido, uma diferença para a qual não há ninguém que distinga e não foi encontrada uma esfera distintiva e muito menos experimentada".*[25]

Essa simultaneidade entre circularidade da faticidade e da diferença não deve, porém, interromper nossa interrogação. Nada melhor que repetir, assim, as perguntas de Heidegger:

> "Qual é a situação dessa distinção entre ser e ente, qual a situação do homem com relação a essa distinção? É o homem para então 'ter', além disso, ainda a relação com o ente? Ou constitui, essa relação com o ser a essência do homem? Em caso afirmativo, qual é a essência do homem se a sua essência se determina a partir dessa relação? Determinou-se, já alguma vez, a essência do homem a partir dessa relação com o ser? Em caso negativo, por que não? Em caso afirmativo, porque é essa relação tão incompreensível e inconcebível para nós e tão irreconhecível como o próprio ser?"[26]

As respostas deveriam surgir a partir de *Ser e Tempo*, que busca uma ontologia fundamental, mas não chegou a analisar as estruturas do ser-aí, após a determinação do sentido do ser. Somente tal análise poderia ter determinado explicitamente qual a relação que se estabelece entre a circularidade do ser-aí e a diferença ontológica que se manifestaria no sentido do ser. Pela diferença ontológica Heidegger procura colocar um fundamento para a ontologia. Isto já era a meta das interrogações de *Ser e Tempo* em torno da constituição circular do ser-aí.

> "A distinção entre ser e ente é visada como o fundamento da possibilidade da ontologia. Mas a 'diferença ontológica' não é introduzida, para, assim, solucionar a questão da ontologia, mas, para designar aquilo que, não problematizado até agora, torna problemática, em seus fundamentos, toda a 'ontologia', isto é, a metafísica. A referência à diferença ontológica designa o 'fundamento' de toda a ontologia e, assim, de toda a metafísica. A designação da diferença ontológica deve significar o fato de que vem um momento histórico em que se tornará necessário ir à procura do chão e fundamento da 'onto-logia'. É por isso que se fala em 'Ser e Tempo' de 'ontologia fundamental'."[27]

Heidegger não quer, portanto, resolver o problema metafísico com a diferença ontológica, mas pretende orientar, por meio dessa distinção entre ser e ente, o olhar para a questão do ser cujo esquecimento pela metafísica torna-a problemática em sua própria essência. Não acontece, portanto, na ontologia que se estrutura pela analítica existencial, uma tentativa de superação dos problemas metafísicos. A determinação da circularidade da constituição do ser-aí, enquanto relação entre ser e homem, e a reflexão sobre a diferença ontológica, apenas visam a situar devidamente a questão do ser. O filósofo quer somente determinar, pela ontologia fundamental, como se estabelece a verdadeira interrogação pelo ser na finitude. Pelo fato de a ontologia fundamental instaurar-se no círculo hermenêutico ontológico da relação entre o ser e o homem, ela se movimenta na finitude, finitude do homem que sempre se movimenta simultaneamente na verdade e não verdade e finitude do ser que sempre se revela pelo velamento e desvelamento.

Essa ontologia fundamental tem duplo sentido. De um lado, se constitui pela analítica existencial, pela análise das estruturas do ser que compreende o ser, e, de outro, ele se constitui pela interrogação, pelo sentido do ser que deve preceder qualquer ontologia. De um lado, se analisam as estruturas da constituição circular do ser-aí, e, de outro, a diferença ontológica que prepara a compreensão do ser. Assim, as "duas" ontologias visam precisamente aos dois elementos, que se interligam de tal modo que não existe um sem o outro. A circularidade se revela na diferença e esta manifesta aquela.[27a]

Todo o esforço de pensar as estruturas do ser-aí e de meditar sobre o sentido do ser se fulcra na circularidade e na diferença. Do recíproco condicionamento emerge a verdadeira dimensão da interrogação na finitude. A ambivalência da circularidade e da diferença determina inelutavelmente essa interrogação.

Analisando a afirmação de Kant, de que sempre haverá uma metafísica e de que esta é uma "disposição da natureza" do homem, Heidegger reflete sobre a verdadeira relação entre a diferença ontológica e a essência do homem. Isto coloca o problema da circularidade e da diferença apenas em um outro horizonte. O filósofo assegura que a verdadeira razão pela qual a metafísica se funda na natureza humana é a diferença entre ser e ente. "Talvez seja essa distinção o autêntico núcleo da disposição da natureza humana para a metafísica."

> "Se a disposição natural, metafísica, do homem e o núcleo dessa disposição são constituídos por aquela diferença entre o ser e o ente, de tal modo que dela brota a metafísica, então, conquistamos, com o regresso a essa distinção, a origem da metafísica e, ao mesmo tempo, um conceito mais originário da metafísica".[28]

Heidegger afirma que, precisamente, a relação do homem com o ente é, em seu fundamento, a diferença entre ser e ente pertencente à natureza humana. "Pois, somente porque o homem assim distingue, pode ele relacionar-se, à luz do ser, assim distinguido, com o ente, isto é, pode estar postado na relação com o ente, o que quer dizer: ser determinado metafisicamente e pela metafísica".[29] Para determinarmos verdadeiramente se a diferença é a disposição natural do homem para a metafísica, então, devemos saber qual é a natureza do homem. É preciso delimitar a essência do homem, para demonstrarmos sua disposição para a metafísica, como residindo na distinção entre ser e ente. Heidegger, porém, se interroga:

> "Podemos nós, entretanto, determinar algum dia a essência do homem (sua natureza) sem tomarmos em consideração a diferença entre o ser e o ente? Apresenta-se essa diferença apenas como conseqüência da natureza humana ou determina-se, antes e de modo geral, a natureza do homem e sua essência com base nessa diferença e a partir dela?"[30]

Aqui o filósofo levanta a pergunta decisiva "da qual a filosofia até agora se esquivou, mas, da qual, em última análise, ela, contudo, não podia se esquivar; pois, para isto, a filosofia já deveria antes ter-se encontrado com esta pergunta pela diferença".[31]

Heidegger renova a interrogação para melhor se concentrar na questão:

> "Funda-se toda a metafísica na diferença entre ser e ente? O que é essa diferença? Funda-se essa diferença na natureza do homem, ou funda-se a natureza do homem nessa diferença? Não é essa própria

disjunção insuficiente? O que significa, em ambas as disjunções, fundamentar? Por que pensamos nós aqui em fundamentar e interrogamos pelo 'fundamento'? Não é isto, que tem caráter de fundamento, um traço essencial do ser? Não perguntamos nós, por isso, por todos esses modos de perguntar, pela relação do homem com o ser, relação que não pode ser omitida em nenhuma pergunta, mas, que, contudo, não é questionada em nenhuma pergunta?"[32]

Essa interrogação pelo próprio ser e sua relação com o homem, a pergunta pela constituição circular do ser aí, se omite na metafísica, em que o homem é tomado como um dado, como uma natureza subsistente sobre a qual colocamos ainda uma relação com o ser. Esse extrinsecismo da interrogação metafísica deve ser superado, porque leva à subjetividade e ignora seus próprios fundamentos. Na base da diferença e na base da circularidade está o ser. O que funda a diferença no homem ou o homem na diferença é a própria relação circular do homem com o ser, que é instaurada pelo ser. Essa constituição circular do ser-aí supera o extrinsecismo metafísico, em que ser e homem se relacionam como sujeito e objeto, e com ela se penetra nos fundamentos da metafísica. "Procuramos antes penetrar no fundamento da metafísica, porque nele queremos experimentar a diferença entre ser e ente, mais exatamente, aquilo que sustenta, em si mesmo, a própria diferença: a relação do homem com o ser."[33] Analisar a diferença ontológica como fundamento da ontologia, da metafísica, que brota da disposição natural do homem, não é ainda responder ao problema do ser que instaura a diferença e a circularidade constitutiva do ser-aí. Na diferença ontológica sempre perdura ainda a possibilidade de um extrinsecismo metafísico, à medida que se poderia estabelecer a diferença como uma capacidade do homem, portanto, como algo humano, estabelecido pela subjetividade. Somente quando ligamos entre si a diferença e a circularidade do ser-aí, mediante a determinação da relação entre ser e homem, na qual o ser recebe a hegemonia, se protege a diferença de uma decaída na metafísica extrinsecista. Por que, então, a diferença aponta para aquilo que a metafísica esqueceu em seus fundamentos, e que se manifesta como o *hegemonikon* na circularidade constitutiva do ser-aí: o ser? Por isso Heidegger lembra:

"A 'diferença ontológica', porém, não é introduzida, para, assim, solucionarmos o problema da ontologia, mas para designar aquilo que, até agora não procurado, torna basicamente problemática toda a 'ontologia', isto é, a metafísica".[34]

Toda a questão da diferença ontológica e da constituição circular do ser-aí visa à interrogação pelo sentido do ser. Essa interrogação não se suspende pela análise da diferença nem pela demonstração da circularidade do ser-aí. Somente a penetração no próprio problema do ser e a relação que dela resulta com o homem, permitem descobrir os fundamentos da diferença e da circularidade. A ambivalência introduzida na diferença ontológica e na relação entre o ser e o homem deve situar-se na própria ambivalência do ser.

Olhando para a multiplicidade dos sentidos de ser contidos na palavra "é" e escondidos em todos os verbos, descobrimos no ser uma indeterminação e uma plenitude. O ser nos mostra sua face sempre ambivalente. Essa oposição que se manifesta no ser não pode ser algo fortuito. "O ser é ao mesmo tempo o mais vazio e o mais pleno, o mais geral e o mais único, o mais compreensível e o mais resistente ao conceito, o mais usado e o que sempre está em advento, o mais familiar e o mais abissal, o mais esquecido e o mais lembrado, o mais pronunciado e o mais silenciado."[35] "Residem essas oposições no próprio ser ou resultam elas da relação do homem com o ser? Nossa relação com o ser mostra-se ambivalente. Depende essa ambivalência de nossa relação com o ser, de nós ou do ser? Brota nossa relação ambivalente com o ser, do próprio ser?"[36] Nossa relação com os entes nunca é perpassada por essa ambivalência. Quando nos relacionamos com os entes o ser sempre é o mais vazio, o mais geral, o mais compreensível, o mais usado, o mais familiar, o mais esquecido, o mais pronunciado. Na nossa relação com os entes não experimentamos a ambivalência do ser. O ser nos permanece in-diferente. Não distinguimos entre ser e ente, ainda que somente nos possamos relacionar com os entes fundamentados nessa diferença. Ou, então, distinguimos entre ser e ente, ainda que não problematizemos essa diferença como aquilo onde se oculta o que a possibilita. Assim, permanece escondido aquilo que, precisamente, se visa à diferença entre ser e ente: o ser em sua ambivalência, o ser como fonte de nossa ambivalência em nossa relação com ele.

Não se trata, portanto, de parar na diferença ontológica, nem de repousar na circularidade da constituição do ser-aí, na relação entre ser e homem. A diferença ontológica e a circularidade não resolvem o problema da ontologia. Mediante esses dois elementos se procura penetrar nos fundamentos da ontologia, problematizando-os e desvendando neles o ser. A diferença ontológica e a afirmação da constituição circular do ser-aí são, antes, modos de perguntar pelo ser que respostas aos problemas da ontologia. São instrumentos para manter desperta a pergunta pelo ser na finitude. Nunca serão deixados de lado na interrogação filosófica, mas, tanto a diferença quanto a circularidade apontam mais para sua origem escondida do que repousam em si mesmas. A pergunta sempre permanece: Como instaura o ser a diferença pela qual nos mantém aberto o caminho para ele? Como atinge o ser ao homem para nele instaurar uma circularidade que o constitui e o leva a movimentar-se na diferença?

Heidegger deve, portanto, tentar, em sua reflexão, a compreensão do próprio ser em sua ambivalência. A dificuldade fundamental é que o pensamento do ser deve suportar essa ambivalência do ser, como vimos na segunda parte de nosso trabalho, procurando atingir o ser assim como se manifesta. "O ser de nenhum modo nos é tão imediatamente familiar e manifesto como o ente particular".[37] "Não vemos jamais o ser imediatamente. Isto depende do fato de nossos olhos não serem tão simplesmente capazes de contemplar o ser e, de nenhum modo, depende do fato de o ser se retrair".[38] Todo o método fenomenológico que visa a atingir a coisa em si mesma, assim como ela se manifesta, é, para Heidegger, o caminho para pensar o ser, assim como se manifesta, velando-se. A fenomenologia procura atingir o ser em sua ambivalência. Heidegger, em escritos dos últimos dez anos, não falando mais do método que o leva ao ser em sua ambivalência, mas, agredindo diretamente o pensamento do ser (onde ainda se esconde o método), procura desenvolver, a partir da interpretação dos pré-socráticos, o ser em sua ambivalência. Para isto retorna continuamente à palavra-matriz de sua inspiração: *aletheia*, no horizonte das palavras-guias gregas.

Heidegger mostra, por exemplo, como

> "*a diferença pode ser ao menos sugerida pelas expressões 'ser do ente' e 'ente no ser'. Mas, o que se desdobra (diferencia)" se vela, no "do" e no "no", muito mais do que nos orienta para sua manifestação fenomenológica. Essas duas expressões estão muito longe de pensar a diferença em si mesma e de elevar seu desdobramento para o plano da interrogação*".[39]

É pelo desaparecimento do sentido profundo da diferença que se deixa de atingir aquilo para onde ela quer apontar.

> "*A clareira do ser do ente se vela enquanto clareira. O velamento do desaparecimento da diferença domina tão essencialmente como aquilo para onde cai a diferença. Para onde cai a diferença? No esquecimento. O império duradouro do esquecimento se vela como lethe, que pertence tão imediatamente à aletheia que a primeira se pode retirar em benefício da segunda*".[40]

Fica-se facilmente no plano dos diferentes e não se pensa, assim, a diferença de onde emergem. "A diferença entre ser e ente é, enquanto diferença entre sobre-vento e ad-vento, a decisão desocultante-ocultante de ambos. Na decisão domina a revelação do que se fecha e se vela, dominar que dá a separação e união de sobre-vento e ad-vento."[41] "A origem da diferença não mais se deixa pensar no horizonte da metafísica."[42] Heidegger realizou várias tentativas de pensar o fundamento da ambivalência que revela os diferentes. Ele recebe o nome "*to auto*", o mesmo, o idêntico.[43] É o que se esconde na "*aletheia*, nome que os gregos dão ao desvelamento que domina no desdobramento da diferença."[44] "Na palavra-enigma *to auto* é nomeada a relação entre o pensamento (homem) e o ser".[45]

Notas

[1] Gehard Funke, em sua obra recente, *Fenomenologia: Metafísica ou Método?* procura descobrir as origens da ideia de diferença ontológica em Heidegger. Diz textualmente o seguinte: "O neokantiano Emil Lask", em sua obra *"A Lógica da Filosofia e a Doutrina das Categorias"*, distinguiu expressamente o momento da "objetividade" dos "objetos", o momento da "coisidade" do "que é coisa", o momento do "ser" do "ente" e perguntou diretamente pelo "ser do ente" (p. 157). Funke dá razão a M. Brelage, quando este diz: "Os fundamentos, as condições de possibilidade para o conceito heideggeriano da 'diferença ontológica' residem na *'Lógica'* de Lask". Heidegger conhecia as obras de E. Lask, conforme declarou em 1963: "É claro que temporariamente esse domínio [da tensão entre ontologia e teologia especulativa] retrocedia diante do que Rickert tratava em seus exercícios de seminário: os dois escritos de Emil Lask, seu aluno. [...] Os dois escritos de Emil Lask – *"A Lógica da filosofia e a Doutrina das Categorias. Um estudo sobre a Esfera do Domínnio das Formas Lógicas"* (1911) e *"A Doutrina do juízo"* manifestavam, por sua vez, com suficiente clareza, a influência das "Investigações Lógicas" de Husserl. Essa situação obrigou-me, novamente, a trabalhar Husserl" (HVHN 31).

[2] SZ 4

[3] SZ 6

[4] SZ 8

[5] SZ 27

[6] SZ 39

[7] SZ 94

[8] SZ 196

[9] SZ 207-208

[10] SZ 276

[11] WG 15

[12] SZ 85

[13] ID 22-23

[14] WG 16, ver Lb. NII 475-476.

[15] WHD 175

[16] US 121
[17] US 125
[18] US 126
[19] US 126
[20] US 130
[21] US 136
[22] N II 246
[23] N II 241
[24] N II 240
[25] N II 207-208
[26] N II 207
[27] N II 209
[27a] Ver p.256.
[28] N II 241, WiM. 9
[29] N II 242
[30] N II 242N II 364
[31] N II 243
[32] N II 243
[33] N II 246
[34] N II 209
[35] N II 253
[36] N II 253
[37] SG 111
[38] SG 113
[39] VA 240
[40] VA 241
[41] ID 63
[42] ID 70
[43] VA 242
[44] VA 247
[45] VA 249

CAPÍTULO 4

A Compreensão da Finitude

A reflexão sobre o círculo hermenêutico, a análise da circularidade do ser-aí e a conclusão de que a diferença ontológica surge com a constituição circular da existência e de sua interrogação, levantou explicitamente a questão da compreensão da finitude do homem. A estrutura circular do ser-aí, que é a característica fundamental de sua finitude e a raiz da ambivalência na interrogação pelo ser na finitude, mostrou-nos o lugar concreto em que Heidegger situa sua análise do homem. Essa análise revela-se centrada no móvel fundamental da problemática heideggeriana, que é a pergunta pelo sentido do ser. Isto significa, de imediato, que a estrutura da interrogação heideggeriana tem meta definida em razão da qual o homem é problematizado. A finitude do ser-aí, portanto, é enfocada em direção determinada, e a análise que o filósofo dela realiza não pode ser transportada para um outro horizonte de compreensão.

Heidegger realiza toda a analítica existencial das estruturas do ser-aí em virtude da determinação do sentido do ser. A finitude e a temporalidade, reveladas pela analítica existencial, se instauram, na reflexão heideggeriana, como horizonte do sentido do ser. O parágrafo 10 de Ser e Tempo já apresenta "a delimitação da analítica do ser-aí relativamente à antropologia, à psicologia e à biologia",[1] procurando mostrar a singularidade e novidade da problemática levantada por Heidegger, à medida que a análise do homem entra no horizonte de sua atenção. Desde o aparecimento de Ser e Tempo, entretanto, praticamente toda a tradição filosófica a recebeu como centrada em problemas antropológicos. Husserl recebeu a obra de seu ex-assistente como "antropologismo transcendental", acusando todo o movimento de Ser e Tempo como tendo ficado "preso numa antropologia".[2] Desde então, Heidegger carrega o fardo da interpretação antropológica e antropologizante de sua filosofia como a maior distorção de suas intenções originais.[3] Somente o tempo foi desfazendo, nos círculos acadêmicos, o equívoco de uma interpretação que não é apenas signo dos indivíduos que pensam, mas, destino de uma época que repousa sobre o esquecimento do ser. Três anos após a publicação de Ser e Tempo, Heidegger assim se manifesta com relação a esse mal-entendido:

> "Toda a problemática de Ser e Tempo, que trata do ser-aí do homem, não é uma antropologia filosófica. Para isto ela é muito estreita e muito provisória. Aqui se apresenta uma problemática que até agora não foi desenvolvida enquanto tal. Se a possibilidade da compreensão ontológica, de algum modo, se orienta para o tempo, então, se impõe a tarefa de pôr em evidência a temporalidade do ser-aí, sob o ponto de vista da possibilidade da compreensão do ser. Para isto se orientam todos os problemas. A análise da morte tem a função de evidenciar, numa direção, o radical caráter de futuro do ser-aí. Não tem, porém, a função de apresentar uma tese definitiva e metafísica sobre a essência da morte."[4]

Essa afirmação de 1929 deveria ser a manifestação clara de que Heidegger tinha presente, em seu trabalho, a intenção de colocar o problema do ser e de que todas as suas análises do homem somente em razão de tal meta se estruturavam.

A compreensão da finitude do ser-aí que Heidegger procura desenvolver em sua obra não visa, portanto, à compreensão da finitude (no sentido negativo) do homem que se instala a partir da infinitude positiva da concepção cristã. A análise de Heidegger atinge criticamente a finitude negativa (em oposição à infinitude positiva) à medida que a tradição, principalmente a da filosofia cristã, põe a questão do ser a partir de uma teologia natural. "De Deus não se pode predicar, nem a finitude nem a infinitude, nem que *é* nem que *não é*. O conceito de ser não tem nenhum sentido em teologia."[5] À medida que a tradição desloca a questão do ser da finitude para a infinitude, a finitude perde seu sentido positivo diante da questão do ser e será vista, negativamente, também no plano da ontologia, e não apenas no plano ôntico. A finitude do homem, para Heidegger, somente é considerada horizonte ontológico. Mesmo as análises do plano ôntico apenas se realizam, no pensamento heideggeriano, à medida que o homem é onticamente ontológico. Para o filósofo somente existe plano ontológico no ser-aí, porque unicamente ele é capaz de pôr a questão do ser. "Ontologia é o índice da finitude. Deus não a tem".[6] Precisamente porque finito, o ser-aí põe a questão do ser. A interrogação pelo sentido do ser é a manifestação positiva da finitude do ser-aí. A finitude que Heidegger analisa é aquela em que o ser se manifesta e aquela que não é positivamente sem essa manifestação do ser. "A essência da filosofia, enquanto tarefa finita do homem, é sua limitação à finitude do homem. Na filosofia se deve mostrar, de maneira bem radical, a finitude, porque a filosofia se dirige à dimensão total e suprema do homem."[7]

O motivo fundamental por que Heidegger se debruça sobre a finitude do homem na interrogação pelo ser, reside no fato de o ser, em toda a tradição, ter aparecido como vinculado ao tempo e de a temporalidade ser, justamente, o sentido do ser do ser-aí. A temporalidade enquanto índice da finitude do ser-aí se torna, assim, o horizonte necessário para a interrogação pelo sentido do ser. Dessa maneira, a ontologia, que é a pergunta por ser e tempo, se torna o índice da finitude do ser-aí. A interrogação pelo ser deve movimentar-se na finitude, porque o ser ligado ao tempo não pode ser interpretado a partir da eternidade, que é a negação do tempo. Isto é impossível porque é preciso, segundo Heidegger, fugir do círculo vicioso que estaria implicado na explicação da temporalidade pela eternidade, porque eternidade é um conceito que se instaura a partir da temporalidade, ou pela negação da temporalidade[8]. Assim, não se faria a determinação positiva da temporalidade, como jamais se atinge a dimensão positiva da finitude, interpretando-a a partir de sua negação, a infinitude. A compreensão da finitude do ser-aí somente se realizará a partir da relação com o ser e, dentro dessa relação, assim como o ser, somente se compreenderá, em sua essencial temporalidade, a partir da temporalidade do ser-aí. A compreensão da finitude unicamente se realizará na circularidade da relação ser-ser-aí. A circularidade dessa relação é a própria constituição da finitude do ser-aí, assim como a partir dela se constitui a finitude da compreensão do ser.

Heidegger analisa o homem, sem, contudo, tomar como tema o próprio homem. O homem não é tomado como um ente em meio aos outros entes e, assim, analisado em sua estrutura ôntica. O filósofo distingue o homem dos outros entes e, nessa distinção, o interpreta, enquanto ele é um ente cujo ser consiste na compreensão do ser e enquanto os outros entes não são do mesmo modo. A análise heideggeriana do homem não se debruça sobre a especificidade do homem ante os outros entes. O homem entra na filosofia de Heidegger a partir da abertura que nele é a manifestação do ser. Ele não exclui a possibilidade da análise antropológica para a compreensão do homem, mas, a sua análise somente se debruça sobre as estruturas do ser-aí reveladoras do ser. Heidegger não discute antropologicamente a finitude ou infinitude do homem. Interessa-o a finitude e a temporalidade que nele representam a abertura para o ser. Nesse sentido podem ser interpretadas todas as passagens de sua obra, principalmente em *Kant e o Problema da Metafísica*, em que fala do "ser-aí *no* homem".[8a] O ser-aí não pode ser identificado com a totalidade das estruturas ônticas do homem. Ser-aí é a estrutura ôntica à medida que ela tem uma dimensão ontológica em que se instaura a compreensão do ser e a finitude dessa compreensão. Heidegger analisa a faticidade do ser-aí, enquanto, em seu ser-jogado, já sempre está aberto para o ser. A tríplice estrutura do ser como faticidade, existência e decaída, cujo ser é a preocupação, a qual tem como sentido a temporalidade, é a estrutura ontológica, a partir da qual Heidegger desdobra a interrogação pelo sentido do ser. Essa estrutura ontológica do ser-aí, no entanto, é analisada à medida que, por meio dela, se desdobra a compreensão da finitude do ser-aí, em sua vinculação com a finitude da compreensão do ser. A compreensão da finitude para a qual se movimenta a analítica existencial, interrogando pela circularidade do ser-aí, já aponta, assim, para a finitude da compreensão que se revela na necessidade da viravolta.

Seguindo a palavra de ordem da fenomenologia, "às coisas em si mesmas", Heidegger procura o acesso às estruturas do ser-aí, mas, "a coisa em si mesma", para a qual procura um caminho, não é a própria estrutura do ser-aí, o existencial simplesmente. Também, conforme os princípios da fenomenologia, "cada coisa em si mesma" tem um modo privilegiado de acesso. Ao sentido do ser, pelo qual Heidegger interroga, tem-se privilegiadamente acesso pela analítica existencial, mediante o desvelamento das estruturas do ser-aí. Esses existenciais são, portanto, o caminho privilegiado, a estrada real, para a interrogação pelo ser. Enquanto existenciais, porém, eles são sempre formas ou modos de ser do ser-aí. Como formas eles se referem ao ser-aí em geral. O filósofo mesmo acena para essa generalidade, afirmando que "a essência" do ser-aí reside em sua existência."[9] Os existenciais formam a essência do ser-aí. Heidegger evidentemente não quer captar esses existenciais como as categorias; isto é, como puramente subsistentes. Mesmo, todavia, permanecendo fiel à distinção fundamental entre categorias e existenciais, ele não pode fugir à voragem do simples objetivismo, na análise fenomenológica dos existenciais, a não ser reduzindo-os à dimensão transcendental. Assim, a analítica do ser-aí é realizada no plano transcendental, apesar de Heidegger visar, desde o início, à superação da dimensão transcendental da metafísica. Além de a analítica proceder de maneira transcendental, na descrição dos existenciais, ela visa à atingir neles o "simplesmente transcendens, que é o ser".[10] Por isso, o pensador pode afirmar que "cada revelação de ser enquanto o transcendens é conhecimento transcendental".[11] "Verdade fenomenológica (abertura do ser) é veritas transcendentais."[12] Também nessa perspectiva revela-se a mesma realidade na reflexão heideggeriana sobre o problema do homem. O homem não se torna objeto da análise por motivos antropológicos, mas, por causa do problema do ser. Da mesma forma a dimensão transcendental revela a finitude do ser-aí. "Também essa transcendência permanece ainda no âmbito da finitude."[13] Fica, desse modo, explicitamente estabelecido que a preocupação de Heidegger com o ser-aí não visa a determinações antropológicas, nem a afirmações ônticas sobre o homem, que quisessem dizer algo sobre finitude ou infinitude do homem no plano ôntico ou histórico. Consequentemente, torna-se necessário determinar mais detidamente o sentido da compreensão da finitude do ser-aí na filosofia de Heidegger. Essa elucidação poderá acrescentar, ao que até agora foi analisado, elementos novos, se situarmos o problema da finitude no horizonte das relações entre o homem e o ser, sob o ponto de vista da ambivalência de velamento e desvelamento. A partir dessa consideração se mostrará a importância da a-letheia para a compreensão da finitude do ser-aí e sua relação com a questão da finitude da compreensão do ser.

A finitude do ser-aí impõe-se a partir da ambivalência de velamento e desvelamento. Por que o homem somente atinge o ser mediante seu velamento nos entes? Por que o ser estabelece relação com o homem mediante sua retração e sua retenção? Por que atinge o homem o ser apenas como *a-letheia*, isto é, como negação de velamento? A resposta somente pode ser uma: porque o homem limita a eclosão do ser enquanto seu lugar de manifestação. Esse limitar significa que o homem se abre como a clareira do ser, em que o ser se vela, manifestando-se no ente cujo ser consiste em compreender o ser. No homem o ser se mostra, enquanto nele instaura uma abertura em um ente que o compreende enquanto é ser e o vela enquanto é ente. Disso surge a ambivalência. Ela é introduzida pelo homem. Isto é a finitude do homem. A finitude do homem se compreende, portanto, como a relação que o homem instaura com o ser limitando-o em sua manifestação e velando-o. Por isso, o ser somente se dá como *a-letheia*.[13a] Na própria dimensão da *aletheia* reside a relação entre a finitude do ser-aí e o ser. O ser é, para o homem, em sua finitude, negação de velamento, permanecendo, enquanto tal, essencialmente ligado ao velamento. No ser-aí, enquanto preocupação e temporalidade, enquanto finitude, o ser jamais pode irromper na plena manifestação de seu velamento, e seu próprio mostrar-se é simplesmente um mostrar para sua condição de velamento: *aletheia*. A finitude do ser-aí deve, portanto, ser compreendida como o fato de o ser-aí somente manifestar o ser velando-o, apontando para o velamento do ser. O ser-aí é, portanto, pensado e compreendido, como finitude, em razão da finitude da compreensão do ser. O ser é finito porque é compreendido pelo ser-aí que é finito enquanto preocupação e temporalidade. Heidegger afirma, além disto, como já foi visto, que a marca da finitude do ser-aí se revela no fato de o homem somente poder conhecer os entes por meio da compreensão do ser. Por isso, a ontologia é o índice da finitude.[14]

 O problema da compreensão da finitude deve ser visto, pelas análises realizadas, em virtude da compreensão do ser. O ser-aí, na concepção de Heidegger, é inseparável da problemática do ser. É por isso que ele afirma a constituição circular do ser-aí e a necessidade do movimento no círculo hermenêutico para a compreensão do ser. O pensamento que situa o problema da finitude do ser-aí, como o faz Heidegger, não pode fugir da circularidade ontológica que se estabelece entre ser e ser-aí. Para a compreensão do ser não basta a compreensão da finitude do ser-aí. Somente a posse do sentido do ser permite penetrar na compreensão da finitude do ser-aí e, assim, na compreensão do ser que é seu signo. É por isso que a viravolta se impôs no movimento da interrogação de Heidegger. O círculo hermenêutico e a constituição circular do ser-aí recebem seu sentido último da viravolta.

Notas

¹ SZ § 10

² Husserl, E. – *Husserliana*, Band V, p. 140.

³ WiM 18-19

⁴ EHB 20-21

⁵ Azevedo, J. L. de – *El Antiguo y el Nuevo Heidegger*, p. 26.

⁶ EHB 19

⁷ EHB 26

⁸ KPM 216-217

⁸ᵃ N I 278: "Nós pelo contrário usamos 'vida' para designar os entes vegetais e animais e deles distinguimos o ser humano que é mais e outra coisa que simples 'vida. Mas para nós a palavra 'ser-aí' designa algo que de nenhum modo se cobre com ser humano e é diferente absolutamente daquilo que Nietzsche e a tradição entendem, antes de nós, com ser-aí. O que nós designamos com 'ser-aí' ainda não aparece na história da filosofia até hoje." Conviria lembrar aqui que H. diz das palavras essenciais em NI 167-170.

N I 381: "Nós pensamos essa situação fundamental (a relação necessária do homem com o ente em sua totalidade) na raiz decisória do ser humano de tal modo que dizemos: o ser do homem – e à medida que o sabemos somente o do homem – se funda no ser-aí; o aí é o lugar possível para a necessária morada de seu ser." Ver também: SF, 17. KPM, 207: "Mais originária que o homem é a finitude do ser-aí nele."

⁹ SZ 42

¹⁰ SZ 38

¹¹ SZ 38

¹² SZ 38

¹³ EHB 19

¹³ᵃ "Alétheia poderia ser a palavra que dá um aceno, ainda não experimentado, para dentro da essência impensada do esse" (Wegmarken 199).

¹⁴ EHB 19 E 26; ver tb Edith Stein – *Welt und Person*, p. 134, NI 356-7.

# PARTE QUARTA

A Viravolta

CAPÍTULO 1

A Situação da Viravolta

Não é apenas a história pessoal que produz mudanças na obra de um filósofo. A gênese de um pensamento é maturação resultante de múltiplas interações. O arco de uma vida não corresponde às tensões da criação espiritual. A genialidade de uma juventude não é promessa segura de fecunda velhice e as obras da maturidade não podem ser deduzidas das primeiras experiências. O diuturno esforço pode inaugurar caminhos que apenas lentamente atingem as culminâncias, mas as surpresas da aventura do espírito jamais estarão ausentes.

A melancolia do velho Schelling diante do irrecuperável brilho de sua juventude, a cronologia dos diálogos de Platão e a evolução de sua interrogação em torno do problema das ideias, as obras pré-críticas de Kant e a obra de sua maturidade, o caminho desenvolvido por Husserl das matemáticas até o eu transcendental, revelam aspectos diferentes do caminho da interrogação filosófica.

Ao se debruçar sobre seu caminho, as lembranças de Heidegger, contudo, conseguem captar circunstâncias que até hoje permaneceram determinantes em sua interrogação, tanto que o pensador, ao voltar-se para seu passado, lembra um verso de Hölderlin: "Pois, assim como iniciaste, permanecerás".[1] A germinação da pergunta pelo ser se processa realmente em Heidegger, desde sua juventude, mas, assim como o ser se predica de múltiplos modos, assim também se apresenta a multiplicidade de tentativas de interrogar pelo ser. A constância do tema emerge em um concerto de múltiplos ensaios que variam no estilo, nas imagens, na abordagem de autores diversos, de tal modo que se torna difícil aproximar formalmente obras distantes no tempo. O que, porém, poderia ter maior ou menor explicação circunstancial ou biográfica é aprofundado, até conduzir a uma situação que se tornou assunto necessário do estudo do pensamento de Heidegger. Afora as mudanças que podem acompanhar um pensamento de meio século de atividade, existe no pensador, de um lado, um aparente fracasso ou incompletude de sua obra principal e, de outro, uma mudança no modo de interrogação que eclode em determinado momento e que ultrapassa a dimensão meramente formal para atingir a manifestação do próprio objeto da interrogação filosófica. De tal modo sobressai essa ruptura e a mudança do movimento interrogador que a obra de Heidegger caracteriza e compreende a partir dessa situação.[1a]

A mudança do pensamento de Heidegger representa uma dimensão tão original, que será possível desvelarmos nela a própria condição em que se movimenta necessariamente um pensamento que sustenta a interrogação pelo ser na finitude, até as últimas consequências. A mudança no pensamento de Heidegger, além de condição do pensador, representa a pedagogia de toda a interrogação pelo ser na finitude. A compreensão do ser que caracteriza a finitude do ser-aí somente é possível nesse movimento.[1b]

Viravolta é o nome que recebeu essa mudança no pensamento filosófico. O nome, que surgiu por referência pessoal de Heidegger, deveu sua oficialização, talvez, pelo motivo secundário da incompletude de *Ser e Tempo*, antes de, aos poucos, tornar-se uma designação que atinge o essencial de seu pensamento.[2] Nós tentaremos a explicitação da viravolta a partir de várias perspectivas que irão sempre desembocar no tema que conduz o próprio trabalho: compreensão do ser e finitude do ser-aí. As várias faces da análise mostrarão a dimensão essencialmente positiva da viravolta e o valor de sinal da própria incompletude involuntária de "Ser e Tempo". Penetraremos, primeiramente, na situação que representa a viravolta; depois examinaremos tais referências textuais de Heidegger e sua autointerpretação, por fim, vamos explorar duas relações básicas que mostram a concretude e essencialidade da viravolta na interrogação de Heidegger: a relação entre ser e tempo e a relação entre a palavra e o ser.

Esse procedimento quer evitar uma discussão puramente formal e localizar no fato particular de uma viravolta em um pensamento, a presença da própria situação em que se movimenta toda a interrogação pelo sentido do ser. Heidegger mesmo lamenta o fato de, até hoje, ter-se falado muito em viravolta, mas não se ter superado a discussão formal para penetrar na situação que representa o movimento da viravolta. "Até hoje não conheço nenhuma tentativa que tenha meditado sobre essa situação e que a tenha discutido criticamente. Em vez da infundada e infundável conversa sobre a 'viravolta', mais aconselhável seria e mais fecundo engajar-se primeiro uma vez na referida situação".[3]

Quais os motivos externos mais óbvios que levaram a falar de uma viravolta no pensamento de Heidegger? O primeiro elemento que terá chamado a atenção foi o fato de, a partir de 1929, Heidegger não mais falar explicitamente, em suas lições em fenomenologia, como até aí o vinha fazendo. Suas análises diretas de autores da tradição filosófica ocidental e de poetas pareciam encaminhá-lo para outra direção que renunciava à fenomenologia. Em segundo lugar se impõe a introdução de novos modos de falar. As palavras-chave de *Ser e Tempo* tomam sentidos mais amplos. Grande parte das reflexões parece mergulhar na esfera nebulosa do mito. Há uma insistência crescente nos gregos e o pensamento de Nietzshe, durante anos, parece governar as principais orientações do estudo de Heidegger. As análises regionais vão desdobrando-se lentamente para considerações sobre toda a história da filosofia de modo diverso, e parecem sugerir sua rejeição. Às vezes, se impõe claramente o paradoxo e a contradição. A analítica existencial, como caminho da interrogação pelo sentido do ser, parece ficar para trás e parecem ser necessários novos caminhos para o ser. Finalmente, em 1960, Heidegger dizia, na nota preliminar de *Ser e Tempo*, aquilo que já era praticamente certeza durante muitos anos. "A menção 'primeira metade', que figurava nas edições precedentes, foi omitida. Depois de um quarto de século a segunda parte não mais se deixa juntar à primeira, sem que esta fosse modificada em sua apresentação". Heidegger acrescentava paradoxalmente: "O caminho traçado, entretanto, permanece ainda hoje um caminho necessário se a questão do ser inspirar nosso ser-aí".[4] Assim, se, de um lado se apontava expressamente para uma ruptura, de outro se indicava como necessário o caminho interrompido, caso a busca do sentido do ser não quisesse ser abandonada.

Talvez a interpretação antropológico-existencialista de *Ser e Tempo* tenha sido o motivo mais decisivo para ver um hiato entre o pensamento de Heidegger da década de 20 e os anos posteriores. Foi esse mal-entendido que o próprio filósofo mais lamenta em suas reminiscências.[4a]

Não é, porém, a simples mudança externa que deve deter nossa observação. A viravolta deve ser explorada em seu movimento profundo, descartado de laivos puramente formais. Assim, pouco a pouco se delineiam os traços vigorosos de um pensamento que não se perde no gosto das contradições e paradoxos, mas que é levado no próprio movimento do ser.

Em primeiro lugar, devemos estabelecer o fato de que a ruptura da obra *Ser e Tempo* pode apresentar aspectos formais como motivação externa, mas, não se pode, com isto, afirmar que a obra tenha sido possível de outro modo para realmente levar ao terreno em que Heidegger depois vai movimentar-se. Ainda que a forma de *Ser o Tempo* pudesse variar, em seu bojo a obra já traz o conteúdo material que aponta para uma necessária viravolta. Assim, se estabeleceria uma unidade em um pensamento que aparentemente se movimenta em um impasse ou em uma ruptura. O modo de tratar o tema seria o sinal sensível que, em sua ruptura, escondia a viravolta, imposta pelo próprio tema da interrogação. Certo é que a ruptura não teria sido necessária em sentido absoluto. Talvez outro modo de realizar a analítica das estruturas da existência tivesse permitido a conclusão do projeto de *Ser e Tempo*. Olhamos aqui para o fato da incompletude e não para a possibilidade ou impossibilidade de realizar a análise assim iniciada. O essencial, para Heidegger, era manter a fidelidade ao motivo de sua interrogação: a pergunta pelo sentido do ser. Mantida essa meta bem-determinada, as variações, os avanços e retornos do caminho eram secundários. Esses nem eram previsíveis em todos os passos. Comentando uma preleção (*Expressão e Aparição*) de 1921, Heidegger afirma que, apesar de sua imperfeição, "surgiu, entretanto, nela a tentativa de trilhar um caminho, cuja direção eu ignoro. Somente as perspectivas mais próximas eram conhecidas, porque, constantemente, me seduziam, ainda que, por vezes, o horizonte visual se deslocasse e encobrisse de sombras".[5] Não podemos, portanto, concluir que Heidegger tenha previsto a viravolta e ainda menos a ruptura de *Ser e Tempo*. O que perseguia como tema central de sua interrogação, a partir da analítica existencial, era o que preparava a imposição de uma viravolta e, dado o movimento da analítica, uma ruptura na obra. O conteúdo, portanto, é o elemento dominante da viravolta e a forma de interrogação – "se é o único caminho ou mesmo o certo, somente pode ser decidido após sua realização"[6] – determinou a ruptura. Tal viravolta não vinha explicitamente prevista em *Ser e Tempo*, mas, por outro lado, o apelo a ela não pode ser interpretado como uma tentativa tardia de Heidegger forçar uma unidade de seu pensamento. Essa unidade se impõe claramente à medida que penetramos no veio profundo que leva em si a reflexão do filósofo.

Podemos dizer que todo pensamento que leva a sério a interrogação pelo sentido do ser tem como destino essa viravolta e dela não pode fugir, a não ser para abandonar a questão fundamental em nome de problemas que a ocultam. Heidegger, sem dúvida, foi o pensador que chamou a atenção para o fato necessário da viravolta no pensamento do ser. O não tê-lo percebido pode ser apontado como o fator fundamental do esquecimento do ser na metafísica ocidental. Por outro lado, a posição de Heidegger, diante da história do esquecimento do ser, pode ser aquela que é porque tomou a si a tarefa de destruir as obstruções da história da ontologia, preparando-se para isto pela analítica existencial. Sem dúvida nenhuma, *Ser e Tempo* apresentava uma ameaça para o pensamento do ser por causa de sua posição externamente transcendental. O dizer algo totalmente diferente com a linguagem da metafísica poderia preparar "uma trincheira para a subjetividade".[7] O fato de Heidegger ter percebido as ciladas escondidas na obra *Ser e Tempo* e ter assumido, na ruptura da obra, a viravolta, todavia, faz com que ela se torne "um caminho necessário, caso a questão do ser deva inspirar nosso ser-aí".[8] *Ser e Tempo* garante um caminho na interrogação pelo sentido do ser porque possibilitou a eclosão do segundo Heidegger. Isso ele afirma com clareza: "Somente a partir do que é pensado sob o Heidegger I (de 'Ser e Tempo') torna-se acessível primeiramente o que sob o Heidegger II deve ser pensado. Mas o I somente se torna possível, se vem contido no II".[9] O modo como *Ser e Tempo* realizou a analítica existencial está acertado e se tornou um caminho possível e necessário, porque permitiu a viravolta na qual o pensa o sentido do ser.

Mesmo sem as referências explícitas à viravolta, que serão analisadas no próximo capítulo, seria possível captar a presença da viravolta, uma vez realizada, no pensamento de Heidegger. Partindo da interrogação pelo sentido do ser na finitude, o pensamento está sempre destinado a realizar essa viravolta. É ela que garante a unidade do caminho de Heidegger apesar da ruptura, ou graças a ela, em *Ser e Tempo*.

Em seu estudo de Kant, Heidegger tem uma observação que poderá aplicar-se ao próprio filósofo. Ele comenta o fato de Kant, na segunda edição da *Crítica da Razão Pura*, ter recuado de sua posição com respeito à imaginação transcendental enquanto fundamento do conhecimento: "Não pertence esse retroceder ao próprio resultado? Que acontece ali? Uma espécie de inconseqüência pela qual se deveria responsabilizar Kant? É o retroceder e o não-avançar até o fim apenas algo negativo? Absolutamente não. Revela muito antes que Kant, em sua fundamentação, se tira seu próprio chão em que inicialmente colocara a crítica. O conceito da razão pura e a unidade de uma pura razão sensível tornam-se problemáticos. A penetração interrogadora na subjetividade do sujeito, a 'dedução subjetiva' conduz para o escuro. Kant não deixa, apenas, de apelar para sua antropologia porque ela é empírica e não pura, mas, porque, no exercício da fundamentação, esta por si mesma torna problemática a maneira de perguntar pelo homem".[10] Não queremos fazer aqui aproximações de conteúdo entre os dois pensadores. Interessa-nos ouvir Heidegger dirigir a si mesmo e à situação da viravolta essas perguntas. A ruptura, o retroceder de Ser e Tempo, pertence de certo modo ao próprio resultado da interrogação que nele se instaura. Graças à ruptura se explicita a experiência da viravolta. A ruptura de Ser e Tempo não apresenta uma inconseqüência, mas, nela se esconde uma correspondência conseqüente à pergunta pelo sentido do ser. É uma fidelidade à interrogação original que se manifesta na ruptura. O fato de Heidegger parar em sua análise, em Ser e Tempo, revela que nele se faz pela vez derradeira a experiência do risco da subjetividade. "O caminho se interrompeu num ponto decisivo",[11] a partir do qual se impôs a viravolta, que já vinha ínsita no bojo da pergunta pelo sentido do ser. O impasse e a ruptura de Ser e Tempo representou algo profundamente positivo. A tentativa de Ser e Tempo "vem da tradição, mas, luta por dela se libertar",[12] escavando seu próprio chão, que ainda queria estabelecer-se como o *fundamentum inconcussum*, e atira-se no fundamento sem fundo do ser que se manifesta na viravolta. Heidegger não reescreve Ser e Tempo porque suporta o próprio vazio da viravolta que escavou a interrogação da obra da analítica existencial. Em Ser e Tempo se preparou, assim, a superação da dimensão transcendental para se instaurar o pensamento do ser. A penetração nas estruturas da existência conduz para o escuro do nada em que se revela o ser. É na viravolta que o ser se manifesta em sua indisponível história em que o homem é arrastado no vórtice da ausência de fundamento. À medida que *Ser e Tempo* tornou-se problemático em sua orientação, revela-se a necessidade da viravolta, que renuncia à busca do fundamento tão caracterizador do pensamento da subjetividade. É por isso que *Ser e Tempo* revela a positividade de sua incompletude como preparadora da história do ser que Heidegger pensará na viravolta. Ele enuncia em *Nietzsche*: "A destruição, assim como toda a 'fenomenologia' e toda a interrogação hermenêutico-transcendental, ainda não é pensada como história do ser".[13]

O fato da viravolta pode ser verificado na ausência da fenomenologia, – assim como fora aplicada à analítica existencial – na obra posterior de Heidegger. Não que o método fenomenológico tenha sido abandonado em razão de um outro caminho. No próprio método se manifesta a viravolta. A fenomenologia hermenêutica, que em sua dimensão apofântica desvelava as estruturas do ser-aí, torna-se, na viravolta, a relação hermenêutica que liga ser e homem, transformando o homem que traz a mensagem (o sentido) do ser que lhe foi transmitido pelo próprio ser. O homem é o hermeneuta que escuta a mensagem do ser, que a leva como mensageiro. A própria fenomenologia, assim como vem definida em *Ser e Tempo*, desaparece na viravolta como nome e emerge no próprio pensamento do ser. A fenomenologia é o próprio pensamento do ser, que este instaura no homem. Podemos, desse modo, apreciar o movimento da viravolta no próprio método de Heidegger.

Do mesmo modo anuncia-se a eclosão da viravolta com o desaparecimento da referência explícita ao círculo hermenêutico. Sua importância vimos nas análises anteriores, mas Heidegger renunciou a seu uso porque facilmente pôde ficar apenas no superficial.[14] A circularidade da própria constituição de ser-aí, da qual emerge o círculo hermenêutico, aponta para um movimento básico que, na interrogação pelo sentido do ser, mostra uma nova relação quando se instaura a viravolta. Essa constituição circular do ser-aí exige a própria viravolta. A circularidade, que se manifesta na vinculação entre finitude e compreensão do ser, exige o movimento da viravolta.

CAPÍTULO 1 – A SITUAÇÃO DA VIRAVOLTA

A possibilidade da viravolta reside na própria faticidade do ser-aí. Essa faticidade somente é possível na medida que nela se instaura o fato da compreensão do ser. Por isso a faticidade não é o elemento único que determina a viravolta. A faticidade do ser-aí e o fato do ser que nela se dá sustentam ambos a possibilidade dessa viravolta, que constitui a própria essência da compreensão do ser. O sentido do ser somente se manifesta à medida que o pensamento se movimenta na circularidade da relação ser-ser-aí que possibilita a própria viravolta. Como veremos adiante, Heidegger procura resumir a situação da viravolta na relação ente o ser e o tempo. "A viravolta pertence à situação designada com a expressão 'Ser e Tempo', 'Tempo e Ser'."[15] A viravolta gira em torno do "e" que liga o ser e o tempo.[16] A temporalidade como sentido do ser-aí, enquanto preocupação, cuja análise Heidegger recebe sugerida pelo próprio modo de, na história da filosofia, problematizar o ser ligado ao tempo, deveria mostrar-se na terceira seção de *Ser e Tempo*: "Tempo e Ser", como horizonte da manifestação do ser. Não foi possível essa análise do fato do ser na faticidade do ser-aí enquanto temporalidade. A ruptura foi necessária para evitar a subjetividade. Então, Heidegger pensa a historicidade que se manifestara como o tempo autêntico, como ligada ao nosso ser. O filósofo pensa a história do ser. Essa história do ser é o conteúdo da viravolta. "Toda interrogação hermenêutico-transcendental deve ser pensada como a história do ser".[17] Toda a analítica existencial que seria refeita após a determinação do sentido do ser no horizonte da temporalidade deve ser pensada como história do ser. O ser, em sua história, sustenta as estruturas da existência, a essência do homem. Assim, a faticidade não pode dar o tempo ao ser com radicalidade, a não ser que o ser sustente a temporalidade, que é o sentido da faticidade, em acontecer como história. A viravolta sustenta o "e" que une ser-aí e ser. A essência veladora-desveladora do ser-aí somente se manifesta na essência desveladora-veladora do ser e vice-versa. Esse movimento circular entre ser e ser-aí é sustentado, na viravolta, pelo pensamento que se dirige para a história do ser. Por sua vez, podemos destacar que a viravolta emerge da faticidade do ser-aí como abertura finita e do fato de o ser se dar nessa abertura finita que é a compreensão do ser pelo homem.

Revela-nos, assim, a análise geral do fato da viravolta no pensamento de Heidegger uma mudança essencial de perspectiva que leva o pensador à superação do perigo da subjetividade e o insere na dimensão em que se dá a história do ser. Não é possível pensar abstratamente o ser ligado ao tempo. Somente a capacidade de escutar a história, o destino do ser, que se revela na diáspora dos entes e que é velado nessa dispersão, faz com que o pensador rompa o esquecimento do ser. A ambivalência que emerge da condição humana finita, que compreende o ser, a qual já se mostrou na análise que fizemos da *aletheia* e da fenomenologia, surge nessa reflexão primeira sobre a viravolta. Heidegger desdobrará o fato e as possibilidades da viravolta, em sua reflexão sobre a superação da metafísica como história do esquecimento do ser, sobre o adentramento ontológico historial do qual nos fala no último capítulo da obra intitulada *Nietzsche* e, podemos mesmo dizer, que a viravolta possibilita e é o próprio passo de volta para o novo começo em que o ser acontece como história. Todo o tema da lembrança – de que o pensamento é uma lembrança – sugere esse voltar-se sobre si mesmo em que o homem vai e retorna ao fato primordial que o põe na existência: o vínculo entre o ser e o tempo. A viravolta reside e se movimenta na palavrinha "e", no modo como o ser se liga ao tempo, como o tempo se liga ao ser. O modo como o tempo se liga ao ser e como o tempo acontece no próprio ser-aí nunca fora pensado em sua profundidade e originariedade na história da metafísica. Essa constitui a meta essencial do pensamento de Heidegger. "O pensamento da viravolta resulta do fato de eu ter permanecido junto ao objeto a ser pensado: *Ser e Tempo*, isto quer dizer que perguntei no rumo que já foi apontado em Ser e Tempo (p. 39) com a expressão: *Tempo e Ser*.[18]

A viravolta é, portanto, um acontecimento fundamental no pensamento de Heidegger. É um movimento que é o próprio conteúdo do pensamento, na medida em que na viravolta acontece o próprio ser como história. Não se deve, portanto, pensar que o falar da viravolta procura desculpar ou recuperar uma unidade perdida ou procura esconder os fracassos ou desvios na interrogação que não consegue ser coerente durante cinquenta anos. A viravolta é a condição do pensador. "Ela não foi encontrada por mim, nem atinge apenas o meu pensamento", diz Heidegger.[19]

Esta reflexão inicial nos preparou para captarmos todas as passagens em que Heidegger se debruça sobre o fato da viravolta em seu pensamento. A autointerpretação do filósofo nos dirá da lucidez com que procura escutar o apelo do ser.

Notas

[1] US 93

[1a] HB 29-30: "Em toda parte se pensa que a tentativa realizada em 'ST' terminou num beco sem saída".

[1b] N I 337-338: "Se existe algo tal como uma catástrofe no trabalho de grandes pensadores, esta não consiste no fato de naufragarem e não poderem seguir adiante, mas no próprio fato de prosseguirem, isto é, de se deixarem determinar pelo efeito imediato de seu pensamento, que sempre é um falso efeito. Comprometer é o sempre seguir 'adiante', em vez de permanecer recuado junto a fonte de seu próprio começo".

[2] EVW 399-402

[3] EVW 400

[4] SZ V

[4a] N I 268-9. HB 32.

[5] US 91

[6] SZ 437

[7] N II 194

[8] SZ Nota preliminar que precede a nona edição de 1960.

[9] EVW 401

[10] KPM 194

[11] N II 194

[12] N II 194

[13] N II 415, NI 654

[14] US 151. Ver a previsão de incompletude, no último período § 6, p. 26-27 de "Sein und Zeit".

[15] EVW 400

[16] KPM 219; ZS 139

[17] N II 415

[18] EVW 400

[19] EVW 400

* Viravolta – *Kehre*= curva do grampo de cabelo. Expressão que H. tirou do uso que se faz no sul da Alemanha e Áustria. Ainda: *Umkehr*; *Umkehrung*; Einkehr.

CAPÍTULO 2

A Autointerpretação da Viravolta

Uma passagem, no começo da obra de Heidegger, que se intitula *Nietzsche*, leva-nos para o centro do problema: "A pergunta pela autofundação da filosofia se refere àquela situação de fato de que aquilo que é a filosofia, como constantemente se apresenta, somente se determina a partir dela mesma, de que, porém essa autodeterminação somente é possível enquanto ela já se fundou a si mesma. A própria essência da filosofia sempre se volta sobre si mesma e quanto mais originária é uma filosofia, tanto mais puramente ela gira em torno de si nessa viravolta e tanto mais, então também se alarga, excentricamente, até às margens do nada, a periferia desse círculo".[1] Essa afirmação, que, em primeiro lugar, é uma reflexão sobre a autodeterminação da filosofia, que, como saber originário, está condenada a perseguir, perenemente, seus próprios fundamentos, em si mesma, consistindo nisto sua essência, abre-nos também possibilidades para delimitarmos a posição de Heidegger diante de seu próprio pensamento. A autointerpretação, para não correr o risco de ser uma simples repetição do próprio pensamento, deve ser uma autofundação do pensamento. Na autointerpretação do pensamento filosófico deve assumir o papel decisivo a inserção nesse próprio pensamento. O pensador não pode apelar primeiramente a fatores extrínsecos ao próprio movimento de sua reflexão. Seu próprio pensamento é a chave de sua interpretação. Esta a primeira sugestão específica, com relação ao próprio pensamento de Heidegger, que brota da presente afirmação. Tratamos, no entanto, neste capítulo, da viravolta no pensamento de Heidegger. Esse movimento, essencial no pensamento do filósofo, deverá ser captado na interpretação originária do próprio autor. Aqui se impõe uma segunda sugestão do texto arrolado. Tanto mais originária é a interpretação da viravolta em Heidegger quanto mais ela girar em torno de si mesma. Assim, podemos afirmar que a própria viravolta como movimento essencial no pensamento de Heidegger chega à plenitude de si mesma na autointerpretação, pois essa somente é possível no acontecer da própria viravolta. Sendo a viravolta destino de cada pensador que leva a interrogação pelo sentido do ser até as suas radicais consequências, e tendo Heidegger, pela primeira vez, explicitamente, na história da filosofia, assumido esse destino, o fato da autointerpretação é a viravolta da viravolta sobre si mesma, posto que, sendo a viravolta o próprio destino do pensamento originário, o fato de ela girar em torno de si mesma é consequência dessa originariedade: Heidegger, em cujo pensamento acontece a viravolta, se debruça sobre ela, na autointerpretação. A circula-ridade do próprio ser-aí já se mostrou como fundamento da interrogação na finitude e a viravolta repousa nessa circularidade. Aqui surge a terceira sugestão do texto aventado. Heidegger busca os fundamentos da metafísica. Eles residem nas próprias estruturas do ser-aí, enquanto sua unidade e seu ser são a preocupação e seu sentido é a temporalidade, porque a preocupação sustenta a transcendência pela compreensão do ser e a temporalidade é o horizonte em que se dá esta compreensão. Essa compreensão do ser, entretanto, é instaurada pelo próprio ser, enquanto ele abre sua clareira no ser-aí para nela se manifestar. Assim, o tempo, que é a abertura do ser-aí, resulta do próprio ser que nele se presenta. Toda interrogação se movimenta nesse círculo da relação entre ser e ser-aí. Esse círculo hermenêutico é a condição da própria interrogação pelo sentido do ser. Quando o pensador se debruça sobre seu pensamento, que é o próprio círculo, ele somente o pode graças à situação hermenêutica imposta pela circularidade do ser-aí. A compreensão do círculo hermenêutico se realiza, portanto, no e pelo próprio círculo hermenêutico. Quanto mais originária a interrogação – e o que é mais radical do que a pergunta pelo sentido do ser? – tanto mais fielmente é preciso inserir-se nesse círculo da compreensão. A própria interpretação da circularidade do ser-aí não pode dispensar o movimentar-se no círculo hermenêutico. Sendo a viravolta a própria substância, a própria matéria, o próprio conteúdo que se movimenta no círculo hermenêutico, então ela contém todo o pensamento que se envolve na interrogação pelo sentido do ser. E se ela contém todo o pensamento, ela contém também a possibilidade de o pensamento se debruçar sobre si mesmo, na autointerpretação. A circularidade do ser-aí que permite a viravolta abarca, dessa maneira, a própria meditação que interpreta a viravolta.

Assim, se evidencia que a autointerpretação de Heidegger da viravolta é possibilitada no próprio movimento da viravolta. Somente um pensamento que realizou a viravolta pode compreendê-la. Isto quer dizer: o pensamento que experimentou a relação entre o ser e o homem, em que repousa a circularidade do próprio ser-aí e a viravolta, pode verdadeiramente autointerpretar-se. Essa é a maturidade do pensamento de um pensador, que pode voltar-se, com seu próprio pensamento, sobre seu pensamento para compreendê-lo. Ali, também, reside a verdadeira profundidade que nada tem a ver com um ponto fixo, com um ponto de partida estático. Na filosofia, na interrogação pelo sentido do ser, a profundidade é o saber movimentar-se no próprio movimento do ser em sua relação com o homem e no próprio movimento do homem em sua relação com o ser.

Queremos olhar a autointerpretação de Heidegger da viravolta não apenas a partir das alusões evidentes e explícitas à viravolta. Em *Ser e Tempo* se esboça um projeto global, que fica inacabado como obra única, mas que deve receber sua concretização nos trabalhos posteriores. O fato é que *Ser e Tempo* visa à explicitação de um todo, explicitação que não foi possível no movimento da obra em si mesma. A explicitação das estruturas existenciais foi o primeiro passo de *Ser e Tempo*. O segundo passo foi a determinação da temporalidade como sentido do ser-aí e, para isto, foi necessária a repetição da análise das estruturas do ser-aí à luz da temporalidade. O terceiro passo a ser dado seria a repetição da analítica existencial no âmbito do sentido do ser determinado a partir do tempo. Esse terceiro passo seria o mais complicado, pois exigiria a prévia determinação do sentido do ser para, a partir daí, esclarecer os entes puramente subsistentes e os entes disponíveis, pois somente em seu horizonte se atingiria a transparência ontológica ampla do ser do ser-aí. Esse terceiro passo que seria a terceira seção, *Tempo e Ser*, da primeira parte, se apresentaria como a viravolta em que o ser-aí seria explicitado em suas estruturas a partir do ser e do ser dos entes que não possuem as características do ser-aí. Essa seção, que não foi editada, seria de uma importância incalculável e teria desfeito muitas objeções, sobretudo as referentes a uma insuficiente ontologia da coisa no pensamento de Heidegger. Se essa seção não foi possível, contudo, a viravolta, ali prevista, se realizou, ainda que de modo menos orgânico e sistemático na obra posterior de Heidegger. É que entra em jogo um outro fator decisivo, também resultado da incompletude de *Ser e Tempo*. A destruição fenomenológica, ali prevista, também vem realizada na obra posterior. O sentido do ser que determinaria a terceira seção da primeira parte vem sendo, lentamente, explicitado no trabalho substitutivo da própria destruição da ontologia tradicional, que se apresenta como repetição, superação, adentramento e passo de volta. É que o ser é progressivamente explicitado como história e a história do ser é o acontecimento que se oculta na própria metafísica que Heidegger procura superar ou na qual procura penetrar pelo passo de volta. O ser é pensado nas análises dos pensadores ocidentais, mas a metafísica se revela como a história do esquecimento do ser. A história do ser é uma história oculta (aqui se retoma a macrodimensão da decaída analisada em *Ser e Tempo*).

É, por sua vez, a partir da história do ser que Heidegger procura determinar a essência do homem. É pela história do ser, em que se revela o sentido do ser, que o filósofo planejou explicitar, a partir do tempo, na terceira seção de *Ser e Tempo*, que ele complementa a determinação do ser-aí. Essa explicitação se dá na história do ser que acontece vinculada ao homem. É a partir da verdade do ser que o ser-aí atinge sua transparência ontológica. Ao lado de todo esse trabalho de determinação do sentido do ser e da destruição da ontologia (superação da metafísica), Heidegger também explicita lentamente os grandes traços de uma ontologia da coisa, explicitação que deve partir do ser-aí, mas que deve, ainda, por sua vez, auxiliar a própria compreensão do ser-aí. Nesse sentido devem ser vistos os ensaios e as conferências de Heidegger sobre *A Origem da Obra de Arte, A Coisa, Construir, Morar, Pensar, Poeticamente Mora o Homem* etc. Essa ontologia da coisa (dos entes puramente subsistentes e dos entes disponíveis), já prevista em *Ser e Tempo*, traz sua grande contribuição para a própria ontologia do ser-aí.

Assim, podemos compreender como a linearidade, prevista em *Ser e Tempo*, se complica na viravolta que se realiza de outro modo, tendo, porém, o mesmo conteúdo. A própria viravolta que se realiza na obra posterior de Heidegger esconde em si a interpretação do que deveria ser o projeto inacabado de *Ser e Tempo*. Heidegger previa as dificuldades do projeto de *Ser e Tempo* em um texto que resume as tarefas da analítica existencial, após a explicitação do sentido do ser, no horizonte da temporalidade.

> "A elaboração da temporalidade do ser-aí como quotidianidade, historicidade e intratemporalidade abre a visão sem rodeios nos embaraços e complicações de uma originária ontologia do ser-aí. Enquanto ser no mundo o ser-aí existe facticamente com e junto de entes intramundanos com que se encontra. Por isso, o ser do ser-aí recebe sua transparência ontológica global apenas no horizonte da elucidação do ser do ente sem o caráter do ser-aí. Isso quer dizer, também, do ente não subsistente e não disponível, que apenas "persiste". A interpretação de todas as derivações (modos) do ser de tudo aquilo, do qual dizem que é, necessita, porém, antes, de uma idéia do ser em geral, suficientemente elucidada. Enquanto esta

*não tiver sido conquistada, a análise temporal repetidora do ser-aí também permanece incompleta e carregada de obscuridade – para não entrar nos detalhes das dificuldades materiais. Por seu lado, a analítica existencial-temporal do ser-aí exige uma renovada repetição no âmbito da discussão básica do conceito de ser".*²

Aqui se concentra a previsão de dificuldades e tarefas que resultaram no impasse de Ser e Tempo e na sua incompletude e que representam, ao mesmo tempo, uma antevisão dos trabalhos e reflexões da viravolta.

Toda a análise das passagens em que Heidegger se refere explicitamente à viravolta e que serão objeto deste capítulo, deve ser situada dentro do horizonte dessa problemática ampla que já se perfila em Ser e Tempo. O que ali se prepara elimina a possibilidade de interpretarem as posteriores alusões de Heidegger à viravolta a um simples desejo de, a posteriori, forçar uma unidade inexistente em seu pensamento. Ele, realmente, apenas explicita, nas observações esparsas por sua obra, um movimento que mais interessa em si mesmo do que em sua determinação formal, a qual, no entanto, auxilia a compreensão da unidade entre o Heidegger I e o Heidegger II.

Não nos interessa agora o problema da viravolta assim como fora prevista em Ser o Tempo e que aconteceria na seção Tempo e Ser. O impasse ali verificado e sua análise terão lugar depois. O que agora deve-se revelar é o fato de que àquela viravolta, planejada em "Ser e Tempo", corresponde o pensamento do segundo Heidegger. Ele mesmo deverá interpretar isto.

Em 1962, Heidegger assevera:

*"Publicamente, em livro, falei, pela primeira vez, da viravolta na carta 'Sobre o Humanismo' (p. 17). Pois bem, então se afirma: realizou-se, portanto, no pensamento de Heidegger, a partir de 1947, uma 'reviravolta' ou mesmo desde 1945 uma 'conversão'. Nem se admite, para si mesmo, a ponderação de que o aprofundamento de tal situação tão decisiva exige muitos anos, para explicitar-se. Prove o texto seguinte que aduzimos que a situação, pensada sob o nome de 'viravolta', já inspirou meu pensamento dez anos antes de 1947".*³

Mais adiante, na carta a Richardson, que, sem dúvida, trouxe muita luz sobre o problema da viravolta, Heidegger cita um texto

> "do primeiro projeto da preleção para o semestre de inverno de 1937/1938, que procura discutir a necessidade da pergunta pela verdade em vista da questão da verdade": "Sempre novamente deve-se recordar encarecidamente: na questão da verdade aqui posta, não se trata somente de uma modificação do conceito de verdade atual, não se trata de uma complementação da representação corrente, trata-se de uma transformação do próprio ser humano. Essa transformação não é exigida através de novos conhecimentos psicológicos ou biológicos. O homem, aqui, está em questão sob o aspecto mais profundo e amplo e propriamente básico: o homem na sua relação com o ser, isto significa na viravolta: o ser (Seyn) e sua verdade na relação com o homem".[4]

Segundo se pode observar, nos arquivos da universidade de Freiburg im Breisgau, a preleção à qual Heidegger se refere se intitulava *Questões básicas da filosofia: da essência da verdade (aletheia e poiesis)*.[5] Essa preleção vinha interromper as análises que, desde 1936, Heidegger vinha fazendo do pensamento de Nietzsche e que agora foram editados nos volumes intitulados *Nietzsche*. Estas análises de questões básicas da filosofia Heidegger as vinha realizando desde 1929, ano em que, na relação de suas preleções, desaparecem, ao menos nominalmente, os exercícios fenomenológicos. As análises sobre a questão da essência da verdade, que já figuram na obra *Ser e Tempo*[6] e que aparecem em síntese na conferência pronunciada em 1930 *Sobre a Essência da Verdade*, foram periodicamente objeto das preleções de Heidegger desde 1931 até 1945, como se pode ver em seus planos de aula.[7] A meditação sobre a essência da verdade, que também perpassa toda a obra de Nietzsche, que se preparou na mesma época, ocupa, portanto, os anos que se inserem entre o silêncio de Heidegger sobre a fenomenologia e a primeira manifestação pública, na *Carta sobre o Humanismo*, sobre a viravolta.

Os anos de 1930 até 1945 foram, sem dúvida nenhuma, os anos dos quais menos notícia tínhamos por meio das publicações, até o surgimento de *Nietzsche*. Os inéditos desses anos escondem justamente a gestação da viravolta, mas o que fica suficientemente claro é o fato de que a viravolta se impôs à consciência de Heidegger na meditação sobre a essência da verdade do ser, meditação cercada continuamente das considerações dos autores da tradição. Esses anos, em que o pensador toma consciência da viravolta, que não é apenas destino seu, mas de todo pensamento que busca o sentido do ser, vivem o acontecer do ser como história em que se oculta a própria verdade do ser. Heidegger pensa essa história do ser como história de seu esquecimento na metafísica, mas esta é história do esquecimento do ser precisamente porque perdeu o sentido originário da *aletheia*, da verdade, de desvelamento e velamento do ser. A verdade do ser, a verdade da essência, é, portanto, a própria história do ser, enquanto essa história é o acontecer fenomenológico do ser na sua verdade, no seu desvelamento, que é velamento nos entes. A viravolta se prepara na meditação da história da verdade do ser. Já em 1930, Heidegger dizia:

> *"Este ensaio ('Sobre a Essência da Verdade') conduz a interrogação pela essência da verdade para além do perímetro da costumeira delimitação, através do conceito corrente de essência, e auxilia a reconsiderar se a pergunta pela essência da verdade não deve ser, simultânea e primeiramente, a pergunta pela verdade da essência. No conceito de 'essência', porém, pensa a filosofia o ser".* [8]

A essa passagem ele se referirá quando falar, pela segunda vez, na viravolta, em 1949. Dela podemos deduzir claramente que toda a preocupação de Heidegger com a essência da verdade coincide com a verdade da essência, isto é, com a verdade do ser; nisso, que pode parecer um jogo verbal, já se esconde a viravolta do ser da verdade para a verdade do ser.[9] A viravolta já emerge, seminalmente, na consciência de Heidegger, a partir de 1930, e, precisamente, na sua consideração *Sobre a Essência da Verdade*. Na mesma época (1938-1945) que estamos estudando, Heidegger explica como sua análise da metafísica de Nietzsche se liga à experiência originária de *Ser e Tempo*: "O ensaio que se segue somente pode ser compreendido e pensado a partir da experiência básica de *Ser e Tempo*. Ela consiste no embaraço crescente e progressivo, mas que, também, em certos momentos, se esclarece, embaraço que brota do único evento de que, na história do pensamento ocidental, desde o começo, já se pensou no ser do ente e de que, entretanto, a verdade do ser enquanto ser permanece impensada e não apenas se recusa ao pensamento como experiência possível, mas, de que o pensamento ocidental, enquanto metafísica, propriamente vela, ainda que inconscientemente, o fato dessa recusa".[10] Essa afirmação, que lança uma enorme luz sobre o caminho de Heidegger, restabelece aquelas vinculações de que falamos anteriormente. A análise de *Nietzsche* se liga à experiência originária de *Ser e Tempo*, experiência que se liga, por sua vez, à situação da verdade do ser na metafísica ocidental. Essa verdade do ser é, precisamente, o núcleo da viravolta enquanto ela pensa essa verdade do ser ("ser: *Seyn*, e sua verdade na relação com o homem", como Heidegger já supracitou) como a história do ser que é esquecido pela metafísica. Desse modo, a citação inédita pela qual Heidegger comprova que sua preocupação com a viravolta data dos anos que precedem 1938, realmente adquire uma importância e pertinência decisivas.

Verdade é que o filósofo utiliza muitos modos para exprimir o mesmo fato e talvez os nomes com que se designa o conteúdo da viravolta causem certa confusão e embaraço. Convém observar que, justamente, a grafia *Seyn* (ser) é por ele empregada para distinguir o ser enquanto ser[11] do ser dos entes. Outras vezes, como acontece em *A Questão do Ser*, Heidegger risca a palavra ser em cruz para frustrar a sua representação como ser do ente. A palavra que Heidegger mais preza para expressar esse ser é acontecimento-apropriação (*Ereignis*). Essas tentativas, no entanto, se impõem fundamentalmente como modos de pensar o ser enquanto tal, o ser em sua verdade, o ser em sua história, o ser enquanto velamento e desvelamento, o ser enquanto *aletheia*.[12] Na viravolta, Heidegger procura recuperar aquela ambivalência do ser que se vela e desvela no homem, que, de um lado, necessita do homem para sua manifestação, mas que, de outro, instaura o homem como o ser-aí, que é, ao mesmo tempo, a iluminação e a própria clareira em que resplende. A metafísica não pensou a história do ser nessa ambivalência e, por isso mesmo, o ser foi esquecido em razão de sua manifestação nos entes, como ser dos entes. "O que acontece na história do ser?" pergunta Heidegger e responde: não podemos perguntar assim, porque desse modo existiria um acontecer e algo que acontece. O próprio ser, porém, é o único acontecimento. Somente o ser é.[13] A essa história do ser está ligado todo o homem. Ela, entretanto, determina, sobretudo, a própria historicidade do pensador. Heidegger dirá que essa historicidade "é o modo como o pensador é considerado pelo ser para a história e como corresponde a esse apelo".[14] "O homem, na sua relação com o ser – o que na viravolta significa, o ser (*Seyn*) e sua verdade na relação com o homem" – é descrito por Heidegger, em 1941, em um de seus mais belos textos:

> *"A história do ser não é, nem a história de um homem e de uma humanidade, nem a história da relação do homem com o ente e com o ser. A história do ser é o próprio ser e apenas isto. Todavia, porque o ser considera o homem para a fundação de sua verdade no ente, o homem permanece inserido na história do ser, mas, sempre apenas sob o ponto de vista de como o homem, a partir da relação do ser para com ele e de acordo com essa relação, assume, perde, omite, libera, funda ou desperdiça sua essência.*
>
> *"O fato de o homem pertencer à história do ser apenas na esfera de sua essência, determinada pelo apelo do ser e não sob o ponto de vista de seu aparecer, agir e produzir no seio do ente, significa uma limitação de tipo especial."*
>
> *"Na história do ser manifesta-se à humanidade o acontecimento-apropriação, primeiro como a mudança da essência da verdade".*[15]

Esses textos que ligam entre si a história do ser e a essência da verdade, "o ser e sua verdade", na sua relação com o homem, falam já básica e claramente do horizonte da viravolta. Essa viravolta que acontece como a história do ser é mudança da essência da verdade, para a verdade da essência (do ser).

Essa mudança da essência da verdade para a verdade da essência é ocasião para Heidegger se referir nova e explicitamente à viravolta. Heidegger o faz em uma observação que acrescentou, em 1949, à conferência *Sobre a Essência da Verdade*. Ele mostra como "a pergunta pela essência da verdade brota da pergunta pela verdade da essência".[16] Em *Essência da Verdade*, a palavra "essência" (*Wesen*) toma o sentido de quididade, e a "verdade" é o caráter do conhecimento, mas, em *Verdade da Essência*, "*Wesen*" toma uma força verbal. O sentido verbal de "*Wesen*" aponta para "o ser" (*Seyn*) como a diferença imperante entre ser e ente. "Verdade significa o velar iluminador como traço essencial do ser (*Seyn*). A pergunta pela essência da verdade recebe sua resposta na frase: *A essência da verdade é a verdade da essência*".[17] O sujeito da frase é "a verdade da essência". O verbo "é" assume, aqui, sentido transitivo. Por isso, Heidegger pode declarar:

> "O velar iluminador é, quer dizer, faz imperar a conformidade entre conhecimento e ente. [...] A resposta à pergunta pela essência da verdade é o dizer de uma viravolta em meio à história do ser (Seyn). [O grifo é nosso]. O ser se manifesta originariamente à luz da retração veladora, porque a ele pertence o velar iluminador. O nome dessa iluminação [clareira] é aletheia".[18]

Temos, novamente, a afirmação explícita de que a viravolta no pensamento de Heidegger consiste em uma nova relação do homem com o ser e sua verdade. À medida que o ser, com sua verdade, suscita a essência da verdade, acontece uma viravolta na história do ser. O próprio conceito de ser e de verdade brota da interpretação originária de *aletheia*, que novamente surge como intuição decisiva.

"A conferência '*Sobre a Essência da Verdade*' deveria, no projeto original, ser completada por uma segunda conferência '*Sobre a Verdade da Essência*'. Esta fracassou por razões que vêm agora indicadas na carta '*Sobre o Humanismo*'."[19] Com essas palavras, Heidegger aponta para a referência à viravolta que é cronologicamente anterior a esta e foi a primeira referência pública.

Vamos analisar a manifestação de Heidegger na carta *Sobre o Humanismo*, cujo conteúdo já nos é conhecido pelo que suprarreferimos, dentro das observações que o filósofo faz na carta a Richardson, em 1962.

Para esta análise convém que tenhamos bem-presente aquilo que já examinamos no capítulo sobre fenomenologia e pensamento do ser. Ali aproximamos três expressões que sempre exprimem o acontecer do ser de modo diverso: Ser e Tempo: Tempo e Ser; Essência da Verdade: Verdade da Essência; Ser e Fundamento: Fundamento e Ser. A circularidade que aqui se afirma não resulta do gosto por paradoxos. Neles se esconde a própria viravolta. Devemos, no entanto, acrescentar: a viravolta assim como não foi possível ser pensada. Justamente a incompletude de *Ser e Tempo* está na impossibilidade de levar até o fim o projeto de "Tempo e Ser". Heidegger tentou a mesma análise no projeto da conferência *A Verdade da Essência* e, novamente, não conseguiu realizá-lo. Não iríamos talvez longe demais se disséssemos que a *Essência do Fundamento* encontra sua retomada na viravolta no livro "*O Princípio do Fundamento*", que também não resultou no que Heidegger pretendia.

"*Ser e Tempo*", "*Essência da Verdade*", "*Essência do Fundamento*", ainda que, em sua intenção, busquem a superação do pensamento da subjetividade, podem, contudo, sugerir uma presença da subjetividade quando não completados por "Tempo e Ser", "Verdade da Essência" e "Fundamento e Ser". A impossibilidade de êxito na tentativa de realizar esses projetos levou a interpretações distorcidas e a atitudes de desconfiança diante das verdadeiras intenções de Heidegger. É por isso que o filósofo diz, na carta *Sobre o Humanismo*: "A suficiente repetição e competição desse outro pensamento, que abandona a subjetividade, vem, sem dúvida, dificultadas pelo fato de, na publicação de '*Ser e Tempo*', ter sido retida a terceira seção da primeira parte, '*Tempo e Ser*'. Aqui o todo se inverte."[19a] A seção problemática foi retida porque o suficiente dizer dessa viravolta fracassou e não teve sucesso com o auxílio da linguagem da metafísica. A conferência *Sobre a Essência da Verdade*, pensada e levada a público em 1930, mas, apenas impressa em 1943, oferece uma certa visão para dentro do pensamento da viravolta de *Ser e Tempo* para "Tempo e Ser". Essa viravolta não é uma mudança do ponto de vista de *Ser e Tempo*, mas, nessa viravolta, o pensamento tentado alcança o lugar do âmbito, a partir do qual *Ser e Tempo* foi compreendido e, na verdade, compreendido a partir da experiência fundamental do esquecimento do ser.[20]

Heidegger quis determinar, em *Tempo e Ser*, o sentido do ser desde o horizonte do tempo e, a partir desse sentido do ser, a analítica existencial – a determinação do homem em sua relação com o ser – passaria por nova análise. Essa renovação da analítica, a começar da ideia de ser, mostraria claramente a superação da subjetividade já ínsita no projeto originário de *Ser e Tempo*. Por isso, surgiram os mal-entendidos a partir do que foi publicado.[21] A superação completa desses mal-entendidos somente seria possível à medida que as intenções a que visavam *Tempo e Ser* se manifestassem de outro modo. Isso se dá na viravolta, em que se pensa o ser e sua verdade, a história do ser em sua relação com o homem. A presença que tem, no âmbito dessa problemática a conferência pronunciada em 1962, com o título homônimo *Tempo e Ser*, se mostrará no próximo Capítulo.

A conferência *Sobre a Essência da Verdade*, apesar de apontar, como já vimos, para o acontecer da viravolta de *Ser e Tempo* para "Tempo e Ser", precisou, contudo, de uma elucidação, que Heidegger acrescentou como observação final em 1949. É que sua complementação com *Sobre a Verdade da Essência* não foi possível, assim como a tentativa de *Tempo e Ser* não tivera êxito.

Mais adiante se deverá mostrar o que está implicado nas acusações que Heidegger faz à linguagem metafísica, que não lhe permitiu a realização da análise planejada em *Ser e Tempo*. O que há de justificado nessa acusação somente poderá ser mostrado na análise das relações entre a palavra e o ser. Heidegger afirma que "na viravolta o pensamento tentado" em *Tempo e Ser* alcança o lugar a partir do qual *Ser e Tempo* foi experimentado. Essa experiência é determinada como "a experiência fundamental do esquecimento do ser". Anteriormente já se nos mostrou qual é a experiência básica de *Ser e Tempo*. Ela brota do embaraço que causa o fato de a metafísica ocidental sempre pensar o ser do ente e deixar "impensada a verdade do ser enquanto ser", mas a metafísica não deixa apenas de fazer essa experiência da verdade do ser. "Ela vela, como metafísica, o próprio fato da recusa dessa experiência".[22] Essa afirmação de 1940 é retomada, agora, em 1946, quando Heidegger fala da viravolta, na carta *Sobre o Humanismo*. Assim, o filósofo experimenta, na viravolta, o problema do sentido do ser a partir da história da metafísica e, nessa história da metafísica ele experimenta a história do ser, da verdade do ser.

A viravolta está envolta na superação da metafísica enquanto esquecimento do ser e no adentramento da metafísica que procura experimentar a história do ser nela oculta. Tudo isso se deverá esclarecer quando analisarmos o modo como a própria problemática do tempo, a que Heidegger liga todas as suas análises do ser, emerge fundamentalmente da história da filosofia. A vinculação do tempo com o ser e a própria analítica existencial que determina o tempo como sentido da preocupação, quer dizer do ser do ser-aí, nasce essencialmente da penetração na história da filosofia. É por isso que se deve destacar que *Ser e Tempo* se movimenta sempre em um confronto histórico, ainda que, por vezes aparentemente, se perca em análises puramente especulativas e sistemáticas. A história da metafísica experimentada como esquecimento do ser reside nas raízes de *Ser e Tempo*. Se as explicações com relação ao problema da viravolta não ocupam grande lugar nas obras de Heidegger, devemo-lo ao fato de ele julgar importante o exercício da própria viravolta e não tanto sua determinação formal. Esse exercício da viravolta se inicia, sobretudo, em 1935, com *Introdução à Metafísica*. Nesse trabalho podem ser encontradas muitas explicações para a viravolta, que não foi possível como "Tempo e Ser". Heidegger mesmo remete-se a ela na nota preliminar à nona edição de *Ser e Tempo*. Uma outra obra que não apenas se movimenta no conteúdo da viravolta, mas que simbolicamente traz em seu primeiro título um elemento que nos poderia levar a considerações sobre a viravolta, é *A Questão do Ser*. Mudando o sentido do título que Ernst Jünger pusera em um ensaio dedicado a Heidegger, este aponta para a situação em que se movimenta o pensamento que quer superar o niilismo. Essa situação é o ponto decisivo, a linha divisória, em que se decide o destino da metafísica como niilismo e se inaugura o pensamento do ser. Jünger escrevera "*Über die Linie*" ("*Para Além da Linha*") e Heidegger escreve "*Über 'die Linie'*": "*Sobre 'a Linha'* ". *Trans Lineam* e *De Linea*.

Esse trabalho compacto e de difícil penetração, porque reúne os elementos essenciais do caminho de Heidegger até 1955, representa uma iniciação básica ao seu pensamento.[23]

Uma síntese da resposta que Heidegger deu a Richardson em 1962 mostra-nos como ele interpreta a viravolta em seu pensamento. "Concedido *que* em seu pensamento do ser tenha acontecido uma viravolta – *como* então aconteceu essa viravolta – ou esse acontecimento?" Heidegger responde referindo-se primeiro à sua manifestação na carta *Sobre o Humanismo* e continua:

> *O pensamento da viravolta é uma mudança de rumo em meu pensamento. Mas, essa mudança de rumo não é conseqüência fundada na modificação do ponto de vista ou mesmo abandono da problematização de "Ser e Tempo". O pensamento da viravolta resulta do fato de eu ter permanecido junto ao objeto a ser pensado: Ser e Tempo, isto quer dizer, que perguntei no rumo que já foi apontado em 'Ser e Tempo (p.39), sob o título "Tempo e Ser ".*
>
> *A viravolta não é em primeiro lugar um procedimento do pensamento interrogante; a viravolta pertence à relação objetiva designada na expressão: "Ser e Tempo", "Tempo e Ser". Por isso, está escrito na carta "Sobre o Humanismo", na parte que aduzi: "Aqui o todo se inverte". "O todo"* – significa: *a relação objetiva de "Ser e Tempo", de "Tempo e Ser". A viravolta acontece na própria relação objetiva. Ela não foi encontrada por mim nem atinge apenas o meu pensamento.*

Heidegger acrescenta que nesta relação é que se deve penetrar.

> *Se nao se quer isto, então se está condenado a provar que a questão do ser, desenvolvida em "Ser e Tempo", não tem justificação, é supérflua e impossível. Uma crítica a "Ser e Tempo", que assim situa seu ponto de partida, devia, evidentemente, ser auxiliada a encontrar primeiro o seu caminho.*
>
> *Quem está disposto a ver o simples fato de que em "Ser e Tempo" o ponto de partida da interrogação é posto fora do âmbito da subjetividade, de que, afastada toda a questão antropológica, é muito antes unicamente determinante a experiência do ser-aí, a partir da constante prospecção sobre a questão do ser, este, ao mesmo tempo, compreenderá que o "ser" questionado em "Ser e Tempo" de nenhum*

> *modo pode permanecer uma imposição do sujeito humano. Mas, antes, o ser como aquilo que se presenta, caracterizado pela marca temporal, interessa ao ser-aí. Por conseguinte, já, no ponto de partida da questão do ser, em "Ser e Tempo", o pensamento é chamado para uma mudança de rumo, cujo movimento corresponde à viravolta. Mas, com isto, a problematização de "Ser e Tempo", contudo, de nenhum modo, é abandonada".*

Por isso, adverte Heidegger que "Ser e Tempo" continua sendo o caminho necessário, como expressa a nota à nona edição a *Ser e Tempo*. "Ao lado disto a problematização de 'Ser e Tempo' é, de modo decisivo, completada no pensamento da viravolta. Completar somente pode aquele que abarca o todo. Somente essa complementação oferece a determinação suficiente do ser-aí, quer dizer, da essência do homem pensada a partir da verdade do ser enquanto tal". Então Heidegger cita a passagem inédita de 1937/38, que, anteriormente, examinamos.[24]

"O 'acontecer' da viravolta, pelo qual o senhor pergunta, 'é' o ser (*Seyn*) enquanto tal. Ele somente se deixa pensar a *partir* da viravolta. Nenhum acontecimento de tipo especial é próprio dela. Antes, a viravolta, entre ser e tempo e entre tempo e ser, se determina a partir do modo como se dá ser, como se dá tempo. Sobre esse 'dá-se' procurei dizer algo, na conferência 'Tempo e Ser', que o senhor mesmo ouviu aqui no dia trinta de janeiro de 1962".[25]

> *"Ponhamos, em lugar de 'Tempo', clareira do ocultar-se da presença, então o ser se determina a partir do âmbito do projeto do tempo. Isto se dá, contudo, apenas à medida que a clareira do ocultar-se toma a seu serviço um pensamento que lhe corresponde. Presença (ser) pertence à clareira do ocultar-se (tempo). Clareira do ocultar-se (tempo) produz presença (ser)".[26]*

Até aqui Heidegger explicita o sentido da viravolta, procurando mostrar que ela corresponde à inspiração originária de *Ser e Tempo*: pensar o sentido do ser, o que é a mesma coisa que a verdade do ser, ou a história do ser. A reflexão de Heidegger vai, porém, concentrando-se até desembocar na temática de velamento e desvelamento, que reside, como antes amplamente se mostrou, na intuição e interpretação do sentido de *aletheia*, que ele procura resumir na palavra acontecimento-apropriação. Assim, o filósofo continua:

> *"Não é, nem mérito de minha interrogação, nem decisão autoritária de meu pensamento, o fato de esse pertencer (do ser) e esse produzir (do tempo) repousarem no acontecer e apropriar e significarem acontecimento-apropriação. Não é descoberta minha, nem veleidade dos gregos, o fato de para eles ter, aquilo que nós bastante inconscientemente chamamos 'verdade', o nome de aletheia, tanto na linguagem poética e não filosófica como na linguagem filosófica. É o maior dom da língua dos gregos, na qual, aquilo que se presenta enquanto tal, chega ao desvelamento e ao velamento".*[27]

A *aletheia* representa para Heidegger o maior dom que foi dado ao homem, pois o homem somente é porque algo se vela e desvela em sua abertura, que é instaurada por aquilo que nela se manifesta ocultando-se. Podemos salientar que ele resume na *aletheia*, interpretada como o faz, tudo o que mais preza em seu pensamento. Jamais compreenderá todo o seu esforço de pensar o ser, quem não penetra no sentido da *aletheia*.

Heidegger encerra a resposta a Richardson aceitando, com uma ressalva, a distinção entre Heidegger I e Heidegger II, o Heidegger de antes e o de depois da viravolta. "Sua distinção entre 'Heidegger I' e 'Heidegger II' somente se justifica sob a condição de, constantemente, se atentar: somente a partir do que é pensado sob o I torna-se acessível, em primeiro lugar, o que deve ser pensado sob o II. Mas o I somente se torna possível, se vem contido no II".[28] A viravolta, portanto, não pode ser pensada sem *Ser e Tempo*. Toda a obra posterior tem sua matriz em *Ser e Tempo*, mas, ao mesmo tempo, essa obra somente adquire sua maturidade e seu sentido com a viravolta e com a obra posterior.

Concluindo, acrescenta o filósofo:

> *"Entretanto, tudo o que tem caráter de fórmula fica sujeito a malentendidos. Segundo a múltipla relação objetiva de ser e tempo todas as palavras que a dizem, tais como viravolta, esquecimento*

> e destino, permanecem ambivalentes. Somente um pensamento multifacetado alcança o dizer correspondente ao objeto daquela relação objetiva. Esse pensar multifacetado não exige, em verdade, uma nova linguagem, mas uma atitude nova diante das antigas".[29]

A observação final resume a verdadeira atitude da interrogação pelo ser na finitude. Não é possível ressaltar, a partir de um ponto de partida, os múltiplos modos como o ser se manifesta. Com isso Heidegger retorna à inspiração primeira de sua juventude, o livro de Brentano, *Da Multiplicidade de Significados do Ser Segundo Aristóteles*. O "*to on legetai pollachos*" impede que uma palavra prenda em si essa multiplicidade, mas, a impotência das palavras emerge principalmente da ambivalência do próprio ser como velamento e desvelamento. Essa ambivalência comanda as múltiplas tentativas do pensador. As variações de seu dizer são voluntárias e são, contudo, condicionadas à precariedade das palavras, diante da ambivalência do ser. Não interessa, todavia, tanto uma nova linguagem, mas antes uma consciência da precariedade de todas as línguas diante do dizer do ser. A fixação, em uma linguagem, oculta os múltiplos modos de manifestação do ser. Somente um pensamento que peregrina ao longo de todas "as casas do ser" pode ser fiel aos múltiplos modos como se ligam entre si o ser e o tempo. A viravolta tem sentido se ela representa, justamente, o esforço de captar esses múltiplos modos da manifestação do ser na sua ambivalência de velamento e desvelamento. A viravolta é uma fórmula para expor um conteúdo, que é o conteúdo por antonomásia do pensamento, e para expressar a fidelidade de um pensamento à pergunta pelo sentido do ser, que é a pergunta fundamental. Disto surge a dificuldade em prender Heidegger em uma visão unitária de seu pensamento. Este rompe conscientemente as sistematizações, para que os que o estudam não se detenham em sua terminologia e em seu jargão, mas procurem continuar, para além dele, a mesma pergunta.[30]

Notas

[1] NI 24

[2] SZ 333

[3] EVW 400

[4] EVW 401

[5] Ver AEWF e *Introdução ao Pensamento de Martin Heidegger*, p. 25-29.

[6] SZ § 44

[7] Ver *Introdução ao Pensamento de Martin Heidegger*, p. 25-29.

[8] WW 25

[9] Ver II 4, *A Fenomenologia e o Pensamento do Ser*.

[10] N II 260

[11] Ver passagens inéditas em Pöggeler, *Der Denkweg M. Heideggers*, passim, que se referem à grafia "Seyn".

[12] ZS 142

[13] N II 485

[14] N II 484

[15] N II 489

[16] WW 26

[17] WW 26

[18] WW 26

[19] WW 26

[19a] N I 364

[20] HB 17; WiM 43.

[21] HB 29-30; WiM 18-19.

[22] N II 260

[23] Publicado com o título: *Zur Seinsfrage*.

[24] EVW 401

[25] Ver ZS traduzido na *Introdução ao Pensamento de Martin Heidegger*, p. 129-142.

[26] EVW 299-402

[27] EVW 401

[28] EVW 401

[29] EVW 402

[30] Ver declarações de Heidegger a Kosta Axelos, publicadas no livro *Vers la Pensée Planetaire*, p.217-25. Referências no livro de Adorno, T. *"Jargon der Eigentlichkeit"*, Edition Suhrkamp, 1965.

CAPÍTULO 3

Ser e Tempo:
Tempo e Ser

O pensamento de Martin Heidegger mergulha, profundamente, na tradição filosófica ocidental. Nela reside sua pujança e nela se escondem suas possibilidades supremas. Isto se compreende quando se estabelece a verdadeira perspectiva em que ele se relaciona com a história da filosofia. Toda a temática heideggeriana se impõe, originalmente, enquanto alimentada pelos veios mais vigorosos do pensamento ocidental. É, assim, que sua verdadeira riqueza se desdobra, à medida que descerra as portas da história da filosofia. O que pode parecer a mais original especulação se revela como uma pergunta dirigida à história da filosofia. A determinação de seu pensamento liga-se, essencialmente, a uma pergunta com que ele problematiza o pensamento ocidental. Em sua filosofia, o sentido da pergunta não deve ser deduzido do tema que ela envolve, mas, o sentido do tema brota, basicamente, do modo como ele realiza a pergunta. Na temática não se pode abstrair daquilo que visa à sua discussão: o sentido do ser. O que é o ser é a pergunta fundamental. Nos anos de sua juventude, Heidegger fora atingido por essa questão pelo livro de Brentano *Do Significado Múltiplo do Ente Segundo Aristóteles*.[1]

> *Brentano pôs na página-título de sua obra a frase de Aristóteles: to on legetai pollachos. Traduzo: "O ser se manifesta (a saber, sob o ponto de vista do ser) de múltiplos modos". Nessa frase se oculta a pergunta determinante do caminho de meu pensamento: qual é a simples e unitária determinação do ser que perpassa todos os múltiplos significados? Essa pergunta suscita a seguinte: que significa ser? Em que medida (porque e como) o ser do ente se desdobra nos quatro modos, constantemente, apenas verificados por Aristóteles, mas, deixados na indeterminação em sua comum procedência? Basta citá-los, apenas, mesmo na linguagem da tradição filosófica, para ser surpreendido por aquilo que, à primeira vista, aparece como inconciliável: ser como propriedade, ser como possibilidade e realidade (atualidade), ser como verdade, ser como esquema das categorias. Que sentido de ser fala nessas quatro expressões? Como se deixam elas dispor numa consonância compreensível? Somente podemos perceber essa consonância quando antes se esclarece: de onde recebe o ser enquanto tal (não apenas o ente enquanto tal) suas determinações?"[2]*

Essas palavras de 1962 revelam o momento inspirador da obra *Ser e Tempo*. Ela determinaria primeiro as estruturas fundamentais do ser-aí, para mostrar que nelas se revela uma compreensão do ser, que é o próprio ser do ser-aí, como preocupação. Depois, a análise revelaria que o sentido desse ser do ser-aí, do qual brota a compreensão do ser, é a temporalidade. Afinal, a partir da temporalidade, se deveria determinar "o tempo como o 'onde', a partir do qual o ser-aí em geral compreende e explicita, expressamente, algo assim como ser".[3] A explicitação originária do tempo como horizonte da compreensão do ser, a partir da "temporalidade como ser do ser-aí que compreende o ser",[4] deveria revelar o sentido do ser "e os diferentes modos e derivados do ser, em suas modificações e derivações".[5] Determinando o sentido do ser, se mostraria "como e por que a problemática central de toda a ontologia se enraíza no fenômeno do tempo corretamente compreendido e explicitado".[6] Assim, se possibilitaria a determinação dos múltiplos significados do ente, que, desde os gregos, acompanha a tradição filosófica ocidental, como problema.

A analítica existencial não era fruto da pura especulação, nem se apresentava como tema gratuito. O modo como se fazia era determinado pela pergunta que preparava. "Muito antes: se a interpretação do ser-aí como temporalidade é a meta da ontologia fundamental, então ela deve ser unicamente motivada pelo problema do ser".[7] O problema da temporalidade, portanto, deveria brotar do problema do ser. "Essa pergunta pela finitude do homem não é uma pesquisa arbitrária de características do homem. Ela brota antes da tarefa de fundamentação da metafísica".[8] A fundamentação da metafísica visa a colocar a pergunta pelo sentido do ser. "A fundamentação ontológico-fundamental da metafísica, em 'Ser e Tempo', deve ser compreendida como re-petição (renovação)".[9] Isso quer dizer que o caminho, percorrido na interrogação pelo ser, deveria ser refeito. Refeito porque nele se escondia algo que fora esquecido. "A finitude do homem – a compreensão do ser – consiste no esquecimento".[10] Esse é o resultado da própria faticidade, da decaída, do "já-ser-junto-dos-entes-intramundanos". O que, porém, foi esquecido na história da metafísica ocidental? O problema do tempo ligado ao ser. Aqui se manifesta que a antiga explicitação do ser do ente se orienta, no sentido mais amplo, no "mundo" ou na "natureza", e se mostra que ela, realmente, alcança a compreensão do ser a partir do "tempo". O indício disto – mas evidentemente apenas o indício – encontra-se na determinação do sentido do ser como *parousia* ou *ousia*, que significa, no sentido ontológico-temporal, "presença". O ser do ente é, portanto, compreendido como "presença": "é compreendido pela referência a um modo determinado do tempo, o presente".[11]

> "Essa interpretação grega do ser se desenvolve, entretanto, sem o saber expresso daquilo que de fato a conduz, sem nenhum conhecimento e sem nenhuma compreensão da função ontológica fundamental do tempo, sem nenhuma penetração no fundamento que torna possível essa função. Pelo contrário, o próprio tempo é tomado por um ente entre os outros entes e procura-se compreender sua estrutura de ser no horizonte de uma compreensão do ser que, entretanto, implícita e ingenuamente, é orientada a partir do próprio tempo".[12]

Heidegger, portanto, ao determinar a analítica existencial do ser-aí como ponto de partida da interrogação pelo sentido do ser, age determinado pela própria experiência da história da filosofia. Ele verifica, *primeiro*, que o ser sempre foi compreendido como ligado ao tempo; *segundo*, que a tradição não procurou pensar o que realmente quer dizer tal vínculo; *terceiro*, que, pelo contrário, a tradição explica o tempo pelo ser que antes explicara pelo tempo, ingenuamente, compreendendo o tempo apenas em seu sentido vulgar; *quarto*, que o ser não é pensado, em seu sentido, a partir do tempo. Revelando toda a história da filosofia essa relação entre ser e tempo, é preciso pensá-la explicitamente. Essa explicitação exige, *primeiro*, que se descreva as estruturas temporais do ser-aí; *segundo*, que, a partir da temporalidade autêntica do ser-aí, se determine o tempo como horizonte do sentido do ser; *terceiro*, que essa explicitação seja necessariamente auxiliada pela destruição ou repetição da história da ontologia à luz da problemática da temporalidade; *quarto*, que, assim, se manifeste o tempo, originariamente ligado ao ser. Desse modo, toda a temática de *Ser e Tempo* nasce e se desenvolve no confronto com a história da filosofia. Heidegger capta a presença do tempo, na história da filosofia e sua planejada destruição (repetição, superação, adentramento, passo de volta), e procura seguir esse fio vermelho que perpassa a história do ser. Em *Ser e Tempo*, ele projetou explorar as instâncias fundamentais da metafísica: Kant, Descartes e Aristóteles. O conceito de tempo perpassa toda a metafísica, oculto nas diversas explicações do tempo.

O filósofo resume, de modo original, o surgimento do projeto de *Ser e Tempo*: "Para Aristóteles também, o tempo é algo que acontece na 'alma', no 'espírito'. Mas, nem a determinação da essência da alma, do espírito, da consciência do homem, é primária e, decisivamente, conduzida pela problemática fundamental da metafísica"; – Heidegger realiza isso pela analítica das estruturas da existência;[13] "nem o tempo é explicitado em vista desta problemática"; Heidegger vai determinar o tempo como horizonte da compreensão do sentido do ser;[14] "nem mesmo a explicitação da estrutura fundamental transcendental do ser-aí, a partir da temporalidade, é compreendida e realizada como um problema"; Heidegger refaz a analítica existencial no horizonte da temporalidade.[15]

> "Da 'lembrança' filosofante, que se adentra no projeto escondido do ser sobre o tempo, como o mais íntimo acontecimento, dentro da compreensão do ser da metafísica antiga e posterior, surge, para uma re-petição da pergunta fundamental da metafísica, a tarefa de realizar, de tal modo, o regresso para dentro da finitude do homem, exigido por esta problemática, que se torne visível, no ser-aí enquanto tal, a temporalidade como estrutura transcendental".[16]

Essa era a tarefa planejada para as três secções da segunda parte de *Ser e Tempo*.

A obra *Ser e Tempo* deveria, portanto, apresentar uma profunda unidade. A história da filosofia, que revelara a Heidegger o problema da temporalidade, determinou a analítica existencial tendo em vista o sentido do ser, e exigiu a destruição da história da ontologia à medida que essa esquecera o tempo originário enquanto ligado ao ser. Toda a destruição, no entanto, era necessária por causa das estruturas do ser-aí: a faticidade e decaída, que tendiam ao esquecimento do ser. Essa destruição revelaria, por sua vez, as consequências concretas da faticidade e decaída na história da metafísica.

Heidegger construiu, portanto, lentamente, a obra *Ser e Tempo*, em que persegue a pergunta que o surpreendeu em sua juventude: o sentido do ser que se manifesta, de múltiplos modos, no ente. "Entretanto, passou um decênio, confessa Heidegger, em 1962,

> e necessários foram muitos desvios e aporias pela história da filosofia ocidental, para que as citadas perguntas, ainda então, apenas atingissem uma clareza inicial. Para isso foram decisivas três intuições, que evidentemente ainda não bastavam, para ousar uma discussão da questão do ser como pergunta pelo sentido do ser.[17]

Essas três intuições se ligam a três palavras gregas, que anteriormente já examinamos: *logos* e *phainesthai*, *aletheuein* e *ousia*. Assim, se esboçaram o método fenomenológico que comandaria a analítica existencial, o sentido da palavra-chave do pensamento de Heidegger, que é *aletheia*, e o sentido da palavra *ousia*, que se liga a toda interrogação pelo ser. "Com a compreensão de *aletheia* como desvelamento reconheci o traço fundamental da *ousia*, do ser do ente; a presença [...] A inquietante pergunta, sempre viva, pelo ser como presença (presente) se desenvolveu, na pergunta pelo ser, sob o ponto de vista de seu caráter temporal".[18]

A clareza do projeto de *Ser e Tempo*, todavia, não impediu que a obra chegasse a um impasse. Ela ficou incompleta como antes já verificamos. Referindo-se a *Ser e Tempo*, Heidegger expõe, em 1936: "Este livro mesmo somente pode ser julgado pelo fato de estar ou não estar à altura da questão levantada. Outra medida não existe além da própria questão; somente essa questão tem importância e não o livro. Este, além disso, somente conduz ao limiar da questão e ainda não para dentro dela mesma".[19] A questão é esta:

> *"Eternidade não enquanto um agora imóvel, também não enquanto uma sucessão de agoras indefinidamente passando, mas, enquanto o agora que rebate em si mesmo: que outra coisa é isto que a oculta essência do tempo? Pensar o ser, a vontade de poder enquanto eterno retorno do mesmo, pensar o pensamento mais difícil da filosofia, quer dizer, pensar o ser como tempo. Nietzsche pensou este pensamento, mas, ainda não o pensou como pergunta por ser e tempo. Também Platão e Aristóteles pensaram este pensamento, quando compreenderam o ser como ousia (presença), mas, tampouco eles, como Nietzsche, o pensaram como problema".[20]*

Por que levou *Ser e Tempo* apenas ao limiar da pergunta pelo ser e pelo tempo, pelo ser enquanto tempo? Eis o motivo que nos leva a pensar ser e tempo: tempo e ser. Pensar assim é pensar o problema central da viravolta. É possível pensar o ser enquanto tempo a partir da obra *Ser e Tempo*? Se, assim, não tem sucesso o pensamento da pergunta fundamental, qual o caminho para pensar o ser enquanto tempo? Realizou Heidegger esse caminho?

No fim da segunda seção da primeira parte de *Ser e Tempo* estamos no limiar que permite perguntar pelo problema, mas não desenvolvê-lo, ainda, enquanto tal.

> *"Como, em suma, é possível a compreensão reveladora do ser, própria ao ser-aí? Pode a pergunta receber uma resposta no regresso à constituição ontológica originária do ser-aí que compreende o ser?*

> *A constituição ontológico-historial da totalidade do ser-aí se funda na temporalidade. Assim, um modo originário de temporalização deve possibilitar à própria temporalidade ek-stática o projeto ek-stático de ser em geral. Como se deve interpretar esse modo de temporalização da temporalidade? Conduz um caminho do tempo originário para o sentido do ser? Manifesta-se o próprio tempo como horizonte do ser?"*[21]

Descoberto o tempo originário como ser do ser-aí dever-se-ia manifestar esse tempo como o lugar da eclosão do ser, como o próprio ser. Um movimento linear da analítica existencial para o tempo ligado ao ser não seria possível. Seria necessário pensar o ser como tempo e, então, refazer a analítica existencial a partir desse conceito de ser. A linguagem metafísica não permitiu o dizer suficiente da viravolta.[22] É que, precisamente, o enraizamento de *Ser e Tempo*, na história da filosofia, trazia, para a tentativa de destruir essa história de superá-la, pensando o que ela não pensara, a dificuldade de uma proximidade que poderia ocultar as verdadeiras intenções da pergunta.

> *"De outro lado, porém, a não compreensão da tentativa [de* Ser e Tempo*] se fundamenta nela mesma. O fato de ele ser talvez, contudo, algo que cresceu historicamente e não ser 'artificial', faz com que ele surja da própria tradição. Mas, procurando dela se libertar, ele, justamente por isso, necessária e constantemente, aponta de volta para o caminho da tradição. Dela até pede auxílio para dizer algo completamente diferente".*[23]

A viravolta, portanto, é uma mudança do próprio pensamento, cujo "caminho se interrompe num ponto decisivo", que é o limiar da pergunta até onde conduziu *Ser e Tempo*.[24] A mudança de "ser e tempo" para "tempo e ser", em que o pensamento pensaria o ser como tempo, exigia mais do que vinha no projeto de Ser e Tempo. Exigia a renúncia ao próprio auxílio da metafísica para a tentativa de dizer o ser ligado ao tempo, sem apelar para os entes. A tentativa de dizer o ser sem os entes, naquilo que é a relação fundamental entre ser e tempo, procuraria pensar fora da metafísica, cuja linguagem toda se constrói sobre o ser pensado a partir dos entes.

Depois de "interromper o caminho num ponto decisivo", Heidegger se debruça sobre a história da filosofia com mais intensidade, no esforço de preparar a viravolta. A partir de então, as coisas não se desenvolvem tão claramente como o previra *Ser e Tempo*. Aparentemente, a destruição, superação, adentramento da metafísica, ocupam todo o horizonte da interrogação. No bojo da pergunta que se debruça sobre a história da filosofia, então, se realiza a viravolta. A análise da tradição prepara os instrumentos que possam dizer a viravolta sem retornar ao mesmo dizer que prepara *Ser e Tempo*. A viravolta que procura dizer o ser, o que significa dizer o tempo vinculado com o ser, é o movimento subterrâneo que perpassa quase 40 anos do pensamento de Heidegger. Nesse longo período a mesma pergunta pelo sentido do ser continua como tema central de todos os trabalhos de Heidegger. A história da filosofia sempre revela que o ser nela ficou impensado, esquecido, confundido com os entes, e manifesta que o tempo vem, constantemente, ligado ao ser, sem que se problematize a relação entre ser e tempo. Pode-se também observar que a análise do ser na história do pensamento ocidental está constantemente vinculada ao problema do homem, mas, já não é o mesmo horizonte em que se desenvolvia a analítica de *Ser e Tempo*. O homem aparece essencialmente mergulhado em uma história do ser, da qual ele mesmo não tem notícias por causa do esquecimento em que se movimenta a metafísica. O homem da metafísica vive o esquecimento de sua própria essência. Vive uma história, por ela é sustentado – a história do ser – e, dela, ele mesmo não tem notícias. É possível ver, nos 40 anos que se seguem a *Ser e Tempo* e que se debruçam sobre a metafísica como história do esquecimento do ser (realizando, portanto, a destruição da história da ontologia à luz da problemática da temporalidade), um longo ensaio pelo qual Heidegger prepara o que não pudera dizer na terceira seção da primeira parte de *Ser e Tempo*. Esses longos anos são o próprio movimento da viravolta em que se prepara a tentativa de dizer o ser sem os entes, pensar o ser ligado ao tempo. A conferência de 1962, *Tempo e Ser*, marca um momento importante do caminho de Heidegger; não porque diga algo totalmente novo, mas, precisamente, porque nela acontece uma parada no longo caminho, em que se recolhem os frutos do esforço de longos anos que prepararam a possibilidade de dizer o ser sem os entes, de pensar o ser ligado ao tempo. Basicamente, essa conferência reúne um modo de dizer que já vem esparso em muitos textos de Heidegger. O mérito está na apresentação sistemática e orgânica das ideias, que cresceram e evoluíram nos estudos dos anos que seguem-se *Ser e Tempo*. A ideia de ser que ali surge, a análise do tempo que apresenta, a vinculação do homem com o ser e o tempo, toda a linguagem que sustenta a conferência, tudo isso pode ser localizado, em germe, na obra publicada de Heidegger.

Alguns meses após ter pronunciado a conferência, Heidegger expressa que nela procurou dizer o que se impõe na viravolta.

> "O 'acontecer' da viravolta, pelo qual o senhor pergunta, 'é' o ser (seyn) enquanto tal. Ele somente se deixa pensar a partir da viravolta. Nenhum acontecimento de tipo especial é próprio dela. Antes, a viravolta entre ser e tempo, entre tempo e ser, se determina a partir do modo como se dá ser, como se dá tempo. Sobre esse 'se dá' procurei dizer algo, na conferência 'Tempo e Ser', que o senhor mesmo ouviu aqui no dia trinta de janeiro de 1962".[25]

Autorizados por essa observação do próprio Heidegger e apoiados na importância que damos a esse trabalho inédito, no contexto do pensamento do filósofo, como o documento-síntese da viravolta, realizaremos sua análise procurando ligá-la a passagens das obras anteriores que mais expressivamente a prenunciam. Com isso não queremos, absolutamente, isolar a viravolta e restringi-la como elemento episódico na evolução de Heidegger. Ela representa o próprio movimento do caminho de Heidegger. Pretendemos, apenas, mostrar como a própria redação de *Tempo e Ser*, além de sua temática central, nasce das obras anteriores. A conferência *Tempo e Ser* não se apresenta, por motivos óbvios, dentro da mesma terminologia que sustenta *Ser e Tempo*. A distância cronológica, a invenção que perpassa o período longo de análises da história da filosofia, no que se refere aos modos de dizer e pensar, a temática, em parte nova, resultando do próprio fato da viravolta e, sobretudo, o esforço de pensar fora dos moldes da metafísica em uma análise do ser, não mais a partir dos entes, mas, em sua pura relação com o tempo, parecem tornar a atmosfera especulativa rarefeita demais para nela ousar-se um movimento intenso de reflexão. Todo o aparente hermetismo de *Tempo e Ser*, porém, se ilumina com a presença da obra de Heidegger. Ao exame atento se manifesta um *crescendo* que parte de *Ser e Tempo* e eleva até sua pujança máxima o poder evocador das palavras-chave. *Tempo e Ser* de modo algum pode ser acusado de levar ao indeterminado. Para sua compreensão é preciso ter presente o fato de que nele se desenvolve, vigorosamente, a análise fenomenológica aplicada ao pensamento do ser. Pouco tem a ver, diretamente, com a fenomenologia hermenêutica de *Ser e Tempo*. Em *Tempo e Ser*, o método fenomenológico atinge sua universalidade que se comensura com o âmbito das relações entre tempo e ser. A originalidade do método fenomenológico de Heidegger atinge, nessa conferência, sua máxima ductilidade, enquanto coincide com o pensamento essencial, que procura pensar o ser sem os entes, enquanto se enviscera com o próprio objeto do pensamento. Heidegger atinge, nessa conferência, a maior distância que separa o pensamento científico do pensamento filosófico. Nela, exemplarmente, vem aplicado aquilo que o filósofo diz do pensamento na sua conferência *Que Significa Pensar?*:

> *"Não há ponte que conduza das ciências para o pensamento; há apenas o salto. Onde ele nos leva não encontramos apenas a outra margem, mas, uma região inteiramente nova. Aquilo que ele nos abre jamais pode ser demonstrado, se demonstrar quer dizer derivar de proposições concernentes a uma questão dada, a partir de premissas convenientes, através de cadeias de raciocínio. Quando uma coisa se manifesta, somente enquanto ela aparece, a partir de si mesma, ocultando-se ao mesmo tempo na sombra, querer provar tal coisa ainda e exigir que seja provada, não é de nenhum modo julgar segundo uma regra posterior e mais rigorosa do conhecimento, é, apenas, fazer uma conta usando um certo sistema de medidas e um sistema inapropriado, pois somente respondemos bem*

> a uma coisa que se manifesta unicamente, de tal modo que apareça, no próprio ato pelo qual se oculta, se atraímos a atenção sobre ela e se nos impomos a nós mesmos a regra de deixar aparecer no desvelamento que lhe é próprio aquilo que se mostra. Mostrar, assim, simplesmente é um traço fundamental do pensamento, é o caminho para aquilo que, desde sempre e para sempre, dá que pensar ao homem. Tudo pode ser demonstrado, isto é, deduzido de premissas apropriadas. Mas, poucas coisas, somente, podem ser mostradas, isto é, liberadas por um ato indicador que as convide a vir a nós; e, ainda assim, raramente deixam elas se mostrar".[26]

Essa citação resume a atitude fenomenológica de Heidegger após a viravolta. Ela procura adaptar-se à ambivalência do próprio objeto do pensamento: o ser a ser pensado sem os entes, mas, na sua relação com o tempo, o acontecer fenomenológico do ser. Por isso, Heidegger insere, ocasionalmente, na conferência, as observações que a iniciam, apelando para que não se prossiga no costume de aferir o que ela diz, simplesmente pela lógica.

Diante de um quadro, de uma poesia, ou mesmo diante das reflexões sobre física teórica, diz Heidegger, nós procuramos manter-nos longamente, renunciando a qualquer pretensão de compreensão imediata. Diante, porém, do pensamento que está nos fundamentos de um quadro, de uma poesia e de uma teoria física, "deveríamos nós também renunciar à pretensão de uma compreensão imediata e, não obstante, deveríamos pôr-nos à escuta",[27] porque se trata de pensar aquilo que, inelutavelmente, nos envolve, ainda que somente o possamos pensar provisoriamente. "A tentativa de pensar o ser, sem considerar um fundamento do ser a partir do ente",[28] que se impõe para que possamos compreender a técnica e "a relação do homem com o que até hoje se chamou ser" não deve ser ouvida como uma série de proposições afirmativas, mas trata-se de "seguir o roteiro da indicação". No fim da conferência, Heidegger repete: "Realmente, ela não diz nada, enquanto ouvimos o que foi dito, como pura proposição, enquanto o entregamos ao tribunal da lógica".[29] O filósofo quer distinguir, claramente, o pensamento com que procura dizer o ser do pensamento científico e mesmo da lógica, enquanto ela impõe o esquema de pensamento, próprio aos entes, ao pensamento essencial do ser. Toda a conferência deve, portanto, ser ouvida dentro da atmosfera que Heidegger descreve no texto supracitado. Imperceptivelmente sem nome, a fenomenologia original de Heidegger envolve o pensamento que se elabora em *Tempo e Ser*.[30]

Uma apresentação esquemática prepara a compreensão.

Formalmente a conferência se apresenta com introdução, três partes e conclusão, mas essa dimensão formal emerge, habilmente elaborada, do próprio encadeamento do tema. As palavras e frases-chave dão uma estrutura unitária que apenas pode ser separada para auxiliar a compreensão e retenção do todo.

Introdução

1) Como compreender a conferência. Atitude de escuta.

2) Por que nomear juntos, tempo e ser? A presença.

3) O ser enquanto presença é determinado pelo tempo. Como se dá essa determinação?

4) O tempo, enquanto permanece, é determinado por meio de um ser. Como se dá essa determinação?

5) Ser se determina pelo tempo e tempo pelo ser.

6) O ser, porém, não é temporal, nem o tempo entitativo.

7) Ser e tempo são o objeto por excelência do pensamento.

8) Tarefa do pensamento: refletir sobre a relação objetiva que vincula ambos os objetos.

9) Ser não é (entitativo); tempo não é (temporal).

10) Dá-se ser – dá-se tempo. O que é dar? O que é o ser?

11) Divisa: pensar o ser no que lhe é próprio; pensar o tempo no que lhe é próprio; pensar a relação objetiva que os liga.

Primeira Parte: o Ser

1) Pensar o ser não apenas em sua relação com o ente. É preciso pensar o ser. Como, presentar, presentificar, trazer para o desvelamento?

2) É preciso pensar o ser ligado ao dar que joga no desvelar do "dá-se". O ser é um dom.

3) Por que presentar? Desde os gregos e na disponibilidade e subsistência ele se manifesta.

4) O ser se dá na profusão de mudanças e parece ter uma história.

5) O *"esti gar einai"*: "pode" (produzir, dar) o ser. Desde o começo o dá-se se retrai em favor do ser.

6) Um dar que se oculta no dom é destinar o ser.

7) O destino do ser é sua história na profusão de mudanças em cada época (*epoche* – reter-se).

8) Sempre a seu tempo inserido no destino, que se subtrai, o ser é desocultamento ao pensamento com sua profusão de mudanças epocais.

9) Dar é *destinar*.

10) Que é o "se"? É o tempo?

Segunda Parte: o Tempo

1) O "se" que dá ser, que o determina como presentar, poderia ser encontrado no tempo.

2) Vimos que o que é próprio do ser não é nada característico do ser. Assim, também o que é próprio do tempo não vem do tempo vulgar e corrente.

3) Presença e presente não são o presente-agora.

4) A tradição (Aristóteles, Kant) se apoia no tempo vulgar, como sucessão de "agoras".

5) O presente como presença significa o tempo autêntico.

6) Presentar e presentificar, que determinam o ser, significam desocultar; presentar significa também demorar-se, permanecer.

7) Presença se endereça ao homem, de tal modo que o homem somente recebe o dom do ser do demorar-se da presença ao encontro do homem. Sem isso o homem não é homem.

8) Presença significa o constante permanecer que se endereça ao homem, que o *alcança* e lhe é *alcançado*.

9) No passado é alcançado presentar; no futuro é alcançado presentar; no presente é alcançado presentar.

10) Há um recíproco alcançar-se de passado, futuro e presente.

11) Espaço-de-tempo designa o aberto que se ilumina no recíproco alcançar-se de futuro, passado e presente (espaço-de-tempo não no sentido vulgar).

12) O iluminador alcançar-se recíproco de futuro, passado e presente repousa no que é próprio do tempo autêntico.

13) As três dimensões presentam. Não é um presentar que brota do presente. A unidade das três dimensões (que presentam) repousa no proporcionar-se cada uma à outra. Presentar é o alcançar do tempo autêntico: é a quarta dimensão.

14) O alcançar produz no futuro, no passado, no presente o presentar sempre próprio a cada um e os aproxima e separa.

15) O alcançar, no qual repousa a unidade do tempo autêntico, é a proximidade que aproxima, mas, aproxima enquanto afasta.

16) O alcançar mantém aberto o passado enquanto *recusa* seu futuro como presente. O alcançar mantém aberto o futuro enquanto *retém* a vinda do presente.

17) Dá-se o tempo. O dar do tempo – alcançar – se determina pela proximidade que recusa e retém. O alcançar como proximidade dá o aberto do espaço-de-tempo e protege o que permanece recusado no passado e o que permanece retido no futuro.

18) O dar que dá o tempo autêntico é o alcançar que ilumina (desvela) e oculta. (O alcançar é dado como abertura e, ao mesmo tempo, como retenção e recusa.)

19) Onde se dá o tempo? Segundo a tradição: na *psiche*, no *animus*, na alma, na consciência, no espírito. O tempo, portanto, não se dá sem o homem. Dá o homem o tempo ou é o homem destinatário do tempo?

20) "O tempo autêntico é o que unifica seu trinitário alcançar iluminador, alcançar lúdico do presentar desde o presente, passado e futuro. Esse tempo já alcançou o homem, de tal modo, que ele somente pode ser homem à medida que está colocado no tríplice alcançar e suporta a proximidade que determina esse alcançar, recusando e retendo".

Terceira Parte: o "se"

1) Mostrou-se, no passado que presentifica, o não mais-presente pela recusa do presente; mostrou-se no vir-ao-nosso-encontro que presentifica o ainda-não presente pela retenção do presente, aquela maneira do alcançar iluminador, que dá ao aberto todo o presentar.

2) O tempo, pois, parece, assim, o "se" que designamos na locução; dá-se ser. O destino em que se dá ser parece repousar no alcançar do tempo.

3) O tempo não é o "se" que dá o ser, pois o tempo mesmo permanece o dom de um "dá-se", cujo dar protege a esfera em que a presença é alcançada.

4) É preciso determinar o "se" a partir do dar que se mostrou no destinar do ser e no alcançar do tempo.

5) No destinar do ser e no alcançar do tempo mostra-se um apropriar-se e um transpropriar-se do ser como presença e do tempo como esfera, naquilo que lhes é próprio.

6) O que determina ser e tempo naquilo que lhes é próprio é o *acontecimento-apropriação*.

7) O acontecimento-apropriação determina ser e tempo, tanto no que lhes é próprio (o destinar e o alcançar) quanto na copertença.

8) O acontecimento-apropriação é, ao mesmo tempo, aquilo que dá o destinar e o alcançar como presença e aquilo que sustenta o "e" que une ser e tempo entre si.

9) O acontecimento-apropriação é o "se" que dá, destinando no "dá-se" ser e alcançando no "dá-se" tempo. Ser e tempo aparecem, em sua mútua apropriação, na relação objetiva que os une, por meio do manifestar-apropriado que se vela no destino e no alcançar revelador.

10) Que é o acontecimento-apropriação? Não podemos afirmar que ele se presenta, pois, tanto o dar, enquanto destinar do ser, quanto o dar, enquanto alcançar do tempo, nele repousam.

11) O destinar do ser repousa no alcançar do múltiplo presentar que esconde iluminando, repousa no âmbito aberto do espaço-de-tempo. O alcançar do tempo repousa na unidade com o destinar no manifestar-enquanto-apropria.

12) O próprio repousar de um no outro é determinado pelo acontecimento-apropriação.

13) Acontecimento (apropriação) não tem o sentido vulgar de evento, tampouco é um outro nome para o ser. O ser pertence ao acontecimento-apropriação.

14) Não é também um superconceito compreensivo ao qual se subordinam ser e tempo.

15) O "enquanto" do ser enquanto acontecimento-apropriação quer dizer: *ser* (presentificar, destinado no manifestar-enquanto-apropria); *tempo* (alcançado no manifestar-enquanto-apropria); *ser e tempo* (revelam-se no acontecimento-apropriação).

16) Ao dar enquanto destinar pertence um reter-se (ocultar-se). No alcançar do passado e do futuro acontece uma recusa e uma retenção.

17) Recusa e retenção aponta para *retração*.

18) Os modos de dar determinados pelo acontecimento-apropriação: destinar e alcançar repousam no desvelamento, mas, aquele que dá se subtrai.

19) *Acontecimento-apropriação* se caracteriza pela *retração*.

20) Acontecimento-apropriação não é nem se dá.

21) Acontecimento-apropriação acontece-apropria.

22) "Com isso dizemos o *mesmo* para o *mesmo* a partir do *mesmo*".

23) Esse *mesmo* não é algo de novo, mas o mais antigo do antigo no pensamento ocidental, o originariamente antigo que se oculta no nome *aletheia*.

24) Todas as palavras-guias do pensamento que se submetem ao apelo do que deve ser pensado estão envolvidas na *aletheia*.

Conclusão

Heidegger procurou pensar o ser, naquilo que lhe é próprio, pelo exame do tempo autêntico, a partir do acontecimento-apropriação, sem levar em consideração a relação do ser com o ente. Isso quer dizer sem considerar a metafísica. Nisso se oculta, ainda, a intenção de superar a metafísica. Também essa preocupação deve ser abandonada. Se a superação continua necessária já a realiza o pensamento que se insere no acontecimento-apropriação para dizê-lo para ele e a partir dele.[31]

O esquema da conferência pode revelar-nos o ponto culminante do pensamento de Heidegger, para onde confluem as experiências, os sucessos e as aporias de meio século de fidelidade à interrogação pelo sentido do ser. Um estudo que tenta uma análise regressiva se encontra diante de um leque de confluências para onde irradia a conferência, como para sua origem. Não é possível uma exaustiva análise comparativa de cada um dos veios que confluem para *Tempo e Ser*. As observações que se seguem querem captar momentos importantes da obra de Heidegger, que se organizam em Tempo e Ser.

Como um documento-chave da viravolta, *Tempo e Ser* deve ser visto não apenas como a manifestação da concretização da viravolta histórica no pensamento de Heidegger. Todo o pensamento do ser está sujeito à viravolta, segundo análises anteriores, da própria ambivalência do ser enquanto vinculação ao tempo autêntico. O ser sempre está ligado ao velamento e desvelamento. Essa intuição primeira de Heidegger, que lhe brotou da interpretação da *aletheia*, continua decisiva em seu caminho e seu método fenomenológico. Pensar o ser em seu desvelamento é pensá-lo como fundamento dos entes. Pensá-lo enquanto se retrai se vela na manifestação dos entes como presença e não como presente; é penetrar na dimensão esquecida do ser que sustenta e condiciona seu desvelamento.

A conferência *Tempo e Ser* procura pensar o mistério da ambivalência por meio da qual apenas temos acesso ao ser na finitude e temporalidade. Basicamente, *Tempo e Ser* se concentra no seguinte: o ser não é como os entes. O ser se dá como presença. Essa presença é um dom. O doador do dom está oculto. Por isso, a presença do ser é destinada. Os diversos modos como o ser foi pensado na história da filosofia são determinados pelo destino do ser.[32] As muitas mudanças são sustentadas por algo comum que as sustenta como doador do dom, que se retrai. Assim, surgem as épocas da história do ser, mas o ser sempre se manifesta a homens ou a uma humanidade determinada. Existe uma relação do ser com o homem, mas o homem somente se relaciona com o ser à medida que é sustentado por uma abertura em que algo se torna permanente. Esse demorar-se que se refere no homem é a presença enquanto espaço-de-tempo. Esse espaço-de-tempo é o iluminador alcançar recíproco do dá-se tempo. Somente à medida que o homem for atingido por esse tempo autêntico ele surge como homem. O homem é homem porque está colocado no tríplice alcançar-se de passado, futuro e presente, que resulta do dá-se tempo. Nesse alcançar do tempo, que ilumina e esconde, o destinar do ser repousa no espaço-de-tempo em que acontece sua história na profusão das mudanças. A presença do ser e a presença do tempo são alcançadas e destinadas no homem que surge desse alcançar e desse destinar. Somente assim, o homem tem acesso ao dá-se ser. Tanto ao destinar quanto ao alcançar, todavia, pertence uma retenção e uma recusa. A retenção e a recusa são a própria condição da abertura do passado e do futuro, portanto, do espaço-de-tempo. A presença somente é possível enquanto se mantém uma abertura pela retenção e recusa. O desvelamento do destinar e alcançar somente surge a partir da retenção e recusa, isto é, da retração. Nessa se esconde aquilo que dá o destinar e o alcançar. A retração é o velamento que sustenta o desvelamento. Ela é o acontecimento-apropriação. Com essa palavra, Heidegger procura explicar aquilo que já tentara com o apelo a *Seyn* (ser), e com ela ele retorna à palavra que resume todo o seu pensamento: *aletheia*. O destinar do ser e o alcançar do tempo que mutuamente repousam em si, no homem, repousam por sua vez em uma mútua apropriação que os manifesta;[33] essa é o acontecimento-apropriação. Esse pensamento difícil de Heidegger é a tentativa de dizer aquilo que não pode ser dito, de pensar aquilo que não pode ser pensado: aquilo que sustenta nosso dizer e nosso pensar; que sustenta o desvelamento do ser pelo velamento. Nenhuma palavra é definitiva para expressar essa ambivalência. Expressá-la já seria eliminá-la. É preciso apenas mostrar aquilo que se manifesta no seu próprio ato de velamento. Aqui a fenomenologia heideggeriana se comensura com o próprio objeto do pensamento essencial. Nesse momento culminante, Heidegger submete-se ao risco de ser acusado de se movimentar no e para o indeterminado; "por isso", diz ele no início da conferência, "não pode surpreender nem suscitar espanto se a maioria dos ouvintes se escandalizar com esta conferência".[34]

É claro que, se a conferência *Tempo e Ser* representa a viravolta projetada em *Ser e Tempo*, ela já deve ter suas primeiras raízes nessa obra. Nela localizamos seminalmente quase todos os modos de dizer que se revelam em 1962 e que foram se desenvolvendo nas obras que seguiram *Ser e Tempo*.

A ideia de ser como presença surge desde o começo a inspirar *Ser e Tempo*.[35] O problema da temporalidade autêntica e inautêntica retorna em muitas páginas.[36] A discussão do tempo na tradição e a experiência da morte como reveladora do tempo, prepara toda a discussão posterior.[37] A ideia de destino já nasce em *Ser e Tempo*, mas essencialmente ligada ao ser-aí e sua historicidade.[38] Mesmo a pergunta se o ser e o tempo realmente "são", levanta já o problema do "dá-se".[39] Heidegger enuncia, ali, que o que significa o ser "é" somente se pode determinar a partir da ideia de ser a ser desenvolvida. Pergunta também: tem o tempo realmente um "ser"?[40] Toda a problematização tem, ainda, uma conotação transcendental. Tudo se desenvolve a partir da analítica do ser-aí.

Bem, outro será o tom com que Heidegger se refere a essas questões centrais quando surgem os textos em que desponta a viravolta. A unidade de ser e tempo, o vínculo que os liga, sobretudo, apenas começa a ser pensado quando se revela o ser como o mesmo, o *Seyn*, o acontecimento-apropriação. Somente a possibilidade de pensar o ser como o elemento originário do qual emerge a unidade entre ser e homem, ser e tempo, é que instaura a viravolta em uma superação da perspectiva transcendental. Somente então se prepara a possibilidade de dizer algo assim como a conferência *Tempo e Ser*. Toda a gama de tentativas do pensamento de Heidegger de pensar o ser e o tempo, no entanto, recebe suas possibilidades últimas na intuição do sentido de *aletheia*, a partir de onde se torna possível captar a ambivalência da manifestação do ser no binômio velamento-desvelamento. A compreensão do sentido de *aletheia* já envolve o próprio método que conduz a analítica existencial e, à medida que ela se aprofunda, torna-se determinante e centralizadora de todo o pensamento do filósofo.

Vamos então tentar seguir sistematicamente alguns veios que confluem diretamente para a possibilidade de *Tempo e Ser*. Ainda envolto diretamente na problemática de uma ontologia fundamental, o penúltimo parágrafo de *Kant e o Problema da Metafísica* procura mostrar como toda a gigantomaquia em torno do ser, na tradição, envolve o problema do tempo.

CAPÍTULO 3 - SER E TEMPO: TEMPO E SER 355

> "Que se mostra no fato de a metafísica antiga determinar o ontos on – o ente, que é ente de tal modo, como somente o ente pode sê-lo – como ali aei on? O ser do ente se compreende, evidentemente, como constância e permanência. Que projeto reside nessa compreensão do ser? O projeto do tempo; pois, mesmo a 'eternidade' tomada como 'nunc stans', enquanto o 'permanente' 'agora' é apenas compreensível a partir do tempo. Que reside no fato de o que propriamente é, ser compreendido como ousia, parousia, que basicamente significa o 'presentar', a posse imediata e a cada momento presente, o 'ter'. Esse projeto revela: ser quer dizer constância na presença".[41]

Heidegger procura mostrar como toda a compreensão espontânea do ser projeta o ser sobre o tempo. Toda a luta pelo ser se movimenta no horizonte do tempo.

> "Em que consiste a razão para essa compreensão espontânea e óbvia do ser a partir do tempo? Fez-se, por acaso, até hoje, a simples tentativa de perguntar, mediante uma elaboração do problema, por que a situação é essa e por que assim devia acontecer? A essência do tempo, assim como Aristóteles a elaborou de modo decisivo para a posterior história da metafísica, não dá nenhuma resposta a essa pergunta. Pelo contrário: é possível mostrar que, precisamente, essa análise do tempo é orientada por uma compreensão do ser, a qual – ignorando-se em seu próprio agir – compreende o ser como presença constante e, assim, determina o 'ser' do tempo a partir do 'agora', isto é, a partir do caráter do tempo, que desde sempre e constantemente está nele presente, o que quer dizer, no sentido clássico, que propriamente é".[42]

Heidegger procura mostrar que, desde Aristóteles, os antigos interpretavam o ser a partir do tempo, como presença constante, e que o tempo, por sua vez, era interpretado a partir dessa ideia de ser. O tempo era concebido como um ente, o qual, por sua vez, fora explicado pelo tempo como presença (temporal), pelo "agora". Heidegger mostra que isso significa movimentar-se em um círculo vicioso. Somente quando se determinar a presença como algo que não é nem temporal, tampouco entitativo, é que se tornará possível desenvolver o sentido do ser, a partir do tempo, tomando a presença como fundamento de ambos. É o que Heidegger realiza em *Tempo e Ser*.

Não podemos, por fim, deixar de apontar para um período que é uma longínqua previsão de *Tempo e Ser*:

> "Se designamos a problemática da metafísica do ser-aí a de 'Ser e Tempo', deve ter-se, agora, tornado claro, a partir da elucidação da idéia de uma ontologia fundamental, o fato de que nessa expressão, a partícula 'e' oculta em si o problema central. Tanto 'ser' como 'tempo' não precisam abandonar a significação que trazem até hoje, mas, uma originária explicitação deve fundamentar seus direitos e seus limites".[43]

Uma referência bem-explícita, que aponta para a tarefa de pensar o tempo em razão da pergunta pelo ser, encerra o livro de Heidegger *Introdução à Metafísica*:

> "Ser e Tempo, porém, é uma expressão que de nenhum modo se deixa inserir na ordem das distinções comentadas. Ela aponta para uma esfera bem diferente de interrogação. Aqui a 'palavra' tempo não apenas substitui a 'palavra' pensar, mas, a essência do tempo é determinada, básica e unicamente, no âmbito da questão do ser, segundo outros pontos de vista. Mas, por que precisamente tempo? Porque a perspectiva que orienta a revelação do ser nos primórdios da filosofia ocidental é o tempo. Mas, isso aconteceu de tal modo que essa perspectiva enquanto tal ainda permaneceu oculta e oculta teve de permanecer. Quando, finalmente, a ousia se transforma no conceito essencial do ser – e ela significa a presença constante, – que outra coisa ocultamente fundamenta a essência da constância e a essência da presença senão o tempo? Mas, esse 'tempo' ainda não vem desenvolvido em sua essência e não pode ser desenvolvido (a partir e sob o ponto de vista da 'física'). Pois, tão logo começa a meditação sobre a essência do tempo em Aristóteles, no fim da filosofia grega, deve o próprio tempo ser tomado como algo que de algum modo se presenta, uma ousia tis. Isso se expressa no fato de o tempo ser compreendido a partir do 'agora', a partir do que, particular e unicamente, está presente. O passado é o 'não-mais-agora' e o futuro é o 'ainda-não-agora'. O ser com o sentido de subsistência (presença) se torna a perspectiva para a determinação do tempo. Mas, o tempo não se torna o caminho propriamente escolhido para a explicitação do ser. Ser e Tempo, em tal consideração, não significa um livro, mas a tarefa. A autêntica tarefa é aquilo que nós não sabemos e aquilo que, enquanto o sabemos

*autenticamente, a saber como tarefa, sempre apenas sabemos interrogando. Ser capaz de perguntar significa: ser capaz de esperar, mesmo durante uma vida inteira".*⁴⁴

Esse texto que inicia a viravolta já determina programaticamente todos os passos fundamentais da conferência *Tempo e Ser*, que surgiria quase 30 anos após e, ao mesmo tempo, resume a motivação básica que comanda o desenvolvimento de *Ser e Tempo*.

De 1941 temos uma citação que se aproxima ainda mais de Tempo e Ser. "Ser é entidade; entidade enquanto *ousia* é presença e, na verdade, presença permanente implicando o esquecimento de seu espaço-de-tempo".⁴⁵ Aqui aparece a expressão espaço-de-tempo. Em 1946 essa afirmação é ampliada.

> *"Também Rilke não considera pensadamente nem a espacialidade do espaço intramundano, nem pergunta se o espaço intramundano, já que ele dá o lugar a presença mundana, não se fundamenta, com essa presença, numa temporalidade, cujo tempo essencial forma, com o espaço essencial, a unidade originária daquele espaço-de-tempo, que é o próprio ser em sua manifestação fenomenológica".*⁴⁶

Ainda, em 1946, um texto nos situa dentro do próprio clima da conferência, que se realiza 16 anos mais tarde.

> *"O ser se retrai, enquanto se desvela no ente. Desse modo o ser se retém com sua verdade. Essa retenção é o modo primordial de seu desvelamento. O signo primordial da retenção é a a-letheia. À medida que traz desvelamento do ente, ela, primeiramente, funda o velamento do ser. Mas, o velamento permanece um traço (no movimento) da recusa que se retém. Podemos designar essa retenção iluminadora, com a verdade se seu acontecer fenomenológico, a epoché do ser [...] A época do ser pertence a ele próprio. Ela é pensada na experiência do esquecimento do ser. Da época do ser surge o acontecer fenomenológico de seu destino, onde reside a autêntica história do mundo. Sempre que o ser se retém em seu destino, acontece a manifestação súbita e inesperada do mundo. Cada época da história do mundo é uma época de errância. O acontecer fenomenológico, epocal, do ser, pertence ao caráter temporal velado do ser e caracteriza a essência do tempo pensado no ser. O que, além disso, se representa sob o nome de tempo é apenas a vazia aparência de tempo, tomado do ente que se julga objetivo".*⁴⁷

Após adentrar na temática de *Tempo e Ser*, Heidegger, retrospectivamente, liga-a ao núcleo central de *Ser e Tempo*:

> "O caráter ekstático do ser-aí, no entanto, é para nós a correspondência, primeiramente experimentável, ao caráter epocal do ser. O acontecer fenomenológico epocal do ser manifesta o acontecer fenomenológico ekstático do ser-aí. A ek-sistência do homem sustenta o ekstático e protege, assim, o epocal do ser, a cujo acontecer fenomenológico pertence o 'aí' e, com ele, o ser-aí".[48]

Se agora juntarmos a esse texto o capítulo da obra de Heidegger, *Nietzsche*, que se intitula *A Determinação Ontológico-Historial do Niilismo*, que surgiu entre os anos de 1944-1946, então, praticamente, se completa o quadro preparador de *Tempo e Ser*. Ouçamos algumas passagens elucidativas do capítulo.

> "O ser mesmo acontece fenomenologicamente como o desvelamento em que se presenta o ente. No entanto, o próprio velamento enquanto tal permanece velado. O desvelamento permanece ausente, em si mesmo, na relação consigo mesmo. Permanece o velamento do acontecer fenomenológico do desvelamento. Permanece o velamento do ser enquanto tal. O ser mesmo permanece ausente [...] O ficar ausente do ser enquanto tal é o próprio ser. No ficar ausente o ser se vela consigo mesmo".[49]

> "Uma superação do ser mesmo não é apenas jamais realizável, mas, a própria tentativa recairia no propósito de tirar a essência do homem de seus eixos. Pois, os eixos da essência do homem consistem no fato de o próprio ser, seja do modo como for, mesmo como ausência, solicitar a essência do homem. Essa essência é o abrigo, com o qual o próprio ser se presenteia, para entregar-se como o advento do desvelamento a esse abrigo".[50]

> "O próprio ser se subtrai, mas, enquanto tal subtração, o ser é, precisamente, a relação que solicita a essência do homem para o abrigo de seu advento (do ser)".[51]

> "Quem, se realmente pensa, seria, entretanto, capaz de esquivar-se de ser atingido por essa extrema subtração do ser, para presumir em si mesmo uma solicitação do ser – o próprio ser como tal solicitação – que se endereça ao homem, em sua essência. Essa essência do homem não é algo humano. Ela é o abrigo do advento do

> ser, o qual, enquanto tal advento, se presenteia com esse abrigo e a ele se entrega, de tal modo que o 'se' – como conseqüência e somente assim – 'Dá o Ser'".[52]

De 1953 temos uma afirmação de Heidegger que aprofunda e elucida o que anteriormente ouvimos, determinando precisamente o que significa esse advento do ser que instaura a essência do homem como seu abrigo.

> "O verdadeiro tempo, porém, é o advento do que foi e continua sendo. Isso não é o passado, mas o recolhimento do acontecer fenomenológico do ser (Wesenden) que precede todo o advento, à medida que, enquanto recolhimento, se recolhe velando-se no que em si, desde sempre, é mais originário".[53]

Se, por conseguinte, o tempo é o ad-vento do ser, se esse advento se abriga na essência do homem, se enquanto advento o ser se presenteia com esse abrigo, e se, assim, o "se" dá ser, temos então o núcleo da conferência *Tempo e Ser*. Apenas as palavras são outras. O "se" dá ser, isto é, destina o ser no alcançar do tempo (advento). O "se" dá tempo, alcança o tempo no destinar do ser. O destinar e o alcançar repousam um no outro e repousam naquilo "que precede todo o advento" e que recolhe a ambos (dos quais resulta o acontecer fenomenológico do ser), velando-se no mais originário. O que precede o advento, o que recolhe ser e tempo velando-se é o "se" que Heidegger chamará de acontecimento-apropriação. Sobre o acontecimento-apropriação Heidegger desenvolveu muitos estudos. Sobretudo, em sua conferência *O Princípio da Identidade*, ele desdobra sua interpretação do acontecimento-apropriação, procurando determiná-lo como o *mesmo*, o *auto* – donde emerge a copertença de ser e homem. Na conferência *Tempo e Ser* essa copertença é atribuída ao destinar e alcançar, ao ser e ao tempo. Heidegger também instaura nela o surto originário do tempo e do ser a partir do *mesmo*, do *auto*, do acontecimento-apropriação.[54]

Na sua obra, intitulada *Que Significa Pensar?*, Heidegger observa: "O tempo faz passar o passageiro, mas de tal modo que ele mesmo passa, o que, contudo, ele somente pode, se durante todo o passar ele permanece. O tempo permanece, enquanto passa".[55] Essa passagem de 1952 é praticamente repetida na conferência.

Temos ainda análises do tempo nas conferências de 1957 e 1958 que analisam a essência da linguagem.[56] Ali se examina, sobretudo, o caráter de parâmetro do espaço e do tempo, o problema da proximidade que aproxima, o problema da maturação (temporalização) do tempo, a análise das três dimensões do tempo em sua unidade, o problema do espaço de tempo. Tudo isso já se realiza em uma linguagem muito aproximada de *Tempo e Ser*.[57]

Em 1962 Heidegger apresenta em *A Tese de Kant Sobre o Ser*:

> *"No invisível 'é' se esconde toda a problematicidade do ser. No entanto, o mais problemático permanece o fato de considerarmos se o 'ser', se o mesmo 'é', pode ser, ou se o ser nunca 'é' e, contudo, permanece ao mesmo tempo verdadeiro: dá-se ser. Mas, de onde vem, a que se destina o dom no 'dá-se', e como se realiza este dar?"*[58]

Aqui já estamos na linguagem contemporânea ao surgimento de *Tempo e Ser*. Nesse mesmo ensaio o filósofo faz uma análise do *esti gar einai*, de Parmênides, semelhante à analise de *Tempo e Ser*. "Mas, não disse o pensador, que pela primeira vez pensou o ser, não diz Parmênides (Fr.6): *esti gar einai*, 'É a saber o ser' – 'Presenta-se a saber o presentar-se?' Se consideramos o fato de que no *einai*, presentar-se[59] fala propriamente a *aletheia*, o desvelar, então diz o presentar, dito do *einai*, de modo acentuado no *esti*: o presentificar. Ser – propriamente: aquilo que garante presença".[60] No *einai* Heidegger localiza a *aletheia*. Essa *aletheia* presentifica, garante a presença. Na conferência *Tempo e Ser*, Heidegger traduz a força do *einai* por "poder", e disso deduz o "dar". Este estaria escondido no *esti gar einai*. A *aletheia* aparece no texto sobre Kant como a força ativa que presentifica, que dá presença. Em *Tempo e Ser* ela é o "se" que dá, ela é acontecimento-apropriação que destina o ser e alcança o tempo, ambos como presentar.[60a]

Heidegger continua, no texto sobre Kant:

> *"Apresenta-se aqui [no fragmento do Parmênides] o ser como algo entitativo, ou é o ser aqui predicado de si mesmo, to auto (o mesmo) kaut'auto? Fala aqui uma tautologia? Realmente. Contudo, é*

> *a tautologia no sentido supremo, que não diz nada, mas diz tudo: aquilo que desde o começo e para o futuro é determinante para o pensamento. Por isso essa tautologia oculta em si o não-dito, o não-pensado, o não-perguntado. 'Presenta-se, a saber, o presentar'. Que significa aqui presença? Presente? A partir de onde se determina tal coisa? Mostra-se, mais exatamente: oculta-se, aqui, um caráter impensado de uma velada essência do tempo? Se a situação é essa, então a pergunta pelo ser deve ser posta sob o título guia: 'Ser e Tempo'.*"[61]

Esse texto já pode ser visto como um comentário ao núcleo essencial de *Tempo e Ser*. A tautologia de Parmênides "é a saber o ser", na qual se esconde uma autopredicação, tem sua possibilidade máxima, à medida que tomamos o *esti* com sentido transitivo. Então ele pode assumir o sentido de presentificar, de poder, de dar. Esse ser que dá, que pode, que presentifica, esse *einai* que oculta em si a *aletheia*, é para Heidegger o *se*, que se esconde no fato do "dá-se ser", é acontecimento-apropriação. Dele o filósofo também somente pode dizer que acontece-apropria, à medida que ele dá o destino do tempo e o alcançar do ser, que nele repousam no que lhes é próprio e na relação objetiva que os vincula em sua unidade. Em *Tempo e Ser*, Heidegger acentua a tautologia dizendo que o acontecimento-apropriação não "é" nem "se dá". Dele, ao contrário, brota o ser e o dar. "O acontecimento-apropriação acontece-apropria. Com isso dizemos o mesmo para o mesmo a partir do mesmo". Enfim, Heidegger identifica o "mesmo" com "aquilo que se oculta no nome *aletheia*".[62]

Na carta a Richardson, Heidegger explica:

> "O 'acontecer' da viravolta é o ser (Seyn) enquanto tal. Ele somente se deixa pensar a partir da viravolta. Nenhum acontecimento de tipo especial é próprio da viravolta. Antes, a viravolta entre ser e tempo, entre tempo e ser, se determina a partir do modo como se dá ser, como se dá tempo. Sobre esse 'dá-se' procurei dizer algo, na conferência 'Tempo e Ser'."[63]

Este testemunho de Heidegger, datado do ano em que foi pronunciada a conferência, encerra este Capítulo. Nele se mostrou a radicação histórica da ideia central de Heidegger. Mostrou-se ao mesmo tempo, o absolutamente novo que nela se revela. O originariamente antigo é originariamente atual. Ser e tempo, pensados na viravolta, mostram aquilo que neles se esconde: o *auto*, o mesmo, o *Seyn*, o acontecimento-apropriação, a *aletheia*.

Notas

[1] Manifestações em EVW e HVHN.

[2] EVW 397

[3] SZ 17

[4] SZ 17

[5] SZ 18

[6] SZ 18

[7] KPM 216

[8] KPM 199

[9] KPM 216

[10] KPM 210

[11] SZ 25

[12] SZ 26

[13] SZ, Primeira seção da primeira parte.

[14] SZ, Terceira seção da primeira parte.

[15] SZ, Segunda seção da primeira parte.

[16] KPM 218

[17] EVW 398

[18] EVW 398

[19] N I 29

[20] N I 28

[21] SZ 437

[22] HB 17

[23] N II 194

[24] NII 194

[25] EVW 401
[26] VA 133-134
[27] ZS 129
[28] ZS 129
[29] ZS 142
[30] Seguimos nossa tradução apresentada em *"Introdução ao Pensamento de Martin Heidegger"*.
[31] ZS 142
[32] ID 64
[33] ZS 139
[34] ZS 129 35. SZ 25,26
[35] SZ 25,26; KPM 121-122, 216-218; WiM 16; WW 11.
[36] SZ §§ 65-71
[37] SZ §§ 49-53; 61-62; 74; 81.
[38] SZ § 74
[39] SZ 212, 230, Ver HB 22.
[40] SZ 230 e 419
[41] KPM 216-217; 356-7 NI; WiM 17
[42] KPM 217
[43] KPM 219
[44] EM 157
[45] N II 462
[46] HW 283
[47] HW 311
[48] HW 311-312; WiM 17
[49] N II 353
[50] N II 365-366
[51] N II 368
[52] ZS, passim; NII 383, Ver HB 22.
[53] US 57
[54] ID 13-34; US 258, Ver também Tugendhat, *"Der Wahrheitsbegriff bei Husserl und Heidegger"*, Berlim, 1967. p. 379, texto e nota 8.

[55] WHD 78

[56] Três textos: *A Essência da Linguagem; A Palavra; O Caminho da Linguagem*, p. 157-268 – US.

[57] US 209, 214

[58] KTS 35

[59] ZS 133

[60] KTS 53

[60a] HB 22

[61] KTS 36

[62] ZS 142

[63] EVW 401

CAPÍTULO 4

A Palavra e o Ser

Heidegger surge sob o signo da palavra. Sua luta com a indigência da linguagem é motivada por uma luta que somente se pode ferir com a palavra: *A gigantomachia peri tes ousias*. No diálogo com o japonês, em 1953, ele confessa seu envolvimento precoce com o problema do ser e da palavra.

> *"Repetidas vezes se ouvia que vossas interrogações giravam em torno do problema da linguagem. [...] Isto realmente não era tão difícil de reconhecer; pois, já no título de minha tese de livre-docência, de 1915,* A Doutrina das Categorias e do Significado de Duns Scotus, *manifestavam-se duas perspectivas: 'a doutrina das categorias' é o nome corrente para a discussão do ser do ente; 'a doutrina do significado' designa a gramática especulativa, a reflexão metafísica sobre a linguagem e sua relação com o ser. Mas, todas essas situações eram ainda obscuras para mim, naquela época".*[1]

Mais adiante Heidegger aprofunda e analisa sua evolução diante do problema da linguagem.

> *"Somente sei uma coisa: o fato de minha meditação sobre a linguagem e o ser determinar, desde cedo, o caminho de meu pensamento, fez com que sua discussão permanecesse muito em segundo plano.*

> *Talvez o defeito básico do livro* Ser e Tempo *resida no fato de eu ter ousado avançar, prematuramente, longe demais [...] Apenas vinte anos após minha tese de livre docência ousei abordar o problema da linguagem. Isso se deu na mesma época em que apresentei, nas preleções, as primeiras interpretações dos Hinos de Hölderlin. No semestre de verão de 1934 realizei uma preleção sob o título: Lógica. Era, entretanto, uma reflexão sobre o* logos, *onde perguntava pela essência da linguagem. Não obstante, demorou, praticamente, mais um decênio até que eu pudesse dizer o que pensava. A palavra adequada ainda me falta hoje. O horizonte do pensamento que se empenha por corresponder à essência da linguagem ainda permanece velado em toda a sua amplidão".*[2]

Já no início de *Ser e Tempo* Heidegger se refere à linguagem. O filósofo se excusa da aspereza das expressões que surgirão durante a analítica existencial, apontando para Platão e Aristóteles, que também foram obrigados a violentar sua linguagem para dizer algo absolutamente novo na língua dos gregos. "Uma coisa é relatar, em tom de narração, algo sobre o ente, e outra é captar o ente em seu ser. Para esta última tarefa não faltam apenas geralmente as palavras, mas antes de tudo a gramática".[3] Heidegger verifica, em *Ser e Tempo*, que toda a linguagem se elaborou, até então, a partir do *logos* que define o animal racional (*zoon logon echon*). A gramática se orienta e, uma lógica que radica na ontologia do ente subsistente. Assim ela orienta toda a elaboração das categorias no discurso enquanto enunciação. Somente uma analítica existencial, que procura descobrir, no discurso, um existencial que precede a enunciação, um existencial em que se funda a palavra, somente tal analítica poderá colocar os fundamentos originários, ontológicos, para a ciência da linguagem. "Libertar a gramática da lógica reclama primeiro uma compreensão positiva da estrutura essencial e apriórica do discurso em geral, tomado como existencial; essa libertação não se pode efetivar trazendo ulteriormente correções e complementos à lingüística tradicional".[4] "A 'semântica' enquanto teoria da significação, radica na ontologia do ser-aí. Seu progresso e seu destino se ligam ao destino dessa ontologia".[5] Heidegger busca o sentido originário da linguagem. Se ele reside no existencial, que é o discurso, então ela se liga essencialmente à estrutura existencial do ser-aí. Ora, a estrutura existencial do ser-aí tem seu ser na preocupação, na compreensão do ser. Assim, a linguagem não apenas se explicitará, em sua essência, a partir da analítica do ser que compreende o ser, mas a própria compreensão do ser levará à essência da linguagem.

Todas as referências que o pensador faz à lógica, em sua obras,[6] se dirigem ao fato de ela se restringir a uma ontologia da coisa e de nela residir; de ela, portanto, não apresentar a possibilidade de dizer o ser que se manifesta na abertura do ser-aí. A procura da superação da lógica será um esforço de encontrar a gramática do ser, a palavra que diga o ser.[6a] "É preciso que a reflexão filosófica renuncie à 'filosofia da linguagem' para se dirigir 'às coisas em si mesmas', interrogá-las e se colocar em posição para desenvolver uma problemática e conceitos claros".[7]

Essa é a preocupação com a qual se desenvolve a reflexão de Heidegger em *Ser e Tempo*. É preciso, no entanto, progredir em direção daquilo que ele já prepara naquela obra: o ser e a linguagem, na viravolta.[7a] Realmente, Heidegger remete a solução última do sentido do discurso e da palavra para a terceira seção de *Ser e Tempo*. É a partir do ser explicitado em sua relação com o tempo que se deveria manifestar a dimensão temporal do discurso e da linguagem.

> *"Mas, pelo fato de o discurso, desde sempre, ser discussão sobre o ente, ainda que não primária e preponderantemente, no sentido da enunciação teórica, somente pode ser compreendida, perfeitamente, a análise da constituição temporal do discurso e a explicitação do caráter temporal das formas da linguagem, quando for posto o problema da essencial copertença de ser e verdade, a partir da problemática da temporalidade. Então também, se deixará delimitar o sentido ontológico do 'é', o qual foi transformado em 'cópula' por uma teoria extrinsecista da proposição e do juízo. Somente a partir da temporalidade do discurso, isto é, a partir do ser-aí em geral, pode ser elucidada a 'origem' do 'significado' e tornar-se compreensível ontologicamente a possibilidade de uma formação de conceitos".*[8]

Se, realmente, a terceira seção da primeira parte, que deveria trazer uma resposta para a questão da linguagem, não pôde ser escrita, precisamente, por uma falha da linguagem metafísica e a ausência de uma linguagem para o dizer suficiente de *Tempo e Ser*, então deve ser possível localizar na realização da viravolta de Heidegger uma tentativa de formação dessa linguagem. Assim, torna-se possível uma análise da viravolta a partir das relações entre linguagem e ser. Na viravolta localizaremos não apenas uma preocupação explícita para dizer o ser, mas, também, uma busca da linguagem adequada para esse dizer do ser.

Analisaremos o problema da linguagem em uma perspectiva que se insere na preocupação da pergunta que comanda toda a interrogação de Heidegger: o sentido do ser. Sem dúvida nenhuma as experiências com a linguagem, que Heidegger realiza, ultrapassam as preocupações linguísticas que nelas se quer, tantas vezes, descobrir. A contribuição para análises linguísticas é apenas consequência que flui da intenção profunda da problemática filosófica que envolve o trabalho do filósofo. As preocupações com a linguagem se desenvolvem, intensamente, no segundo Heidegger, em uma intensidade paralela à da preocupação com o ser. Pode-se mesmo afirmar que a preocupação com a palavra é uma preocupação com o ser e vice-versa. É por isso que os diversos modos com que Heidegger diz o ser na viravolta são já, ao mesmo tempo, ensaios da linguagem para dizer o ser. Nesse sentido deve ser interpretada também sua dedicação aos poetas. Não é uma tentativa de diluir a interrogação pelo ser na poesia; é uma descoberta de que na linguagem dos poetas reside mais próxima a possibilidade de dizer o ser. Não se deve alimentar a ilusão de que o pensador queira criar uma nova língua. Seu esforço se dirige aos fundamentos das nossas línguas para nelas fazer reviver as possibilidades que em si ocultam. Todas as violências semânticas de Heidegger não pleiteiam a proteção filológica. Pelo contrário, a intenção filosófica fundamental, que nelas se movimenta, abre novos horizontes para a filologia.

Assim como a viravolta é destino de todo pensamento fiel à pergunta pelo ser e não somente sina de Heidegger, do mesmo modo o desafio da linguagem atinge todo o pensamento que se empenha em meditar o ser que se oculta na linguagem da metafísica. Por isso todo pensamento originário luta com a linguagem. Nessa luta, manifesta-se a mesma ambivalência que comanda a fenomenologia de Heidegger e o próprio pensamento do ser. Na linguagem essa ambivalência é mais flagrante, porque nela, de modo mais exasperante, o esforço de manifestar o ser o vela, mas a linguagem deve saber captar o próprio ser à medida que ele se oculta nela. Aqui, a marca da finitude e da temporalidade manifesta-se em toda a sua intensidade. A palavra é o signo radical e supremo da própria precariedade da interrogação da finitude.

Os estudos sobre o problema da linguagem, que nos últimos anos vieram enriquecer a obra de Heidegger, representam um verdadeiro esforço de refazer os fundamentos da linguagem metafísica a quem atribui, em parte, o impasse de *Tempo e Ser*. Nessa tentativa de refazer a força da palavra, pode ser visto todo o panorama que ele desdobra no seu adentramento na história do ser. A sondagem paciente à procura de uma linguagem esquecida que acompanha o esquecimento do ser leva Heidegger por todos os caminhos do pensamento ocidental.

O filósofo confessa expressamente os embaraços com o problema da palavra. Falando da terceira seção de *Ser e Tempo*, ele observa: "A seção problemática foi retida, porque o suficiente dizer dessa viravolta fracassou e não teve sucesso com o auxílio da linguagem da metafísica".[9] Em 1957, Heidegger insiste:

> "A dificuldade está na linguagem. Nossas línguas ocidentais são de maneiras sempre diversas, línguas do pensamento metafísico. Não podemos discutir se a essência das línguas ocidentais é, em si, puramente metafísica e por conseguinte em definitivo caracterizada pela ontoteologia ou se estas línguas oferecem outras possibilidades de um não dizer que diz".[10]

Heidegger sempre repete que o caminho de *Ser e Tempo* "teve de se interromper no ponto decisivo", porque o fato de mergulhar na tradição fazia com que "ele pedisse auxílio para dizer algo absolutamente diferente".[11] Por isso, ainda que não seja possível a instauração de uma língua nova, que não seja metafísica, é preciso pensar as possibilidades que se escondem nas línguas atuais.[12]

Vamos seguir algumas das análises pelas quais Heidegger persegue a relação entre a palavra e o ser. Nelas veremos manifestar-se a circularidade da interrogação pela palavra e a viravolta que é imposta ao próprio pensamento para que ele seja fiel à possibilidade de dizer o ser.

"A palavra é a casa do ser".[13] Sirva essa expressão como ponto de partida. Na carta *Sobre o Humanismo*, que está semeada de alusões ao problema da linguagem, manifesta-se, com maior amplidão e insistência na análise das relações entre a palavra e o ser. Depois da tentativa de analisar o *logos* em uma perspectiva da linguagem, em 1934 (semestre de verão) e depois das interpretações dos *Hinos* de Hölderlin, sobre os quais Heidegger leu, pela primeira vez, diante de seus alunos, e que representam as primeiras tentativas de diálogo com os poetas, no semestre de inverno de 1934-1935, passaram-se muitos anos até que ele se manifestasse publicamente sobre o problema da linguagem. As referências esparsas aumentam nos textos publicados a partir de 1946. Mas a década mais fecunda é a de 50. O problema do dizer do ser toma corpo na reflexão de Heidegger à medida que os anos avançam.

Na carta *sobre o Humanismo* "a casa do ser" procura dizer o fato de que a palavra está ligada à compreensão do ser pelo "aí" do ser-aí. O "aí" é o lugar em que o ser se manifesta. Essa clareira do ser, que é a característica do ser-aí *eksistente*, se revela na palavra. "Às plantas e aos animais, ainda que distorcidos em seu ambiente, falta a linguagem porque jamais estão colocados livremente na clareira do ser, a qual unicamente é 'mundo'. [...] A linguagem é advento iluminador-ocultante do próprio ser".[14] Mais adiante acrescenta o filósofo:

> "Mas, assim como a humanitas *do* homo humanus *vela a eksistência e, através dela, a relação da verdade do ser com o homem, assim, a interpretação metafísico-animal da linguagem encobre sua essência ontológico-historial. De acordo com essa essência a linguagem é produzida pelo ser; é a casa do ser por ele instaurada. Por isso trata-se de pensar a essência da linguagem a partir da correspondência ao ser e enquanto tal correspondência. Trata-se de*

> pensá-la como a morada da essência do homem. O homem não é apenas ser vivo que, ao lado de outras qualidades, também possui a palavra. Muito antes a linguagem é a casa do ser. Nela residindo o homem eksiste enquanto pertence à verdade do ser, protegendo-a".[15]

É típica, em Heidegger, a tentativa de colocar a questão do ser, globalmente, a partir de diversas perspectivas. No horizonte da linguagem o filósofo revive toda a problemática central que se esboça em *Ser e Tempo*, mas ela surge transportada para a dimensão própria à viravolta. Trata-se de mostrar como o ser instaura no homem a sua casa e como essa casa é a própria essência do homem enquanto eksistência. O filósofo aprofunda o sentido da expressão "a linguagem é a casa do ser" em uma conferência que pronunciou na mesma época da carta *Sobre o Humanismo*.

É por ocasião do vigésimo aniversário da morte de Rilke que Heidegger afirma:

> "O próprio ser delimita sua circunscrição, que é circunscrita pelo fato (temmein, tempus) de ele se manifestar fenomenologicamente na palavra. A linguagem é a circunscrição (templum), quer dizer, a casa do ser. A essência da linguagem não se esgota na significação, nem é ela apenas algo que se apresenta como sinal e cifra. Porque a linguagem é a casa do ser nós atingimos os entes passando constantemente por essa casa. Quando vamos ao poço, quando percorremos uma floresta, já sempre estamos passando pela palavra "poço" e pela palavra "floresta", mesmo quando não pronunciamos essas palavras nem pensamos em algo que se refere à linguagem. Pensando a partir do templo do ser, podemos presumir, aquilo que ousam aqueles cuja ousadia vai além do ser dos entes. Eles ousam a circunscrição do ser. Eles se aventuram com a linguagem".[16]

Essa passagem revela e sugere horizontes vastíssimos para a linguagem no seu vínculo com o ser. Enquanto o ser se revela na palavra, como em sua casa, ele delimita seu âmbito. Delimitar, circunscrever, aponta para *temmein*. Dessa palavra se origina *tempus* e *templum*. Heidegger joga com a etimologia para concluir que o ser instaura seu templo com a palavra e na linguagem, mas essa casa do ser somente se instaura no tempo. O tempo é o templo do ser, porque no tempo fala a linguagem. Em *Ser e Tempo* a abertura, o templo, o tempo, aparece como temporalidade que é sentido do ser do ser-aí. Nesse texto, que já se movimenta na viravolta, para além de uma preocupação transcendental, aparece o ser instaurando sua abertura finita (circunscrita) como templo, tempo, casa. Nesse templo, nesse tempo, que é a casa do ser, na linguagem, surge também a diferença ontológica. É porque somos a casa do ser, à medida que falamos, que devemos passar sempre pela linguagem para atingirmos os entes. A linguagem é o lugar e a própria manifestação da diferença ontológica. Aqui se manifesta a relação circular entre ser-aí e a diferença ontológica, que já analisamos anteriormente. De um lado o ser somente se manifesta porque o ser-aí é sua abertura, isto é, porque concretamente nós caminhamos e nos movemos na diferença ontológica. De outro lado, a possibilidade de nos movimentarmos nos entes é instaurada como dom do ser. Nós somente somos homens porque nos encontramos em meio à diferença ontológica, mas a diferença ontológica que emerge do ser precisa da casa, do templo, do tempo do ser, que se instaura no ser-aí. Nessa circularidade se manifesta a ambivalência que nos liga ao ser e à sua manifestação. A diferença manifesta e oculta o ser. Assim também a casa do ser é "desveladora-veladora" do ser, como diz Heidegger na carta *Sobre o Humanismo*.[17]

Aventurar-se com a linguagem em seu sentido originário é aventurar-se com o ser, pois a linguagem irrompe do ser e somente vinculada ao ser encontra sua fonte de origem.

Heidegger, entretanto, julga "bastante desajeitado designar a linguagem a casa do ser",[18] pois a "palavra 'ser' é ambivalente",[19] sendo necessário "distinguir claramente entre 'ser' enquanto 'ser do ente' e 'ser' enquanto 'ser' sob o ponto de vista de seu sentido, isto é, sob o ponto de vista de sua verdade (clareira)".[20]

> *"A locução 'casa do ser' não deve ser interpretada como fugaz imagem à cuja luz se pudesse imaginar arbitrariamente qualquer coisa, como casa é o habitáculo, previamente instalado, em qualquer*

> *lugar onde o ser é abrigado como um objeto transportável [...] Essa representação já caduca quando pensamos na ambivalência do 'ser' a que antes nos referimos. Na locução 'casa do ser' não me refiro ao ser do ente representado metafisicamente, mas, o acontecer fenomenológico do ser, ou mais exatamente a diferença ontológica (Zwiefalt) entre ser e ente, e esta diferença ontológica sob o ponto de vista de sua problematicidade".*[21]

Devemos prestar atenção, portanto, para a dimensão em que se movimenta essa expressão. Nem o ser, nem a palavra são aqui tomados como algo estático e representável como na representação metafísica. Heidegger aponta para o acontecer do ser na diferença ontológica, enquanto instaurador dessa diferença, e seu acontecer na palavra, enquanto ativamente manifesta tal acontecer e não enquanto puro veículo, sinal ou instrumento.

Por isso, diz Heidegger, em 1956:

> *"Pois, mesmo quando tomamos a linguagem apenas como instrumento de informação, o dizer da linguagem nunca se transforma em mecanismo [...] Nossas línguas falam historicamente. Suposto que na indicação de que a linguagem é a casa do ser haja algo de verdadeiro, então o dizer historial da linguagem é destinado e disposto, constantemente, pelo destino do ser. Se partirmos da essência da linguagem isso significa: a linguagem fala, não o homem. O homem somente fala na medida da conveniente correspondência à linguagem. Essa correspondência, no entanto, é o modo autêntico de o homem pertencer à clareira do ser".*[22]

Precisamente, à medida que a linguagem fala, fala nela, reside nela, o ser. Falar, portanto, da essência da linguagem, somente podemos à medida que ouvimos a linguagem. "Movimentamo-nos, agora, num círculo. Um diálogo sobre a linguagem deve ser solicitado pela própria essência da linguagem. Como pode o diálogo falar da linguagem sem que primeiro se envolva num ouvir, que atinge imediatamente sua essência?"[23]

Nós, que dizemos o ser, devemos primeiro escutar o que diz sua linguagem. É um outro modo de colocarmos o problema do círculo hermenêutico. "O mensageiro já deve vir da mensagem. Mas, ele deve também já ter-se dirigido a ela".[24] Nossa interrogação pelo ser se movimenta, necessariamente, nesse círculo hermenêutico. De um lado, a compreensão e explicitação do ser já exige uma compreensão anterior, de outro, essa compreensão anterior não é possível a não ser que ela tenha sido instaurada em nós pelo próprio ser e que, mediante essa instauração, se tenha inaugurado o fato de sermos homem. No horizonte da linguagem o círculo se transporta para outros termos. O homem está inserido na história do ser pelo destino do próprio ser. Assim, ele fala e diz o ser à medida que o ser se diz a ele. Esse dizer exige uma escuta que corresponde à linguagem do ser. Corresponder é responder à palavra do ser. Responder à palavra do ser é dizer o ser enquanto tal, isto é, em seu sentido. "A história do pensamento é o destinar da essência do homem a partir do destino do ser. A essência do homem é destinada com a tarefa de fazer falar o ente em seu ser".[25]

Nessa temática da circularidade, manifestando-se a partir da linguagem, em sua relação com o ser, se introduz o problema da viravolta. A história do ser é posta sob a clave da linguagem. Isso não se dá, apenas, na análise da história da filosofia, em que o esquecimento do ser vem acompanhado do esquecimento da linguagem essencial. Heidegger, a partir de 1957, realizou uma série de análises que são uma elaboração especulativa, ainda que realizada fenomenologicamente, da essência da linguagem. Essas análises, no entanto, meditam por outro lado sobre a linguagem da essência. Essa inversão quer indicar formalmente que a interrogação pela essência da linguagem, que foi instaurada em *Ser e Tempo*, realmente, deve ser levada a cabo – como também lá já se afirma – em uma interrogação pela linguagem da essência no horizonte de *Tempo e Ser*. Assim, como já analisamos a relação entre *Ser e Tempo* e *Tempo e Ser*, entre essência da verdade e verdade da essência, entre ser e fundamento e fundamento e ser, podemos paralelamente estabelecer o acontecer da viravolta a partir da relação entre essência da linguagem e linguagem da essência.

Convém atentar, especialmente, para a linguagem que se desenvolve nessas últimas análises. Ela mantém seu nexo com a linguagem e a terminologia que já se nos tornou familiar, mas evolui, ao mesmo tempo, para uma linguagem que sempre mais enuncia os núcleos centrais que se revelaram na conferência *Tempo e Ser*. A ideia de tempo (*templum*, casa) aparece na manifestação da linguagem, assim como a ideia de espaço-de-tempo (ou então somente espaço) vem ligada à linguagem (como circunscrição, âmbito). Precedendo a tudo e a tudo fundando, aparece já o "dá-se" ligado ao acontecimento-apropriação.

Prenunciando a relação fundamental entre essência da linguagem e linguagem da essência, relação em que Heidegger pensa a viravolta, que, segundo o próprio filósofo, "é o ser (*Seyn*)",[26] surge, em primeiro lugar, a relação que ele estabelece entre o "é" e a palavra. O fato de tanto uma quanto a outra se situarem numa mesma dimensão com relação ao ente, revela, precisamente, a perspectiva, que o autor tem como condutora, quando busca uma linguagem essencial que comande todo o dizer entitativo. Heidegger mostra que

> "ao 'é' acontece o mesmo que à palavra. Como a palavra tampouco o 'é' pertence às coisas que existem como entes [...] Nem ao 'é' nem à 'palavra' concerne uma essência coisal, o ser, e de nenhum modo também há relação entre o 'é' e a palavra, que tem como tarefa de, constantemente, dispensar um 'é'. Entretanto, nem o 'é', nem a palavra e o seu dizer podem ser exilados no vazio da absoluta nadificação. O que mostra a experiência poética com a palavra quando sobre ela medita o pensamento? Ela aponta para aquilo que é digno de ser pensado e que, desde a antigüidade, solicita o pensamento, ainda que de modo velado. A experiência com a palavra indica aquilo que se dá e quer, contudo, não 'é'. Aquilo que se dá, também pertence à palavra, talvez não apenas também, mas, antes de qualquer outra coisa, e isto até de tal modo, que na palavra se esconde, à medida que nessa acontece fenomenologicamente, aquilo que dá. Pensando objetivamente então nunca poderíamos dizer da palavra, 'ela é', mas 'dá-se' – e isso não no sentido de que 'se' dão palavras, mas, de que a própria palavra dá. A palavra: aquela que dá. Mas o quê? Segundo a experiência poética e segundo a mais antiga tradição do pensamento, a palavra dá: o ser. Deveríamos então procurar, através do pensamento, naquele 'se, que dá', a palavra como aquilo que propriamente dá, porém, nunca é dada.

> Conhecemos a locução 'dá-se' em seu uso múltiplo. Dizemos, por exemplo, 'há (dão-se) morangos na encosta ensolarada'; il y a: lá tem morangos; podem ser achados como algo que lá se encontra. Na nossa reflexão o 'dá-se' é usado de outro modo; não: dá-se a palavra, mas: Ela, a palavra, dá [...]. Assim, se dissipa todo o alarme com o 'se', diante do qual com razão muitos se atemorizam. Mas, aquilo que é digno de ser pensando permanece; somente então chega a se manifestar. Esta simples e imperceptível situação, que designamos pela locução: ela, a palavra, dá, se revela como aquilo que propriamente é digno de ser pensado, para cuja determinação ainda faltam, em toda parte, as medidas".[27]

Esse texto não pode ser interpretado como o minucioso prazer de abusar do jogo de palavras. Heidegger faz, aqui, uma tentativa de dizer o seu pensamento e, para isso, apela para as possibilidades ocultas em uma expressão linguística. Seria ridículo se disso quiséssemos fazer um jargão. Devemos apenas respeitar a experiência que o filósofo realiza com tal modo de dizer, e ver até que ponto tal dizer nos faz participar daquilo que ele persegue como uma estrela.[28] O esforço de dizer o ser (*Seyn*) na viravolta apela para esses recursos que podem parecer estranhos e não necessariamente precisam ser repetidos, mas devem ser compreendidos na sua força desveladora. Aqui Heidegger persegue a relação entre o ser e a palavra. Trata-se do ser com "y" (*Seyn*), que é um modo de distingui-lo do ser dos entes (*Sein*). Essa grafia, sem o suficiente poder evocador e indicador, retorna apenas esporadicamente. O mesmo que com ela quis dizer, o filósofo procura expressar pela palavra acontecimento-apropriação, que em *Tempo e Ser* é determinada como o "se" que dá ser e tempo, destinando e alcançando. Heidegger localiza esse mesmo ser (*Seyn*) nas palavras gregas *physis*, *aletheia* e *logos*, devidamente interpretadas. Sempre se trata do mesmo ser que se vela no ser dos entes. Retorna sempre a mesma tentativa de dizer a ambivalência, para a qual o método fenomenológico foi esboçado, ambivalência que se impõe pelo fato mesmo da nossa faticidade e finitude. O ser ligado ao tempo somente pode ser pensado assim, isto é, na identidade que é copertença entre ser e homem. Aqui, Heidegger toma como tema a palavra. Ela é tomada em um sentido originário, que procura ver no próprio fato do dizer uma força velada da qual brota a possibilidade do dizer. A palavra, assim, não é, nem se dá, assim como se dão o tempo e o ser. "A palavra dá: o ser".[29] O "dá-se" recebe aqui uma interpretação diversa daquela de *Tempo e Ser*. Não a palavra é dada; ela é a que dá. Nem uma nem outra interpretação é taxativa. Heidegger não se contradiz pela diversidade da interpretação. O instrumento pouco importa aqui, o que decide é o resultado de seu manejo. Assim, podemos afirmar que no "ela, a palavra, dá" se esconde aquilo que é o móvel primordial do pensamento fiel a si mesmo: o ser em si mesmo, seu sentido. O que mais tarde se mostrará, com maior clareza, pode ser agora simplesmente afirmado: a palavra dá revela o mesmo alcance significativo que "a linguagem fala".

Damos mais um passo se escutarmos uma distinção que Heidegger faz entre falar e dizer. Se a palavra dá o ser, ela o presentifica, o mostra, o manifesta. Heidegger descobre essa força na palavra: *sagen, Sage*, dizer, a legenda (a saga).

> *"Dizer e falar não são iguais. Alguém pode falar, falar sem parar, e, contudo, nada diz. Pelo contrário, silencia alguém, ele não fala e, contudo, pode muito dizer, não falando. Mas, o que significa dizer? Para saber isso dependemos daquilo que nossa língua mesma nos faz pensar na palavra 'dizer'. Dizer (sagan): mostrar, fazer aparecer e fazer escutar".*[30]

"A essência da linguagem é o dizer (a legenda, a saga) como o mostrar (a mostra)".[31] "A linguagem fala, quando diz, isto é, mostra".[32] A força manifestadora da linguagem é o seu dar. O fato de a palavra dizer quando fala e de esse dizer ser a legenda (*die Sage*) – o próprio português aponta na palavra legenda para legere, *logos, legein* – e o fato de esse dizer ser um mostrar, um presentificar, aponta para uma dimensão da palavra que diz e aprofunda o que antes dissemos.

> *"A palavra começa a brilhar como o recolhimento, que primeiramente manifesta em sua presença aquilo que se presenta. A palavra mais antiga para um tal imperar da palavra, para o dizer, se*

> chama logos: a legenda (a saga), a qual mostrando faz aparecer o ente em seu 'é'. Mas, a mesma palavra logos enquanto palavra para o dizer é, ao mesmo tempo, a palavra para o ser, isso quer dizer para a presença do que se presenta. A legenda (a saga) e o ser, a palavra e a coisa, pertencem, de um modo velado, pouco pensado e inesgotável pelo pensamento, a uma unidade".[33]

Heidegger procura mostrar aqui o poder manifestador da palavra e aproxima sua força mais originária do *logos* apofântico. Enquanto a palavra mostra, pro-duz o que se presenta em sua presença, ela se liga ao ser, mas, ao ser como ao (*Seyn*) ser e, assim, ao acontecimento-apropriação. Nessa palavra – "Ereignis (Eräugen: por diante dos olhos)",[34] que traduzimos por acontecimento-apropriação, se esconde a atividade manifestadora, doadora, presentificadora, do ser (*Seyn*).

> "O que o manifestar produz através do dizer (Sage) nunca é efeito de uma causa, nunca é a conseqüência de uma razão. O a-propriar pro-dutor, o manifestar, garante mais que qualquer agir, fazer ou fundar. O que manifesta é o próprio acontecimento-apropriação – e nada mais além disso. O acontecimento-apropriação, entrevisto no mostrar do dizer (Sage), não pode ser representado, nem como um fato, nem como um evento, mas se deixa experimentar apenas no mostrar do dizer (Sage) como aquilo que garante. Não há outra coisa para onde o acontecimento-apropriação leva, a partir de onde ele pudesse ser esclarecido. O manifestar não é um resultado que brota de outra coisa. Mas, é doação cujo dar que alcança garante, primeiramente, um 'dá-se', do qual mesmo 'o ser' necessita, para atingir aquilo que lhe é próprio como presença".[35]

Heidegger leva, aqui, o problema da palavra para dentro da mesma temática de *Tempo e Ser*, a tal ponto que a própria terminologia é idêntica. Ele diz que o próprio ser precisa da palavra enquanto ela é aquilo que manifesta a presença, que produz inserindo naquilo que é apropriado, enquanto ela é acontecimento-apropriação. Vimos, anteriormente, que Heidegger afirma que "a palavra dá o ser". O mesmo realiza ela enquanto acontecimento-apropriação.

Essa linguagem pode escandalizar, porque não temos documentos mais longos que dizem de sua elaboração metódica e lenta. Heidegger aponta, em uma nota, para essa situação, e nessa nota transparece toda a paciência do pensador e toda a dificuldade em dizer, precisamente aquilo que mais o envolve.

> "Hoje quando aquilo que quase não foi pensado ou pensado apenas pela metade, é logo apressadamente entregue a toda a forma de publicidade, parecerá a muitos inacreditável o fato de o autor já ter utilizado, em seus manuscritos, há mais de vinte e cinco anos, a palavra acontecimento-apropriação, para o objeto que aqui pensa. Esse objeto, ainda que simples em si mesmo, permanece, em primeiro lugar, difícil de ser pensado porque o pensamento deve desacostumar-se a se perder na opinião de que aqui se pensa 'o ser' como acontecimento-apropriação. O acontecimento-apropriação é, essencialmente, outra coisa, porque muito mais rico que qualquer possível determinação metafísica do ser. Ao contrário disso, o ser pode ser pensado sob o ponto de vista de sua origem essencial a partir do acontecimento-apropriação".[36]

Ainda que Heidegger distinga, aqui, perfeitamente, entre ser e acontecimento-apropriação, isso não ocorreu sempre. Que Heidegger não quer dizer a mesma coisa com os dois termos sempre foi evidente, mas nós, que procuramos manter Heidegger no horizonte da temática da tradição da metafísica, devemos, por isso mesmo, ver na palavra acontecimento-apropriação a dimensão esquecida do ser, na história do esquecimento do ser. Precisamente o sentido do ser em si mesmo não foi pensado e, por isso mesmo, foi preciso que Heidegger tentasse captar esse sentido, em novo modo de dizer. Ao mesmo tempo, essa palavra-chave de Heidegger, que resume seu pensamento, enquanto radica na *aletheia*, deve ser vista como uma tentativa de pensar a ambivalência do ser, enquanto por ele interrogamos na finitude e no tempo.[37] Basta compreendermos o ser como Heidegger mesmo o sugere – a partir do acontecimento-apropriação, para, então, já se nos manifestar a vinculação entre ambos. No acontecimento-apropriação, realmente, é pensado algo que a metafísica não pensou, mas, segundo nos parece, alguma referência à tradição é necessária.[38] Não é possível pensar no vácuo. Heidegger mesmo reconhece que o novo é o mais antigo do antigo: a *aletheia*.[39]

Das tentativas de pensar a viravolta, a mais complexa é a de pensar o ser em sua relação com a palavra. Em primeiro lugar corre Heidegger o risco de que todo o seu dizer seja interpretado em uma direção puramente metafísica,[40] principalmente porque a linguagem usada na busca da essência da linguagem faz parte da linguagem metafísica, ainda que se movimente em um outro mundo de significados. Depois, é preciso ter presente que todas as nossas línguas são línguas em si mesmo ambivalentes, porque sua dimensão material pode transportar muitos sentidos que se sucedem ou subsistem contemporaneamente. Por isso a interpretação de um texto tantas vezes vem condicionada pelo contexto linguístico em que se vive e pela visão geral que envolve a posição diante das línguas. A circunstância mais problemática, porém, é o próprio fato de a linguagem como o dizer essencial ter ao lado de sua força desveladora uma força veladora. "Dizer (*sagan*) quer dizer mostrar (*zeigen*): fazer aparecer, é o liberar iluminador-velador como o alcançar daquilo que chamamos mundo".[41] O fato de a própria palavra essencial ser, simultaneamente, velamento e desvelamento marca a palavra com uma ambivalência a que é preciso ser fiel, fidelidade que exige um ficar suspenso sobre a própria precariedade do dizer. Nessa esfera se manifesta a preocupação de Heidegger de pensar a palavra aliada ao ser. É o âmbito em que se torna necessário guardar a humildade do aceno, diante do aceno. "Um aceno pode acenar de múltiplos modos".[42] Não confundir o aceno com aquilo de onde e para onde acena é precisamente saber ir além do que se desvela e ver aquilo que se vela no desvelamento. Esse é o caminho da fenomenologia, que perpassa a experiência com a linguagem e o ser da viravolta. Seria necessário acompanhar o filósofo ao longo das sugestões dos poetas para compreender a proximidade entre o pensar e o poetar, porque no poetar temos uma fidelidade ao dizer essencial, que busca o pensar essencial do mesmo modo que os poetas. "Poetar e pensar são modos de dizer".[43]

A viravolta se oculta na própria precariedade da linguagem para dizer o pensamento essencial. Por isso a essência da linguagem é procurada na linguagem da essência, na viravolta. A linguagem da essência é o próprio *logos*, é a legenda (a saga), é o ser (*Seyn*). Heidegger pensa a viravolta oculta na palavra, por meio do moto-guia, que se aproxima de expressões que já examinamos anteriormente: "A essência da linguagem: a linguagem da essência".[44]

"Duas expressões, cuja separação é mantida pelos dois pontos. Uma é a inversão da outra. Se o todo deve ser uma palavra-guia, então o sinal dos dois pontos (:) deve indicar que o que vem antes deles se abre naquilo e para aquilo que os segue. Na totalidade da palavra-guia, joga um abrir e acenar que apontam para aquilo que, partindo da primeira expressão, não presumimos na segunda; pois, esta não se esgota absolutamente numa pura inversão das palavras da primeira expressão. Se a situação é esta então as palavras 'essência' e 'linguagem' de ambos os lados dos dois pontos não deixam apenas de dizer coisas iguais, mas, a forma da expressão é cada vez diferente. Uma elucidação no horizonte gramatical, isto é, da representação lógica e metafísica, pode-nos aproximar um pouco mais do objeto, ainda que ela nunca seja capaz de alcançar a situação da palavra-guia. Na expressão que precede os dois pontos, 'a essência da linguagem', a linguagem é o sujeito de quem se deve decidir o que é. Aquilo que algo é, to ti estin, a qüididade, contém, desde Platão, aquilo que costumeiramente se designa 'a essência', a essentia. A essência, assim entendida, é enquadrada naquilo que mais tarde se designa o conceito, a representação, com cujo auxílio ordenamos e captamos aquilo que uma coisa é. Desdobrada a expressão diante dos dois pontos, diz: aquilo que a linguagem é compreendemos, tão logo penetramos ali onde os dois pontos descerram o horizonte. Isso é a linguagem da essência. Nessa expressão, 'a essência' exerce o papel de sujeito a quem pertence a linguagem. A palavra 'essência', porém, não designa mais agora aquilo que algo é. Tomamos a palavra 'essência' (Wesen) como verbo, o que desdobra seu ser (manifestando) fenomenologicamente (wesend) como o que se presenta e o que se ausenta. 'Desdobrar seu ser na manifestação fenomeno-lógica' (wesen) designa durar, permanecer. Mas, a expressão 'desdobra seu ser', (es west) diz mais do que: dura, demora. 'Desdobra seu ser' (es west) significa: presenta-se, durando se endereça a nós, en-caminha-nos (abre caminhos em nós) (bewegen), e nos protege (be-langt uns). Se pensarmos, assim, a essência, então ela designa o que dura, o que em tudo se endereça a nós, porque a tudo en-caminha (em tudo abre caminhos). A segunda locução na palavra-guia, 'a linguagem da essência', designa assim: a linguagem pertence a este desdobrar-se do ser pela manifestação fenomenológica, convém àquilo que tudo en-caminha (abre caminhos) como o que lhe é mais próprio. Aquilo que a tudo en-caminha, abre os caminhos, enquanto fala. Permanece, porém, obscuro o modo como devemos pensar aquilo que desdobra *seu ser, na manifestação fenomenológica, e absolutamente obscuro, em que medida fala aquilo, que desdobra seu ser, na manifestação fenomenológica, e o mais obscuro o que significa falar*".[45]

Essa longa citação em que o próprio Heidegger argumenta e fundamenta meditadamente o pensamento da viravolta na reflexão sobre a relação entre a palavra e ser, revive o mesmo horizonte que o filósofo desdobrou por intermédio das expressões: tempo e ser: ser e tempo; essência da verdade: verdade da essência; ser e fundamento: fundamento e ser. Podemos ainda recordar em que medida Heidegger liga a manifestação fenomenológica do ser à palavra *Wesen*, como mostramos em análises anteriores. A linguagem da essência revela, como expressão, o fato de o falar ser, primeiro, posse do próprio ser, em sua manifestação fenomenológica, de ele coincidir com sua própria manifestação ao homem. É como linguagem que o ser manifesta os entes, neles se ocultando. Somente poderíamos penetrar devidamente na essência da palavra se nos fosse dado penetrar naquilo de que ela emerge, se pudéssemos penetrar no ser que se oculta em sua própria manifestação fenomenológica. É esse o ser que aponta para além de si mesmo, enquanto emerge do acontecimento-apropriação. Precisamente, à medida que o ser é palavra, à medida que se dá pela palavra, ele se movimenta no acontecimento-apropriação como o âmbito de seu próprio império. Enquanto não penetrarmos naquilo que é acontecimento-apropriação a palavra ficará obscura em sua essência (quididade). Seria preciso primeiro penetrar na esfera em que o ser (*Seyn*) é palavra, para penetrarmos naquilo que é próprio da palavra enquanto essência (quididade).[46]

Na inversão da locução "essência da palavra: palavra da essência," está em jogo a própria viravolta enquanto o ser (*Seyn*). Esse (*Seyn*) é o acontecimento-apropriação, que já os antigos pensaram como *aletheia*. À medida que a linguagem fala (diz) estamos na linguagem da essência. Quando o homem fala, movimentamo-nos na essência da linguagem. O falar do homem brota do dizer desvelador-velador da linguagem da essência. Esse dizer (legenda) é acontecimento-apropriação, *logos*, *aletheia*, é aquilo que tudo en-caminha, aquilo que tudo presentifica, enquanto desdobra seu ser na manifestação fenomenológica, que é o mostrar-se ocultante-desocultante.

As análises de Heidegger mostram, pelo que desenvolvemos, que na palavra está envolto o maior drama daquele que interroga pelo sentido do ser. Na palavra se manifesta a circularidade do ser-aí, que somente fala enquanto escuta aquele que fala mais originariamente. Essa circularidade ontológica aponta para a viravolta a que se deve sujeitar todo pensamento que não se quer perder em meio aos entes, mas perguntar pelo sentido do ser. Na viravolta a palavra busca sua essência na "essência" (*Wesen*) que possui a palavra. Justamente a palavra, que caracteriza o homem na dimensão metafísico-animal, possui o homem na dimensão ontológico-historial, que é o âmbito da viravolta. A força fundamental da palavra deve ser procurada na força veladora antes que em seu poder de manifestação. Isso abre uma fresta para o dom da negatividade que recebe a linguagem da *aletheia*.[47]

Na sua conferência sobre *Hegel e os Gregos*, Heidegger aponta explicitamente para este fato:

> *"As mais antigas provas para* aletheie *e* alethes, *desvelamento e desvelado, encontramos em Homero e isso na vinculação com os verbos* dicendi. *Concluiu-se, com bastante pressa, desse fato: portanto, o desvelamento é "dependente" de* verba dicendi. *Que significa, aqui, "dependente" se o dizer é o manifestar e, conseqüentemente, também o dissimular e o encobrir? Não o desvelamento "depende" do dizer, mas, todo o dizer sempre necessita primeiro do âmbito do desvelamento. Somente ali, onde impera já o desvelamento, algo se torna dizível, visível, mostrável e perceptível. Prestamos atenção ao misterioso dominar da* aletheia, *do desvelamento, então chegamos a presumir que mesmo toda a essência da linguagem repousa no desvelamento, no imperar da* aletheia".[48]

Notas

[1] US 91-92

[2] US 93

[3] SZ 39; HB 3

[4] SZ 165-166

[5] SZ 166

[6] SZ 10, 11, 128, 129, 157, 158, 159, 165, 166, 315, 399; KPM 136-137, 152, 219-221; WiM 26, 33, 43, 44; EM 19, 91-94; HW 8, 243, 287, 297, 308, 324-325; HB 32-34, 39, 47; VA 208; WHD 7, 10, 99-102, 105, 116, 119-120, 134, 138, 145-146, 163, 170, 172; SG 65, 103; ZSF 29 ID 53-57, 68-69; US 103-104.

[6a] N I 377

[7] SZ 166

[7a] N I 363-364

[8] SZ 349

[9] HB 17; já antes 1943: WiM 43; HB 5.

[10] ID 7

[11] N II 194

[12] EVW 402

[13] HB 5

[14] HB 16

[15] HB 21-22

[16] HW 286; ver também HB 42-43

[17] HB 16

[18] US 90

[19] US 109

[20] US 110

[21] US 118

[22] SG 161

[23] US 150

[24] US 150

[25] SG 147
[26] EVW 400-401
[27] US 193-194
[28] AED 7
[29] US 193
[30] US 252
[31] US 254
[32] US 255
[33] US 237
[34] ID 28-29
[35] US 37
[36] US 260
[37] Ver III 4: *Compreensão da Finitude*
[38] Ver a crítica de Gottfried Martin em *Allgemeine Metaphysik* § 17
[39] ZS 142
[40] ID 71-72
[41] US 200
[42] US 22
[43] US 199; NI 492
[44] US 200; 176; 181; 215
[45] US 200-201; 184
[46] WW 26
[47] Ver I 4: *Negatividade e Finitude*
[48] HG 50

CAPÍTULO 5

A Finitude da Compreensão

O acontecimento da viravolta, que acompanhamos a partir de algumas instâncias fundamentais, revela-se radicado na constituição circular da faticidade do ser-aí. O fato da viravolta reside na faticidade circular. Em *Ser e Tempo*, Heidegger desenvolveu o problema do círculo hermenêutico e conquistou, como resultado da analítica existencial, a situação hermenêutica para a verdadeira interrogação pelo sentido do ser. Essa interrogação se deveria desenvolver, progressivamente, a partir da análise da compreensão do ser, de tal modo que, uma vez conquistado o sentido do ser, se realizaria, mediante o sentido do ser, uma repetição da análise das estruturas do ser-aí, onde acontece a compreensão do ser. Partindo da analítica existencial do ser-aí, onde acontece a compreensão do ser, deveria ser atingido o sentido do ser e, assim, se realizaria a viravolta, completando a analítica das estruturas do ser-aí no horizonte do sentido do ser. Uma tal viravolta, planejada para *Ser e Tempo*, jamais foi realizada, ficando a obra incompleta. Os motivos de uma tal interrupção foram examinados. Observados foram também os novos caminhos, contidos como possibilidade em *Ser e Tempo*, pelos quais

Heidegger realizou a viravolta. Agora se trata de penetrar o problema a partir de um outro horizonte. Perguntamos pela relação que o filósofo estabeleceu entre compreensão do ser e sentido do ser.[1a] A partir desse confronto deve-se revelar a viravolta como consequência da finitude da compreensão do ser.

O movimento da interrogação heideggeriana assume, desde o início, a estrutura circular da interrogação pelo sentido do ser. Desde o começo de toda a obra de Heidegger pode-se descobrir nele a consciência de que a analítica da compreensão do ser, por meio das estruturas do ser-aí, vem envolta em uma presença prévia do ser, do sentido do ser, de tal modo que aquilo que se busca já está presente no próprio movimento da procura, por causa da circularidade fundamental do ser-aí. Isso está contido na própria estrutura *ek-sistencial*, projetiva, antecipadora do ser-aí. É evidente que Heidegger tinha presente o fato de que o sentido do ser já sempre acompanha toda a interrogação pela compreensão do ser. Sua meta fundamental consistia em uma analítica das estruturas do ente, cujo ser se constitui pela compreensão do ser para, assim, chegar ao sentido explícito do ser. A impossibilidade de realizar todo o projeto de *Ser e Tempo*, explicitando o sentido do ser, a partir do horizonte da temporalidade, no plano puramente sistemático, levou Heidegger a interrogar pelo sentido do ser, em sua história. Assim, a viravolta heideggeriana se realiza na perseguição da história do ser pela história da filosofia, mas essa viravolta também se impôs para que Heidegger superasse o processo e a linguagem metafísicos e transcendentais em que ainda se desenvolvem as análises de *Ser e Tempo*. "A insuficiente linguagem metafísica" o impediu de dizer adequadamente o ser e determinar seu sentido.

Concentrando nossa atenção sobre aquilo a que conduz toda a reflexão de Heidegger, após a viravolta, torna-se possível compreender a unidade básica de sua interrogação pelo sentido do ser. Então se revelará, precisamente, a presença dominadora e decisiva da relação entre ser e homem (ser e pensar, ser e tempo) mesmo no movimento da viravolta. O filósofo procura concentrar a suprema síntese de seu pensamento na palavra acontecimento-apropriação, que ele faz coincidir com o *auto* da afirmação de Parmênides, "ser e pensar pertencem ao mesmo". Heidegger também fala em *mesmo*, identidade, de quem o ser é apenas um traço. Diz, afinal, que tudo isso se reduz ao que é mais antigo no pensamento ocidental, a *aletheia*.[1]

É claro que após a viravolta impõe-se uma hegemonia do ser sobre o ser-aí, mas isso não torna menos importante e necessária a presença do ser-aí. Precisamente essa identidade entre ser e ser-aí, a que antes da viravolta o filósofo acenava com a compreensão do ser, é aquela fonte originária de onde brota a relação entre ser e homem. O acontecimento-apropriação, o *mesmo*, o *auto* e a *aletheia* são o modo de dizer da viravolta que visa à originária relação, que já se esboça na analítica transcendental de *Ser e Tempo*. A recíproca apropriação entre ser e homem, o *mesmo* donde brota o ser e o homem, a *aletheia* como ambivalência de velamento e desvelamento, apontam para a relação entre ser e ser-aí, para ser e tempo, para a finitude do ser e a finitude do ser-aí, para a finitude da compreensão e compreensão da finitude, que recíproca e circularmente se entrelaçam.[1a] Todo o pensamento que procura penetrar na íntima relação entre ser e ser-aí, entre finitude da compreensão do ser e finitude do ser-aí, se movimenta necessariamente em uma viravolta que resulta da circularidade que constitui o próprio ser-aí. A viravolta é o movimento que manifesta a hegemonia do ser na instauração da circularidade. A viravolta revela, também, o fato de o ser sempre se dar no ser-aí e de ele necessariamente acontecer, assim, como velamento o desvelamento, à medida que o ser-aí sempre limita seu desvelamento e, pela negação do velamento, aponta, contudo, para o velamento. Assim, a compreensão do ser é finita, enquanto se manifesta na finitude do ser-aí, mas tal finitude é a positiva possibilidade de o ser se mostrar aquilo que é, enquanto se vela. Na própria manifestação o ser se vela. No próprio desvelamento, não velamento, se afirma o ser como velamento. Assim como Heidegger analisa o ser-aí, enquanto finitude, no âmbito de sua relação com o ser, assim, o ser é analisado, enquanto finito, à medida que somente se manifesta em sua relação com a finitude do ser-aí.

Heidegger interroga, desde o começo de sua obra, pelo sentido do ser a partir da compreensão do ser que se dá no ser-aí. Mesmo o abandono das posições transcendentais, presentes em *Ser e Tempo* e obras afins, e a insistência explícita da viravolta no ser como velamento e desvelamento, em que está envolto o ser-aí por destino do ser, a relação sentido do ser e compreensão do ser, nas estruturas do ser-aí permanece o elemento axial. Desse modo, a compreensão da finitude do ser-aí é determinante da finitude da compreensão do ser. O ser é finito porque ele somente se dá enquanto há ser-aí; ser-aí que o ser instaura por meio do acontecimento originário da identidade em que o ser se apropria do ser-aí para nele acontecer. O acontecimento-apropriação é o nome que resume a relação entre finitude do ser-aí e finitude do ser.

Toda a problemática da diferença ontológica é esse acontecer fundamental que se dá na finitude. Por isso, a diferença ontológica somente tem sentido no âmbito de uma reflexão que circula entre ser e ser-aí. Heidegger, precisamente, se impede de romper essa ambivalência de velamento e desvelamento, mediante o modelo da reflexão transcendental que procura ancorar a superação da diferença ontológica em uma infinitude virtual, que tem sua meta na autotransparência do pensamento de pensamento. No instante em que ele rompesse o círculo da finitude, introduzindo o modelo tradicional da teologia natural, toda a sua estrutura cairia, porque a ambivalência, que se manifesta na diferença ontológica, repousaria na estabilidade de um ente (supremo) de onde ela irromperia. Essa saída tradicional da aporia da interrogação filosófica está vedada para Heidegger, se o filósofo quiser manter a coerência, que o caracteriza, com seu caminho que desenvolve desde *Ser e Tempo*. Não se deve, portanto, suspeitar na viravolta de uma ruptura do círculo da finitude, como se o ser da viravolta fosse um ser subsistente que inaugura a relação ser e ser-aí, a diferença ontológica, a ambivalência velamento e desvelamento, à imagem e semelhança do modelo absoluto da tradição filosófica. A fidelidade de Heidegger à diferença imanente que reside na ambivalência velamento-desvelamento não é traída na viravolta. O acontecimento-apropriação, o mesmo, o *auto*, a *aletheia* e o *Seyn* da viravolta não devem ser vistos como o ponto fixo de onde eclode a diferença imanente e, muito menos, onde ela se resolve em uma identidade estática. Todos esses nomes apontam para uma identidade que somente subsiste na diferença e por meio da diferença, enquanto velamento e desvelamento, recíproca apropriação entre ser e ser-aí na ambivalência.

    Heidegger pensa a compreensão do ser como finita, e, como finito, o sentido do ser, a verdade do ser, como se revelou em análises anteriores. Essa finitude do ser deve, porém, ser sustentada sem o apelo ao infinito ou a um fundamento entitativo. Assim, pode-se compreender a finitude como a tentativa de Heidegger de pensar a impossibilidade de fundamentar o ser. Isso resulta do fato de o ser sempre se retrair ao homem enquanto velamento, velando-se em seu próprio acontecer originário. Sustentar essa ambivalência de velamento e desvelamento significa manter a interrogação no círculo da finitude. O esforço de pensar a identidade entre ser e homem é a tentativa de pensar, na ambivalência, o ser como não fundamento. "Falar da 'finitude' do ser permanece um nome defensivo e, ao mesmo tempo, insuficiente para a sua abissalidade (sua ausência de fundamento)".² Pensar a circularidade da relação ser-ser-aí é, precisamente, pensar a abissalidade da relação entre ser e homem, relação em que um não se funda no outro, mas ambos se sustentam reciprocamente na ambivalência da diferença ontológica, no velamento e desvelamento. A tarefa do pensador é vigiar essa ambivalência. Por isso, a filosofia é índice da finitude. Somente assim a tarefa filosófica se compreende em si mesma e não a partir daquilo que já representa sua própria suspensão. Pensando essa ambivalência, Heidegger se movimenta, na viravolta, muito além das preocupações transcendentais do contexto de *Ser e Tempo*. A compreensão do ser sempre será finita, já por causa da finitude do ser-aí e porque encontrar uma solução no absoluto seria suspender a ambivalência da interrogação, a partir da ruptura da finitude e, assim, a suspensão da própria compreensão do ser na finitude.

    O testemunho mais precioso e revelador, que confirma a nossa interpretação da compreensão e finitude, mediante a constituição circular do ser-aí e pela viravolta, foi-nos conservado, em um trabalho de Edith Stein, que data de 1936. Trata-se de uma declaração oral feita por Heidegger em uma conversa destinada a preparar uma comunicação sobre a fenomenologia heideggeriana. Queria-se saber de Heidegger se concordava com as conclusões que vinham sendo tiradas de sua obra, de que sua filosofia afirmava "a essencial e necessária finitude do ser e do ente". Heidegger respondeu:

> "O conceito de ser é finito; mas, essa teoria nada diz sobre o caráter finito ou infinito do ente ou do próprio ser. Cada ente, que para compreender os entes necessita de um conceito de ser, é finito. E, se existir um ser infinito, ele não necessita de um conceito de ser para o conhecimento dos entes. Nós homens precisamos da filosofia conceitual para podermos manifestar os entes, porque somos finitos e nossa característica como seres finitos e, mesmo, a essência dessa qualidade de ser finito se fundamenta nessa necessidade de utilizar o conceito de ser. Deus, ao contrário, enquanto infinito, não está subordinado a uma tal necessidade que limita o conhecimento: Deus não filosofa. O homem, porém, precisamente se define pelo fato de ter de compreender o ser, utilizando-se do conceito de ser, para poder relacionar-se com os entes."[3, 3a]

Toda a estrutura e todo o movimento da interrogação de Martin Heidegger devem ser compreendidos a partir desses elementos essenciais para os quais aponta o filósofo nesse esclarecimento que fala por si. Nessas frases simples e sem rodeios toma sentido a ambivalência da *aletheia*. Aqui se revelam as intenções da fenomenologia heideggeriana e os motivos por que a ontologia para Heidegger somente é possível como fenomenologia. Esse texto revela a inelutável constituição circular do ser-aí em sua relação com o ser. Nessa explicação de Heidegger se revela, finalmente, a necessidade de uma viravolta, pois ela revela que o homem se define pelo fato de ter de compreender o ser, acenando para a necessidade do sentido do ser para se manifestarem, em sua radicalidade última, as estruturas do ser-aí que compreende o ser. A *aletheia*, a fenomenologia, o círculo hermenêutico e a viravolta, enquanto são dimensões que permitem abrir uma perspectiva sobre as relações entre finitude do ser-aí e compreensão finita do ser, por sua vez, situam essa declaração em seu verdadeiro âmbito.

Heidegger é o filósofo da finitude. O ser para Heidegger é o signo da finitude na relação que estabelece com o homem. A ontologia é o índice da finitude. A filosofia é a tarefa da finitude. O ser é finito para o homem. O homem é finito porque está condenado ao ser em sua relação com os entes. Por isso Heidegger permanece vigilante na diferença imanente, na circularidade da interrogação pelo ser. "A distinção entre ser e ente é visada enquanto fundamento de possibilidade da ontologia. Mas, a 'diferença ontológica' não é introduzida para resolver o problema da ontologia".[4] A diferença ontológica é a diferença imanente que resulta da própria finitude do ser-aí e, por causa da própria finitude do ser-aí, o ser sempre se mostra finito em sua compreensão.

Em razão da tarefa da compreensão da finitude e da finitude da compreensão, pensou Heidegger a temporalidade da compreensão do ser. Pensar o próprio sentido do ser enquanto tempo, para então realizar, por meio do sentido do ser, uma viravolta e interpretar as estruturas, em que se compreende o ser, não foi possível. A viravolta, então, se realiza como a história do ser. Heidegger persegue o sentido do ser a partir do seu acontecer originário, na mútua apropriação entre ser e homem, pela qual o ser acontece fenomenologicamente como acontecimento-apropriação, a identidade, o mesmo, a *aletheia*. A história do ser é a história do velamento e desvelamento que implica finitude do ser e finitude do homem. A história do ser é o acontecer da identidade mediante a diferença que nela reside. É por causa da identidade entre ser e homem que se instaura a diferença ontológica. Nessa diferença se realiza a identidade. "O uno", diz Heráclito, "se reencontra consigo mesmo, ainda quando tende para a diferença" (*Hen diapherómenon auto auto sympheresthai*).[5] Friedrich Hölderlin comenta: "A grande palavra, o *hen diapheronheauto*, de Heráclito, somente um grego a pôde descobrir, pois é a essência da beleza e, antes de ter sido encontrada, não havia filosofia".[6] Heidegger conclui:

> "A salvaguarda do mais espantoso – ente no ser – se realizou graças a alguns que tomaram o caminho que conduzia em direção disto que é o mais espantoso, isto é, o sophon. Eles se tornaram,

assim, aqueles que tendiam para o sophon *e que, por sua própria aspiração, despertaram e mantiveram acordada nos outros a nostalgia do* sophon. *O* philein to sophon, *esse acordo com o* sophon, *antes nomeado, a* harmonia, *torna-se assim* orexis, *torna-se uma tensão em direção do* sophon. *O ente no ser é agora expressamente procurado. Pelo fato de o* philein *não ser mais o acordo originário com o* sophon, *mas uma procura específica tendendo para o* sophon, *o* philein to sophon *se torna* philosophia, *essa tensão inquiridora determinada pelos Eros. Uma tal procura, que tende para o* sophon, *para o* Hen Panta, *para o ente no ser, torna-se agora a seguinte pergunta: que é o ente enquanto é? Somente nesse momento o pensamento se transforma em 'filosofia'"*.[7]

Notas

[1a] KPM 204 "[...] 'Sein' – designa agora esta palavra, por um momento, aquele problemático mesmo, no qual copertencem a essência do ser e a essência do homem" (Wegmarken, 237).

[1] ZS 142

[2] Apud Otto Pöggeler – Der Denkweg Martin Heideggers, p. 178

[3] Apud Edith Stein – Welt und Person, p. 134

[3a] Ver a observação em KPM p. 206 e Tugendhat: op. cit., p.270. "Entretanto, este privilégio de não apenas também subsistir em meio aos outros entes, sem que tais entes se tomem reciprocamente manifestos, *mas de*, em meio aos entes, estar a eles entregue enquanto tais e de estar confiado a si mesmo como um ente; este privilégio de existir oculta em si a indigência que necessita da compreensão do ser".

[4] N II 209

[5] Platão – *Banquete* 187a

[6] Hölderlin – *Hyperion*, 85

[7] WiPh 23-24

CONCLUSÃO

O motivo para uma conclusão vem-nos do último texto que Martin Heidegger publicou e que foi apresentado como contribuição para o colóquio organizado pela Unesco, em Paris, de 21 a 23 de abril de 1964, em comemoração ao centésimo quinquagésimo aniversário do nascimento de Kierkegaard. O texto aparece em francês em uma tradução conjunta de Jean Beaufret e François Fédier, intitulada *La Fin de la Philosophie et la Tâche da la Pensée*.

Heidegger esboça duas interrogações que se propõe responder: "1. En quoi philosophie, à son époque présente, est-elle entrée dans son stade terminal? 2. Quelle tâche, à la fin de la philosophie, demeure réservée à la pensée?"(167)* O filósofo explica o sentido do texto:

> "Le texte suivant fait partie d'un contexte plus ample. Il reprend une tentative qui, depuis 1930, n'a jamais cessé d'être re nouvelée: celle de donner une figure plus radicale au questionnement institué par Sein und Zeit, c'est-à-dire de soumettre la question entreprise dans SuZ à une critique immanente. Par lá devra s'éclairer en quoi la question proprement critique, celle qui cherche à discerner quelle peut bien être l'affaire propre de la pensée, ne peut cesser d'appartenir, en toute nécessité, à la pensée elle-même. En conséquence de quoi la tâche entreprise avec SuZ pourrait bien avoir à changer de titre". (174)

E a mudança do título de *Ser e Tempo* é, assim, sugerida:

> "Le premier pas sur ce chemin a été Sein und Zeit. Mais le chemin entamé, et la tâche de la pensée mieux aperçue exigent maintenant une détermination plus appropriée du thème qui avait autrefois été indiqué sous le titre Sein und Zeit. Le titre doit maintenant sonner ainsi: Anwesenheit und Lichtunet". (173)

---

* Os números entre parênteses correspondem às páginas do livro que contém o texto de Heidegger: *Kierkegaard Vivant* (Gallimard, 1966).

Beaufret refere-se, assim, ao texto: "Cet exposé prolonge la réflexion de *Sein und Zeit* et préfigure les développements qui pourraient figurer dans le deuxième volume, annoncé depuis 1930".[173]

O fim da filosofia não deve ser interpretado nem sob o ponto de vista puramente negativo tampouco puramente positivo. Fim não significa nem cessação nem coroamento. O estágio terminal da filosofia não apresenta nem a interrupção do processo, muito menos a consecução de sua perfeição plena. Dentro do movimento básico de sua reflexão, o fim da filosofia é o fim da metafísica. A metafísica, de um a outro de seus extremos, é platonismo, e com a inversão do platonismo a filosofia alcançou sua possibilidade extrema. "La philosophie est entrée dans son stade terminal. Toute tentative de pensée philosophique ne peut plus aboutir aujourd'hui qu'à un jeu varié de renaissances épigonales".[177]

"Fin signifie achèvement; achèvement signifie rassemblement sur les possibilités les plus extrêmes".[168] Essas possibilidades devem ser compreendidas em toda a sua amplitude. Desde os gregos a filosofia se caracteriza como o espaço aberto onde se desenvolveram todas as ciências.

> "Le developpement des sciences, et du même coup leur affranchissement de la philosophie font partie de l'achèvemente de la philosophie. La fin de la philosophie signifie: début de la civilisation mondiale en tant qu'elle répond, par le développement das sciences, à la mise em route initiale de la philosophie elle-même".[168]

À medida, no entanto, que as ciências atingem sua autonomia, sem jamais poder negar suas raízes mergulhadas na filosofia, e desembocam na era da técnica e da cibernética, Heidegger pergunta:

> "Mais est-ce que la fin de la philosophie au sens de son explication en sciences constitue déjà par elle-même l'effectuation la plus achevée de toutes les possibilités dans lequelles la pensée, celle qui a pris la voie de la philosophie, a été mise? Ou bien y a-t-il pour la

> *pensée, en dehors de l'ultime possibilité que nous venons de caracteriser (à savoir la décomposition de la philosophie dans l'essor des sciences technicisées), une possibilite premiére d'ou la pensée philosophique devait certas prendre issue, mais dont elle n'était cependant pas en état, comme philosophie de faire l'épreuve et de tenter l'entreprise?"*(180-181)

Em busca dessa possibilidade *primeira*, que, ainda que impensada, sustenta a possibilidade *última*, Heidegger desenvolve todo o seu pensamento. "S'il on était ainsi, alors il faudrait que dans la philosophie, dans toute son histoire prise du début jusqu'à la fin, une tâche encore soit en réserve pour la pensée, tache à la quelle ni la philosophie en tant que metaphysique, encore moins les sciences que en sortent, ne sauraient avoir accès".(181) Com essa hipótese, Heidegger interpreta toda a história da filosofia. Dela é preciso arrancar a tarefa para o pensamento futuro; tarefa essa que não se sobrepõe aos grandes pensadores e à história da filosofia, nem à própria filosofia. Uma tal tarefa para o pensamento tem um caráter de preparação. "Il suffit de provoquer l'eveil d'une disponibilité de l'homme pour un possible dont le contour demeure obscur, et l'avènement incertain".(182)

Determinar a tarefa do pensamento é procurar o que concerne ao pensamento, que é o problema fundamental para o pensamento, que é o centro da discussão. "Cela, c'est en allemand, le mot *Sache*: l'affaire en question".(183) Nos últimos tempos o movimento fenomenológico convocou o pensamento para se voltar "às próprias coisas", para o negócio que lhe é específico. "Die Sache selbst" é, para Hegel, a subjetividade e, para Husserl, o método da filosofia, mas afinal, também, a subjetividade. Ambos buscam a evidência e transparência daquilo que se procura conhecer. Em ambos se afirma uma presença, algo que se presenta, mas precisamente nesse elemento se coloca algo que suscita a interrogação pela tarefa do pensamento.

> *"Si en revanche nous questionons vers ce qui dans l'appel* zur Sache selbst *demeure impensé, alors il nous devient possible de nous rendre attentif à autre chose: lá ou la philosophie a porté son*

> *affaire propre au savoir absolu et à l'évidence ultime, là précisement se tient peut-être d'autant plus en retrait autre chose, et quelque chose de tel que le penser ne peut plus être du ressort de la philosophie"*.⁽¹⁸⁹⁾

Tanto o que aparece em Husserl quanto aquilo que se mediatiza em Hegel, se revela em uma certa claridade. "La clarté joue dans l'ouvert et c'est là qu'elle lutte avec l'ombre".⁽¹⁹⁰⁾

O aberto é o âmbito no qual tudo o que aparece se manifesta. Tanto uma coisa que aparece à outra, como as coisas que se manifestam ao homem, movimentam-se em uma abertura. "Nous nommons en allemand cet état d'ouverture qui seul rend possible à quoique ce soit d'être donné à voir et de pouvoir être montré: *die Lichtung*".⁽¹⁹⁰⁾ *Lichtung* designa clareira. "*Etwas lichten* signifie: rendre quelque chose plus léger, le rendre ouvert et libre, par exemple dégager en un lieu la forêt, la désencombrer de ses arbres. L'espace libre que apparait ainsi est la *Lichtung*".⁽¹⁹¹⁾ Heidegger chama atenção para que se distinga "clareira" (*Lichtung*) de "claro, luminoso" (*licht*). Nem linguisticamente tampouco naquilo que designam, têm algo em comum.

> *"Néanmoins la possibilité reste maintenue d'une connexion profonde entre les deux. La lumiére peut en effet visiter la* Lichtung, *la clairière, en ce qu'elle a d'ouvert, et laisser jouer en elle le clair avec l'obscur. Mais ce n'est jamais la lumière qui d'abord crée l'Ouvert de la* Lichtung; *c'est au contraire cellela, la lumière qui presuppose celle-ci, la* Lichtung. *L'ouvert, cependant n'est pas libre seulement pour la lumière e l'ombre, mais tout aussi bien pour la voix qui retentit e dont l'écho va se perdant, comme pour tout ce qui sonne et qui résonne et dont le son s'en va mourant. La* Lichtung *est clairière pour la prèsence et pour l'absence"*.⁽¹⁹¹⁾

A clareira designa, para Heidegger, aquilo que se deverá tornar a tarefa para o pensamento no fim da filosofia. Tudo o que foi objeto da filosofia se desenvolveu no aberto. "De l'Ouvert et de sa clairière, la philosophie cependant ne sait rien. La philosophie parle, bien sûr, de la lumière de la raison mais elle ne prend pas garde à la clarière de l'être. Le *lumen naturale*, la lumière de la raison, ne fait que jouer dans l'Ouvert".⁽¹⁹⁴⁾ A clareira do aberto e o aberto da clareira são a possibilidade de presença de tudo o que se presenta. Todo o pensamento metafísico se movimenta, porque a metafísica é a metafísica da luz, na clareira do aberto, sem, no entanto, pensá-la.

No começo do pensamento ocidental, contudo, surge um nome que evoca a *Lichtung*. Parmênides fala da *aletheia*.

> "L'Aletheia, l'état de non-retrait, il nous faut le penser comme l'Ouvert même de la clairière que laisse advenir l'être et la pensée dans leur présence l'un à l'autre et l'un pour l'autre. Le coeur en paix qu'est la Lichtung, clairière de l'Ouvert, tel est l'asile au sein duquel trouve son site leur accord dans l'unité du Même".[(196)]

Sem a experiência do verdadeiro sentido da *aletheia*, o pensamento ignora seu próprio âmbito, no qual se movimenta, e jamais compreenderá a legitimidade de seu objeto. "Sans l'expérience préalable de l'*Aletheia* comme *Lichtung*, dire d'une pensée qu'elle fait loi non ne rime à rien".[(196)]

> "Si je traduis obstinément le mot Aletheia par état de non-retrait, ce n'est pas par amour de l'étymologie, mais par souci de ce à quoi il faut avoir affaire pour lui demeurer fidèle en méditant ce qui est nommé: être et pensée. Le non-retrait est pour ainsi dire l'élément ou sein duquel aussi bien l'être que la pensée sont l'un pour l'autre et sont le Même. L'Aletheia est bien nommé dès le début de la philosophie, mais, dans la suite de temps, elle n'a pas été, en ce qu'elle a de propre, pensée comme telle par la philosophie. Car l'affaire de la philosophie comme métaphysique est, depuis Aristote, de penser l'étant comme tel en mode ontothéologique".[(197)]

A verificação do impensado na filosofia não possui sentido crítico, mas representa, primordialmente, o esforço de encontrar, no fim da filosofia, uma tarefa para o pensamento. Nesse caminho se movimenta o filósofo desde o primeiro passo dado em *Ser e Tempo*. "Si en ce moment une critique était nécessaire, alors elle devrait bien plutôt concerner l'entreprise qui, depuis *Sein und Zeit* ne cesse de devenir toujours plus instante: poser, à la fin de la philosophie, la question d'une tâche possible pour la pensée".[(197)]

A própria metafísica, entretanto, jamais se poderá colocar a interrogação pela tarefa do pensamento, sem que vá além de si mesma. Por isso a tradição metafísica nomeia desde o seu começo a *aletheia*, mas não a pensa como abertura, como clareira, como *Lichtung*. A metafísica traduzirá *aletheia* por verdade; mas nem Husserl nem Hegel perguntarão por que é possível a presença de algo verdadeiro. Não chegam a pensar a *aletheia* como não retração.

Heidegger se pergunta por que a aletheia é apenas nomeada e não pensada. Será simples acaso, ou negligência de parte do pensamento humano? "Ou bien en va-t-il ainsi parce que se retirer, demeurer em retrait, en un mot la *Lethe*, appartient à l'*Aletheia*, non comme simples adjonction, pas non plus comme l'ombre appartient à la lumière, mais comme le coeur même de l'*Aletheia?*"[201] Na própria *Aletheia* reside a capacidade de abrigar, de preservar, e dela emerge a não retração. Da retração é que emerge o presente com sua presença.

> "S'il en était ainsi, alors la Lichtung, l'Ouvert en sa clairière, ne serait pas seulement 1'ouverture d'un monde de la présence, mais la clairière du retrait de la présence, celle d'une sauvergarde elle-même en retrait. S'il en était ainsi, alors serait seulement avec cette question que nous serions sur un chemin conduisant à la tâche de la pensé, quand la philosophie est à bout de course".[201]

Heidegger retoma nesse texto todo o desenvolvimento de seu pensamento; volta-se sobre todo o caminho andado; procura captar em um momento sintetizador sua unidade, sem excluir de seu horizonte as paradas e os desvios. A palavra-guia que o conduz é *aletheia*. Vamos captar os passos fundamentais que são retomados por intermédio desse texto e que definem uma perspectiva sobre o pensamento do filósofo e uma síntese conclusiva de nosso estudo.

A reflexão de Heidegger, realizada nesse texto, pode ser desdobrada nos seguintes passos fundamentais:

1. liga suas afirmações ao elemento inspirador de *Ser e Tempo*, o problema do ser;

2. visa, entretanto, a uma superação do primeiro passo que representa essa obra básica (WiM 13);

3. verifica que a filosofia chegou a seu fim, auxiliado pelas análises de toda a história da filosofia;

4. experimenta a necessidade de estabelecer a tarefa do pensamento futuro;

5. uma tal tarefa consiste em pensar o impensado da filosofia, que, no entanto, sustenta toda a metafísica;

6. o impensado se revela no movimento do pensamento que consiste numa crítica imanente a *Ser e Tempo*, na aceitação de seu impasse e na realização de uma viravolta;

7. a clareira (*Lichtung*) revela-se como o âmbito no qual se encontram pensar e ser;

8. nela residem o espaço e o tempo originários, pelos quais tudo se presenta;

9. o tempo pode ser compreendido como a clareira (*Lichtung*) e o ser como a presença (*Anwesenheit*);

10. assim, o título adequado para substituir *Ser e Tempo* na viravolta é *Presença e Clareira* (*Anwesenheit und Lichtung*);

11. a metafísica nomeou a palavra que traduz um tal título, é a palavra *Aletheia*, no entanto não a pensou enquanto tal;

12. a *Aletheia* é a *Lichtung* enquanto não retração (desvelamento);

13. o fato de a tradição metafísica ocidental não pensar a *Aletheia* enquanto *Lichtung*, reside, de certo modo, na própria *Aletheia*;

14. o coração da *Aletheia* é a *Lethe*; enquanto tal ela contém em si uma reserva, uma salvaguarda, que permite a manifestação da presença;

15. é preciso pensar a *Aletheia* em sua ambivalência, para que se compreenda *Ser e Tempo, presença e clareira;*

16. em sua radicalidade a clareira é o âmbito ambivalente em que se dá a retração e a não retração, a ausência e a presença, o velamento e o desvelamento;

17. a *Aletheia* ou a *Lichtung* são o impensado que se oculta sob todas as palavras-guias da metafísica ocidental; por isso elas se sucedem como uma história do ser;

18. no fim da filosofia a *Aletheia* e a *Lichtung* são a tarefa do pensamento;

19. a fenomenologia é o caminho de acesso à tarefa do pensamento (*zur Sache selbst*);

20. toda a interrogação de Heidegger visa à preparação dessa tarefa e à educação do pensamento para pensar o que está além do racional e irracional da metafísica e da cibernética;

21. não se pode decidir se essa tarefa se torna acessível ao pensamento pela mediação dialética (Hegel) ou pela intuição originariamente dada (Husserl) ou por nenhuma das duas;

22. a decisão deve vir do ser daquilo que, antes de tudo, requer de nós um livre-acesso;

23. essa decisão, no entanto, somente se torna possível se este ser já nos atingiu;

24. estamos em um círculo sem saída, é o círculo hermenêutico, é ele que nos impõe a viravolta, é ele que faz com que sempre se renove a interrogação pela tarefa do pensamento;

25. Heidegger pergunta: "Est-ce l'*eukyklos Aletheie*, le Sansretrait, rondeur parfaite, pensée à son tour comme *Lichtung*, comme la clairière de l'Ouvert?" (Parmênides);

26. o círculo hermenêutico, que é o círculo da *Aletheia*, enquanto velamento e desvelamento, é o âmbito em que se instaura a interrogação pela tarefa do pensamento;

27. é a *eukyklos Aletheie*, enquanto tarefa do pensamento, que impõe a viravolta ("Mais alors la tâche de la pensée n'aura-telle pas pour titre au lieu de *Sein un Zeit* (être et temps): *Sein und Lichtung?*")[204]

La Fin de la Philosophie et la Tâche de la Pensée, último texto de Heidegger, é uma síntese da problemática que perseguimos neste trabalho por meio de toda sua obra. A *Aletheia*, como tarefa do pensamento, é o elemento axial da interrogação heideggeriana, para o qual se encaminha a fenomenologia, movimentando-se no círculo hermenêutico e impondo ao pensamento uma viravolta. *Compreensão e Finitude* é um título que acena para a tarefa do pensamento: *Sein und Zeit, Sein und Lichtung* ou *Anwesenheit und Lichtung*.

REFERÊNCIAS

1. Obras de Martin Heidegger

– Das Realitätsproblem in der modernen Philosophie. (O problema da realidade na filosofia moderna). *Philosophisches Jahrbuch*, Fulda, 1912. p. 353-363.

– Neue Forschungen für Logik (Novas pesquisas em Lógica). *Literarische Rundschau für das katholische Deutschland*, Freiburg i. Br. 1912. p. 466-472, 517-524, 565-570.

Seguem-se, até 1914, cinco recensões sobre diversas obras surgidas naquele tempo. Todas essas recensões foram publicadas em *Literarische Rundschau für das katholische Deutschland*.

– *Die Lehre vom Urteil im Psychologismus. Ein kritisch-positiver Beitrag zur Logik* (A doutrina do juízo no psicologismo. Uma contribuição crítico-positiva à lógica). Leipzig, Johann Ambrosius Barth, 1914.

– Der Zeitbegriff in der Geschichtswissenschaft (O conceito de tempo na ciência da história). Leipzig. *Zeitschrift für Philosophie und philosophische Kritik*, 1916 (161). p. 173-188.

– *Die Kategorien – und Bedeutungslehre des Duns Scotus* (A doutrina das categorias e do significado em Duns Scotus). Tübingen 1916. (KBDS)

– Abendgang auf der Reichnau (Passeio noturno na ilha Reichenau). Em *Das Bodenseebuch*, 1917.

– *Sein und Zeit (Ser e Tempo)*. Tübingen, Max Niemeyer Verlag, 1963, 9. Awflage.

– Recensão sobre a segunda parte do livro de Cassirer: Filosofia das formas simbólicas – O Pensamento mítico. *Deutsche Literaturzeitung*, Berlim 1928. p. 1.000-1.012.

- Nota preliminar às aulas de Husserl sobre: Fenomenologia da consciência interior de tempo. *Jahrbuch für Philosophie und phaenomenologische Forschung*, Halle, 1928. p. 367-368.

- *Kant und das Problem der Metaphysik (Kant e o problema da metafísica)*. Frankfurt, Vittorio Klostermann, 1951 (KPM)

- *Was ist Metaphysik (Que é metafísica?)*. A quarta edição é seguida de um posfácio em 1943, e a quinta edição vem precedida de uma introdução: O regresso ao fundamento da metafísica, 1949, Frankfurt, Vittorio Klostermann. (WiM)

- *Vom Wesen des Grundes (Sobre a essência do fundamento)*. Frankfurt, Vittorio Klostermann, a terceira edição é precedida de um prefácio, 1949. (WG)

- *Vom Wesen der Wahrheit (Sobre a essência da verdade)*. Frankfurt, Vittorio Klostermann, 1943. (WW)

- *Die Sebstbehauptung der deutschen Universität* (A auto-afirmação da universidade alemã). Breslau, Verlag Wilhelm Gott. Korn, 1933. (SBDU)

- *Einführung in die Metaphysik (Introdução à metafísica)*. Tübingen, Max Niemeyer, 1953. (EM)

- *Die Frage nach dem Ding (A questão da coisa)*. Tübingen, Max Niemeyer, 1962.

- *Erläuterungen zu Hölderlins Dichtung (Elucidações da poesia de Hölderlin)*. Frankfurt, Vittorio Klostermann, 1951.

- *Holzwege (Caminhos da floresta)*. Frankfurt, Vittorio Klostermann, 1950. (HW)

- *Nietzsche (Nietzsche)*. 2 volumes, Pfullinge, G. Neske, 1961. (N)

- Aus einer Erörterung der Wahrheitsfrange (De uma discussão da questão da verdade). Em *Zehn Jahre Neske Verlag*, Pfullingen, G. Neske, 1962. (AEWF)

- Vom Wesen und Begriff de *Physis* (Sobre essência e conceito de *physis*). Aristoteles Physik B 1, Em *Il Pensiero*, Milano, 1958. p. 132-156, 265-289. (WBPH)

– *Platons Lehre von der Wahrheit (A doutrina de Platão sobre a verdade)*. Berna, Francke Verlag, 1947. (PLW)

– *Brief über den Humanismus (Carta sobre o humanismo)*. Frankfurt, V. Klostermann, 1949. (HB)

– *Der Feldweg (O caminho do campo)*. Frankfurt, V. Klostermann, 1953.

– *Die Technik und die Kehre (A técnica e a viravolta)*. Pfullingen, G. Neske, 1962.

– Zu einem Vers von Mörike (Sobre um verso de Mörike). Em *Trivium*, Ein Briefwechsel mit Martin Heidegger, Zürich, 1951. p. 1-16.

– *Was heisst Denken? (Que significa pensar?)*. Tübingen, Max Niemeyer, 1954. (WHD)

– Heidegger über Heidegger (Heidegger sobre Heidegger). Hamburgo, em *Die Zeit*, 24-9-1953.

– *Vorträge und Aufsätze (Ensaios e conferências)*. Pfullinge, G. Neske, 1954. (VA)

– *Was ist das – Die Philosophie? (Que é isto – a filosofia?)*. Pfullingen, G. Neske, 1956. (WiPH)

– *Gelassenheit (Serenidade)*. Pfullingen, G. Neske, 1959. (G)

– *Zur Seinsfrange (Sobre a questão do ser)*. Frankfurt, V. Klostermann, 1959. (ZSF)

– *Der Satz vom Grund (O princípio do fundamento)*. Pfulingen, G. Neske, 1957 (SG).

– *Hebel – Der Hausfreund (Hebel – O amigo da casa)*. Pfullingen, G. Neske, 1957 (HDH).

– *Identität und Differenz (Identidade e diferença)*. Pfullingen, G. Neske, 1957. (ID)

– Antrittsrede (Discurso de estréia). Em *Sitzungsberichte der Heidelberger Akademie der Wissenschaften*. Jahresheft 1957-1958, Heidelberg, 1959. p. 20-21.

– Hegel und die Griechen (Hegel e os gregos). Em *Die Gegenwart der Griechen im neueren Denken*. Festschrift für Hans-Georg Gadamer zum 60. Geburtstag, Tübingen, J. C. B. Mohr, (Paul Siebeck), 1960. p. 43-57. (HG)

– Grundsätze des Denkens (Princípios do pensamento). Em *Jahrbuch für Psychologie und Psychoterapie*, Freiburg-München, Karl-Alber, 1958. p. 33-41.

– *Unterwegs zur Sprache (A caminho da linguagem)*. Pfullingen, G. Neske, 1959. (US)

– Hölderlins Erde und Himmel (O céu e a terra de Hölderlin). Em *Hölderlin-Jahrbuch*, 1958-1960, Tübingen, 1960. p. 17-39. (HEH)

– Martin Heidegger, 26. September 1959. Discurso de agradecimento, *Messkirch*. p. 32-36. (26-9-1959)

– Aufzeichnungen aus der Werkstatt (Apontamentos da oficina). Em *Neue Zürcher Zeitung*, 27-9-1999. p. 5.

– Sprache und Heimat (Linguagem e terra natal). Em *Dauer im Wandel, Festschrift zum 70. Gerburtstag von C. J. Burckhardt*, München, Verlag Georg D. W. Callwey, 1961. p. 174-193.

– Ansprache zum Heimatabend (Discurso na noite da terra natal). Em *700 Jahre Stadt Messkirch*, 1962. p. 7-16.

– *Kants These über das Sein (A tese de Kant sobre o ser)*. Frankfurt, V. Klostermann, 1962. (KTS)

– *Über Abraham a Santa Clara (Sobre Abraham a Santa Clara)*. Messkirch, Aker, 1964.

– Briefwechsel mit einem japanischen Kollegen, (Correspondência com um colega japonês). Em *Begegnung, Zeitschrift für Literatur, Bildende Kunst, Musik und Wissenschaft*, 1965, p. 2-7.

– Ein Vorwort (Um prefácio). Carta de Heidegger ao Pe. William Richardson, em *Philosophisches Jahrbuch*, Freiburg/München, 1965, 72. Jahrgang – 2. Halbband, p. 397-402. (EVW)

– *Gespräch mit Hebel (Diálogo com Hebel)*. Em Hebeldank, Freiburg, Verlag Rombach, 1964. p. 49-64.

– Aus der letzten marburger Vorlesung (Da última aula de Marburgo). Em *Zeit und Geschichte, Dankesgabe an Rudolf Bultmann zum 80. Geburtstag*, Tübingen, J. C. B. Mohr (Paul Siebeck) 1964. p. 491-507 (ZG).

– Für den Herrn Verleger Dr. Phil. h. c. Hermann Niemeyer. *Sonderdruck*, Max Niemeyer Verlag, Tübingen, 1963. p. 29-37. (Carta de Heidegger a um de seus editores, em que fala de seus primeiros contatos com a fenomenologia). (HVHN)

– Carta a Husserl discutindo o artigo sobre Fenomenologia, para a *Enciclopédia Britânica*. Ver *Husserliana*, IX, p. 601-602.

– *Ergänzungen zu einer Heidegger-Bibliographie (Complementação de uma bibliografia de Heidegger)*. Guido Schneeberger, Bern 1960. Além de declarações políticas de Heidegger durante o nazismo, contém este trabalho o diálogo precioso de Cassirer e Heidegger, durante um encontro de filosofia em Davos, na Suíça, p. 17-27. (EHB)

– *Nachlese zu Heidegger, Dokumente zu seinem Leben und Denken (Seleção complementar sobre Heidegger. Documentos sobre sua vida e seu pensamento)*. Guido Schneeberger, Bern 1962. São 281 páginas de inéditos de Heidegger, de 1928 a 1962. Na obra transparece claramente a intenção malévola do autor de ressuscitar os discursos, artigos, atos, testemunhos e outros documentos que se referem à atividade de política de Heidegger. Há, contudo, uma série de textos importantes para sua reflexão filosófica. (NLZH)

Aus der Erfahrung des Denkens (Da experiência do pensar), Pfullingen, G. Neske, 1947. (AED).

La fin de la philosophie et la tâche de la pensée. In *Kierkegaard vivant*, Paris, Gallimard, 1966).

Quero citar apenas alguns dos inéditos de Heidegger que circulam às escondidas, ao lado de notas de aula de seus ex-alunos. Os principais são:

– *O problema da eternidade na teologia e o problema filosófico do tempo*, conferência pronunciada em 1924.

– *Fenomenologia e teologia*, conferência pronunciada em 1927.

– *Filosofia e teologia*, conferência pronunciada em 1928.

– *Contribuições à filosofia*, dois volumes datilografados pelo irmão de Heidegger, Fritz Heidegger, e que são estudos sobre a história do ser. Alguns temas deste inédito são tratados no segundo volume da obra intitulada: *Nietzsche*. São de 1936-1938.

– *A superação da metafísica*, de 1938-1939.

– *Princípios do pensamento*, cinco conferências pronunciadas em Freiburg im Breisgau em 1957.

– *A experiência do ser*, três conferências pronunciadas em 1957 e 1958.

– *Tempo e Ser*, conferência pronunciada em 1962 em Freiburg i. B. (ZS)

2. Registro das matérias tratadas nas aulas e seminários por M. Heidegger, durante sua atividade universitária

1915-1916– Sobre os pré-socráticos: Parmênides (PSI).

– Sobre Kant, *Prolegomena* (E).

– Kant e a filosofia alemã do século 19 (PSV).

– Exercícios sobre textos dos escritos lógicos de Aristóteles (S).

1916-1917 – Verdade e realidade: sobre a *doutrina da ciência* de Fichte de 1794 (PSI).

– Hegel (PSV) – não dadas por causa da guerra.

1917-1918 – Platão (PSI) – não dadas por causa da guerra.

1918-1919 – Lotze e o desenvolvimento da lógica moderna (PSI) – não dadas por causa da guerra.

– Fenomenologia e filosofia transcendental dos valores (PSV).

– Sobre a essência da universidade e do estudo acadêmico (PSV).

    1919-1920– Problemas escolhidos da fenomenologia atual (PSI).

– Fundamentos filosóficos da mística medieval (PSI).

– Exercícios sobre a *Psicologia Geral* de Natorp (S).

– Fenomenologia da intuição e da expressão (PSV).

– Colóquio em conexão com a preleção.

1920-1921–Introdução à fenomenologia da religião (PSI).

– Exercícios fenomenológicos sobre as *Meditações* de Descartes (Sp)

– Agostinho e o neoplatonismo (PSV)

– Exercícios fenomenológicos sobre o *De Anima*, Aristóteles (Sp).

    1921-1922– Interpretações fenomenológicas (Física de Aristóteles) (PSI).

– Exercícios fenomenológicos (Sp).

– Interpretação fenomenológica de tratados escolhidos de Aristóteles sobre ontologia e lógica (PSV).

– Aristóteles, *Ética a Nicômaco*, exercícios fenomenológicos (Sp).

    1922-1923'– O ceticismo na filosofia antiga (Interpret. fen. sobre o *Hypotyposeon*, III, de Sextus Empiricus) (PSI).

– Exercícios fenomenológicos sobre a *Física* de Aristóteles. IV e V (S).

– Husserl, *Idéias*, I (Sp).

– Ontologia ou hermenêutica da faticidade (PSV).

– Exercícios fenomenológicos (*Investigações Lógicas* de Husserls, Vol. II) (Sp).

– Colóquio sobre os fundamentos teológicos de Kant, em *A Religião nos limites da razão pura*, conforme textos escolhidos (S).

    1923-1924 – O começo da filosofia moderna (Interpretação de Descartes) (PSI).

– Em conexão com a preleção (E).

– Aristóteles. *Retórica*, II (PSV).

– Exercícios fenomenológicos: a alta escolástica e Aristóteles (Sp).

    1924-1925 – Interpretação de diálogos platônicos (*Sofista*) (PSI).

– Exercícios sobre a ontologia da Idade Média (S).

– História do conceito de tempo (PSV).

– Exercícios sobre Descartes, *Meditações* (S).

    1925-1926 – Lógica (PSI)

– Exercícios fenomenológicos (Kant, *Crítica da razão pura*) (Sp).

– Exercícios fenomenológicos (Hegel, *Lógica*, I) (Sp).

– Os conceitos básicos da filosofia antiga (PSV).

– Exercícios sobre história e conhecimento históricos, sobre *Esboço básico da lógica da história* de JB Droysen (S).

    1926-1927 – História da filosofia de Tomas de Aquino a Kant (PSI).

– Problemas escolhidos da lógica (conceito e formação de conceitos) (S).

– Os problemas fundamentais da fenomenologia (PSV).

– A ontologia de Aristóteles e a lógica de Hegel (SA).

    1927-1928 – Interpretação fenomenológica da *Crítica da razão pura* de Kant (PSI).

– Conceito e formação de conceitos (Sp).

– Schelling, *Sobre a essência da liberdade humana* (SA).

– Lógica (PSV).

– Exercícios fenomenológicos: interpretação da *física* de Aristóteles, II (S).

1928-1929– Introdução à Filosofia (PSI).

– Exercícios fenomenológicos: Kant, fundamentação da moral dos costumes (Sp).

– Exercícios fenomenológicos: os princípios ontológicos e o problema das categorias (SA).

– O idealismo alemão (Fichte, Hegel, Schelling) e a situação dos problemas filosóficos do presente (PSV).

– Introdução ao estudo acadêmico (PSV).

– Sobre idealismo e realismo em conexão com a lição principal (Prefácio à *Fenomenologia do Espírito* de Hegel) (Ep).

– Da essência da vida com especial atenção voltada para o *De anima, De animalium motione* e *De animalium incessu* de Aristóteles (EA).

1929-1930 – Os conceitos básicos da metafísica (o conceito de mundo) (PSI).

– Sobre certeza e verdade em conexão com Descartes e Leibniz (EMA).

– Introdução à filosofia (Sobre a essência da liberdade humana) (PSV).

– Capítulos escolhidos da *Crítica do juízo* de Kant (Ep).

1930-1931 – *A fenomenologia do espírito* de Hegel (PSI).

– Agostinho, *Confissões*, XI (*de tempore*) (Ep).

– Platão, *Parmenides* (EA).

– Interpretações da filosofia antiga: Aristóteles, *Metafísica*, IX (*Dynamis – Energeia*) (PSV).

– Kant, Sobre o progresso da metafísica (Ep).

1931-1932 – Da essência da verdade (O mito da caverna e *Teeteto*, sobre: *Pseudos*) (PSI).

– Kant, *Crítica da razão prática* (E).

– O começo da filosofia ocidental: Anaximandro e Parmênides (PSV).

– Platão, *Fedro* (SM).

1932-1933 – As questões fundamentais da filosofia (A essência da verdade: O mito da caverna) (PSV).

– O princípio da contradição (SA).

– O conceito de ciência (Sp).

1933-1934 – Da essência da verdade (PSI).

– Fichte, *A doutrina da ciência* de 1794 (SA).

– Leibniz, *Monadologia* (SMp).

– Lógica (PSV).

– Partes principais da *Crítica da razão pura* de Kant (S).

1934-1935– Os *Hinos* de Hölderlin (O Reno e Germania) (PSI).

– Hegel, Sobre o Estado (Sp).

– Hegel, *Fenomenologia do espírito* (SA).

– Introdução à metafísica (PSV).

– Hegel, *Fenomenologia do espírito* (EA)

1935-1936 – Questões fundamentais da metafísica (PSI).

– A superação da estética na pergunta pela arte (C).

– O conceito de mundo de Leibniz e o idealismo alemão (SM).

– Hegel, *Fenomenologia do espírito*, continuação (SA).

– Schelling, *Sobre a essência da liberdade humana* (PSV).

– Kant, *Crítica do juízo* (SA).

1936-1937 – Nietzsche, A vontade de poder (como arte) (PSI).

– Partes escolhidas dos escritos filosóficos de Schiller sobre a arte (Sp).

– A posição metafísica de Nietzsche no pensamento ocidental: A doutrina do retorno eterno do mesmo (PSV).

– Círculo de trabalho para complementação da preleção: Nietzsche, sobre ser e parecer (S).

1937-1938 – Questões básicas da filosofia: da essência da verdade (*Aletheia Poiesis*) (PSI).

– Círculo de trabalho para elucidação da preleção (S).]

1938-1939 – Introdução à filosofia (PSI).

– A formação filosófica e científica dos conceitos (Sp).]

– A doutrina de Nietzsche sobre a vontade de poder (como conhecimento) (PSV).

– Sobre a essência da linguagem (SA).

1939 1940 Arte e técnica (PSI).

– A metafísica da história, de Hegel (SMA).

– Nietzsche, *A vontade de poder* (II: O niilismo europeu) (P primeiro trim. 1940).

– Sobre a *Physis* em Aristóteles (S).

– Sobre a essência da verdade (P segundo trim. 1940).

1940-1941 – Questões básicas da filosofia (P terceiro trim. 1940).

– Leibniz, Monadologia (SA).

– A metafísica do idealismo alemão: Schelling: Análise filosófica sobre *A Essência da liberdade humana* (P primeiro trim. 1941).

– Sobre o começo da filosofia ocidental (E).

– Conceitos básicos (PSV).

– Kant, *Prolegômenos* (Sp).

1941-1942 – A metafísica de Nietzsche (PSI).

– Schiller, *Sobre a educação estética do homem* (Ep).

– Platão, *A sétima carta* (SA).

– Hölderlin, *Lembrança* (PSV).

– Os conceitos básicos da metafísica de Kant (Ep).

– Hegel, *A fenomenologia do espírito* e Aristóteles, *A metafísica*, IX, 10 e VI (EA).

1942-1943 – Parmênides (PSI).

– Hegel, *Fenomenologia do espírito*, cont. (EA).

– O início do pensamento ocidental (Heráclito) (PSV).

– Hegel, *Fenomenologia do espírito*, Seção B: A auto-consciência (EA).

1943-1944 – Lógica (A doutrina de Heráclito sobre o Logos) (PSV).

– Aristóteles, *Metafísica*, IV (EA).

Previsto mas não dado:

– Sobre a essência da verdade (PSI).

– Exercícios (SA).

1944-1945 – Pensar e poetar (PSI) (interrompidos depois da terceira lição).

– Leibniz, As 24 Teses (S) (interrompido depois da primeira reunião).

Previsto mas não dado:

– Questões básicas da metafísica (PSI).

– Aristóteles, *Metafísica*, IX (EA).

1950-1951– Exercícios na leitura: Aristóteles, *Física* II, 1 e III, 1-3 (SE privados).

1951-1952 – Que significa pensar? (PSI).

– Exercícios na leitura: Aristóteles, *Metafísica*, IV e IX, 10 (S privado).

– Que significa pensar? (PSV).

1955-1956 – O princípio do fundamento (da razão) (PSI).

– Sobre a *Lógica* de Hegel: A lógica da essência (E).

1956-1957– Sobre a *Lógica* de Hegel: Sobre o começo da ciência (EI).

1966-1967 – Heráclito – (SA).

Abreviações

PSI – Preleções semestre inverno

PSV – Preleções semestre verão

S – Seminário

Sp – Seminário para principiantes

SM – Seminário para médios

SA – Seminário para adiantados

E – Exercícios

C – Colóquios.

3. Bibliografia secundária (obras mais importantes)

A. Sobre Heidegger

ALLEMAN, B. *Hölderlin und Heidegger*. Zurich: Atlantis, 1954.

BIEMEL, W. *Le concept de monde chez Heidegger*. Paris: Vrin, 1950.

BUDDENBERG, E. *Denken und Dichten des Seins*. Stuttgart: Metzler, 1955.

COLOMBO, A. *Martin Heidegger, Il ritorno dell'essere*. Bologna, 1964.

DE WAELHENS, A. *La philosophie de M. Heidegger*. Louvain, 1946.

FÜRSTENAU, P. *Heidegger. Das Gefüge seines Denkens*. Freiburg, 1958.

HERRMANN, F. W. von. *Die Selbstinterpretation Martin Heideggers*. Meisenheim, 1964.

MARX, W. *Heidegger und die Tradition*. Stuttgart, 1961.

MÜLLER, M. *Existensphilosophie im geistigen Leben der Gegenwart*. Heidelberg, 1964.

LOTZ, J. B. *Sein und Existenz*. Herder, 1965.

PÖGGELER, O. *Der Denkweg Martin Heideggers*. Pfullingen, 1963.

PUGLIESE, O. *Vermittlung und Kehre*. Freiburg; München, 1965.

RICHARDSON, W. *Heidegger. Through Phenomenology to Thought*. The Hague, 1963.

RIOUX, B. *L'être et la verité chez Heidegger et Saint Thomas d'Aquin*, Paris, 1963.

SIEWERTH, G. *Das Schicksal der Metaphysik von Thomas zu Heidegger*. Einsiedeln, 1959.

TUGENDHAT, E. *Der Wahrheitsbegriff bei Husserl und Heidegger*, Berlin, 1967.

VAN DER MEULEN, J. *Heidegger und Hegel*. Meisenheim, 1953.

WIPPLINGER, F. *Wahrheit und Geschichtlichkeit*. Freiburg, München, 1961.

B. *Sobre o Existencialismo e a Fenomenologia*

DUFRENNE, M. *Jalons.* Le Haye, 1966.

FINK, E. *Studien zur Phänomenologie 1930-1939.* Den Haag, 1966.

FUNKE, G. *Phänomenologie – Methaphysik oder Methode.* Bonn, 1966.

GADAMER, H-G. *Wahrheit und Methode.* Tübingen, 1960.

GADAMER, H-G. Die Phänomenologische Bewegung. In: *Philosophische Rundschau,* 11. Jahrgang, Heft 1/2, maio 1963.

HUSSERL, E. Husserliana, Vls. I – X, Haag, 1963-1966.

HUSSERL, E. *Recherches logiques,* Tomes I, II primeira e segunda parte, III. Paris, 1959.

KERN, I. *Husserl und Kant.* Den Haag, 1964.

LANDGREBE, L. *Der Weg der Phänomenologie.* Gütersloh, 1963.

ROTHACKER, E. *Zur Genealogie des Menschlichen Bewusstseins.* Bonn 1966.

SPIEGELBERG, H. *The Phenomenological Movement.* 2 vols. Den Haag, 1960.

VÁRIOS *Zeit und Geschichte.* Tübingen, 1964.

VÁRIOS *Kierkegaard Vivant.* Paris, 1966.

C. *Outras Obras*

BOEDER, H. Der frühgriechische Wortgebrauch von *Logos* und *Aletheia.* In: *Archiv für Begriffsgeschichte.* Band 4, 1959. p. 82-112.

BRÖCKER, W. *Aristoteles.* Frankfurt am Main, 1964.

HEITSCH, E. Die Nicht-Philosophische *Aletheia.* In: *Hermes, 90. Band* 1962. p. 24-33.

MARTIN, G. *Allgemeine Metaphysik.* Berlin, 1965.

Editora UNIJUÍ

— Livros Editados do Autor —

Uma Breve Introdução à Filosofia.
ISBN 85-7429-297-4. 224 p.

Pensar é Pensar a Diferença – filosofia e conhecimento empírico.
ISBN 85-7429-311-3. 200 p.

Nas Proximidades da Antropologia: ensaios e conferências filosóficas.
ISBN 85-7429-353-9. 296 p.

Exercícios de Fenomenologia: limites de um paradigma.
ISBN 85-7429-413-6. 352 p.

Sobre a Verdade: lições preliminares ao parágrafo 44 de ser e tempo.
ISBN 85-7429-574-4. 328 p.

Diferença e Metafísica: ensaios sobre a desconstrução.
ISBN 978-85-7429-665-4. 312 p.

Racionalidade e Existência: o ambiente hermenêutico e as ciências humanas.
ISBN 978-85-7429-666-1. 144 p.

Antropologia Filosófica: questoes epistemológicas.
ISBN 978-85-7429-776-7. 248 p.

Inovação na Filosofia.
ISBN 978-85-7429-970-9. 136 p.

Analítica Existencial e Psicanálise: Freud, Binswanger, Lacan, Boss – conferências.
ISBN 978-85-419-0018-8. 184 p.

As Ilusões da Transparência: dificuldades com o conceito de mundo da vida.
ISBN 978-85-419-0040-9. 192 p.

As Voltas com a Metafísica e a Fenomenologia.
ISBN 978-85-419-0094-2. 200 p.

Órfãos de Utopia: a melancolia da esquerda.
ISBN 978-85-419-0156-7. 152 p.

Pensar e Errar: um ajuste com Heidegger.
ISBN 978-85-419-0178-9. 296 p.

Editora UNIJUÍ

Fone: (0xx55) 3332-0217
editora@unijui.edu.br
http://www.editoraunijui.com.br
www.twitter.com/editora_unijui

NÚCLEO DE DISTRIBUIÇÃO
Fones: (0xx55) 3332-0282 / 0222
editorapedidos@unijui.edu.br
Rua do Comércio, 1364
Bairro São Geraldo
98700-000 – Ijuí – RS